바이크 투어 길라잡이

로드마스터가 추천하는 대한민국 투어 명소 1000

카이저(권혁찬) & 펀치(김경태) 지음

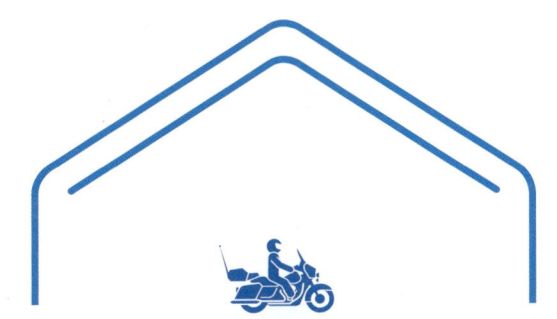

이 책을 보는 방법

이 책에는 모터사이클, 자전거, 자동차를 타고 둘러볼 만한 전국의 투어 명소들이 실려있습니다. 대부분 투어 장소를 찾아갈 때 내비게이션을 사용하지만 일일이 내비게이션에 목적지 주소를 입력하지 않아도 바로 목적지까지 안내를 받을 수 있도록 미리 지도를 만들어 놓았으며, 휴대전화로 QR코드를 찍으면 해당 지역의 안내 지도가 바로 표시됩니다. 단, 본 지도는 카카오맵과 카카오내비 앱을 활용하여 만들었기 때문에 반드시 휴대전화에 카카오맵과 카카오내비 앱이 설치되어 있어야 사용할 수 있으며, 다른 내비게이션 앱에서는 작동하지 않습니다.

내비게이션 연결 방법

1. 투어 장소를 소개한 본문 페이지에서 지도 이미지 아래에 보이는 QR코드를 스캔한다.

2. 해당 지도 안의 투어 장소 목록이 아래와 같이 나타난다.

3. 가고자 하는 투어 장소 이름을 터치하고 화면 아래에 있는 파란색 화살표를 터치한다.

4. 바이크의 경우, 지도 하단에 나타나는 경로 옵션 중 '전용도로제외' 옵션을 선택하고 '안내시작' 버튼을 터치한다. 자동차는 '추천경로' 옵션을 선택한다.

5. 카카오내비가 실행되면서 자동으로 길 안내가 시작된다.

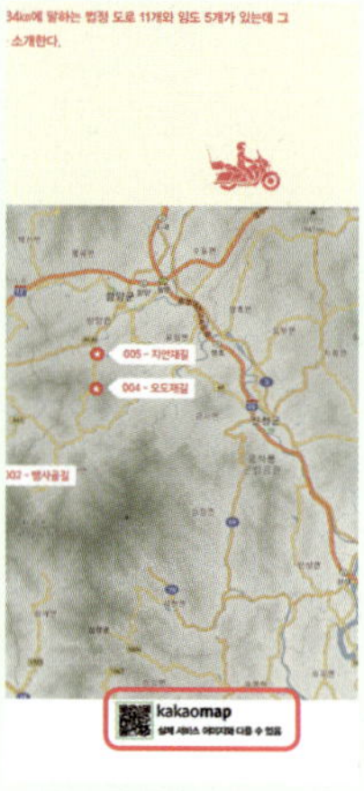

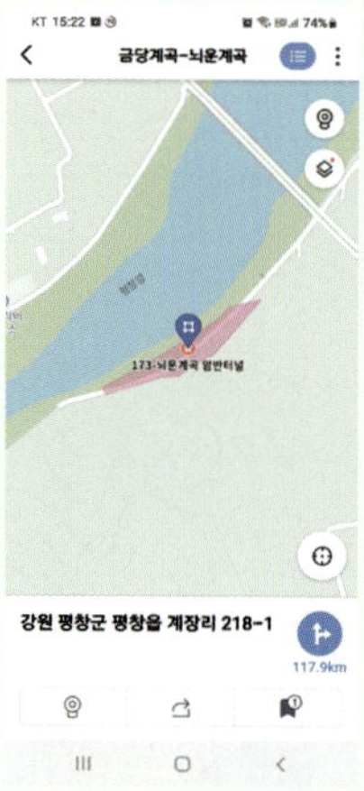

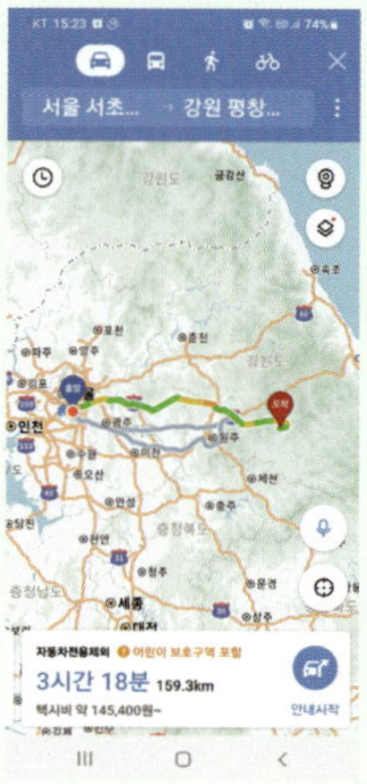

Dedication

이 책을 수많은 바이크 루트를
개척해 오신 선배 라이더들과
바이크 라이딩 중
사고를 당해 다치었거나
안타깝게 유명을 달리하신
라이더들에게 바칩니다.

바이크는 우리에게
끝없는 노력과 도전을 하게 만드는
에너지의 원천이며,
지금까지 함께 해온 시간뿐 아니라
앞으로 함께할 시간 모두를
행복하게 만들어 줄 고마운 존재입니다.

이 책의 수익금 전액은 더할리 클럽 창설 이후 꾸준히 후원해 온 보육원 지원과 이륜차 문화발전을 위한 기금으로 사용할 예정입니다.

머리말

"1박 2일 정도 투어를 가려는데 어딜 가면 좋을까?"
"이제 어지간한 데는 다 가봐서, 마땅히 갈 데가 없어."

주변에서 이런 이야기를 자주 듣습니다. 보편적으로 바이크에 입문해서 가장 열심히 타는 기간은 처음 3년 혹은 5년 이내이고, 이 기간에 대부분 라이더들은 유명한 바이크 투어지와 루트들을 열심히 좇아다닙니다. 그런데 이 시기가 지나면 마땅히 갈 데가 없다는 하소연을 하고, 바이크에 대한 흥미도 떨어지면서 자연스레 바이크를 멀리하는 경우를 많이 봅니다.
"대한민국에서 바이크 타고 갈 데가 정말 별로 없을까요?"

필자들의 대답은 'No'입니다. 갈 데가 없다는 것은 어찌 보면 내가 아는 투어지나 루트가 그것뿐이라는 반증일 수도 있습니다. 수십만 km를 바이크로 달린 필자들조차 국내에 아직 못 가본 멋진 투어지가 무수히 많이 남아 있습니다.

이 책은 그런 라이더들의 고민을 덜어주고자 기획된 것으로, 대한민국 안에서 가볼 만한 바이크 투어지와 루트를 총망라한 안내서입니다. 이 책에서 제시하는 바이크 루트는 테마별로 묶은 투어지, 권역별로 함께 둘러보기 좋은 묶음 투어지, 추천할 만한 개별 투어지, 호수 일주 투어지, 섬 투어지, 장거리 종주 루트, 그란폰도 루트, 백두대간 종주 루트, 9정맥 종주 루트 등 크게 아홉 가지로 나뉩니다.

이 책이 출간되는 2022년은 할리 데이비슨 바이크 동호회인 '더할리 클럽'이 만들어진 지 11년이 되는 해입니다. 그동안의 투어 경험을 바탕으로 함께 라이딩을 즐기는 라이더들을 위해 이 책을 발간할 수 있게 된 것을 기쁘게 생각하며, 이 책의 발간을 위해 도움을 주신 모든 분께 감사를 드립니다. 특히 지난 2014년에 시작된 백두대간 종주 루트의 개척을 시작으로 9정맥 종주 투어, 동부70고개, 북부30고개, 영남알프스, 그란폰도, 흑산도, 울릉도, 백령도 등 미답의 멋진 라이딩 스팟과 루트를 개척하기 위한 개척 투어에 기꺼이 함께해 준 클럽 동료들의 수고를 기억합니다.

아무쪼록 이 책이 이 땅의 바이크 라이더는 물론이고, 자동차로 대한민국 구석구석을 찾아다니는 여행자들, 내 힘으로 페달을 굴려 전국을 누비는 자전거 동호인들 모두에게 도움이 되기를 바랍니다.

바이크를 타고 어딜 가야 할지 모르겠다면, 여행할 곳이 없는 것이 아니라 내가 아는 곳이 적은 것입니다. '아는 만큼 보인다.' 라는 이 한 구절로 출판에 즈음한 저희의 인사를 대신합니다.

공동 저자 카이저 & 펀치

차례

Intro
바이크 루트 1,000선을 시작하며

PART 1
테마가 있는 투어 코스 모음

PART 2

권역별 묶음 투어 코스

① 강원도 권역

② 경기도 권역

③ 경상남도 / 부산광역시 권역

④ 경상북도 권역

⑤ 인천광역시 권역

⑥ 전라남도 권역

⑦ 전라북도 권역

⑧ 충청남도 권역

⑨ 충청북도 권역

PART 3
추천할만한 개별 투어 코스

PART 4
바이크로 둘러보는 호수 일주 투어

PART 5
배를 타고 건너는 섬 투어

PART 6
장거리 종주 루트

PART 7
자전거에게 배우는 그란폰도 루트

PART 8
백두대간 종주 루트

PART 9

9정맥 종주 루트

- 로드마스터가 추천하는 대한민국 투어 명소 1000 -

바이크 투어 길라잡이

Intro

바이크 루트 1,000선을 시작하며

1

바이크 루트 1,000선이란?

대한민국에서 바이크나 차를 타고 가볼 만한 곳들은 헤아리기 어려울 정도로 많습니다.
그동안 우리 팀이 다녀온 투어 코스 중 맛집이나 카페 등을 제외한
순수 투어 코스만도 대략 2,700여 군데가 넘고, 그 외에 가봐야 할 멋진 곳들이 더 있습니다.
하지만 취미로 바이크를 타면서 단기간에 이 많은 곳을 모두 둘러본다는 것은
현실적으로 불가능하기에, 저희가 가보았더니 좋았던 곳,
혹은 여기는 꼭 가봐야 한다고 생각되는 1,000곳을 우선 선별해서 소개합니다.

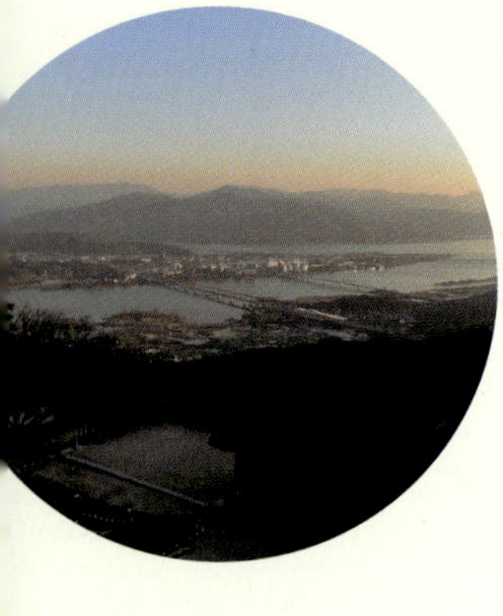

이 책에는 경치가 수려한 곳, 전망이 좋은 곳, 이국적인 정취가 풍기는 곳, 도로를 달리는 재미가 있는 곳, 역사와 문화가 담긴 유적지, 사방이 트인 전망 좋은 활공장, 산속에 감춰진 암자와 산사, 선조들의 넋이 서린 서원과 정자, 아름다운 강과 호수, 고랭지 채소밭과 풍력발전 단지, 사람들이 잘 모르는 숨겨진 비경, 권역 전체가 아름다운 지역 등이 고루 포함되어 있습니다. 그리고 여기 소개하는 1,000곳은 보통 수준의 라이더 눈높이에 맞춰 선정했기 때문에, 개인의 취향과 경력, 관점에 따라 더 멋진 투어 코스들도 있을 수 있으니 선정 기준에 대한 오해가 없기를 바랍니다.

투어는 한 번에 한 곳의 목적지를 정해 다녀오는 때도 있지만, 근처에 모여 있거나, 주제가 같은 투어 코스를 묶어 다녀오기도 하므로 형식에 얽매이지 않고 기억에 남는 1,000곳을 선정했습니다. 그래서 1,000곳 중에는 '죽녹원', '승호대'처럼 단일 스팟인 곳도 있지만, '백두대간 종주 투어', '9정맥 종주 투어', '지리산 암자 투어', '영남알프스 투어', '한국의 서원'처럼 권역이나 주제로 묶여있는 곳도 많습니다. 이 중에서 마음에 드는 장소들을 묶거나 선별해서 투어를 다녀올 수도 있을 것입니다. 이 책에서 저희가 소개한 곳만 찾아다녀도 투어 때마다 목적지와 루트를 어떻게 짜야 할지 몰라 고민하는 일이 많이 줄어들 것으로 기대합니다.

그리고 '더할리 클럽'이 개척하여 만든 '백두대간 종주 투어', '9정맥 종주 투어'의 진행 순서와 경유지 등을 모두 포함하는 내비게이션 좌표 목록도 첨부했으니 누구나 쉽게 도전할 수 있을 것입니다. 그 외에도 '동부70고개', '북부30고개', '영남알프스', '그란폰도' 코스의 전체 주소지 목록도 함께 첨부했으니 풀코스에 도전하거나, 그중에서 좋은 스팟들을 골라서 소개한 하이라이트만 따로 갈 수도 있을 것입니다.

필자들은 그동안 단순히 취미생활로 바이크 여행을 즐겨왔기에 처음 바이크 투어 코스를 소개하는 책의 출간 제의를 받았을 때 많이 망설였지만, 우리의 안내가 누군가에게는 큰 도움이 될 수 있을 거라는 생각에 출간을 결심하게 되었습니다. 다만 지금껏 책을 출간할 생각을 하지 않고 투어를 다녔기에 높은 해상도의 품질 좋은 사진이 준비되지 못한 곳도 있으니 양해 바랍니다. 또한 이 책에서 다루는 투어 코스들은 도로 접근성이 좋은 곳들만 선별하여 소개하는 것이기 때문에 비단 바이크 라이더뿐 아니라 일반 차량 여행자나 자전거를 즐기는 동호인들을 위한 여행 안내서로도 손색이 없을 것입니다.

책의 본문은 일기체 형식의 투어 후기나 소개 글 형태로 작성되었기에 이 페이지 이후 책 전반에 걸쳐 높임말을 쓰지 않은 것을 독자 여러분께서 널리 양해해 주시기 부탁드립니다.

2

분류 기준

전국에 산재해 있는 바이크 투어 스팟이나 루트들을 정리하면서 독자들이 가장 쉽고 편하게 자기만의 루트를 짜는 방법이 무엇일까를 많이 고민했고, 그 결과로 아래와 같은 분류가 만들어졌다. 일련번호를 붙여 소개한 1,000개의 라이딩 스팟 이외에도 이들과 인접해 있거나, 이동 경로 상에 있거나, 장거리 종주 루트 중 별도의 소개 없이 내비게이션 좌표만 소개한 곳 등 739개의 투어 코스를 포함하면 무려 총 1,739개의 방대한 코스 정보가 수록되어 있다. 검색의 편의를 위해 책의 뒷부분에 투어 코스들을 소재지(시, 군 단위)와 이름순으로 인덱스를 만들어 수록했으니 참고하기를 바란다.

1 | 테마가 있는 투어 코스 모음 109개

비슷한 테마를 가진 여러 곳의 투어 코스를 묶어서 소개했으며, 모두 17개의 테마 안에 109개의 투어 스팟이 들어 있다.

- 지리산 산간도로(5개)
- 지리산의 암자들(11개)
- 산으로 끌어올린 물길-양수발전소(7개)
- 아름다운 성당(6개)
- 굽잇길을 올라 만나는 사찰(5개)
- 해맞이 명소(4개)
- 아름다운 절개지들(4개)
- 독특한 구조의 나선형 도로(7개)
- 세계문화유산-한국의 서원(9개)
- 세계문화유산-산사, 한국의 산지승원(8개)
- 세계문화유산-백제역사유적지구(8개)
- 패러글라이딩 활공장(11개)
- 바이크로 올라가는 산(4개)
- 민족의 정기-소나무(6개)
- 눈부신 노랑의 향연-은행나무(6개)
- 천년의 향기-향나무(3개)
- 남한강변의 폐사지(廢寺址)들(5개)

2 | 권역별 묶음 투어 코스

500개

투어 루트를 짤 때 가장 먼저 고려하는 것이 지역일 것이므로, 전국의 투어 스팟 중에서 서로 인접해 있어 함께 돌아보면 좋을 500개의 장소들을 광역시·도 별 9개 권역, 89개의 묶음으로 구성하여 소개한다.

3 | 추천할 만한 개별 투어 코스

240개

테마나 권역 투어 코스 묶음에는 속하지 않지만 바이크를 타고 가볼 만한 전국 240곳의 개별 투어 스팟들을 광역시·도 별 9개 권역으로 묶어 소개한다.

4 | 바이크로 둘러보는 호수 일주 투어

38개

커다란 규모의 대표 호수 5개를 선별하여 일주하는 일주 루트와, 중간에 들르면 좋을 만한 스팟 38곳을 소개한다.

- 충주호(9개)
- 대청호(11개)
- 옥정호(5개)
- 합천호(7개)
- 용담호(6개)

5 | 배를 타고 건너는 섬 투어

127개

육지와 연결되어 있지 않아 반드시 바이크를 배에 싣고 바다를 건너야 도착할 수 있는 대표적인 섬 투어 스팟 5곳을 소개한다.

- 세계 평화의 섬-제주특별자치도(79개)
- 신비의 섬-울릉도(16개)
- 서해 최북단 청정지역-백령도(10개)
- 푸르다 못해 검은 바다-흑산도(18개)
- 한국의 하롱베이-조도(4개)

6 | 장거리 종주 루트

127개

'더할리 클럽'이 라이딩을 즐기면서 만든 같은 지역 혹은 인근 지역 안에 있는 경관 좋은 도로와 스팟, 고갯길들을 연결한 4개의 지역 종주 루트로, 종주 시 거쳐 가는 스팟과 내비게이션 좌표를 동선 관리를 위해 진행해야 할 순서와 함께 제시한다. 아울러 전체 구간을 완주하기 어려운 분들을 위해 꼭 가봐야 할 장소를 따로 뽑아 소개한다.

- 영남알프스(18개)
- 동부70고개(70개)
- 북부30고개(30개)
- 강원도9개령(9개)

7 | 자전거에게 배우는 그란폰도 루트

101개

자전거 동호인들이 특정한 루트를 따라 도는 '그란폰도 대회' 코스들을 바이크로 달려보는 투어로, 전국에 유명한 그란폰도 코스 10개를 소개한다.

- 무주 그란폰도(11개)
- 백두대간 그란폰도(10개)
- 설악 그란폰도(15개)
- 양평 그란폰도(7개)
- 어라운드 삼척(10개)
- 철원 그란폰도(11개)
- 춘천 그란폰도(11개)
- 함양 그란폰도(13개)
- 홍천 그란폰토(6개)
- 화천 DMZ랠리(7개)

8 | 백두대간 종주 루트

80개

'더할리 클럽'이 개척한 백두대간 종주, 9정맥 종주 루트로, 풀코스의 종주 순서와 내비게이션 좌표를 제공하고, 전체 코스를 가기 어려운 라이더들을 위해 각 루트에서 꼭 가봐야 할 하이라이트만 따로 뽑아서 소개한다.

- 백두대간 종주 풀코스(80개)
- 백두대간 하이라이트(28개)

9 | 9정맥 종주 루트

417개

- 한북정맥(28개)
- 한남정맥(38개)
- 한남금북정맥(38개)
- 금북정맥(61개)
- 금남정맥(25개)
- 금남호남정맥(19개)
- 호남정맥(82개)
- 낙동정맥(70개)
- 낙남정맥(56개)

– 로드마스터가 추천하는 대한민국 투어 명소 1000 –

바이크 투어 길라잡이

PART 1

테마가 있는 투어 코스 모음

1
지리산 산간도로

누군가 꼭 가봐야 할 투어 스팟 딱 한 곳을 말해달라 하면 주저 없이 지안재, 오도재, 뱀사골, 정령치, 성삼재가 있는 지리산을 가보라고 말한다. 지리산은 해발 1,915m로 우리나라에서 두 번째 높은 어머니의 품 같은 산으로 백두대간의 끝이자 맑은 계곡, 쉼 없는 굽잇길과 눈부신 하늘이 있는 멋진 곳이다. 국립공원 1호로 지정된 지리산에는 총 84㎞에 달하는 법정 도로 11개와 임도 5개가 있는데 그 중 대표적인 5개의 도로를 소개한다.

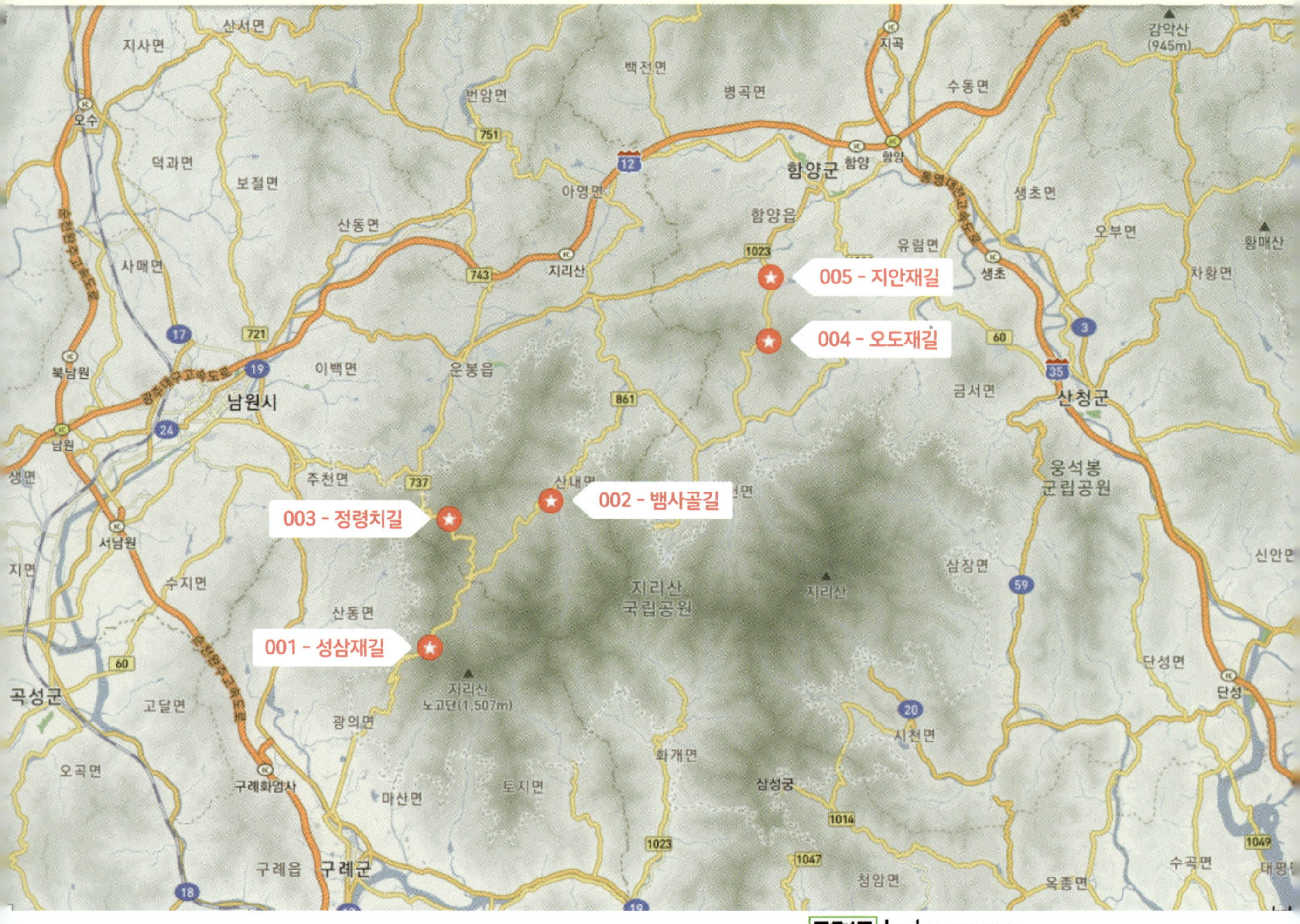

kakaomap
실제 서비스 이미지와 다를 수 있음

구례 ◆ 성삼재(性三峙)길

001

‖ 시작점: 전라북도 남원시 산내면 덕동리 산215-4(달궁삼거리)

‖ 경유: 전라남도 구례군 산동면 노고단로 1068(성삼재휴게소)

‖ 끝점: 전라남도 구례군 광의면 지천리 1065-195(광의사거리)

지리산 산간 도로의 백미 중 하나인 성삼재길은 구례 달궁삼거리에서 성삼재를 넘어 광의사거리로 가는 길 24㎞의 군도 제12호선(구 지방도 제861호선)이다. 이 도로 중간에 있는 성삼재는 백두대간의 고개로 마한 때 성씨가 다른 세 장군이 지켰다고 하여 성삼재(性三峙)라 불리며, 백두대간 80령 종주 루트의 종착지이다. 노고단을 오르는 등산객들로 주말엔 늘 붐비는 곳이다.

남원 ◆ 뱀사골길

002

‖ 시작점: 전라북도 남원시 산내면 덕동리 산215-4(달궁삼거리)

‖ 경유: 전라북도 남원시 산내면 와운길 10(뱀사골 주차장)

‖ 끝점: 전라북도 남원시 산내면 장항리 192-9(산내면 산내교)

남원시 산내면 달궁삼거리에서 뱀사골을 거쳐 산내면 산내교까지 이어지는 지방도 제861호선 15.8㎞ 구간은 지리산 북쪽 기슭에 있는 뱀사골을 지나는 도로다. 뱀사골 인근 반야봉과 토끼봉에서 남원시 산내면으로 뻗어 내린 골짜기는 가을 단풍이 아름다우며, 계곡의 수량이 풍부하고 수림이 울창하여 대표적인 여름 피서지로 꼽힌다. 인근에 선인대, 석실, 요룡대, 탁용소, 병소, 병풍소, 제승대, 간장소 등과 같은 명승지가 있다.

남원 ◆ 정령치(鄭嶺峙)길

003

‖ 시작점: 전라북도 남원시 산내면 덕동리 산 215-4(달궁삼거리)

‖ 경유: 전라북도 남원시 산내면 정령치로 1523(정령치휴게소)

‖ 끝점: 전라북도 남원시 주천면 고기리 산 86-4(고기삼거리)

남원시 산내면 달궁삼거리에서 정령치를 넘어 주천면 고기삼거리까지 이어지는 길이 12㎞의 지방도 제737호 정령치길은 지리산의 마루금을 넘는 관통 도로다. 정령치란 이름은 마한의 왕이 진한과 변한의 침략을 막기 위해 정(鄭)씨 성을 가진 장군에게 성을 쌓고 지키게 했다는 데서 유래한다. 지리산 능선을 한눈에 볼 수 있는 멋진 전망과 굽잇길 또한 일품인 멋진 투어 스팟이다.

함양 ◆ 오도재(悟道峙)길

004

‖ 시작점: 경상남도 함양군 마천면 의탄리 911-6(금계마을)

‖ 경유: 경상남도 함양군 휴천면 월평리 산123-21(지리산 제일문)

‖ 끝점: 경상남도 함양군 휴천면 월평리 155-2

함양군 마천면 의탄리 금계마을에서 오도재 지리산 제일문을 거쳐 지안재 초입까지 이어지는 9.8㎞의 지방도 길인 제1023호 오도재길은 '지리산 가는 길'이란 별칭이 붙을 정도로 함양에서 지리산으로 가는 가장 빠른 고갯길이다. 오도재는 서산대사의 제자 청매(青梅) 인오조사(印悟祖師)가 이 고개를 오르내리면서 득도를 했다 해서 오도재라 불리며, 삼봉산(1187m)과 법화산(991m)이 만나는 지리산 관문의 마지막 쉼터로, 2006년 고개 정상에 '지리산 제1문(智異山第一門)'이 설치되었다.

함양 ◆ 지안재길

005

‖ 시작점: 경상남도 함양군 함양읍 구룡리 산119-3

‖ 끝점: 경상남도 함양군 함양읍 구룡리 산119-2

함양읍에서 마천면으로 넘어가는 지방도 제1023호선 위에 있는 높이 370m의 지안재길은 가파른 고갯길로 '말발굽도 쉬어간다'라는 뜻에서 제한치(蹄閑峙)라 불리던 것이 한글화되어 지안재로 바뀐 것이다. '한국의 아름다운 도로 100선'에 꼽힐 정도로 멋진 굽잇길이며, '아홉 번 꺾인 양의 창자' 같다 해서 '구절양장(九折羊腸)'이라 부르기도 한다. 멋진 라이딩 장면을 사진으로 남길 수 있어 라이더들이 필수로 찾는 곳이다.

2 지리산의 암자들

우리나라 경치 좋은 곳은 절과 군부대가 다 차지하고 있다는 말이 있다. 우리 조상들의 생활과 문화인 절에는 주변의 아름다운 자연을 만끽하기 위해 종교와 상관없이 늘 많은 사람이 찾고 있다. 지리산에만 해도 약 60여 개의 암자가 있으며 그중에 쌍계사, 칠불사, 연곡사, 문수사, 연기암, 화엄사, 백장암, 금대암, 영원사, 서암정사, 벽송사는 라이더들이 한 번씩 둘러볼만한 곳이다. 지나는 길목에 있는 천은사와 실상사도 볼만하다.

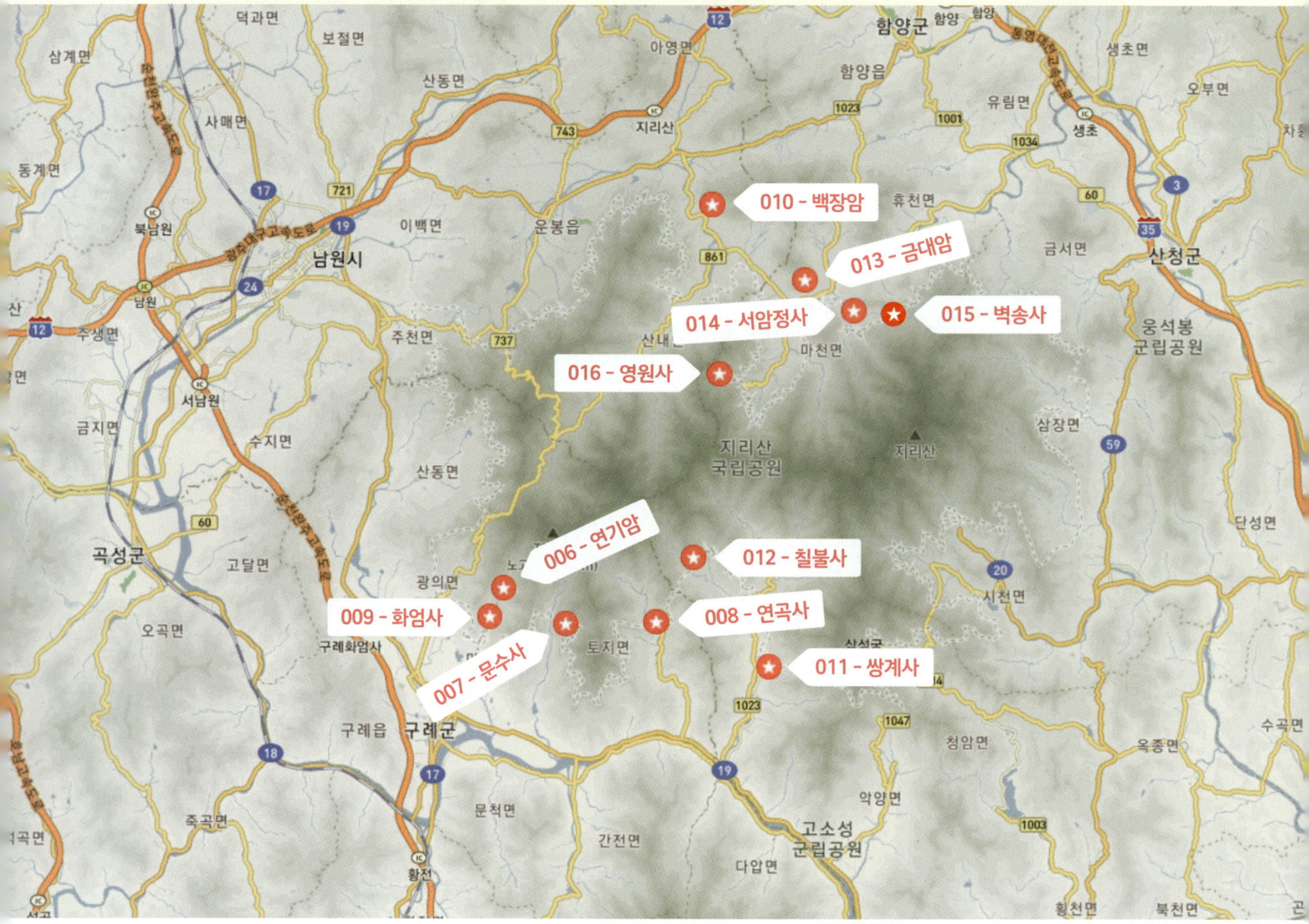

kakaomap
실제 서비스 이미지와 다를 수 있음

구례 ◆ 연기암(緣起庵)

006

‖ 전라남도 구례군 마산면 황전리 산20-45

화엄사 입구에서 아름다운 임도를 따라 3~4㎞를 올라가면 만날 수 있는 암자로 국내 최대 규모인 문수보살상과 티베트 불교에서 유래된 '마니차(摩尼車)'가 있는 곳이다.

구례 ◆ 지리산 문수사(智異山 文殊寺)

007

‖ 전라남도 구례군 토지면 문수리 74

구례 토지면의 굽잇길을 올라가면 만날 수 있는 작은 절로, 지리산 반달곰 두 마리가 경내에서 서식하고 있다.

구례 ◆ 지리산 연곡사(智異山 鷰谷寺)

008

‖ 전라남도 구례군 토지면 내동리 1013

화엄사의 말사로 연기조사가 창건하였으며, 동승탑, 북승탑 두 개의 국보를 보유한 사찰이다. 국보 동승탑은 국보다운 품격이 느껴진다. 조금 더 위쪽에는 국보 북승탑도 자리하고 있다.

구례 ◆ 지리산 화엄사(智異山 華嚴寺)

009

‖ 전라남도 구례군 마산면 황전리 12

조계종 19교구의 본사로 국보 4점, 보물 8점, 천연기념물 2점을 소유한 국내 5대 사찰 중 하나이다. 보는 순간 저절로 합장하게 되는 불교 건축물 최고 걸작 중 하나인 각황전과 봄 홍매화가 유명한 곳이다. 다른 곳도 좋지만, 지리산에 가면 화엄사는 꼭 들러보기를 권한다.

남원 ◆ 백장암(百丈庵)

010

‖ 전라북도 남원시 산내면 대정리 975

실상사의 말사이며 남원에서 유일한 국보인 백장암 3층 석탑을 보유한 사찰이다.

하동 ◆ 삼신산 쌍계사(三神山 雙磎寺)

011

‖ 경상남도 하동군 화개면 운수리 208

대한불교조계종 제13교구 본사로 33관음성지 중 하나이며, 두 개의 계곡이 지나는 곳에 있다 하여 쌍계사라 지어졌다. 우리에게는 화개장터에서 시작되는 십리벚꽃길 덕분에 친숙한 곳으로 국보인 '진감선사대공탑비(眞鑑禪師塔碑)'가 경내에 있다.

하동 ◆ 지리산 칠불사(智異山 七佛寺)

‖ 경상남도 하동군 화개면 범왕리 1604

012

쌍계사의 말사로 가락국 김수로왕의 7왕자가 성불하였다 하여 칠불암으로도 불리는 곳이다.

함양 ◆ 금대암(金臺庵)

‖ 경상남도 함양군 마천면 가흥리 17-3

013

예로부터 '금대 지리(金臺 智異)'라 할 만큼 금대암에서 바라보는 지리산이 아름답다고 했는데, 경내에 들어서는 순간 마주치는 멋진 전나무와 천왕봉이 손에 잡힐 듯 바라보이는 풍광이 인상 깊은 곳이다.

함양 ◆ 서암정사(瑞庵精寺)

‖ 경상남도 함양군 마천면 추성리 279-2

014

이 일대는 6·25 전쟁과 빨치산 토벌 작전으로 인해 많은 인명이 희생된 곳으로, 원응 스님이 지리산을 지나가다 원혼들의 울부짖음을 듣고 이들을 달래기 위해 먼저 불타버린 벽송사를 중창하고, 벽송사 500m 아래에 서암정사를 지었다. 대웅전에는 화엄경 전권을 필사해 금가루를 뿌린 금니화엄경이 있으며, 원응 스님이 밑그림을 그리고 3명의 조각가가 11년 동안 조성한 석굴법당이 있다. 사찰 전체가 하나의 조각공원 같은 모습이지만 1989년에 불사가 시작된 곳이라 세월의 깊은 맛은 덜한 편이다.

함양 ◆ 지리산 벽송사(智異山 碧松寺)

015

‖ 경상남도 함양군 마천면 추성리 259

6·25 전쟁 이후 빨치산이 지리산을 거점으로 삼았을 때 야전병원으로 이용되던 곳이며, 빨치산 대장 이현상(李鉉相)이 사살된 곳이기도 하다. 해인사의 말사로 국군의 빨치산 토벌 작전으로 인해 사찰 전부가 불타 없어졌다가 다시 중창된 곳이다. 선방의 문고리만 잡아도 도인이 되고 성불한다는 절이며, 도인송(道人松)과 미인송(美人松) 두 개의 소나무가 유명하다.

함양 ◆ 지리산 영원사(智異山 靈源寺)

016

‖ 경상남도 함양군 마천면 삼정리 953

벽소령 주차장에서 약 4㎞ 거리의 깊은 골짜기에 위치하며, 서산대사(西山大師) 등 많은 고승이 수도한 고요한 산사이다.

3
산으로 끌어 올린 물길 – 양수(揚水) 발전소

양수발전소는 하부 저수지의 물을 상부 저수지로 퍼 올린 후 다시 그 물을 낙하시켜 전기를 만드는 방식의 발전소로, 반드시 하부와 상부 두 개의 저수지로 구성된다. 특히 상부 저수지는 대부분 고지대에 있어서 올라가는 길도 멋지고, 정상의 전망도 좋다. 우리나라에는 현재 양양 진동호, 청송 노래호, 무주 적상호, 삼랑진 천태호, 산청 고운호, 예천 어림호, 청평 호명호 등 모두 일곱 개의 양수발전소가 있으며 홍천에 여덟 번째 발전소를 건설 중이다. 이들 중 호명호를 제외한 여섯 곳은 모두 바이크 통행이 가능한 멋진 라이딩 코스들이다.

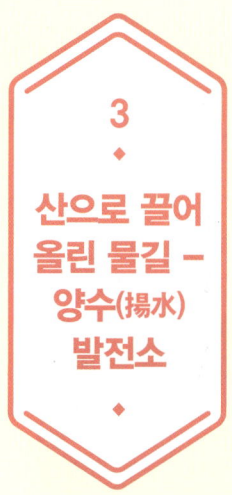

kakaomap
실제 서비스 이미지와 다를 수 있음

가평 ◆ 호명호(虎鳴湖)

‖ 경기도 가평군 청평면 상천리 산369-1(주차장)

017

국내 최초의 양수발전소인 청평양수발전소 상부 저수지인 호명호는 차량 통행이 제한되어 아래쪽에 주차 후 셔틀버스를 이용해야 한다. 백두산 천지를 닮았다는 호명호수는 주변 경관이 아름답고 팔각정과 일주 길이 조성되어 산책하기 좋은 호수다.

무주 ◆ 적상호(赤裳湖)

‖ 전라북도 무주군 적상면 북창리 산119-8(전망대)

018

'붉은 치마를 두른 산'이라는 뜻의 적상산 정상에 무주양수발전소 상부 저수지인 적상호가 있으며, 조금 더 오르면 적상호와 주변 일대가 멋지게 조망되는 적상산 전망대가 나온다. 가을 단풍철에는 이름에 걸맞는 아름다운 적상산 단풍과 멋진 굽잇길로 최고의 투어 스팟이 되는 곳이다.

산청 ◆ 고운호(孤雲湖)

‖ 경상남도 산청군 시천면 반천리 630-1

019

낙남정맥 인근에 자리한 산청양수발전소 상부 저수지인 고운호는 고운동 고갯길 너머에 있는 아름다운 호수이며, 단풍철에 인근 삼성궁, 회남재, 하동호와 함께 둘러본다면 멋진 투어 코스가 될 것이다.

양산 ◆ 천태호(天台湖)

020

‖ 경상남도 양산시 원동면 용당리 산226-9

삼랑진양수발전소의 하부 저수지인 안태호에서 상부 저수지인 천태호로 오르는 길은 봄에는 벚꽃, 가을에는 단풍이 멋지게 어우러진 최고의 드라이브 코스 중 하나다. 밀양이나 영남알프스를 찾을 때 잊지 말고 들러봐야 할 멋진 곳이다.

예천 ◆ 어림호(御臨湖)

021

‖ 경상북도 예천군 용문면 선리 535-36(주차장)

예천양수발전소의 상부 저수지인 어림호에 2019년 '하늘자락공원'이 조성되어 방문객이 많아졌다. 소백산하늘전망대에서 어림호가 근사하게 조망되며, 봄엔 진달래와 야생화가 피고, 가을엔 원색의 단풍이 장관을 이루는 천상의 화원이다.

인제 ◆ 진동호(鎭東湖)

022

‖ 강원도 인제군 기린면 진동리 122-1

양양양수발전소는 곰배령으로 가는 길목에 있으며, 상부 저수지 진동호와 하부 저수지 영덕호의 낙차가(819m) 아시아 최대로 알려져 있다. 풍력발전기 1기가 운치를 더하고 있고, 오르는 굽잇길도 좋아 백두대간 종주나 곰배령 투어 시 들러볼 만한 멋진 호수다.

청송 ◆ 노래호(老萊湖)

023

‖ 경상북도 청송군 파천면 신흥리 520-9 인근

청송양수발전소의 상부 저수지인 노래호에 오르면 표지석 맞은편에 노래호전망대가 있는데, 굽이굽이 올라온 길이 아득히 내려다보이고 첩첩산중의 능선이 장관을 이루는 곳이다. 하부댐 청송호의 전망도 멋지다.

4 ◆ 아름다운 성당 ◆

불교나 유교는 우리나라에 전파된 지 오래되어 불교 사찰과 유교 서원같은 건축물과 유물이 많아 투어 코스로도 유명하지만, 그에 비해 역사가 짧은 교회나 성당은 아직 많이 소개되어 있지 않다. 우리나라의 멋지고 예쁜 성당 중 몇 곳을 간략히 소개한다.

kakaomap
실제 서비스 이미지와 다를 수 있음

당진 ◆ 합덕(合德)성당

024

‖ 충청남도 당진시 합덕읍 합덕리 298-3(주차장)

1890년 '양촌(陽村)성당'이라는 이름으로 설립되었으며, 지금의 성당 건물은 1929년에 새로 지어진 것이다. 100년이 넘는 역사를 간직한 곳으로, 교회가 박해를 받을 때 순교 장소가 되기도 했으며, 한국 천주교회의 발상지가 된 곳이다. 본당 앞 정원도 무척 아름답다.

부산 ◆ 죽성(竹城)성당

025

‖ 부산광역시 기장군 기장읍 죽성리 134-10

실제 예배를 보는 성당이 아니라 SBS 드라마 '드림'의 촬영을 위해 지은 세트장으로, 드라마 종영 후 철거하지 않고 남겨둔 곳이다. 바닷가 절벽에 서 있는 모습이 아름다워 사진 명소로 유명하며, 원래 세트용 임시 건축물이었으나 2017년에 정식 건축물로 다시 지었고, 내부에는 갤러리를 운영 중이다.

아산 ◆ 공세리(貢稅里)성당

026

‖ 충청남도 아산시 인주면 공세리 194-1

1894년 성당을 세웠고, 1897년에 사제관을 세웠으며, 1922년 연와조 고딕 양식의 근대식 성당을 완성하였다. 수백 년 된 느티나무와 수림으로 둘러싸인 주변 경관이 매우 아름다운 곳이다.

익산 ◆ 나바위성당

027

‖ 전라북도 익산시 망성면 화산리 1158-6

전라도에서 가장 오래된 성당으로 사제 서품을 받은 김대건(金大建) 신부가 우리나라에 도착했을 때 첫발을 디딘 곳이다. 나바위란 넓은 바위라는 뜻으로, 성당이 있던 곳에 넓은 바위가 펼쳐져 있다고 해서 붙여진 이름이다. 서양식 건물 위에 기와를 얹어 동, 서양 건축의 조화를 이룬 본당이 인상 깊은 성당이다.

전주 ◆ 전동(殿洞)성당

028

‖ 전라북도 전주시 완산구 전동 200-1

전주본당(현재 전동성당)의 초대 주임신부였던 다보두네(Baudounet) 신부가 한국 천주교의 첫 순교자 윤지충(바오로)과 권상연(야고보)이 순교한 순교 터에 건설한 성당이다. 로마네스크 양식의 건물로 1914년 완공했으며, 한국의 대표적인 아름다운 성당 건축물로 손꼽힌다.

횡성 ◆ 풍수원(豊水院)성당

029

‖ 강원도 횡성군 서원면 유현리 1097

한국에선 네 번째, 강원도에선 첫 번째로 지어진 성당으로, 한국인 신부가 지은 최초의 성당이다. 1907년 신자들이 직접 지은 본 성당은 100년이 지난 지금도 여전히 아름다운 성당 중 하나로 꼽힌다.

5

굽잇길을 올라 만나는 사찰

오르는 길이 조금 험하고 수고스럽지만, 굽잇길을 달려 올라서면 오길 잘했다고 느껴지는 암자들이 있다. 그중 대표적인 수종사, 강천사, 탈해사, 금봉암, 주사암 다섯 곳을 소개한다. 사찰 중에는 건물 자체는 멋지지만 가는 길이 매우 험한 곳도 있고, 오르는 길은 멋지지만 막상 올라보면 볼 것이 별로 없는 곳도 있는데 지금 소개하는 다섯 곳은 사찰 건물, 정상의 전망, 멋진 도로 등이 고루 갖춰졌다. 다만, 초심자들에겐 부담이 되는 헤어핀 구간들이 있으니 경험을 쌓은 후에 방문하길 권한다.

kakaomap
실제 서비스 이미지와 다를 수 있음

거창 ◆ 삼봉산 금봉암(三峰山 金鳳庵)

030

‖ 경상남도 거창군 고제면 봉산리 산236-1

거창 삼봉산 자락 9부 능선 칼바위가 있는 곳에 위치한 금봉암은 가파른 굽잇길을 올라야 만날 수 있는데, 경사도와 헤어핀 굽이가 너무 심해서 이곳을 처음 찾는 이들은 당황할 수도 있으니 주의하기를 바란다.

경주 ◆ 오봉산 주사암(五峰山 朱砂庵)

031

‖ 경상북도 경주시 서면 도계서오길 251-355

경주 오봉산에 험한 굽잇길을 오르면 드라마 '동이', '선덕여왕'의 촬영지로 유명한 주사암 마당바위를 만날 수 있다. 산꼭대기에 깎아놓은 듯 평편한 바위가 대단히 인상 깊고, 정상에서 내려보는 경치도 멋지다. 오르는 도로가 험하고 경사와 굽이가 센 곳이니 초심자들은 피하는 것이 좋다.

남양주 ◆ 운길산 수종사(雲吉山 水鐘寺)

032

‖ 경기도 남양주시 조안면 북한강로 433번길 186

수도권 라이더들의 집결지로 유명한 양평 만남의 광장에서 십여 분이면 갈 수 있는 운길산 수종사는 북한강과 남한강이 만나는 두물머리의 풍경을 조망할 수 있는 대단히 아름다운 곳이다. 일주문 근처에 바이크를 주차 후 걸어서 절까지 오를 수 있다.

예산 ◆ 용굴산 탈해사(龍屈山 脫解寺)

033

‖ 충청남도 예산군 예산읍 수철리 444-1

18굽잇길을 올라야 만날 수 있는 아름다운 절 예산 탈해사는 정상의 턱걸이바위에서 내려다보는 수철리의 풍경이 잊히지 않는 멋진 곳이다.

제천 ◆ 송학산 강천사(松鶴山 江天寺)

034

‖ 충청북도 제천시 송학면 시곡리 1318-7

제천 송학면 시내에서 무려 25굽이 넘게 올라야 도착하는 송학산 강천사는 한 폭의 수묵화를 보는 듯한 첩첩산중의 풍경이 멋진 곳이다.

6 ◆ 해맞이 명소 ◆

동해안에 있는 해맞이 명소 중 촛대바위, 정동진, 호미곶, 간절곶 등
가장 대표적인 몇 곳을 소개한다.

kakaomap
실제 서비스 이미지와 다를 수 있음

강릉 ◆ 정동진(正東津)

035

‖ 강원도 강릉시 강동면 정동진리 303

드라마 '모래시계'로 전 국민에게 알려진 정동진은 매년 새해 해맞이 명소로 인기를 끌고 있는 대표적인 국민 관광지다.

동해 ◆ 촛대바위

036

‖ 강원도 동해시 추암동 474-3

애국가 영상의 첫 소절에 배경으로 나오는 '촛대바위'는 빼어난 비경을 자랑하며, 최근 주변 환경 개선 공사를 마쳐서 '해암정(海巖亭)'과 '출렁다리'에서 멋진 풍광을 조망할 수 있다.

울주 ◆ 간절곶(艮絶串)

037

‖ 경상북도 울주군 서생면 대송리 28-11

우리나라에서 가장 일찍 해가 뜨는 곳으로 거대한 '소망우체통'이 유명하며, 주변 해안 경치도 수려한 곳이다.

포항 ◆ 호미곶(虎尾串)

038

‖ 경상북도 포항시 남구 호미곶면 대보리 220-5

한반도 동쪽 끝인 영일만 장기반도 북단에 있는 해맞이 명소로, 호미곶 양쪽에 세워진 '상생의 손' 조각이 유명하다.

7

아름다운 절개지들

절개지는 도로를 내거나 다른 공사를 하기 위해 또는 농업용수 공급이나 홍수 예방을 목적으로 물길을 돌리기 위해 산이나 언덕을 절단하면서 생긴 단면을 말하는데, 독특한 경관으로 많은 사람들이 찾는 곳이다.

kakaomap
실제 서비스 이미지와 다를 수 있음

울진 ◆ 광품(廣品)폭포

039

‖ 경상북도 울진군 온정면 광품4길 42(펜션 인근)

땅 모양이 사람의 '넓은 품'처럼 생겼다는 광품리(廣品里)에 있는 폭포로, 일제 강점기 때 수로를 만들기 위해 암벽을 절개하면서 만들어진 곳이다. 몇 년 전 폭포 위에 있던 철제 구름다리를 철거하면서 전경이 더 멋져졌다.

정선 ◆ 미리내폭포

040

‖ 강원도 정선군 정선읍 가수리 산33-1

수십 년 전에 마을 주민들이 농사 용수 공급을 위해 물길을 돌리려고 암반을 절개하여 물길을 냈으나 홍수가 나서 다시 물길이 원위치 된 곳이다. 폭포 모양이 와인잔처럼 생겨서 '와인잔 폭포'로 불린다.

진안 ◆ 가막리(加幕里)들

‖ 전라북도 진안군 진안읍 가막리 72

041

'장막이 겹겹이 더해진 첩첩산중'이란 뜻의 가막리(加幕里)에 있는 경승지로, 경작지를 만들기 위해 병풍바위를 폭파 절개하여 물길을 돌린 곳이다. 멋진 경치가 알려지면서 많은 사람들이 찾고 있지만, 노면이 좋지 않고 도로유실도 잘되는 곳이라 바이크로 가려면 많은 주의가 필요한 곳이다.

충주 ◆ 수주팔봉(水周八峰)

‖ 충청북도 충주시 살미면 토계리 산3-2

042

수주팔봉은 달천 위에 펼쳐진 여덟 개의 봉우리를 말하는데, 농사를 위해 석문동천에서 흐르는 물을 달천으로 보내기 위한 인공 절개지가 더해져 많은 사람들이 찾는 관광지이자 차박의 성지로 꼽히는 곳이다. 최근 수주팔봉에 구름다리가 완공되었다.

8 ◆ 독특한 구조의 나선형 도로 ◆

고개나 산을 넘어가는 와인딩 도로를 건설할 때 국가나 지자체가 고민하는 중요한 요소들은 경제성, 주행 안전성, 환경보존 등이다. 특히 두 지점 간의 표고 차가 큰 곳에 도로를 건설하다 보면 급격한 헤어핀이 생기고, 주변 자연환경을 많이 해치는 문제가 발생하는데 이런 문제를 극복하고 부드러운 선형을 확보하며 동시에 자연환경 훼손을 최소화하는 공법이 '나선형 도로'이다. 국내에는 아래와 같이 모두 7개의 나선형 도로가 있다.

kakaomap
실제 서비스 이미지와 다를 수 있음

울릉도 ◆ 무릉(武陵)길 나선형 도로

043

‖ 경상북도 울릉군 울릉읍 도동리 526-6

울릉터널이 개통되기 전 이용하던 옛길로 큰 U자 형태로 이어지다가 울릉대교에서 한 바퀴 반, 무릉교에서 한 바퀴 크게 원을 그리면서 울릉터널 반대편으로 내려온다. 독도일출전망대와 망향봉이 보이며, 무릉길에서 KBS 중계소가 위치한 도동9길을 따라 곧장 끝까지 올라가면 좌측으로 성인봉 쉼터라는 작은 가게도 있다.

울릉도 ◆ 수층교(水層橋) 나선형 도로

044

‖ 경상북도 울릉군 서면 남서리 576-6

'물이 층층이 흘러내린다'라는 뜻에서 수층(水層)이라 불리는 울릉도 서쪽 해안에 건설된 나선형 도로로 바다를 내려다보며 휘감아 돌아가는 전경이 멋지다.

장성 ◆ 감성굴재(甘城屈岾) 나선형 도로

045

‖ 전라남도 장성군 북하면 중평리 산73-9

호남정맥 루트 중 한 곳인 감성굴재 위에 있으며, 원래는 급격한 헤어핀으로 인해 사고가 잦던 곳인데 오랜 공사 끝에 2019년 7월에 나선형 도로가 개통되었다.

청양 • 방아다리 나선형 도로

046

‖ 충청남도 청양군 장평면 지천리 1-2

'콩밭 매는 아낙네야~'로 시작하는 '칠갑산'이란 노래로 유명한 충청남도 청양 협곡에 2007년에 설치된 우리나라 최초의 나선형 도로다. 인근 청양군 대치면 주정삼거리에서 지방도 제645호선을 따라 장곡사입구 교차로로 이어지는 5.7㎞ 구간의 벚꽃 길은 '한국의 아름다운 길 100선'에 선정되기도 했다.

화천 • 태극(太極)모양 나선형 도로

047

‖ 강원도 화천군 사내면 용담리 산1-28

강원도 화천군 사내면 명지령 고개 위에 건설된 나선형 도로로 화천 읍내 방향으로 가는 도로가 끊기는 막다른 곳에 위치하고 있어 현재는 통행이 거의 없는 도로이다. 나선형 도로의 회전 구간 중앙에 조성한 태극 문양의 화단 때문에 '태극 나선형 도로'라 불리기도 한다.

• 서울 이화동(梨花洞) 나선형 도로

‖ 서울특별시 종로구 이화동 9-242

위에 열거한 도로들과 성격은 조금 다르지만 혜화동 사거리 부근 율곡로에서 낙산공원으로 오르는 길목에도 작은 나선형 도로가 있다.

• 서울 북악(北岳)스카이웨이 나선형 도로

‖ 서울특별시 종로구 부암동 66-2

서울 지역 라이더들이 많이 찾는 북악스카이웨이 입구에 있는 나선형 도로로 부암동 창운공원 쪽에서 북악스카이웨이로 오르는 길 초입에 있다. 인근 주민들의 민원으로 단속이 많은 곳이니 주의해야 한다.

9

세계문화 유산 – 한국의 서원

2019년 7월 유네스코 세계유산위원회는 한국의 서원 아홉 곳을 '세계문화유산'으로 지정하였다. 우리나라의 서원은 학문을 가르치는 교육의 기능과 성현과 스승을 배향하는 제향의 기능을 동시에 갖고 있으며, 대부분의 서원이 경치가 수려한 곳에 있어 문화유산으로서의 의의와 더불어 투어 코스로서도 손색이 없다. 여기서는 '유네스코 세계문화유산'으로 선정된 서원 아홉 곳을 소개한다.

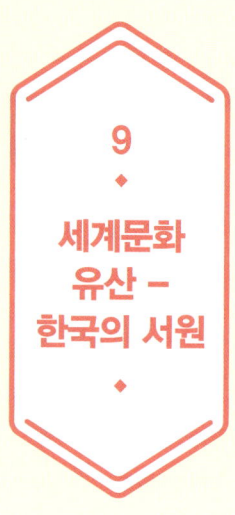

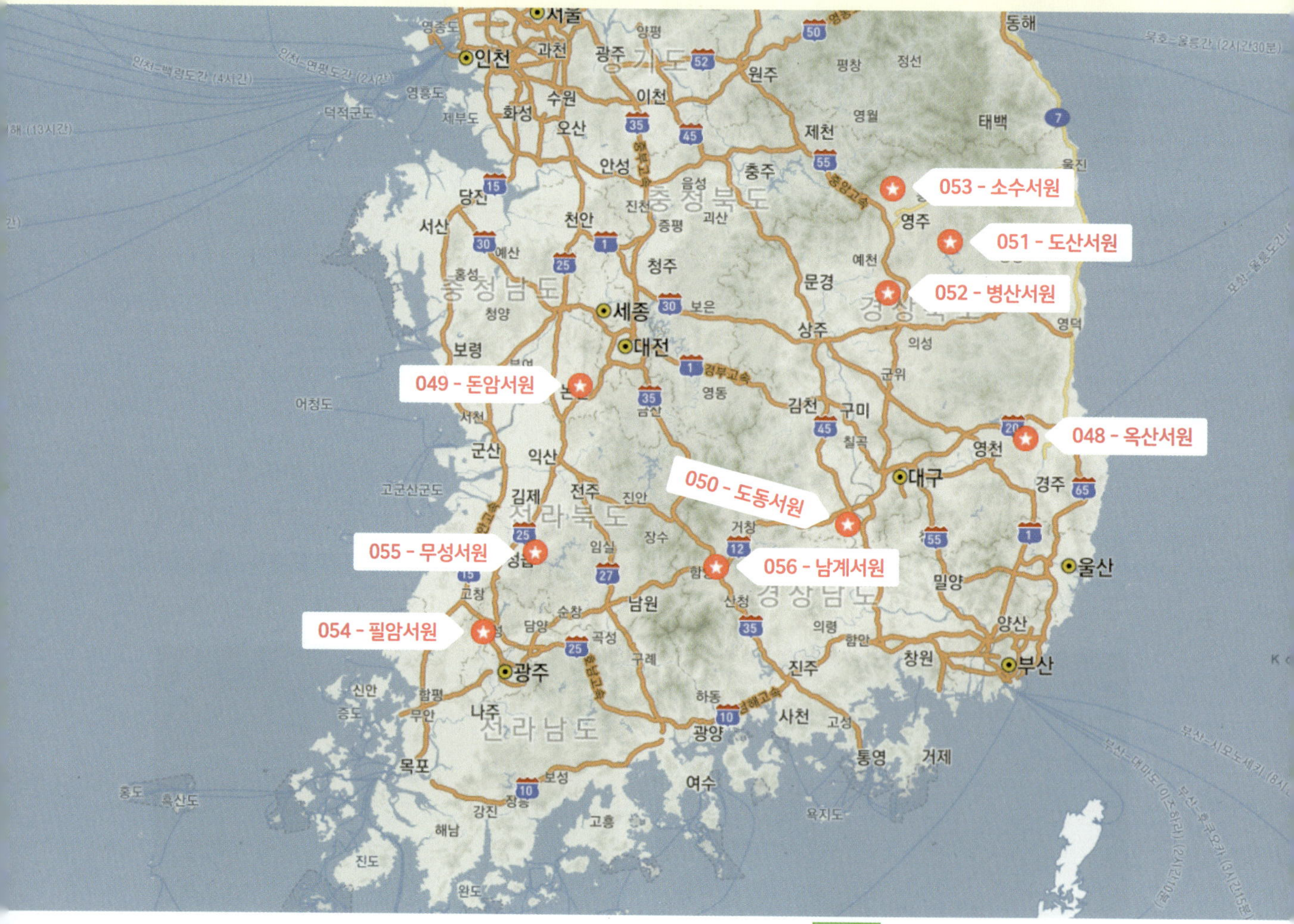

kakaomap
실제 서비스 이미지와 다를 수 있음

경주 ◆ 옥산서원(玉山書院)

048

‖ 경상북도 경주시 안강읍 옥산서원길 216-27

퇴계 이황의 학문에 지대한 영향을 주었던 회재 이언적(晦齋 李彦迪) 선생을 기리는 서원이다. 서원 앞을 유유히 흐르는 계곡에 있는 세심대(洗心臺)와 이언적 선생이 기거했던 독락당(獨樂堂) 등을 함께 둘러보면 좋다. 옥산서원 현판은 추사 김정희의 글씨이고, 안쪽에 있는 구인당 현판은 한호 한석봉의 글씨다.

논산 ◆ 돈암서원(遯巖書院)

049

‖ 충청남도 논산시 연산면 임3길 24-4

사계 김장생(沙溪 金長生) 선생과 그의 아들 김집(金集) 그리고 동춘당 송준길(同春堂 宋浚吉), 우암 송시열(尤庵 宋時烈)을 배향하는 아름다운 서원으로, 본당도 멋지지만 독특한 건축양식을 지닌 응도당(凝道堂)이 더 유명하다. 방문 시 인근 관촉사나 탑정호도 함께 둘러볼만하다.

대구 ◆ 도동서원(道東書院)

050

‖ 대구광역시 달성군 구지면 도동서원로 1

우리나라의 최고 정신적 지주로 문묘에 종사된 동방 18현(東方 十八賢) 중 조선 성리학을 이끌던 김굉필, 정여창, 조광조, 이언적, 이황을 가리켜 동방 5현이라고 부르는데, 그중에서 가장 으뜸이자 수장 격인 한훤당 김굉필(寒暄堂 金宏弼)을 모신 서원이다. 대학자에 대한

공경과 존중의 의미를 담은 상지(도동서원의 기둥에 붙인 흰색 한지)는 오직 도동서원에만 걸 수 있었다고 한다. 도동서원 가기 전 고갯마루 다림재에서 내려다보는 도동서원과 낙동강의 풍경도 멋지고, 서원 앞 400년 된 은행나무도 감탄스럽다. 나무로 된 모각 현판은 퇴계 이황의 글씨이고, 안쪽에 있는 도동서원 글씨는 선조의 글씨이다.

안동 ◆ 도산서원(陶山書院)

051

‖ 경상북도 안동시 도산면 도산서원길 154

회재 이언적(晦齋 李彦迪) 선생과 함께 영남학파를 대표하는 퇴계 이황(退溪 李滉) 선생을 기리는 서원으로 옥산서원과 더불어 우리나라 양대 서원으로 불리는 곳이다. 7,000여 명이 모여 과거를 치른 곳에 세워진 시사단(試士壇)과 앞마당의 고목이 도산서원에 멋진 경치를 더해준다. 도산서원 현판은 조선 시대의 명필 한석봉의 글씨이다.

안동 ◆ 병산서원(屛山書院)

052

‖ 경상북도 안동시 풍천면 병산리 519-1

서애 유성룡(西厓 柳成龍) 선생을 기리는 서원으로 배롱나무꽃이 인상적이고 남계서원과 함께 무척 아름다운 서원으로 손꼽힌다. 투어 시 인근 하회마을과 부용대를 함께 둘러본다면 더 알찬 투어가 될 것이다. 병산서원 만대루에 올라 낙동강이 유유히 흐르는 강물을 바라보면 이 아름다운 곳에서 학문 수학이 제대로 됐을까 하는 의문이 들 만큼 멋진 곳이다.

영주 ◆ 소수서원(紹修書院)

053

‖ 경상북도 영주시 순흥면 소백로 2740

풍기군수 주세붕(世鵬)이 백운동서원이란 이름으로 지은 우리나라 최초의 서원으로, 훗날 풍기군수 퇴계 이황(退溪 李滉)이 명종으로부터 '소수서원'이란 이름과 함께 현판을 하사받은 최초의 사액서원이다. 그래서 본당에는 '백운동'이란 현판이, 실내에는 '소수서원'이란 현판이 걸려있다 소수서원 앞 죽계천 바위에는 퇴계 이황의 쓴 '백운동'이란 글씨와 주세붕의 경자가 새겨져 있다. 소수서원 인근 선비촌도 투어 시 함께 둘러볼만하다.

장성 ◆ 필암서원(筆巖書院)

054

‖ 전라남도 장성군 황룡면 필암서원로 184

동방18현 중 한 명인 하서 김인후(河西 金麟厚) 선생을 기리는 호남 제일의 사액서원으로, 필자가 방문했을 때 코로나로 서원을 개방하지 않아 외부에서 찍은 사진밖에 없는 것이 아쉽다.

정읍 ◆ 무성서원(武城書院)

055

‖ 전라북도 정읍시 칠보면 원촌1길 44-12

고운 최치원(孤雲 崔致遠) 선생과 양천자 신잠(靈川子 申潛)을 모시는 서원으로, 숙종 때 무성이라는 사액을 받은 곳이다.

함양 ◆ 남계서원(藍溪書院)

‖ 경상남도 함양군 수동면 남계서원길 8-11

056

동방 5현(김굉필, 조광조, 이언적, 정여창, 이황) 중 한 명인 일두 정여창(一蠹 鄭汝昌) 선생을 기리는 서원으로 돈암서원, 병산서원, 도산서원 등과 더불어 풍경이 아름다운 서원 중 한 곳이다. 멋진 누각 풍영루를 지나면 본당인 명성당이 나온다.

이 외에도 기막히게 멋진 향나무가 있는 '송곡서원'이나 빙계계곡에 자리한 '빙계서원' 등 전국에 멋진 서원들이 많으니 가끔 고즈넉한 투어 코스를 찾을 때 이곳들을 찾아가 보기를 추천한다.

10

세계문화 유산 – 산사, 한국의 산지승원

2018년, 통도사, 부석사, 봉정사, 법주사, 마곡사, 선암사, 대흥사 등 대한민국의 천년 고찰 7곳이 '산사, 한국의 산지승원'이라는 이름으로 우리나라의 13번째 '유네스코 세계문화유산'에 등재되었다. 한 번쯤 이름을 들어봤을 법한 유서 깊은 사찰들이며, 경치 좋은 산기슭에 자리 잡고 있어서 투어 코스로도 손색이 없다.

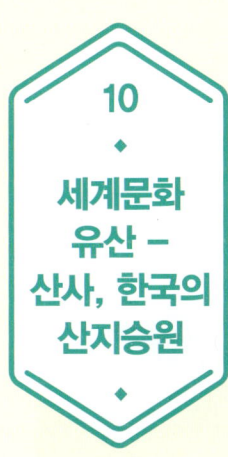

kakaomap
실제 서비스 이미지와 다를 수 있음

공주 ◆ 태화산 마곡사(泰華山 麻谷寺)

057

‖ 충청남도 공주시 사곡면 운암리 567

공주 태화산 마곡사는 자장율사(慈藏律師)가 창건하고 보조국사 지눌(普照國師 知訥)이 중건했다고 전해지며, 본당 입구의 아름다운 마곡천계곡과 5층 석탑, 대적광전, 2층 대웅보전이 고풍스럽게 느껴지는 천년고찰이다. 사찰의 단청·불화·불상 등을 제작하거나 그리는 승려인 화승(畵僧)의 계보를 잇는 절이기도 하다.

보은 ◆ 속리산 법주사(俗離山 法住寺)

058

‖ 충청북도 보은군 속리산면 법주사로 405

의신조사(義信祖師)가 천축국(天竺國)을 돌아보고 흰 나귀에 불경을 싣고 돌아와 머물러서 '부처님의 법이 머무는 절'이라는 뜻으로 법주사라 이름 지은 호서 제일 가람이다. 국보 3점, 보물 12점, 문화재 22점을 보유한 대사찰로, 무량사 극락전(極樂殿), 화엄사 각황전(覺皇殿)과 함께 우리나라 3대 불전으로 불리는 대웅보전(大雄寶殿) 등 둘러볼 것이 많은 천년고찰이다. 특히 팔상전은 금산사의 미륵전, 화엄사의 각황전과 더불어 우리나라 불교 건축물 최고의 걸작으로 평가받고 있다.

순천 ◆ 조계산 선암사(曹溪山 仙巖寺)

059

‖ 전라남도 순천시 승주읍 죽학리 802

도선국사(道詵國師)가 창건한 선암사는 태고종 총본산으로 아름다운 계곡 진입로와 보물로 지정된 승선교, 강선루가 어우러진 사찰이다. 특히 승선교(昇仙橋)의 반원형 아치인 홍예(虹霓)를 통해 보는 강선루의 모습은 한 폭의 그림 같다.

안동 ◆ 천등산 봉정사(天燈山 鳳停寺)

‖ 경상북도 안동시 서후면 봉정사길 222

060

영국 엘리자베스 여왕이 한국을 방문했을 때 가장 한국적인 것을 보고 싶다 하여 봉정사를 방문하였고, 그 아름다움을 극찬했었던 천년고찰이다. 국보인 우리나라 최고 목조건축물 극락전과 대웅전, 만세루가 있으며, '달마가 동쪽으로 간 까닭은', '나랏말싸미' 등 영화의 촬영지이자 우리나라 10대 정원 중 하나로 꼽히는 영산암(靈山庵)도 볼 수 있는 보석 같은 절이다.

양산 ◆ 영축산 통도사(靈鷲山 通度寺)

‖ 경상남도 양산시 하북면 통도사로 108

061

부처님의 진신사리가 봉안된 불보(佛寶)사찰로 해인사의 법보(法寶), 송광사의 승보(僧寶)와 더불어 삼보(三寶)사찰로 불리는 곳이다. 통도사의 대웅전에는 특이하게 4면에 각기 다른 4개의 현판이 걸려있다.

‖ 동쪽 대웅전 / 서쪽 대방광전 / 남쪽 금강계단(흥선대원군 글씨) / 북쪽 적멸보궁

통도사의 대웅전을 포함한 많은 전각은 세월의 깊이가 느껴지는 아름다움을 지니고 있다. 바이크는 입구 주차장부터 출입이 통제되어 약 1km 정도를 걸어가야 한다.

영주 ◆ 봉황산 부석사(鳳凰山 浮石寺)

062

‖ 경상북도 영주시 부석면 부석사로 345

의상대사(義湘大師)가 창건한 천년 고찰로, 국보인 부석사무량수전과 조사당, 석등, 소조여래좌상, 보물인 부석사삼층석탑, 당간지주 등 많은 문화재를 보유하고 있다. 위풍당당한 범종루와 안양루 그리고 우리나라 최고의 목조건축물 중 하나인 무량수전(無量壽殿)이 있다. 무량수전 배흘림기둥 앞에 선다면 누구라도 극상의 아름다움을 느낄 것이다.

해남 ◆ 두륜산 대흥사(頭輪山 大興寺)

063

‖ 전라남도 해남군 삼산면 구림리 산24-3(주차장)

두륜산의 빼어난 절경을 배경으로 자리한 대흥사는 신라 구이신왕 7년(426년)에 정관존자(淨觀尊者)가 창건한 고찰로, 조계종 22교구의 본사이다. 보물로 지정된 천불전에 봉안된 천불상(千佛像)은 경주 옥돌로 6년간 조각하여 배를 통해 대흥사로 옮기다 풍랑으로 일본까지 표류했으나, 일본인들의 꿈에 천불이 나타나서 '우리는 지금 조선국 해남의 대둔사(대흥사의 옛이름)로 가는 중'이라 하여 다시 대흥사로 돌아오게 되었다고 전해진다.

● 해남 두륜산(頭輪山) 케이블카

‖ 전라남도 해남군 삼산면 대흥사길 88-45

산세가 워낙 험해 등산로가 없는 두륜산은 케이블카를 타야만 정상에 오를 수 있는데, 정상 전망대에 서면 해남, 강진은 물론 멀리 제주도 한라산까지 조망되는 절경이 펼쳐진다. 두륜산은 우리나라에서 단풍이 가장 늦게 지는 곳이기도 하다.

11

세계문화 유산 – 백제역사 유적지구

2015년, 유네스코는 부여의 관북리유적, 부소산성, 부여나성, 정림사지, 미륵사지, 익산 왕궁리유적, 공주 송산리고분군, 공산성 등 찬란했던 백제의 문화 유적지 8곳의 탁월한 가치를 인정하여 '유네스코 세계문화유산'으로 지정했다. 고구려의 침략으로 위례에서 웅진(공주)으로 수도를 옮긴 백제, 이후 수도를 다시 사비(부여)로 옮기면서 꽃피웠던 찬란한 백제 후기의 문화를 백제의 혼이 깃든 백제역사유적지구를 통해 둘러보는 것도 뜻깊은 투어가 될 것이다.

공주 ◆ 공산성(公山城)

‖ 충청남도 공주시 금성동 66-4

064

백제 성왕(聖王)이 사비로 도읍을 옮기기 전인 웅진 시대까지 60여 년간 왕궁이 있던 산성이다. 나무와 판자로 틀을 만든 다음 틀 안에 흙을 붓고 다져서 켜켜이 쌓아 올린 판축(板築) 기법과 도랑을 파 기둥을 촘촘하게 세운 후 흙으로 벽을 바른 건물터인 벽주건물지(壁柱 建物址)는 백제 토목 건축 기술의 발전과 전파를 알 수 있는 중요한 자료다. 성곽을 따라 걸으면 공주 시내를 한눈에 볼 수 있다.

공주 ◆ 송산리고분군(宋山里古墳群)

‖ 충청남도 공주시 웅진동 318-1

065

삼국시대 왕릉 중 유일하게 도굴되지 않고 보존되어 온 무령왕릉(武寧王陵)을 비롯한 7기의 고분이 남아 있는 곳으로, 발굴된 유품 약 2천5백 점 중 무려 12개가 국보로 지정되었다. 우리나라 고고학 역사상 가장 귀중한 발굴이었으며 백제가 중국, 일본, 동남아 등과 활발한 교류를 했던 고대 국가이고, 찬란한 예술 문화를 꽃피웠다는 사실을 입증하였다.

부여 ◆ 관북리(官北里)유적

066

‖ 충청남도 부여군 부여읍 관북리 70-1

1982년부터 충남대학교 박물관에서 5차에 걸쳐 발굴조사를 통해 방형석축연지(方形石築蓮池)와 북사(北舍)라는 명문이 발견되었으며, 백제 시대의 도로 유적과 배수시설이 드러났다. 백제 시대 마지막 도읍이었던 사비도성의 일부 유적으로 매우 중요한 학술적 의미를 지닌 곳이다.

부여 ◆ 부소산성(扶蘇山城)

067

‖ 충청남도 부여군 부여읍 성왕로 247-9

백제 사비 시대 부여의 중심성으로 백마강 강가에 있는 자연 지리적 여건을 그대로 이용한 토성 산성이자 백제의 최후의 방어성이다. 부소산성에는 백제의 여인들이 절개를 지키기 위해 백마강에 뛰어들었다는 낙화암(落花岩)과 약수와 고란초가 유명한 고란사(皐蘭寺), 궁녀들의 충절을 기리기 위한 궁녀사(宮女祠), 백제 세 명의 충신을 모시는 삼충사(三忠祠) 등 많은 문화유적이 있다.

부여 ◆ 부여나성(扶餘羅城)

068

‖ 충청남도 부여군 부여읍 능산리 산15-4

백제는 북과 서 그리고 남쪽에 금강이 흐르고 있어 군사적으로 천혜의 지리적 환경을 갖고 있었으나 상대적으로 동쪽이 취약했다. 백제는 동쪽을 방어하기 위해 부여나성을 축조했으며, 나성은 도시 방어 기능과 도시의 안과 밖을 구분하는 경계의 역할을 했다.

부여 ◆ 정림사지(定林寺址)

069

‖ 충청남도 부여군 부여읍 동남리 373

정림사지는 백제 수도의 대표적인 절터였다. 정림사지 옆 우리나라 최고의 인공연못인 궁남지(宮南池)도 함께 둘러볼 만한 곳이다.

익산 ◆ 미륵사지(彌勒寺址)

070

‖ 전라북도 익산시 금마면 용순리 232-4

미륵사에는 원래 3탑 3금당이 있었는데, 과거에 가운데 목탑이 있었다. 현재는 서쪽에 유명한 국보 미륵사지탑이 있고 동쪽에는 새로 만든 동탑이 있다. 거대한 규모를 자랑하는 미륵사지탑은 당시 미륵사의 위세를 짐작게 하지만 너무 많이 훼손된 점이 대단히 아쉽다.

익산 ◆ 왕궁리(王宮里)유적

071

‖ 전라북도 익산시 왕궁면 왕궁리 662-1

백제 무왕 시기에 조성된 왕궁터로 그 위에 남아 있는 국보 왕궁리 5층 석탑이 주변의 푸른 잔디밭과 어우러져 황홀한 자태를 뽐내는 아름다운 곳이다.

12

패러글라이딩 활공장

바이크를 타고 탁 트인 정상에 올라 바라보는 멋진 경치와 맑은 공기, 가슴이 뻥 뚫리는 시원한 느낌 때문에 한동안 산 정상, 활공장, 송신소 중계탑 등 일명 '고지대 투어 코스'들을 찾아다녔다. 여기 소개하는 곳들은 모두 필자들이 할리 바이크를 타고 다녀왔던 곳들로, 거칠고 험한 임도를 마주할 때 느끼는 약간의 긴장감이 묘하게 좋았던 기억이 있다. 패러글라이딩 활공장은 도약대 앞 방향으로 막힘이 없어야 하기에 대부분 탁 트인 전망을 가지고 있으며, 활공 장비를 실어 나르는 차량이 통행하는 도로가 개설되어 있어서 바이크 투어 코스로도 제격이다. 그동안 다녀온 활공장들이 모두 멋지지만 지면 관계상 부득이 열 곳만 상세히 소개하고 나머지는 주소만 수록한다.

kakaomap
실제 서비스 이미지와 다를 수 있음

강진 ◆ 주작산(朱雀山) 활공장

072

‖ 진입로 입구: 전라남도 강진군 신전면 수양리 산65-5

‖ 활공장: 전라남도 강진군 신전면 용월리 산235-1

강진 시내에서 지방도 제55호선을 타고 완도 쪽으로 가다가, 주작산 자연휴양림 쪽으로 진입해 도로가 끝나는 곳에서 '임도(주자장)'이란 푯말이 가리키는 쪽으로 2.7㎞를 오르면 주작산 해맞이전망대에 도착한다. 이곳에 주차 후 동쪽으로 300m쯤 걸어 올라가면 주작산 활공장이 나오는데, 강진만 일대와 완도, 거금도까지 조망되는 뷰가 아주 좋은 곳이다. 내비게이션으로는 찾기가 어렵고 W3W 좌표(///신나는.재웠던.분필)로 찾아가야 한다.

kakao**map**

실제 서비스 이미지와 다를 수 있음

단양 ◆ 양백산(兩百山) 활공장

073

‖ 진입로 입구: 충청북도 단양군 단양읍 고수리 산18-3

‖ 활공장: 충청북도 단양군 단양읍 기촌리 354-2

단양 시내에서 고수교를 건너 강변길을 가다가 왼쪽으로 난 양백산전망대 임도를 따라 3.5㎞를 오르면 양백산전망대와 활공장이 나온다. 앞쪽으론 남한강이 휘감아 도는 단양 시내가 그림같이 조망되고, 뒤쪽으로는 소백산 자락의 첩첩산중이 장관인 곳이다. 입구에 세 개의 위험 경고문이 있을 정도로 오르는 길이 약간 험한 편이니, 초심자들은 주의해야 한다. 강에 수량이 많을 때는 강변길이 물에 잠기기도 한다.

보령 ◆ 옥마산(玉馬山) 활공장

074

‖ 충청남도 보령시 성주면 개화리 114-22

성주산과 옥마산으로 둘러진 보령 시내에서 성주터널 지나 좌측 옥마산으로 오르면 된다. 충청남도 보령 시내와 대천 앞바다가 한눈에 들어오는 멋진 경치를 볼 수 있고, 오르는 길도 좋은 편이다.

영월 ◆ 봉래산(蓬萊山) 활공장

075

‖ 진입로 입구: 강원도 영월군 영월읍 삼옥리 산180

‖ 활공장: 강원도 영월군 영월읍 영흥리 154-3

박중훈 주연의 영화 '라디오스타' 촬영지였던 별마로천문대 바로 옆에 있는 활공장이다. 예로부터 봉래채운(蓬萊彩雲)이라 불리는 영월 팔경 중 하나인 봉래산 정상에 자리하여 동강과 영월 시내가 한눈에 들어오는 멋진 뷰를 갖고 있다.

제천 ◆ 비봉산(飛鳳山) 활공장

076

‖ 케이블카 승차장: 충청북도 제천시 청풍면 문화재길 166

‖ 모노레일 승차장: 충청북도 제천시 청풍면 청풍명월로 879-17

‖ 활공장: 충청북도 제천시 청풍면 도곡리 산4

차량으로는 정상까지 갈 수가 없고 케이블카나 모노레일을 이용해야만 갈 수 있어 다소 아쉽지만 비봉산 정상 전망대에서 내려 보는 청풍호와 활공장의 모습은 대단한 비경이다.

춘천 ◆ 대룡산(大龍山) 활공장

077

‖ 사암리 쪽 진입로 입구: 강원도 춘천시 동내면 사암리 64-2

‖ 거두리 쪽 진입로 입구: 강원도 춘천시 동내면 거두리 산37

‖ 활공장: 강원도 춘천시 동내면 거두리 산1-2

춘천 시내 전망과 야경 명소로 구봉산 카페촌을 꼽지만, 대룡산에서 내려다보는 춘천 전경도 구봉산 카페촌 못지않게 좋다. 가락재, 느랏재의 서쪽에 있는 대룡산은 사암리와 거두리 두 곳에서 오를 수 있는데, 사암리길은 무난한 대신 비포장이 좀 있고 거두리길은 시멘트 포장도로지만 굴곡이 몇 개 있다. 제2활공장 뷰만 보려면 거두리 쪽으로 올라갔다 다시 내려가면 되고, 대룡산 송신탑이 있는 깃대봉전망대까지 오르려면 사암리 쪽에서 오르다 군부대 입구를 지나 비포장길을 좀 가야 한다.

평창 ◆ 장암산(壯岩山) 활공장

078

‖ 진입로 입구: 강원도 평창군 평창읍 노론리 산22-1

‖ 정상부: 강원도 평창군 평창읍 노론리 산27-1

평창강이 휘감고 있는 평창 시내가 한눈에 내려다보이는 전망 좋은 활공장이다. 평창 시내를 거쳐 노론삼거리에서 좌회전해서 노론마을회관 쪽으로 진행하다보면 최근에 설치된 정상부 전망대가 나온다.

하동 ◆ 구재봉(龜在峯) 활공장

079

‖ 진입로 입구: 경상남도 하동군 하동읍 흥룡리 134-1

‖ 활공장: 경상남도 하동군 악양면 축지리 산71

먹점마을회관 앞에서 혜광사 쪽으로 시멘트 임도를 오르다 활공장 푯말이 가리키는 오른쪽으로 꺾어 오르면 구재봉 활공장에 도착한다. 정상에 서면 왼쪽으로는 섬진강, 멀리 정면으로는 형제봉, 오른쪽으로는 회남재, 바로 발아래로는 평사리 들판이 멋지게 펼쳐지는 장쾌한 전망을 볼 수 있다.

하동 ◆ 형제봉(兄弟峰) 활공장

080

‖ 진입로 입구: 경상남도 하동군 화개면 부춘리 산8-1

‖ 활공장: 경상남도 하동군 화개면 정금리 산246

하동에는 형제봉 활공장과 구재봉 활공장 두 개의 멋진 활공장이 있다. 형제봉 활공장은 우리나라에서 가장 높은 곳에 있는 활공장(1,112m)으로 중간에 비포장 길이 좀 있지만 높은 곳에 있어 산 능선 조망이 좋다.

합천 ◆ 대암산(大巖山) 활공장

081

‖ 초계면 쪽 진입로 입구: 경상남도 합천군 초계면 유하리 69

‖ 대양면 쪽 진입로 입구: 경상남도 합천군 대양면 무곡리 551-1

‖ 활공장: 경상남도 합천군 초계면 원당리 산 42

대암산 활공장은 합천 초계면과 대양면 양쪽에서 오를 수 있는데, 두 곳 다 4㎞ 남짓한 시멘트 임도 구간이 길게 느껴지는 곳이다. 대암산 정상 활공장에 올라서면 마치 양구의 펀치볼 같은 초계분지가 발아래 펼쳐지고, 수고스럽게 임도를 오른 라이더에게 탁 트이고 시원한 전망을 선물해 준다. 인근에 합천호, 황계폭포, 자굴산 등과 함께 둘러보기 좋은 투어 스팟이다.

홍성 ◆ 백월산(白月山) 활공장

082

‖ 진입로 입구: 충청남도 홍성군 홍성읍 월산리 506-6

‖ 활공장: 충청남도 홍성군 구항면 오봉리 산50-1

월산리 진입구에 있는 백월산 표지석을 따라 계속 오르면 백월산 주차 공간이 나온다. 차를 주차하고 100m 정도 걸어가면 활공장에 도착한다. 금북정맥 루트인 백월산은 홍성 시내에서 불과 10여 분 거리에 있으며, 394m의 낮은 고도지만 홍성 시내가 한눈에 들어오는 360도 조망이 펼쳐진다.

바이크로 가볼 만한 전국 패러글라이딩 활공장 리스트(57개 / 가나다순)

- 강릉 괘방산 활공장: 강원도 강릉시 강동면 모전리 산14
- 강진 주작산 활공장: 전라남도 강진군 신전면 수양리 산65-5
- 거제 계룡산 활공장: 경상남도 거제시 거제면 서상리 산10-1
- 거창 감악산 활공장: 경상남도 거창군 신원면 연수사길 611
- 거창 망실봉 활공장: 경상남도 함양군 안의면 초동리 121-1(진입로)
- 경주 벽도산 활공장: 경상북도 경주시 율동 산95
- 고창 방장산 활공장: 경상남도 고창군 고창읍 월곡리 산29-1(진입로 입구)
- 구례 오산 활공장: 전라남도 구례군 문척면 죽마리 190-1(주차장)
- 구례 지초봉 활공장: 전라남도 구례군 광의면 온당리 산155-9
- 군산 오성산 활공장: 전라북도 군산시 성산면 성덕리 산38-12
- 김천 난함산 활공장: 경상북도 김천시 봉산면 상금리 산2-3
- 김해 진례 활공장: 경상남도 김해시 진례면 신안리 산183
- 남해 망운산 활공장: 경상남도 남해군 서면 연죽리 산38-2
- 단양 두산 활공장(카페산): 충청북도 단양군 가곡면 사평리 246-33
- 단양 양백산 활공장: 충청북도 단양군 단양읍 기촌리 354-2
- 당진 석문산 활공장: 충남 당진시 석문면 교로리 산27-4
- 무주 향로산 활공장: 전라북도 무주군 무주읍 내도리 산101-1(인근)
- 문경 단산 활공장: 경상북도 문경시 문경읍 고요리 산79-2
- 보령 옥마산 활공장: 충청남도 보령시 성주면 개화리 114-22
- 보성 주월산 활공장: 전라남도 보성시 겸백면 수남리 산2-2
- 사천 와룡산 활공장: 경상남도 사천시 와룡동 산115 인근
- 삼척 용화(말굽재) 활공장: 강원도 삼척시 근덕면 초곡리 141-2(진입로 입구)
- 삼천포 각산 활공장: 경상남도 사천시 송포동 산46
- 상주 덕암산 활공장: 경상북도 상주시 중동면 회상리 산76-2(정상부에 한 곳 더 있음)
- 상주 매악산 활공장: 경상북도 상주시 사벌국면 묵상리44(진입로 각근사)
- 서산 도비산 활공장: 충청남도 서산시 부석면 취평리 산98
- 안산 북망산 활공장: 경기도 안산시 단원구 대부북동 산55-6(인근)

- 양구 사명산 활공장: 강원도 양구군 양구읍 하리 산45(진입로 인근)
- 여수 고봉산 활공장: 전라남도 여수시 화양면 안포리 산320-3
- 여수 마래산 활공장: 전라남도 여수시 오림동 산98-3(진입로 입구)
- 영광 장암산 활공장: 전라남도 영광군 묘량면 삼효리 산45-12
- 영월 봉래산 활공장: 강원도 영월군 영월읍 영흥리 154-3
- 영월 접산 활공장: 강원도 영월군 영월읍 거운리 914
- 영천 보현산 활공장: 경상북도 영천시 화북면 정각리 73-13(정상 시루봉)
- 용인 정광산 활공장: 경기도 용인시 처인구 모현읍 초부리 295-3(진입로 인근)
- 울산 동대산 활공장: 울산시 북구 매곡동 산174-1
- 울산 무룡산 활공장: 울산시 북구 화봉동 산2-3
- 울주 고헌산 활공장: 울산시 울주군 두서면 차리 산15
- 울주 연화산 활공장: 울산시 울주군 두동면 은편리 산51-3
- 의령 한우산 활공장: 경상남도 의령군 궁류면 벽계리 산200
- 인제 기룡산 활공장: 강원도 인제군 인제읍 상동리 산14-1
- 장수 마봉산 활공장: 전라북도 장수군 장수읍 동촌리 산56
- 장흥 사자산 활공장: 전라남도 장흥군 안양면 비동리 산54
- 정읍 칠보산 활공장: 전라북도 정읍시 구룡동 산74
- 제천 비봉산 활공장: 충청북도 제천시 청풍면 물태리 100-7(케이블카 주차장)
- 진주 월아산 활공장: 경상남도 진주시 문산읍 달음산로 198-205
- 천안 흑성산 활공장: 충남 천안시 동남구 목천읍 지산리 산24-3
- 청도 원정산 활공장: 경상북도 청도군 매전면 중앙로 84-388(진입로 입구)
- 청주 것대산 활공장: 충청북도 청주시 상당구 산성동 201-5(진입로)
- 춘천 대룡산 활공장: 강원도 춘천시 동내면 거두리 산1-2(1, 2활공장)
- 평창 장암산 활공장: 강원도 평창군 평창읍 노론리 산22-1(진입로 입구)
- 포항 곤륜산 활공장: 경상북도 포항시 북구 흥해읍 칠포리 산86(진입로 입구)
- 하동 구재봉 활공장: 경상남도 하동군 악양면 축지리 산71
- 하동 형제봉 활공장: 경상남도 하동군 화개면 부춘리 80-3(진입로 입구)
- 함안 자양산 활공장: 경남 함안군 산인면 부봉리 산97-6
- 합천 대암산 활공장: 경상남도 합천군 초계면 원당리 산42
- 홍성 백월산 활공장: 충청남도 홍성군 구항면 오봉리 산50-1

13 ◆ 바이크로 올라가는 산 ◆

국토의 70%가 산으로 둘러싸인 우리나라에서 산은 결코 빼놓을 수 없는 투어 스팟이다. 거의 정상부까지 바이크로 오를 수 있는 산들도 무척 많고 그곳엔 중계소, 송신탑, 기상레이더기지, 군부대, 활공장 등이 있는 경우도 많다.

● 바이크로 오르는 산(가나다순)

- 감악산
- 괘방산
- 구봉산
- 금오산
- 난함산
- 남산
- 대룡산
- 대소산
- 대암산
- 망운산
- 미륵산
- 백월산
- 백화산
- 변산
- 보현산
- 봉래산
- 삼길산
- 소이산
- 식장산
- 오도산
- 오서산
- 오성산
- 일월산
- 죽도산
- 천성산
- 최정산
- 태기산
- 학가산
- 함백산
- 화악산
- 황매산
- 흑성산

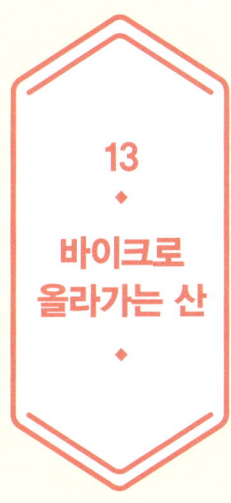

바이크로 올랐던 산 중에 생각나는 곳들을 나열해 보았다. 기억을 못 해 빠진 곳도 있을 것이다. 바이크를 타고 산을 오르는 이유는 굽잇길이 재미있고, 공기가 좋고, 정상에서의 전망이 멋지기 때문이다. 백두대간이나 9정맥 투어 시에도 전국의 수많은 산을 올라봤지만, 그와는 별개로 독립적으로 찾아다녔던 산 중에서 기억에 남는 몇 곳을 소개한다.

거창 ◆ 감악산(紺岳山)

083

‖ 진입로 입구: 경상남도 거창군 신원면 덕산리 214-2

‖ 정상부: 경상남도 거창군 신원면 연수사길 611

수도권 라이더들에게는 낯선 산이지만 거창 감악산은 바이크로 꼭 한번 가봐야 하는 곳으로, 덕산리 정연삼거리에서 시멘트 임도를 따라 3㎞ 정도 오르면 정상에 도착한다. KBS 송신탑 아래 해맞이공원 전망 덱(deck) 뒤로 돌아가면 감악산 표지석이 있고 여기에 합천호까지 조망되는 감악산 해맞이전망대가 자리하고 있으며, 풍력발전 단지도 있다. 최근에는 감악산 평전의 구절초와 아스타 등 각종 꽃이 천상의 화원을 이룬다고 소문이 나서 많은 여행객이 찾는 명소가 되었다.

대전 ◆ 식장산(食藏山)

084

‖ 진입로 입구: 대전광역시 동구 삼정동 388-6

‖ 식장산 전망대: 대전광역시 동구 세천동 산43-14

대도시에는 어느 지역이든 야경 명소가 있는데 그중에서도 대전 식장산의 야경은 단연 압권이다. 이미 오래전부터 야경 명소이자 데이트 명소였던 식장산은 대전 시내에서 불과 십여 분 거리로, 세천공원 입구에서 아스콘 포장도로를 따라 4.7㎞ 오르면 마주한다. 정상부에 얼마 전 웅장한 식장루가 세워지면서 주변이 정비됐으며, 바이크로 정상까지 올라가면 대전 시내와 대청호를 한눈에 볼 수 있다.

태안 ◆ 백화산(白華山)

085

‖ 진입로 입구: 충청남도 태안군 태안읍 삭선리 482-16

‖ 정상부: 충청남도 태안군 태안읍 동문리 산5-2

태안1경인 백화산은 수십 년간 군에서 출입을 통제하다가 불과 몇 년 전부터 일반인에게 공개를 한 곳으로, 284m의 낮은 산이지만 사방이 트여있어 1,000고지 못지않은 멋진 풍경을 보여주는 곳이다. 정상부 태을암에는 국보인 태안동문리마애삼존불이 있으며, 태을암 주차장에서 10분 정도 걸어 백화산 정상에 서면 태안 시내와 안면도, 도비산, 서해의 풍광이 멋지게 조망된다.

횡성 ◆ 태기산(泰岐山)

086

‖ 산 정상: 강원도 횡성군 둔내면 태기리 산1-5

‖ 무이쉼터: 강원도 평창군 봉평면 진조리 산80-10

국도 제6호선 옛길이 지나는 태기산 경강로는 태기산터널이 개통된 뒤로 잊혀가는 옛길이 되었지만 지금도 많은 라이더가 찾아가는 라이딩 성지 중 하나다. 예전에는 무이쉼터 건너편 임도를 따라 바이크로 태기산 정상까지 갈 수 있었지만 최근 전면통제로 바뀌어 아쉽다. 도보 통행은 가능하며 몇 년 전 정상에 정상석과 전망대도 새로 꾸며놓았고, 정상에서 바라보는 풍광이 대단히 멋지다.

14
민족의 정기 – 소나무

각 고장이나 마을마다 수호신처럼 여기는 나무들이 있다. 대부분 노거수로 수백 년 된 보호수들이거나 천연기념물로 지정된 나무들인데 그 수가 전국적으로 대단히 많다. 그동안 투어를 다니면서 만났던 소나무, 은행나무, 향나무 중 인상 깊었던 몇 곳을 소개한다. 이 소나무들 외에도 천연기념물로 지정된 멋지고 유명한 소나무들이 전국에 수십 개가 더 있다.

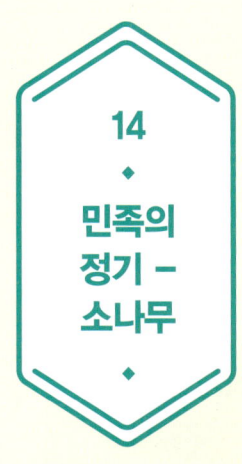

kakaomap
실제 서비스 이미지와 다를 수 있음

남원 ◆ 와운천년송(臥雲千年松)

‖ 전라북도 남원시 산내면 부운리 376-2(계단 진입부)

087

지리산 뱀사골에서 와운마을 쪽으로 약 2.7㎞의 시멘트 임도를 오르면 만나게 되는 둘레 6m, 높이 20m의 수형이 대단히 멋진 소나무로 어떤 보조 장치 없이 스스로 힘만으로 건강하게 서 있는 점이 신기하다. 할머니송과 할아버지송 두 그루가 지척에 있으며 천년송으로 불리지만 실제 수령은 약 500~700년 정도다. 지리산국립공원 지역이라 와운마을 내의 식당이나 민박 예약자 외에는 차량 출입이 금지되니 반드시 예약하고 가야 한다.

보은 ◆ 서원리(書院里) 소나무

‖ 충청북도 보은군 장안면 서원리 49-2

088

보은 서원리 소나무는 속리산 남쪽의 서원리와 삼가천을 옆에 끼고 뻗은 도로 옆에 있으며, 나이는 약 600살 정도로 추정된다. 높이 15.2m, 둘레 5.0m이며, 줄기가 84cm 높이에서 두 개로 갈라진 모습이 치마를 두른 듯하다고 해서 법주사 입구 정이품송의 부인인 '정부인송(正婦人松)'이라고도 불린다.

영월 ◆ 솔고개 소나무

‖ 강원도 영월군 중동면 녹전리 81-1

089

영월 솔고개 소나무는 오래전 솔표 우황청심환 광고와 솔담배 광고에 나와 전국적으로 유명세를 치르게 된 나무로 수형이 대단히 아름답다. 수령은 약 400년 정도로 추정되고, 영월에서 태백으로 넘어가는 국도 제31호선 변에 자리한다.

예천 ◆ 천향리 석송령(泉香里 石松靈)

090

‖ 경상북도 예천군 감천면 천향리 113-5(주차장)

600년 전 경상북도 풍기 지방에 큰 홍수가 났을 때 석간천을 따라 떠내려오던 소나무를 마을을 지나던 나그네가 건져서 현재 자리에 심은 것이라고 전해지는 나무로, '세금 내는 소나무'로 많이 알려져 있다. 1930년 마을의 부호였던 이수목(李秀睦)은 슬하에 자식이 없었는데 이 나무에 석송령이란 이름을 지어 주고 자신의 토지 6,600㎡를 이 나무에 상속하고 문서 등기까지 마치면서 재산을 가진 최초의 나무가 되었으며, 매해 재산세도 내고 있다. 해마다 이 농지를 경작하는 사람으로부터 돈을 받아 은행에 저축도 하며, 학생들에게 장학금도 지급하고 있다. 옆으로 퍼진 길이가 32m에 달해 대단한 장관을 이룬다.

청도 ◆ 운문사(雲門寺) 처진 소나무

091

‖ 경상북도 청도군 운문면 신원리 1789

운문사 앞뜰에서 자라는 높이 6m, 둘레 2.9m의 나무로, 가지는 동서 방향으로 17.6m, 남북으로 20.3m 정도 퍼져있다. 이 나무는 3m 정도 자란 다음 가지가 사방으로 퍼지면서 밑으로 처지는 '처진 소나무'로 전체적으로 반원형에 가까운 수형을 이루고 있어 매우 아름답다.

합천 ◆ 화양리(華陽里) 소나무

092

‖ 경상남도 합천군 묘산면 화양리 833

합천 나곡마을 고갯마루에 자리 잡은 수령 400년의 소나무로, 둘레 6.15m, 높이 17.7m의 크기이며 나무껍질이 거북이 등 같고 가지는 용처럼 생겼다 하여 구룡목(龜龍木)으로도 불린다. 괴산 왕소나무가 2012년 태풍 볼라벤으로 고사하기 전까지 소나무의 왕 자리를 다투었던 나무 중 하나이다. 중심가지 하나가 죽어서 안타깝지만, 아직 나머지 가지들은 건강을 유지하고 있어서 무척 다행스럽다.

이외에도 유명한 소나무들이 전국 곳곳에 많이 있다.

- 거창 당산리 당송: 경상남도 거창군 위천면 당산리 331
- 괴산 창천면 왕소나무: 충청북도 괴산군 청천면 삼송리 250(고사됨)
- 문경 농암면 반송: 경상북도 문경시 농암면 화산리 942
- 상주 화서면 반송 : 경상북도 상주시 화서면 상현리 50-1
- 연풍 입석 소나무: 충청북도 괴산군 연풍면 적석리 산34-2
- 충주 단호사 소나무: 충청북도 충주시 단월동 453-104

15 ◆ 눈부신 노랑의 향연 – 은행나무 ◆

은행나무는 소나무 다음으로 우리에게 친숙한 나무로 가을 단풍철이면 많은 이들이 전국의 은행나무를 보러 관광을 떠나기도 한다. 대표적으로 잘 알려진 몇 그루의 은행나무를 소개한다.

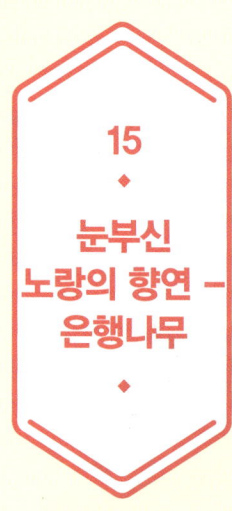

kakaomap
실제 서비스 이미지와 다를 수 있음

경주 ◆ 운곡서원(雲谷書院) 은행나무

093

‖ 경상북도 경주시 강동면 왕신리 310-3(주차장)

조선 후기 유학자인 권행을 추모하기 위해 세워진 운곡서원에 있는 은행나무이다. 수령은 약 400년 정도이며, 단풍철이면 아름다운 은행나무를 보려고 인산인해를 이루는 곳이다. 서원 한편에 있는 운곡산방에서 전통차 한잔 마시기에도 괜찮은 곳이다.

아산 ◆ 곡교천(曲橋川) 은행나무

094

‖ 충청남도 아산시 염치읍 백암리 519-2(주차장)

'한국의 아름다운 10대 가로수길'로 선정된 충청남도 아산의 명소로, 현충사 입구의 곡교천 충무교에서 현충사 입구까지 2.2㎞ 길이의 도로변에 조성되어 있다. 350여 그루의 은행나무가 일제히 노란 빛을 내는 가을이면 평일에도 많은 인파가 몰려들고, 휴일이면 인산인해를 이룬다. 가을에 현충사를 찾는 관광객이라면 꼭 들러야 하는 필수 코스이며, 인생 사진을 건지는 사진 명소로도 유명하다.

안동 ◆ 용계리(龍溪里) 은행나무

095

‖ 경상북도 안동시 길안면 용계리 산82-1

원래 용계초등학교 운동장에 있던 나무인데 임하댐 건설로 수몰될 처지가 되자 많은 돈을 들여 15m 높은 곳으로 옮긴 나무다. 수령 700년에 높이 37m, 둘레 14.5m로 우리나라에서 가장 둘레가 굵은 은행나무며 천연기념물이다. 임하호나 인근 지례예술촌과 함께 둘러보기 좋은 곳이다.

양평 ◆ 용문사(龍門寺) 은행나무

096

‖ 경기도 양평군 용문면 신점리 520(주차장)

용문사의 은행나무는 나이가 약 1,100살 정도로 추정되며, 높이 42m, 뿌리 부분 둘레 15.2m로 우리나라 은행나무 가운데 나이와 높이에 있어서 최고의 기록을 가지고 있다. 실제 마주하면 높이와 크기에 압도당하고 카메라를 세로로 세우지 않으면 다 담을 수 없을 만큼 높고 큰 나무다.

영동 ◆ 영국사(寧國寺) 은행나무

097

‖ 충청북도 영동군 양산면 누교리 1394-2

영동 영국사의 은행나무는 나이가 약 1,000살 정도로 추정되며 높이 약 31m, 둘레 약 11m의 커다란 나무다. 특히 서쪽으로 뻗은 가지 가운데 한 개가 땅에 닿아 뿌리를 내리고 독립된 나무처럼 자라고 있는 독특한 나무다.

원주 ◆ 반계리(磻溪里) 은행나무

098

|| 강원도 원주시 문막읍 반계리 1495

강원도 원주시 문막읍에 있는 반계리 은행나무는 천연기념물 제167호로 수령은 대략 천년이 넘은 것으로 추정하고 있다. 높이 33m, 둘레 16m, 가지는 동서로 37.5m, 남북으로 31m로 넓게 펴져있으며, 나무의 나이나 모양 등 여러모로 우리나라 최고의 은행나무로 알려져 있다. 실제 마주하면 누구나 감탄사를 연발하는 대단히 웅장하고 멋진 은행나무지만 단풍이 절정인 시기가 일주일 정도밖에 안되기 때문에 시기를 잘 맞춰서 가야 한다.

이외에도 사람들에게 사랑받는 은행나무가 전국 각지에 많다.

- 괴산 읍내리 은행나무: 충청북도 괴산군 청안면 읍내리 221-1(학교 내)
- 금산 보석사 은행나무: 충청남도 금산군 남이면 석동리 711
- 금산 요광리 은행나무: 충청남도 금산군 추부면 요광리 329-8
- 영월 하송리 은행나무: 강원도 영월군 영월읍 하송리 128-7
- 인천 장수동 은행나무: 인천광역시 남동구 장수동 63-6

16 ◆ 천년의 향기 – 향나무 ◆

정원수나 공원수로 많이 심는 향나무도 아름답기로 소문난 것이 많다.
그중 몇 그루를 소개한다.

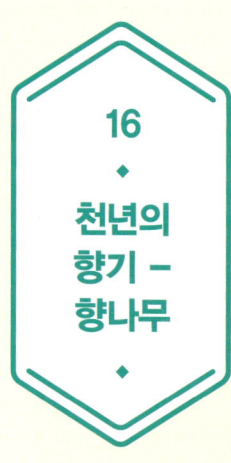

kakaomap
실제 서비스 이미지와 다를 수 있음

경주 ◆ 서백당(書百堂) 향나무

099

‖ 경상북도 경주시 강동면 양동리 223

양동마을 최고의 명당으로 매일 '참을 인(忍)' 자 백번을 쓰라는 손소(孫昭) 선생의 훌륭한 가르침이 있는 서백당에 손소 선생이 600년 전 직접 심은 향나무이다. 우람한 근육질의 남성미가 넘치는 모습이 대단한 장관을 이룬다.

서산 ◆ 송곡서원(松谷書院) 향나무

100

‖ 충청남도 서산시 인지면 애정리 494

서산에서 배출된 향현들을 제향하는 송곡서원의 입구 양측에 있는 향나무로, 서산 유윤(瑞山 柳潤)이 세종 2년(1420)에 단종의 폐위를 보고 낙향하여 정원수로 심었다고 전해진다. 2018년 천연기념물로 지정되었고, 두 그루 모두 빼어난 모습을 하고 있으며 수령은 약 600년 정도 된다.

순천 ◆ 천자암 쌍향수(天子庵 雙香樹)

101

‖ 전라남도 순천시 송광면 이읍리 2

송광사의 말사인 천자암에 있는 나무로 높이 12.5m, 둘레 3.98m, 수령은 약 800년 정도로 보고 있고, 그 모양이 극히 수려하여 보는 순간 경외심이 느껴지는 나무다. 조계산에 천자암을 짓고 수도하던 보조국사 지눌(普照國師 知訥)이 중국에서 돌아올 때 짚고 온 지팡이

두 개를 나란히 꽂은 것이 뿌리를 내려 자랐다고 전해진다. 천자암으로 오르는 시멘트 도로는 상태가 아주 좋지는 않지만 헤어핀이나 급커브가 없어 오를만하다. 천자암 도착 조금 전에 작은 주차공간에 주차하고 천자암까지 걸어간다. 단, 중간에 내비게이션 안내가 끊어지니 미리 지도를 익히고 가야 한다.

이 밖에도 천연기념물로 지정된 아름다운 향나무가 전국에 많이 있다.

- 서울 선농단 향나무: 서울특별시 동대문구 제기동 274-1
- 서울 창덕궁 향나무: 서울특별시 종로구 와룡동 2-71
- 안동 주하리 뚝향나무: 경상북도 안동시 와룡면 태리금산로 242-5
- 양주 양지리 향나무: 경기도 남양주시 오남읍 양지리 530
- 울진 죽변 향나무: 경상북도 울진군 죽변면 후정리 297-2
- 울진 후정리 향나무: 경상북도 울진군 죽변면 후정리 297-2
- 청송 안덕면 향나무: 경상북도 청송군 안덕면 장전리 118-2

17

남한강변의 폐사지 (廢寺址)들

남한강과 섬강이 만나는 교통의 요지였던 흥원창(興元倉)은 고려와 조선 시대에 조창으로 지정되고 그로 인해 이 일대를 중심으로 수많은 사찰이 번성했으나 유구한 시간이 흐른 지금은 폐사지로 남아 있다. 특히 남한강변의 청룡사지, 거돈사지, 법천사지, 흥법사지, 고달사지 등은 전국의 수천 개 폐사지 중 10선에 손꼽히는 귀중한 곳들로 현재 세계문화유산 등재를 위해 노력 중이다. 고즈넉한 남한강변 폐사지들을 찾아 천년의 시간과 조우해 보는 것도 뜻깊은 여정이 될 것이다.

kakaomap
실제 서비스 이미지와 다를 수 있음

원주 ◆ 거돈사지(居頓寺址)

‖ 강원도 원주시 부론면 정산리 143-1

102

신라시대에 창건되어 고려 시대 초기에 대찰의 면모를 이루다 폐사된 절터다. 원공국사승묘탑비, 삼층석탑 등이 보물로 지정되어 있다.

원주 ◆ 법천사지(法泉寺址)

‖ 강원도 원주시 부론면 법천리 666-2

103

신라시대에 창건되고 고려 때 대대적으로 중창된 절이지만 임진왜란 때 소실된 것으로 알려져 있다. 국보인 지광국사탑비(智光國師塔碑)가 천년의 세월을 버티고 있고, 그 앞에 역시 국보 지광국사탑(智光國師塔)이 있었으나 지금은 보수를 위해 문화재보존과학센터로 옮겨졌으며 곧 법홍사지전시관이 건립되면 복귀될 예정이다. 법천사지는 지금도 문화재 발굴 작업이 진행 중이다.

원주 ◆ 홍법사지(興法寺址)

‖ 강원도 원주시 지정면 안창리 517-2

104

거돈사지, 법천사지와 함께 원주에 있는 3대 폐사지로 법천사지와 같은 흥망의 역사를 가진 절터다. 국보인 염거화상탑(廉居和尙塔)과 보물인 진공대사탑비(眞空大師塔碑), 그의 사리를 담은 석관(石棺)은 국립중앙박물관에 보관 중이며, 현재는 보물인 삼층석탑(三層石塔)과 귀부, 이수만 남은 진공대사탑비(眞空大師塔碑)만이 홍법사지를 지키고 있다.

여주 ◆ 고달사지(高達寺址)

105

‖ 경기도 여주시 북내면 상교리 421-5(인근)

신라 경덕왕 때 창건한 사찰로 경내의 모든 석조 문화재들을 만든 '고달(高達)'이라는 석공이 훗날 도를 이루어 큰 스님이 되어 고달사라고 불린다는 전설이 전해지는 곳이다. 국보인 고달사지승탑(高達寺址僧塔)과 보물인 원종대사탑(元宗大師塔), 탑비, 석조대좌, 쌍사자석등 등이 있다.

충주 ◆ 청룡사지(靑龍寺址)

106

‖ 충청북도 충주시 소태면 오량리 558-1(진입로)

정확한 창건 연대가 알려지지 않았지만 고려 말기에 세워진 것으로 추정되는 폐사지로, 고려 말 많은 임금들이 궁궐로 모시려 했으나 거절했던 고승 보각국사(普覺國師)가 기거하던 곳으로 알려져 있다. 보각국사 사후에 태조 이성계는 '보각'이라는 시호를 내리고, '정혜원륭'이란 이름의 탑을 세우도록 했는데 이 탑이 국보인 보각국사탑(普覺國師塔)이다. 이외에도 보물인 사자석등(獅子石燈)과 청룡사지 보각국사탑비(普覺國師塔碑) 등이 남아 있다.

바이크 투어 길라잡이

PART 2

권역별 묶음 투어 코스

1

| 강원도 권역 |

소양강 꼬부랑길

소양강 꼬부랑길 루트

| **시작점** | 강원도 춘천시 북산면 추곡리 169-27(추곡약수삼거리)

| **경유1** | **춘천 추전리:** 강원도 춘천시 북산면 추전리 산73-3

| **경유2** | **양구 수인리:** 강원도 양구군 양구읍 수인리 378-4

| **경유3** | **양구 꼬부랑길 전망대 쉼터:** 강원도 양구군 양구읍 웅진리 349-7

| **경유4** | **양구 이해인(李海仁) 시의 동산:** 강원도 양구군 양구읍 웅진리 87-6

| **경유5** | **양구 꼬부랑길 휴게소:** 강원도 양구군 양구읍 웅진리 산 67-9

| **끝점** | **학조리사거리:** 강원 양구군 양구읍 학조리 221-2

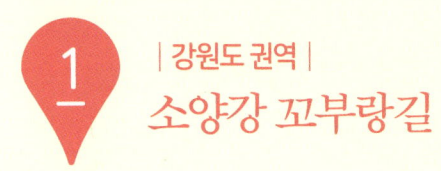

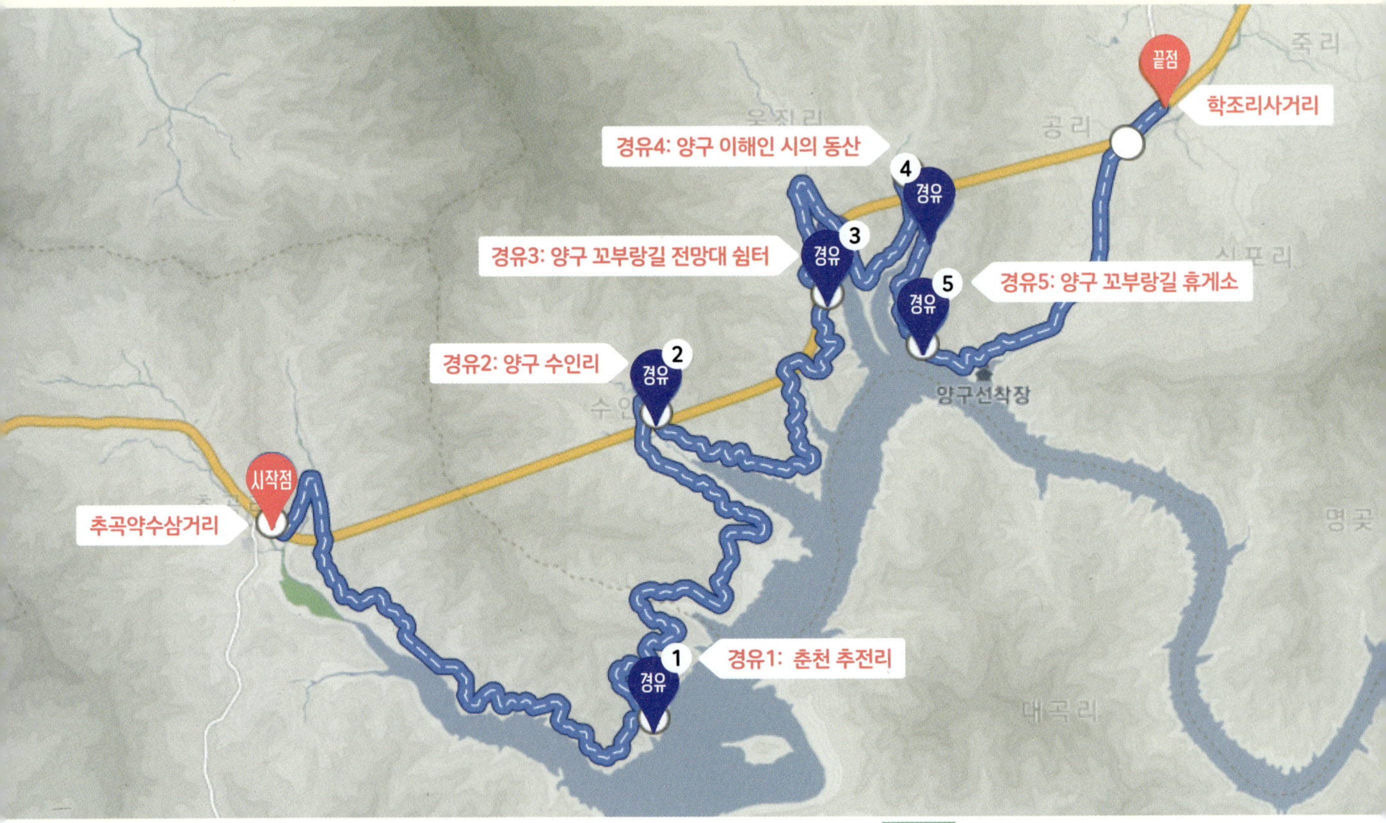

kakaomap
실제 서비스 이미지와 다를 수 있음

소양강 ◆ 꼬부랑길

107

우리나라 최대의 다목적 댐이며 내륙의 바다로 불리는 소양호는 아쉽게도 일주도로는 없지만, 라이더들이 꼽은 국내 10대 라이딩 코스 중 하나인 '소양강 꼬부랑길'이 있다. 꼬부랑길은 춘천~양구를 잇는 국도 제46호선이 개설되기 전까지 두곳을 잇던 옛길로 2021년부터 양구군이 양구읍 석현리~수인리의 20㎞ 구간에 체험 숲, 전망대, 조형물, 산책로, 주차장, 휴게 쉼터를 설치하여 라이딩 코스 겸 드라이브 코스로 개발한 곳이다. 추곡리, 수인리, 웅진리, 석현리, 학조리까지 소양강 변을 따라 이어지는 이 길은 간간이 소양호가 조망되는 굽잇길이 쉴 틈 없이 이어져 있어 라이더들이 와인딩을 즐기기에 최적의 코스이다. 코스 중간 소양호 조망이 좋은 두 곳에 전망대가 있어 소양호를 바라보며 쉬어 가기도 좋다.

소양강 꼬부랑길은 춘천과 양구의 경계 지점인 양구읍 수인리 190-10에서부터 시작되지만, 보통은 추곡약수삼거리에서부터 종주를 시작한다. 반드시 5개의 경유지 모두를 차례대로 입력해야 꼬부랑길을 완벽하게 일주할 수 있으니 유념하기를 바란다.

꼬부랑길에 숨어있어 소양호 절경을 만끽할 수 있는 웅진리 소양강 전망대 쉼터는 소양강 꼬부랑길 안내 조형물이 크게 설치되어 있는 곳이다. 큰길 안쪽에 요정의 집 같은 작은 카페가 있어 잠시 쉬어가기 좋다. 근처에 소양호 조망이 좋은 전망대와 포토존도 있다.

양구 이해인(李海仁) 시의 동산

강원도 양구 출신의 이해인 수녀를 기념하기 위해 조성된 동산으로 10여 개의 이해인 시인 시비가 있어 조용히 쉬어 가기 좋은 곳이다.

양구 꼬부랑길 휴게소

이해인 시의 동산에서 양구 쪽으로 1.3㎞ 더 가면 전망대와 정자, 화장실이 있는 휴게소가 하나 더 있다.

양구 학조리 사거리

소양강 꼬부랑길은 여기서 끝난다. 인근 파로호나 평화의 댐, 성곡령, 돌산령 등과 연계하여 투어를 기획해도 좋을 것이다.

이해인 시의 동산

소양강 꼬부랑길 휴게소

| 강원도 권역 |

2 정선 굽잇길

국도 제59호선 정선 덕우삼거리에서 지방도 제424호선 백전리 합수교에 이르는 정선 소금강로는 정선 투어의 핵심이라고 할 수 있다. 물론 위쪽 여량면이나 임계면 쪽에도 명소들이 많이 있지만 소금강로를 따라 아래, 위로 이어지는 길들은 어느 곳 하나도 버릴 게 없는 도로들이다. 정선 소금강로 주변의 투어지들을 짚어 본다.

kakaomap
실제 서비스 이미지와 다를 수 있음

정선 ◆ 문치재(門峙岾)

108

‖ 강원도 정선군 화암면 북동리 107-1

정선 시내에서 지방도 제424호선 소금강로를 따라가다 화암동굴 못미처 북동리 마을로 들어가면 만나게 되는 문치재는 지리산 지안재를 연상하게 하는 멋진 굽잇길이다.

정선 ◆ 화암약수(畵岩藥水)

109

‖ 강원도 정선군 화암면 화암리 1179-1

소금강로 화암동굴 조금 지나 남면으로 빠지는 약수 길을 가다 보면 화암약수가 나온다. 화암약수도 좋지만, 남면까지 이르는 화암약수 길 자체도 환상적인 명품 길이다.

정선 ◆ 화암(畵岩)동굴

110

‖ 강원도 정선군 화암면 화암리 산248

화암동굴은 금광산과 석회석 천연동굴이 함께 있는 동굴로 천연기념물 557호로 지정된 곳이다. 유석폭포, 대형석순, 석주 등이 있는 동굴 내부 광장은 화암동굴의 백미로 압도적인 비경을 보여준다. 화암동굴 전체를 둘러보는데 약 1시간 30분 정도가 소요된다.

정선 ◆ 벌문재(筏文岾)

‖ 강원도 정선군 화암면 화암리 산54-4

111

소금강로에서 임계 방향으로 지방도 제421호선을 타면 벌문재로가 나오는데 굽잇길이 일품인 A급 와인딩 루트이다. 벌문재 정상에서 내려다보면 올라온 굽잇길이 아주 멋지게 조망된다.

정선 ◆ 바위솔

‖ 강원도 정선군 화암면 몰운리 529-2

112

지방도 제424호선 소금강 표지석 바로 못 미쳐 너덜바위 지대가 나오는데 이곳에 석회질이 많은 바위 표면에 붙어서 자라다가 비교적 늦은 가을에 꽃을 피우는 바위솔이 군락을 이루고 있다. 특히 정선 바위솔은 씨앗 주머니에 붉은 구슬 같은 씨앗이 가득 들어 있으며, 오색의 단풍과 어울려 화려한 모습을 보여준다.

너덜바위 군락도 멋지고 바로 앞 나무 덱(deck) 전망대에서 바라보는 소금강 풍광도 멋지다.

정선 ◆ 소금강(小金剛)

‖ 강원도 정선군 화암면 몰운리 산109-1(소금강표지석)

113

지방도 제424호선 소금강 표지석이 있는 계곡의 중심부로, 강 건너편의 절벽 모습이 무척 아름다운 곳이다.

정선 ◆ 몰운대(沒雲臺)

114

‖ 강원도 정선군 화암면 몰운리 산43-2

수백 척 깎아지른 절벽이 오금을 저리게 만드는 몰운대는 화암 8경 중 제7경으로, 몰운대 표지석 앞에 주차 후 5분 정도 걸어 들어가면 까마득한 몰운대 절벽 위에 이르게 된다.

●정선 민둥산로

‖ 강원도 정선군 남면 무릉리 148-6

소금강로 몰운리를 지나 남면 증산초등학교 방향으로 가는 지방도 제421번 구간 중 민둥산을 지나는 길로 가을 억새로 유명하며, 굽잇길이 멋진 도로다.

●정선 송이재(松蓰岾)길

‖ 강원도 정선군 화암면 건천리 산392-2

소금강로에서 건천리를 거쳐 임계로 가는 길로, 중간에 벌문재로와 합류하는 도로이다. 송이재길 정상에 나무 덱(deck) 전망대가 설치되어 있다.

3

| 강원도 권역 |

동강(東江) 굽잇길

한강 상류 지역의 조양강이 정선읍 일대에서 오대천, 어천, 지장천을 만나 합류하면서 동강을 이루는데, 영월읍의 동쪽에 있는 강이라는 뜻으로 동강이라 부르고, 영월읍의 서쪽에 있는 강은 서강이라 부른다. 길이는 대략 65㎞ 정도이며, 경치가 빼어나고 기암절벽이 많으며 생태계도 잘 보존된 청정지역이라서 2002년 환경부에서 '동강생태경관보전지역'으로 지정해 관리 중이다. 보통 동강길이라 하면 정선 용탄리에서 귤암리, 가수리, 고성리를 거쳐 정선 예미리까지 이르는 도로를 말하는데, 굽이굽이 동강을 끼고 도는 강변길이라 운치 있고 경치도 아름답다. 동강길을 지나며 들리는 정겨운 곳들을 스케치해 본다.

kakaomap
실제 서비스 이미지와 다를 수 있음

정선 솔치삼거리

‖ 강원도 정선군 정선읍 용탄리 산167-10

구 국도 제42호선에서 동강으로 접어드는 동강 투어의 시작점이다.

정선 귤암리(橘岩里) 할미꽃마을

‖ 강원도 정선군 정선읍 귤암리 40-1

동강 초입에 귤암리 할미꽃 펜션 마을이 있는데, 할미꽃마을 쉼터에서의 풍경도 꽤 근사하다.

| **경유1** | 강원도 정선군 정선읍 귤암리 800-1(귤암교)

| **경유2** | 강원도 정선군 정선읍 가수리 산366-1(가수리)

귤암리 할미꽃마을

동강길

정선 ◆ 가수분교(佳水分校) 앞

‖ 강원도 정선군 정선읍 가수리 198

115

'물이 아름다운 마을'이라는 뜻의 가수리는 동강 투어 시 쉬어 가는 지점이며, 가수리의 상징 같은 큰 느티나무가 편안한 쉼터를 내어주는 곳이다. 가수분교 앞은 조양강과 지장천이 합쳐지면서 명칭이 동강으로 바뀌는 지점이기도 하다.

● 정선 오송정(五松亭)

‖ 강원 정선군 정선읍 가수리 산18

가수분교 앞 수미쉼터 뒤로 올라가면 절벽 위에 멋진 소나무 두 그루가 서 있다. 원래 다섯 그루였으나 나라에 큰 변고가 있을 때마다 하나씩 죽어 현재 두 그루만 남아 있다.

정선 ◆ 나리소 전망대

‖ 도로 옆: 강원도 정선군 신동읍 고성리 산6-4

116

동강의 비경 중 하나인 깊이 12m의 나리소를 길가에서 바로 조망할 수 있는 곳이다

| **산 조망** | 강원도 정선군 신동읍 고성리 산 5-1(나리소 탐방길 입구)

도로변에 있는 나리소 전망대를 지나 280m 정도 더 가면 산으로 올라가는 나리소 탐방로 입구가 나온다. 이 길을 따라 십여 분 가파른 등산을 하면 나리소가 한눈에 보이는 멋진 전망이 나온다.

정선 ◆ 동강전망 자연휴양림

‖ 강원도 정선군 신동읍 운치리 산239

나리소 전망대를 지나 굽잇길을 오르면 동강의 아름다운 전망을 볼 수 있는 자연휴양림과 오토캠핑장이 있다.

● 정선 고성리(古城里) 산성

‖ 강원 정선군 신동읍 고성리 803-3(진입로 입구)

삼국시대에 축조된 것으로 추정되는 산성으로 해발 425m의 산능선을 따라 돌로 쌓은 성이다. 고성리 산성 입구에서 다리를 건너 300m쯤 오르면 도로가 끝나는 갈림길이 나오는데, 여기에 차를 주차하고 돌계단과 완만한 산길을 10분 정도 걸어서 오르면 산성이 나타난다.

● 정선 제장(制場)마을

‖ 강원도 정선군 신동읍 덕천리 317-15

동강의 깎아지른 절벽을 뜻하는 웅장한 뼝대(바위로 이루어진 높고 큰 낭떠러지. 강원 지방의 방언이다.)의 모습을 바로 눈앞에서 볼 있는 오지마을이다.

● 정선 연포(硯浦)마을

‖ 강원도 정선군 신동읍 덕천리 346-7

동강의 비경을 가까이서 볼 수 있는 오지마을로, 여기서 길이 끝나는 막다른 곳이라서 차를 돌려 나와야 한다.

평창 칠족령(漆足嶺) 전망대

‖ 강원도 평창군 미탄면 마하리 84-1

백룡동굴 방문자 안내센터 앞에서 칠족령, 백운산으로 오르는 완만한 등산로를 따라 1.6㎞(30~40분 소요)를 걸어 오르면 칠족령 전망대를 만난다. 동강 최고의 비경으로 알려진 곳으로, 조금 힘들더라도 꼭 가보기를 권한다.

정선 고성(古城)터널

‖ 강원도 정선군 신동읍 고성리 40-3

1985년 이 지역에 수도관을 묻으면서 생겨난 도수터널로 좁고 어두워 시멘트 갱도와 다름없으며, 신호등, 조명, 내부 차량교행 공간 등 안전시설이 전혀 없는 곳이라 교행 시 각별한 주의가 필요하다. 최근 자연재해 위험 개선지구로 지정되어 새로운 터널 공사가 계획 중이다.

영월 둥글바위

‖ 강원도 영월군 영월읍 삼옥리 1617-1(주차장)

삼옥리 동강 절벽 아래에 하천의 침식작용으로 인해 만들어진 자연암으로, 평평한 너럭바위와 둥그런 둥글바위가 하나의 세트처럼 서 있다. 조금 더 가면 절벽동굴도 볼 수 있다.

4

| 강원도 권역 |

오장폭포 / 구미정 / 월루길

정선의 아우라지는 골지천과 송천이 만나 한강의 본류인 조양강을 이루는 곳으로, 두 물줄기가 한데 어우러진다는 뜻에서 이름이 유래됐으며 정선 아리랑의 발생지이다. 아우라지를 기준으로 북쪽 송천의 오장폭포와 동쪽 골지천의 구미정은 정선의 대표적인 관광명소로서 한 번쯤 둘러볼 만한 멋진 곳이다.

kakaomap
실제 서비스 이미지와 다를 수 있음

정선 ◆ 오장폭포(五臧瀑布)

‖ 강원도 정선군 여량면 구절리 산2-3 118

지방도 제415호선 노추산로에 있는 높이 127m의 우리나라 최대 인공폭포로 백석폭포와 함께 정선의 대표적인 폭포다. 지상의 물을 끌어 올려서 낙하시키는 방식은 아니지만, 상부에서 내려오는 물줄기를 콘크리트 구조물을 이용해서 인위적으로 돌렸기 때문에 인공폭포로 분류한다.

정선 ◆ 구미정(九美亭)

‖ 강원도 정선군 임계면 봉산리 523-1 119

구미정은 조선 숙종 때 공조참의를 역임한 이자(李慈) 선생이 당파 싸움에 환멸을 느껴 관직을 사직하고 내려와 지은 정자로, 주변의 아홉 가지 아름다움을 즐길 수 있는 곳이라 하여 '구미정'이라 이름 지은 곳이다. 수많은 드라마와 영화의 촬영지이기도 하다.

정선 ◆ 왕치산 월루(王峙山 月樓)길

‖ 강원도 정선군 임계면 반천리 산4-2 120

높이 902m의 왕치산을 넘어가는 좁은 임도로 피톤치드의 맑은 기운과 왕치산의 푸른 숲을 감상할 수 있는 아름다운 산길이다.

5

| 강원도 권역 |

관동(關東) 8경

관동팔경은 대관령 동쪽 해안의 경치가 수려한 통천 총석정, 고성 삼일포, 간성 청간정, 양양 낙산사, 강릉 경포대, 삼척 죽서루, 울진 망양정, 평해 월송정 등 여덟 곳을 말한다. 이 중에서 북한지역에 있는 총석정과 삼일포를 제외하면 우리나라에는 여섯 곳이 있는데 모두 경치가 수려하다.

kakaomap

실제 서비스 이미지와 다를 수 있음

고성 ◆ 청간정(淸澗亭)

121

‖ 강원도 고성군 토성면 청간리 89-2

동해안 기암절벽 위에 세워진 정자로 정확한 창건 연대는 알 수 없으나 정자를 둘러싼 울창한 소나무 숲, 절벽에서 바라보는 동해의 만경창파와 주변 풍경, 일출과 월출의 장엄함은 관동팔경 중에서도 으뜸으로 꼽힌다.

양양 ◆ 낙산사(洛山寺)

122

‖ 강원도 양양군 강현면 전진리 산8-2(주차장)

금강산, 설악산과 함께 관동 3대 명산이라는 오봉산 자락에 지어진 절로 강화 보문사, 남해 보리암, 여수 향일암과 함께 우리나라 4대 관음성지로 불리는 곳이다. 2005년 설악산 산불로 원통보전과 범종각을 비롯한 15채의 전각과 보물인 동종, 그리고 사찰 주변의 울창한 산림을 모두 잃었다가 다시 중창했으며, 경내 의상대와 홍련암에서 바라보는 경치가 빼어나 늘 관광객들로 붐비는 곳이다.

강릉 ◆ 경포대(鏡浦臺)

123

‖ 강원도 강릉시 경포로 365

고려 후기 강원도 존무사(存撫使)인 박숙정(朴淑貞)이 건립한 누각으로 앞면 5칸, 옆면 5칸 규모이며, 지붕은 팔각 형태이고 48개의 기둥을 갖추고 있다. 송강 정철은 저녁에 달빛이 내리면 하늘, 바다, 호수, 술잔, 님의 눈동자에서 다섯 개의 달을 볼 수 있다고 노래했으며, 동해 제일의 달맞이 명소이기도 하다.

삼척 ◆ 죽서루(竹西樓)

124

‖ 강원도 삼척시 성내동 23-2(주차장)

강원도 삼척시 서쪽 오십천 강가에 솟아오른 절벽 위 자연 암반을 반석 삼아 서로 다른 길이의 13개 기둥을 받쳐 지었으며, 관동팔경 정자 중 가장 크다. 바다 근처에 있는 다른 정자들과 달리 강을 끼고 있는 유일한 정자로 오십천 건너에서 바라보는 죽서루의 풍광도 아주 수려하다.

울진 ◆ 망양정(望洋亭)

125

‖ 경상북도 울진군 근남면 산포리 716-2

망양해수욕장 근처 언덕에 있는 누정(누각과 정자의 줄인 말)으로 언덕 아래로 동해의 망망대해가 한눈에 들어오고 예로부터 해돋이와 달을 구경하는 명소로 알려져 있다. 조선시대 숙종 대왕이 관동팔경 중 망양정이 가장 아름답다며 친히 '관동제일루(關東第一樓)'라는 글씨를 하사해서 현판으로 걸었다고 한다.

울진 ◆ 망양정(望洋亭) 옛터

‖ 경상북도 울진군 기성면 망양리 산69-1

126

망양정을 지금의 망양해수욕장 자리로 옮기기 전까지 원래 망양정이 있던 곳이다. 지금도 정자가 남아 있고 풍광도 수려하지만, 옛터이기에 망양정이란 현판은 이곳에 없다.

울진 ◆ 월송정(越松亭)

‖ 경상북도 울진군 평해읍 월송리 401-4(주차장)

127

고려시대에 창건되었다가 세월이 흐르면서 낡아 무너진 것을 1980년에 고려시대의 양식을 본떠 다시 세운 정자다. 월송정이라는 이름은 신라 화랑들이 울창한 소나무 숲에서 달을 즐겼다 하여 붙여진 이름이라는 설과 월국에서 송묘를 가져다가 심어서 붙여진 이름이라는 두 가지 설이 있다. 망양정과 함께 동해안의 손꼽히는 일출 명소로 알려져 있다.

6

| 강원도 권역 |

철원(鐵原) 9경

한탄강이 흐르는 철원, 포천, 연천은 전국 어디에 내놓아도 뒤지지 않을 천혜의 비경을 간직한 곳으로, 유네스코에서 한탄강을 세계지질공원으로 지정하면서 주목을 받기 시작했다. 앞으로 관광자원 개발이 더 활발해지고, 가장 많은 관광객 증가가 이루어질 곳으로 예상된다. 예전 철원 8경에서 도피안사, 토교저수지, 제2땅굴을 빼고 대신 소이산, 용양늪, 송대소주상절리, 학저수지를 추가하여 철원 9경으로 새롭게 지정했다.

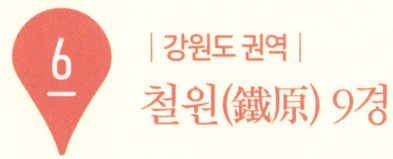

kakaomap
실제 서비스 이미지와 다를 수 있음

철원 ◆ 고석정(孤石亭)

128

‖ 강원도 철원군 동송읍 장흥리 20-15(주차장)

우뚝 솟은 고석바위, 정자, 그 일대 계곡을 통틀어 고석정이라 부르는데, 철원 제1의 명승으로 천혜의 비경을 간직한 곳이다. 드라마 '임꺽정'의 배경지로 알려진 곳이다.

철원 ◆ 삼부연(三釜淵)폭포

129

‖ 강원도 철원군 갈말읍 신철원리 산26-56

폭포의 물이 떨어지는 세 곳이 마치 가마솥과 같다 하여 삼부연폭포라 부른다. 철원 3대 폭포 중 가장 웅장하고 아름다운 곳으로 물이 거의 마르지 않는다.

철원 ◆ 직탕(直湯)폭포

130

‖ 강원도 철원군 동송읍 장흥리 336-3(식당 인근)

폭 80m 높이 3m의 폭포로 한국의 나이아가라라고 말하지만 다소 과장된 측면이 있다. 현무암 주상절리가 늘어선 모습이 멋지고 여름에 수량이 풍부할 때는 꽤 볼만한 곳이다.

철원 ◆ 매월대(梅月臺)폭포

131

‖ 강원도 철원군 근남면 잠곡리 222-5(주차장)

수양대군의 왕위 찬탈에 비분강개한 매월당 김시습(梅月堂 金時習)이 찾아와 소일하던 곳이라서 매월대폭포라 부르며, 복계산의 풍부한 수량 덕분에 사계절 물이 마르지 않는 곳이다.

철원 ◆ 순담(蓴潭)계곡

132

‖ 강원도 철원군 갈말읍 군탄리산 171-4(입구 식당가)

고석정 인근에 있으며, 기묘한 바위와 절벽 그리고 계곡에선 보기 힘든 백사장까지 있는 곳이다. 늘 많은 관광객이 모이는 곳으로 얼마전 전망대와 주상절리 잔도길이 완공되었다.

철원 ◆ 소이산(所伊山)전망대

133

‖ 강원도 철원군 철원읍 사요리 389-1(진입로 입구)

군사지역으로 출입 금지였다가 2012년 60여 년 만에 일반에게 공개된 곳이다. 높이 362m의 낮은 산이지만 철원평야 위에 홀로 솟아 있어 전망대에 서면 백마고지, 철원역, 제2땅굴, 노동당사, 철원평야와 북한지역까지 360도의 경치가 한눈에 들어온다. 특히 재송평(裁松平)이라 불리는 철원평야의 광활한 풍경이 가히 장관이다. 전망대 진입로 입구에 차단봉이 있는 붉은색 도로를 따라 바이크로 정상까지 갈 수 있으나 중간에 노면이 좋지 않은 비포장도로가 있으니 주의한다.

철원 ◆ 용양(龍楊)늪

134

‖ 강원도 철원군 김화읍 생창길 481-1(방문자센터)

DMZ 내에 조성된 농업용 저수지인 용양보로 인해 생겨난 습지로 휴전 후 사람의 발길이 전혀 닿지 않아 많은 동식물의 낙원이 되었다. 왕버들 군락이 분포하는 습지로서, 두루미, 고니, 가마우지 등 다양한 철새가 찾아오는 곳이다.

철원 ◆ 송대소 주상절리(松臺沼 柱狀節理)

135

‖ 은하수교: 강원도 철원군 갈말읍 상사리1295

‖ 송대소 전망대: 강원도 철원군 동송읍 장흥리 2462

주상절리는 화산 폭발로 분출된 용암이 식으면서 수축 작용 때문에 수직의 돌기둥 모양으로 갈라진 절리를 말하는데, 송대소 절벽은 높이가 30m에 달하고 절벽을 휘감고 도는 한탄강과 조화를 이뤄 아름다운 풍광을 보여준다. 인근 은하수교 위나 송대소 전망대 두 곳에서 감상할 수 있다.

철원 ◆ 학저수지 여명(黎明)

136

‖ 강원도 철원군 동송읍 도피동길 72-1

1921년 일제 강점기에 만들어진 학저수지는 이른 새벽이면 수만 마리의 철새들이 동트는 여명과 함께 일제히 비상하며 하늘을 뒤덮는 장관을 연출하는 곳이다. 새벽 동트는 모습과 저녁노을이 모두 아름다운 곳으로, 2013년 생태탐방로가 조성되어 산책하기도 좋다.

철원 8경이 철원 9경으로 바뀌면서 제외된 도피안사와 토교저수지도 들러볼 만한 멋진 곳들이다.

철원 ◆ 토교(土橋)저수지

137

‖ 강원도 철원군 동송읍 양지길117

철원평야에 농업용수를 공급하기 위해 조성된 인공저수지로, 겨울철 두루미 등 철새의 서식지로도 유명하다.

철원 ◆ 화개산 도피안사(花開山 到彼岸寺)

138

‖ 강원도 철원군 동송읍 도피동길 23

신라 경문왕 5년에 도선국사(道詵國師)가 창건했으며, 영원한 안식처에 이른다는 뜻의 아름다운 이름을 지닌 고찰이다. 신라시대 불교예술의 정수로 알려진 국보 '철조비로자나불 좌상'을 볼 수 있고, 인근에 노동당사, 소이산이 있다.

| 강원도 권역 |

7 삼척로(三陟路)

삼척로는 원덕읍 갈령치에서 오분동 오봉교차로까지 이어진 강원도의 멋진 도로로 도화동산, 임원항, 수로부인헌화공원, 해신당공원, 장호항, 초곡항, 맹방해안을 경유한다.

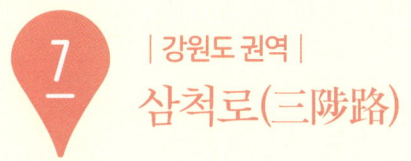

kakaomap
실제 서비스 이미지와 다를 수 있음

울진 ◆ 도화(道花)동산

‖ 경상북도 울진군 북면 나곡리 산23-3

139

2000년 4월 12일에 사상 최대의 동해안 산불이 삼척에서 울진으로 번지기 시작하자 민관군이 합심하여 22시간 만에 산불을 진화한 것을 기념하기 위해 도화(道花)인 배롱나무를 심어 조성한 꽃동산이다. 동산의 배롱나무와 정자에서 내려다보는 국도 제7호선과 동해 바다의 경치가 아주 근사한 곳이다.

삼척 ◆ 수로부인헌화(水路夫人獻花)공원

‖ 강원도 삼척시 원덕읍 임원리 124-22(매표소)

‖ 강원도 삼척시 원덕읍 임원리 산284-5(임도 진입로 입구)

140

임원항 인근 매표소에서 승강기를 타고 50m 오른 후 갑판 길을 따라가면 수로부인헌화공원에 도착하는데 거대한 수로부인 조형물과 동해의 모습이 멋진 경관을 자랑한다. 바이크로 공원까지 올라가려면 임도인 군사 도로를 이용해야 한다.

삼척 ◆ 해신당(海神堂)공원

‖ 강원도 삼척시 원덕읍 갈남리 303-25(1매표소)

‖ 강원도 삼척시 원덕읍 갈남리 산21-18(2매표소)

141

동해안 유일의 남근숭배 민속이 전해 내려오는 어촌마을 근처에 건립한 해신당공원은 해학적인 웃음을 자아내는 남근조각공원이며, 갑판으로 된 산책로와 바다 전망이 좋은 곳이다.

삼척 ◆ 장호항(莊湖港)

‖ 강원도 삼척시 근덕면 장호리 1-3

142

동양의 나폴리로 불리는 장호항은 인근 용화 해수욕장의 하얀 백사장과 에메랄드빛 바다, 그리고 기암괴석이 어우러져 장관을 이루는 아름다운 해변이다.

삼척 ◆ 초곡항(草谷港) 용굴촛대바위길

‖ 강원도 삼척시 근덕면 초곡리 20-38

143

초곡항에서 구렁이가 용으로 승천한 장소라는 전설을 갖고 있는 초곡용굴에 이르는 바닷길로 해금강이라는 애칭을 가지고 있다. 부근 일대에 갖가지 아름다운 바위들이 즐비하게 자리잡고 있으며, 특히 초곡 용굴 촛대바위는 깨끗한 바다와 어우러져 멋진 경관을 뽐낸다.

삼척 ◆ 공양왕(恭讓王)길

‖ 강원도 삼척시 근덕면 동막리 산41-3

144

궁촌항에서 대진항으로 이어지는 길로, 4km의 굽이굽이 아름다운 길 시작점 인근에 공양왕릉이 있어 공양왕로로 불리며, 고든재라는 고개를 넘어간다.

8

| 강원도 권역 |

법흥사 / 요선암 / 요선정

안흥에서 지방도 제411호선을 타고 신림면 쪽으로 가다 주천강 자락을 따라 무릉도원으로 향하면 영축산 통도사, 오대산 월정사, 설악산 봉정암, 태백산 정암사와 더불어 우리나라 5대 적멸보궁 중 하나인 사자산 법흥사와 수려한 경관의 요선암, 요선정을 만나게 된다. 아름다운 주천강과 함께 한 번쯤 둘러봐야 할 투어지이다.

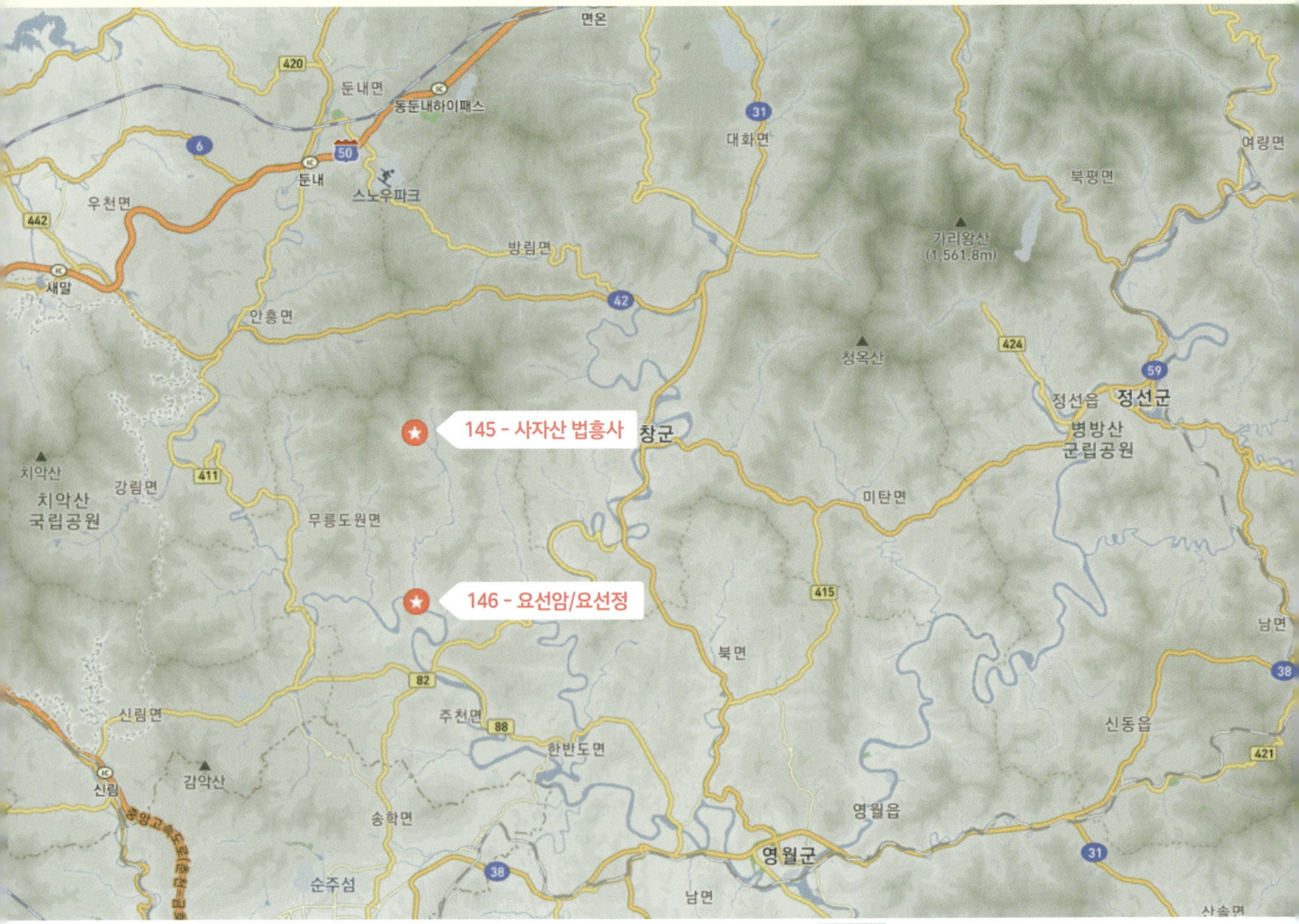

kakaomap
실제 서비스 이미지와 다를 수 있음

영월 ◆ 사자산 법흥사(獅子山 法興寺)

‖ 강원도 영월군 무릉도원면 법흥리 422-1

145

신라시대 자장율사(慈藏律師)가 창건한 사찰로 월정사의 말사이며, 부처님 진신사리가 모셔진 우리나라 5대 적멸보궁 중 한 곳이다.

영월 ◆ 요선암(邀仙岩)

‖ 강원도 영월군 무릉도원면 무릉리 1362-1

146

아름다운 주천강 자락에 자리 잡은 영월 10경 요선암은 천연기념물 543호이며, 여러 개의 돌개구멍이 복합적으로 발달한 지형으로 수려한 경관을 자랑한다. 신선이 노닐던 바위라는 요선암은 순창 장군목, 청송 백석탄, 가평 항아리 바위 등과 함께 우리나라 대표적인 포트홀 지형의 아름다운 바위로 손꼽힌다.

● 영월 요선정

1913년 숙종, 영조, 정조가 편액을 하사한 어제시를 봉안하기 위하여 요선암이 있는 미륵암 바로 위에 정자를 짓고 요선정이라 불렀다. 주변에 석탑과 무릉리 마애불이 있으며, 마애불 인근 절벽 위 소나무와 주천강이 내려다보이는 경치가 아름답다.

9

| 강원도 권역 |

신리재 / 덕풍계곡 / 석개재

태백 통리에서 동활계곡과 덕풍계곡, 석개재를 지나 봉화 소천으로 이르는 도로는 라이더들이 많이 찾는 라이딩 코스이고, 특히 가을 단풍철에 더욱 아름다운 명품 길이다.

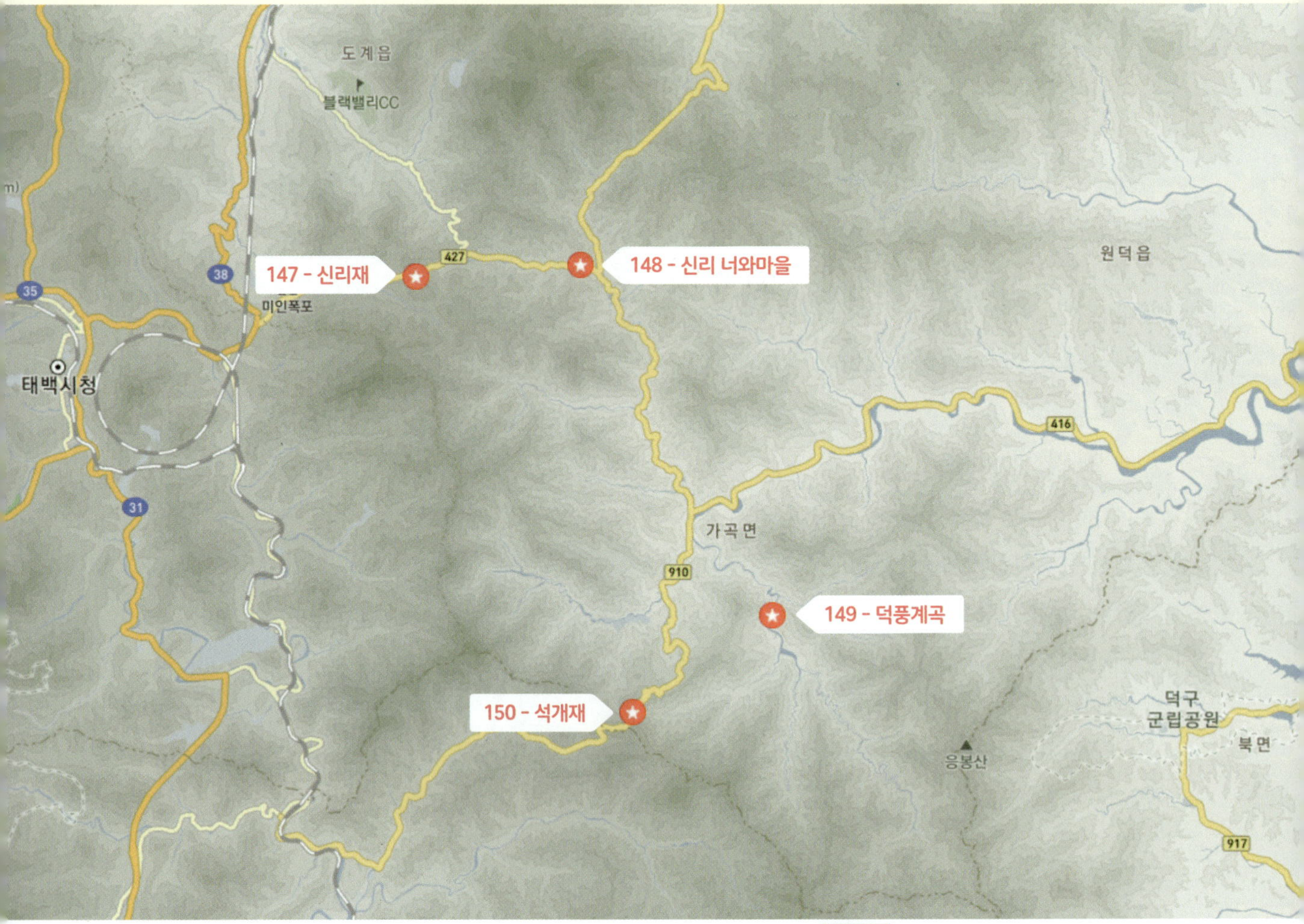

kakaomap
실제 서비스 이미지와 다를 수 있음

삼척 ◆ 신리재(新里岾)

147

‖ 강원도 삼척시 도계읍 구사리 산51-5

태백 통리에서 삼척 신리 너와마을로 넘어가는 옛길로 문의재로의 정취를 느낄 수 있는 고갯마루다. 고개 후반부터 내비게이션 안내가 잘 안 되니 참고하기를 바란다.

삼척 ◆ 신리(新里) 너와마을

148

‖ 강원도 삼척시 도계읍 신리 220-7

널빤지 형태의 나무로 지붕을 만든 전통가옥 중 하나인 너와집이 모여 있는 마을이다.

삼척 ◆ 덕풍(悳豐)계곡

149

‖ 강원도 삼척시 가곡면 풍곡리 산128-58

응봉산(999m) 북서쪽 아래 풍곡마을 입구에서 덕풍마을에 이르는 길이 6㎞의 계곡으로, 기암괴석으로 이루어진 수려한 산세를 따라 맑은 물이 흘러 내려와 여름 물놀이와 트래킹의 명소이다.

삼척 ◆ 석개재(石塏岾)

150

‖ 강원도 삼척시 가곡면 풍곡리 산128-62

강원도 삼척시와 태백시 그리고 경상북도 봉화군 사이에 위치하는 높이 1009.3m의 멋진 굽잇길로 다양한 야생화의 군락지이기도 하다. 지방도 제416호선과 제910호선이 이 고개를 통과한다.

10

| 강원도 권역 |

지방도 제446호선(김부대왕로 / 내린천로)

속초로 가는 국도 제44호선 어론리 다물교에서 시작해서 상남으로 이어지는 지방도 제446호선 김부대왕로와, 상남에서 미산계곡을 끼고돌며 홍천 원당삼거리까지 이어지는 지방도 제446호선 내린천로는 알만한 사람은 다 아는 최고의 라이딩 코스 중 하나다. 차량 통행이 뜸하고 주변에 부대가 많아 군사 도로 같은 느낌이 들지만 용소폭포, 갑둔리 비밀의 정원, 미산계곡, 개인약수 등 물 맑고 경치가 수려한 곳들이 많은 지역으로 특히 가을 단풍이 멋지다. 원당삼거리에서 좌로 가면 구룡령, 칡소폭포, 우로는 운두령으로 이어진다.

kakaomap
실제 서비스 이미지와 다를 수 있음

인제 ◆ 갑둔리(甲屯里) 비밀의 정원

151

‖ 강원도 인제군 남면 갑둔리 산121-1

가을 단풍과 겨울 상고대 사진으로 사진작가들에게 유명한 곳인 비밀의 정원은 단풍이 절정일 때는 길가에 사진작가들이 넘치지만, 평소에는 그냥 지나치기 쉬운 곳이다. 얼마 전 비밀의 정원 사진 포인트에 전망대와 주차장이 생겼다.

인제 ◆ 용소(龍沼)폭포

152

‖ 강원도 인제군 상남면 상남리 656 인근(진입로 입구)

많이 알려져 있지 않지만, 가을 단풍철이면 매우 아름다운 풍경을 자아내는 비밀스러운 곳으로, 폭포 모양이 하트처럼 생겨서 일명 하트폭포라고도 부른다.

인제 ◆ 개인약수(開仁藥水)

153

‖ 강원도 인제군 상남면 미산리 3-5

우리나라에서 가장 높은 곳에 있는 약수로 알려진 개인약수는 천연기념물이다. 내린천로에서 멋진 굽잇길을 약 5㎞ 정도 올라가면 개인약수로 가는 주차장이 나온다. 개인약수까지는 1㎞ 정도 멋진 원시림을 등산해야 하며 주차장 인근에 있는 너와집의 차와 식사도 괜찮은 편이다.

11

| 강원도 권역 |

평화의 댐 99굽잇길

강원도 화천군 화천읍과 강원도 양구군 방산면을 잇는 평화의 댐 99굽잇길은 바이크에 입문한 라이더들이 반드시 가봐야 하는 와인딩 루트의 교과서 같은 코스이다. 몇 년 전 도로공사로 인해 통행 불가였던 북쪽 풍산리 길도 개방이 되었고, 꺼먹다리, 딴산유원지, 비수구미, 성곡령 등과 함께 들러볼 만한 곳이다.

kakaomap
실제 서비스 이미지와 다를 수 있음

화천 ◆ 꺼먹다리

154

‖ 강원도 화천군 화천읍 대이리 468-3

일제 강점기에 일제가 교각을 세우고, 러시아가 철골을 올렸으며, 이후 6·25 전쟁 때 우리가 상판을 얹어 지금의 모습을 갖추게 된 다리로 우리나라 최초의 철근 콘크리트 교량이다. 꺼먹다리라는 이름은 나무 상판 위에 검은색 콜타르를 칠한 모습 때문에 붙은 이름이다.

화천 ◆ 딴산유원지

155

‖ 강원도 화천군 간동면 구만리 1313-3

화천 캠핑의 명소로 주말에는 인공폭포가 가동되어 멋진 풍경을 연출한다.

화천 ◆ 평화의 댐 아흔아홉 구빗길

156

‖ 시작점: 강원도 화천군 화천읍 동촌리 산11-7

‖ 끝점: 강원도 화천군 화천읍 동촌리 2917-4

우리나라에서 가장 높은 곳에 있는 해산터널을 지나면 '아흔아홉 구빗길'이라 이름 붙은 지방도 제460호선 평화로가 나온다. 해산령에서 평화의 댐까지 끊임없이 이어지며 굽이가 연속되는 이 10.7km의 도로는 와인딩의 천국이다. 해산령에서 평화의 댐 쪽으로 3.3km 정도 가다가 오른쪽에 있는 해산전망대의 전망도 멋지다.

화천 ◆ 비수구미마을

157

‖ 강원도 화천군 화천읍 동촌리 산304-18(도로 끝점)

‖ 강원도 화천군 화천읍 동촌리 산11-9(비수구미선착장)

6·25전쟁 때 피란온 화전민들이 일군 비수구미마을은 댐이 생기면서 육로가 막혀 육지 속의 섬이 되었던 화천 최고의 오지이며 오염되지 않은 자연 덕분에 지금은 트랙킹 명소가 된 곳이다. 바이크를 타고 비수구미마을로 가려면 평화의 댐 아흔아홉 구빗길을 따라가다 재안터널 못미처 오른쪽 비수구미 이정표를 따라가다 비포장 구간을 지나 도로가 끝나는 곳에 주차하고 산길을 따라 1.4㎞ 정도 걸어야 한다. 해산령 해오름휴게소 건너편 철문을 통과하면 도보 트랙킹도 가능하다.

화천 ◆ 국제평화아트파크

158

‖ 강원도 화천군 화천읍 평화로 3518

평화의 댐 바로 옆에 자리 잡고 있으며, 전쟁의 상징인 폐무기를 활용하여 평화 예술품을 만들고 공원을 조성한 곳이다.

화천 ◆ 평화의 댐

159

‖ 강원도 화천군 화천읍 동촌리 2917-4

강원도 화천군 화천읍과 강원도 양구군 방산면 지역에 걸쳐 있는 댐으로 높이 125m, 길이 601m, 총 저수용량은 26억 3,000만 톤이다. 1986년 전두환 정권 당시 북한의 금강산댐에 대응한다는 목적으로 축조한 댐이다.

12

| 강원도 권역 |

소돌해변 / 능파대

암석이 오랜 시간 물리적, 화학적 풍화작용을 받은 결과 표면에 요철의 구멍이 생기는 것을 풍화혈이라고 한다. 그중에서 특히 암석의 측면(암벽)에 벌집처럼 집단으로 파인 구멍을 타포니라 부르는데, 동해안의 문암해변, 추암해변, 소돌해변, 죽도해변 등에서 나타난다.

kakaomap
실제 서비스 이미지와 다를 수 있음

강릉 ◆ 소돌해변

160

‖ 강원도 강릉시 주문진읍 주문리 791-22

소가 누워있는 모양이어서 '소돌'이라 불리는 해변에 타포니 지형의 다양한 기암괴석들이 보는 이의 눈길을 사로잡는 곳이다. 인근 아들바위공원에 가운데 구멍이 뚫린 바위가 있는데, 이곳에서 치성을 드리면 아들을 낳는다는 전설이 전해져서 '아들바위'라고 한다.

고성 ◆ 능파대(凌波臺)

161

‖ 강원도 고성군 죽왕면 문암진리 134-37

백도해수욕장과 문암해변으로 이어지는 해안가 끝 문암항에 기암괴석으로 이루어진 능파대가 있는데, 외계행성에서나 볼 수 있을 것 같은 특이한 타포니 지형의 바위들이 모여 있다.

13

| 강원도 권역 |

한반도 지형 / 선돌

영월 투어에서 빼놓을 수 없는 곳이 한반도 지형과 선돌일 것이다. 두 곳 모두 수려한 경관을 자랑하는 곳으로 서로 10여 분 거리에 있다.

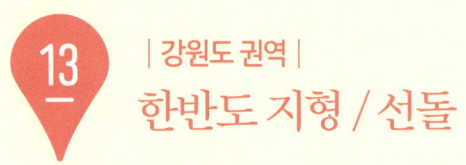

kakaomap
실제 서비스 이미지와 다를 수 있음

영월 ◆ 한반도(韓半島) 지형

162

‖ 강원도 영월군 한반도면 한반도로 555(주차장)

평창에서 영월로 흘러오는 평창강과 주천강이 합수되어 서강이 시작되는 곳에 있는 명승 제75호로 한반도를 쏙 빼닮은 지형이 계절마다 특색 있는 경관을 보여준다. 한반도 지형 덕에 행정구역 이름도 영월 선암면에서 영월 한반도면으로 바뀌었다. 주차장에 주차 후 약 800m가량 가벼운 등산을 하면 한반도 지형을 볼 수 있는 전망대가 나온다.

영월 ◆ 선돌

163

‖ 강원도 영월군 영월읍 방절리 373-1(주차장)

영월 서강 변에 마치 큰 칼로 쪼갠 듯 서 있는 선돌은 높이 약 70m의 입석으로 푸른 강물과 절벽이 어우러진 명승 제76호다. 단종이 영월 청령포(명승 제50호)로 유배 가는 길에 선돌이 보이는 곳에서 잠시 쉬어 가게 되었는데, 우뚝 서 있는 것이 마치 신선처럼 보였다고 하여 '선돌'이라 부르게 되었다고 전해진다. 주차장에 주차 후 잠깐 걸어가면 선돌의 비경을 볼 수 있다.

14

| 강원도 권역 |

화진포 일대

화진포는 송지호, 영랑호, 청초호, 경포호 같은 동해안 석호 중 가장 규모가 크고 아름다운 곳으로, '화진포의 성'이라는 이름의 김일성 별장과 이기붕, 이승만의 별장이 들어서 있다.

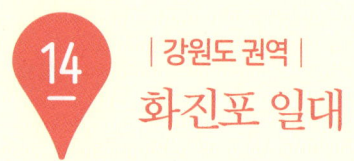

kakaomap
실제 서비스 이미지와 다를 수 있음

고성 ◆ 화진포(花津浦)

164

‖ 강원도 고성군 거진읍 화포리 596-2

넓은 백사장과 아름다운 송림으로 둘러싸인 화진포는 여름에는 해수욕장이 유명하며, 담수호에는 낚시를 즐기는 사람들이 많다. 해당화가 아름다운 경관을 이루는 고성 3경 화진포는 동해에서 꼭 가봐야 하는 투어지 중 하나다.

고성 ◆ 화진포 응봉(鷹峰)

165

‖ 화포리 쪽 진입로 입구: 강원도 고성군 거진읍 화포리 530-5

‖ 금강삼사 쪽 진입로 입구: 강원도 고상군 거진읍 화포리 산3-20

높진 않지만 화진포 일대에서 가장 멋진 360도 조망의 경치를 볼 수 있는 곳이다. 날이 좋을 땐 금강산까지 보인다. 싱가포르의 리센룽 총리 부부가 방한 때 찾았을 만큼 풍광이 수려한 곳으로 화포리에서 임도를 따라 부대 방향으로 올라도 좋고, 인근 금강삼사에서 임도를 따라 올라도 응봉까지 갈 수 있다.

고성 ◆ 화진포의 성(城)

166

‖ 강원도 고성군 거진읍 화진포길 280

해방 후 6·25전쟁 이전까지 김일성(金日成) 가족이 이용하던 별장으로 창문과 옥상에서 바라보는 화진포해수욕장의 경관이 아주 좋다.

고성 ◆ 이승만(李承晚) 별장

167

‖ 강원도 고성군 현내면 죽정리 47-1

초대 대통령 이승만의 별장으로 김일성 별장에 비하면 단출하고 검소하다.

● 고성 화진포(花津浦) 소나무

‖ 강원도 고성군 거진읍 화포리 562

인근의 화진포 소나무도 볼만하다.

15

| 강원도 권역 |

휴휴암 / 죽도암 / 하조대

양양 여행에서 빼놓을 수 없는 곳이 휴휴암, 죽도암, 하조대일 것이다. 세 곳 모두 가까이 있고 경치도 멋져서 함께 둘러보면 좋다.

kakaomap

실제 서비스 이미지와 다를 수 있음

양양 ◆ 휴휴암(休休庵)

‖ 강원도 양양군 현남면 광진2길 3-16

168

양양 휴휴암은 1994년에 홍법스님이 지은 암자로 그 후 1999년 바다에 누워 있는 관세음보살 형상의 바위가 발견되면서 많은 승려와 사람들이 찾아오는 양양의 명소가 되었다. 휴휴암(休休庵)이란 쉬고 또 쉰다는 뜻을 가진 곳이지만, 바다와 어우러진 멋진 풍광으로 많은 방문객이 찾아와서 이름처럼 조용히 쉬어 가기 좋은 곳은 아니다.

양양 ◆ 죽도암(竹島庵)

‖ 강원도 양양군 현남면 인구리 1-72

169

양양 죽도해수욕장과 인구해수욕장 사이에 곶처럼 튀어나온 섬인 죽도에는 죽도암과 죽도정 그리고 최근에 새로 만들어진 죽도전망대가 있다. 파도가 깎아 만든 기묘한 모양의 바위를 따라 해안 산책로가 펼쳐지고, 정상부의 죽도정과 죽도전망대에서 멋진 조망을 볼 수 있다.

양양 ◆ 하조대(河趙臺)

‖ 강원도 양양군 현북면 하광정리 5-2(주차장)

170

하조대는 해안의 기암괴석과 주변 소나무 숲이 어우러진 경치가 아름다운 암석 해안으로 명승 제68호이며 절벽의 윗부분에는 1955년 세워진 '하조대'라는 이름의 정자가 자리하고 있다. 조선 개국공신인 하륜(河崙)과 조준(趙浚)이 말년에 거처하던 곳으로 그들의 성을 따서 하조대라 했다는 설과, 하씨 집안 총각과 조씨 집안의 처녀 사이의 이루어질 수 없는 애절한 사연으로 인해 명명되었다는 설이 있다.

16

| 강원도 권역 |

금당계곡 / 뇌운계곡

계방산에서 발원한 속사천과 홍정산에서 발원한 홍정천이 합쳐진 평창강의 상류에 있는 금당계곡과 뇌운계곡은 라이더들이 반드시 들러봐야 할 멋진 강변길이다.

kakaomap
실제 서비스 이미지와 다를 수 있음

평창 ◆ 금당(金堂)계곡

171

‖ 금당계곡 입구: 강원도 평창군 봉평면 유포리 133-3

‖ 금당계곡: 강원도 평창군 대화면 상안미리 산261

예부터 산삼이 많이 나는 곳으로 알려져 심마니가 모여 산다는 금당산 자락을 끼고 도는 평창강 최상류의 계곡이다. 봉평면과 대화면에 걸쳐있는 물 맑고 주변 경치가 아름다운 곳으로 계곡을 따라 라이딩 하기 좋은 코스다.

● 평창 봉황대(鳳凰臺)

‖ 강원도 평창군 대화면 개수리 879-3

옛날 어떤 사람이 묘지를 쓰려고 땅을 팠더니 봉황이 날아올랐다 하여 봉황대라 부르며, 봉황정에서 바라보는 금당계곡의 경치가 참 아름답다.

평창 ◆ 뇌운(雷雲)계곡

172

‖ 강원도 평창군 평창읍 뇌운리 273

뇌운계곡은 평창강 줄기가 S자로 굽이돌면서 흐르는 폭이 넓은 골짜기로 수량이 풍부하고 곳곳에 모래밭과 조약돌이 깔려 있어 야영하면서 물놀이를 즐기기에 알맞은 곳이다. 드문드문 깎아지른 듯한 절벽과 강이 어우러진 풍광을 보며 라이딩하는 것도 좋다.

평창 ◆ 뇌운계곡 암반(巖盤)터널

‖ 강원도 평창군 평창읍 계장리 218-1(다수대교 옆)

예전에 하일리, 원당리 사람들이 평창 시내로 가려면 강을 두 번이나 건너야 했기에 지름길을 만들려고 뚫었던 암벽 터널인데, 2003년 다리가 건설된 후 터널은 폐쇄되었고 사람이 걸어 다니던 통행로만 남아있다.

17

| 강원도 권역 |

월정사 / 상원사

소금강이라 불리는 오대산은 강원도 평창, 강릉, 홍천에 걸쳐있는 영산(1,563m)으로서, 1975년도에 국립공원으로 지정된 곳이다. 조계종 제4교구의 본사인 월정사와 아름다운 절 상원사가 자리하고 있다.

kakaomap
실제 서비스 이미지와 다를 수 있음

평창 ◆ 월정사(月精寺)

174

‖ 강원도 평창군 진부면 오대산로 374-8

조계종 제4교구 본사로 자장율사(慈藏律師)가 창건했다고 전해지며, 진입로에 1㎞에 달하는 수령 500년의 전나무 숲이 특히 아름다운 곳이다. 국보인 월정사팔각구층석탑과 보물인 석조보살좌상이 있다.

평창 ◆ 상원사(上院寺)

175

‖ 강원도 평창군 진부면 동산리 산1

월정사의 말사로 월정사에서 아름다운 오대천을 따라 8㎞ 정도 비포장 임도를 거슬러 올라간 곳에 자리하고 있다. 부처님 진신사리가 보존된 적멸보궁과 우리나라에서 가장 오래된 국보 동종(銅鍾)을 보유하고 있는 절이다. 입구까지 차량과 바이크가 진입할 수 있으니 월정사와 함께 둘러보면 좋다.

18

| 강원도 권역 |

새비재 / 자미원길

정선에 과거 석탄을 운반했던 길인 운탄(運炭)길이 있는데, 이 운탄길을 토대로 이어지는 고개가 새비재와 자미원길이다.

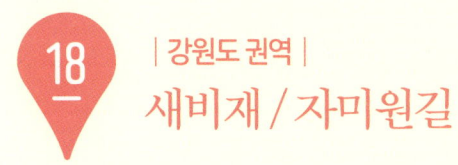

kakaomap
실제 서비스 이미지와 다를 수 있음

정선 ◆ 함백역(咸白驛)

176

‖ 강원도 정선군 신동읍 방제리 196-13

석탄산업의 쇠퇴로 50여 년의 세월을 뒤로하고 2006년 철거되었으나 주민들의 염원과 노력으로 다시 복원된 역이다.

정선 ◆ 새비재(鳥飛峙) 타임캡슐공원

177

‖ 강원도 정선군 신동읍 조동리 산70-26(주차장)

산의 형상이 '새가 날아가는 모습과 같다'는 새비재(鳥飛峙)에 위치한 공원으로, 영화 '엽기적인 그녀'의 촬영지로 유명해진 후 타임캡슐공원이 조성되었다. 영화에 등장했던 엽기소나무와 새비재의 아름답고 광활한 풍경이 더해져 관광명소가 된 곳이다.

정선 ◆ 자미원(紫味院) 미륵고개

178

‖ 강원도 정선군 신동읍 방제리 산87-217

함백에서 자미원으로 넘어가는 고개로 10여 년 전 2차선으로 포장이 완료되었으며, 차량 통행이 거의 없는 데다 마치 서킷처럼 돌아가는 굽이들이 있어 라이딩하기에 좋은 곳이다.

1

| 경기도 권역 |

서해 3항 - 탄도항 / 전곡항 / 궁평항

탄도항, 전곡항, 궁평항은 수도권에서 가까워 수도권 라이더들이 많이 찾는 대표적인 서해 근교 3개의 항이며 가족들과 부담 없이 나들이하기도 좋은 곳이다. 물때가 맞으면 인근 제부도를 한 바퀴 돌아보는 것도 좋다.

kakao**map**
실제 서비스 이미지와 다를 수 있음

안산 ◆ 탄도항(炭島港)

‖ 경기도 안산시 단원구 선감동 717-3

179

예전에 참나무가 울창하여 숯을 많이 구어냈던 곳이라서 '탄도(炭島)'라 부르게 되었다. 누에섬과 3기의 풍력발전기가 어우러진 일몰이 유명한 아름다운 항구다.

화성 ◆ 전곡항(前谷港)

‖ 경기도 화성시 서신면 전곡리 1076

180

전곡항은 탄도항 바로 옆에 있다. 요트 계류장이 있어 수많은 요트와 바다가 어우러진 이색적인 풍경을 보여주며 일몰이 아름다운 곳이다.

화성 ◆ 궁평항(宮坪港)

‖ 경기도 화성시 서신면 궁평리 689

181

선착장과 1.5㎞의 방파제를 갖춘 궁평항은 화성 8경으로 꼽히는 궁평낙조가 유명하며, 선착장 내 바다 위에 설치된 나무갑판 낚시터가 있어서 많은 사람들이 찾는 곳이다.

2

| 경기도 권역 |

한탄강 8경

은하수와 같이 넓고 큰 여울이라는 뜻을 지닌 한탄강은 천혜의 비경을 간직하고 있는 곳이다. 약 50만 년 전 북한 평강 오리산에서 분출한 용암이 북한과 철원, 포천, 연천으로 이어져 임진강과 만날 때까지 140㎞에 이르는 길이의 광범위한 용암대지를 만들었고, 한탄강은 그 용암대지를 수십만 년에 걸쳐 깎아내 내륙에서 보기 드문 독특한 지형과 자연경관을 만들어냈다. 이에 따라 2020년 7월 비둘기낭, 재인폭포, 화적연, 베개용암, 고석정, 백의리층, 좌상바위, 동이리 주상절리 등 한탄강 유역 26곳이 '유네스코 세계지질공원'으로 지정되었다. 우리나라에서는 제주도, 청송, 무등산에 이어 네 번째이고, 세계적으로도 160여 개에 불과하다.

kakaomap
실제 서비스 이미지와 다를 수 있음

철원 ◆ 대교천(大橋川) 현무암협곡

‖ 강원도 철원군 동송읍 장흥리 47-4

182

고석정 인근 대교천에 있는 주상, 판상, 방산절리 등이 어우러진 복합 화산지형으로 각양각색의 현무암이 대단한 비경을 보여준다. 2004년 천연기념물로 지정된 곳이지만 아직 강가로 내려가는 진입로의 정비가 안 되어있다.

포천 ◆ 샘소

‖ 경기도 포천시 관인면 냉정리 5-28(샘소펜션 인근)

183

얼마 전까지 출입통제 지역이었으나 지금은 한탄강 주상절리 잔도길이 완성되어 이제 샘소주변 비경을 가까이서 볼 수 있다.

포천 ◆ 화적연(禾積淵)

‖ 경기도 포천시 관인면 사정리 75(캠핑장)

184

바위가 마치 볏짚단을 쌓아놓은 것과 같다는 뜻을 지닌 화적연은 한탄강 위에 우뚝 솟은 아름다운 화강암 바위이다. 겸재 정선(謙齋 鄭歚)의 <해악전신첩(海嶽傳神帖)>에도 담긴 절경이며, 보는 각도에 따라 여러 가지 모양으로 보인다.

포천 ◆ 멍우리협곡(峽谷)

185

‖ 경기도 포천시 영북면 운천리 785-6

한국의 그랜드캐니언이라 불리는 곳으로 현무암 협곡이 장관을 이루며, 특히 부소천교 위 양쪽의 경치가 빼어나고 벼룻교에서 바라보는 풍광도 멋지다.

포천 ◆ 교동(蛟洞) 가마소

186

‖ 경기도 포천시 관인면 중리 310-1(진입로 입구)

소(沼)의 모양이 가마솥 같다 하여 가마소라 부르며, 수십만 년의 세월이 빚은 독특한 모양의 현무암이 장관을 이루는 곳으로 궁예가 목욕탕으로 사용했던 곳이라 전해진다. 현재 진입로가 모두 막혀있어 중리교에 주차 후 5분 정도 걸어서 들어가야 한다.

포천 ◆ 비둘기낭(囊)폭포

187

‖ 경기도 포천시 영북면 대회산리 410-3(주차장)

비둘기 둥지같은 주머니(囊) 모양의 폭포이다. 하천의 흐름에 의한 절리나 침식으로 생긴 하식동굴로 빼어난 비경을 보여주며, 천연기념물 537호로 지정된 포천의 대표적 관광명소다.

포천 ◆ 구라이골

188

‖ 경기도 포천시 창수면 운산리 232(캠핑장 인근)

‖ 경기도 포천시 관인면 중리 993(문암동 1전망대)

운산리에 숨겨진 비경 중 하나인 구라이는 굴과 바위를 굴아위로 부르다가 발음이 변해 구라이가 됐다고 전해지는 곳이다. 세 곳의 전망대와 강변을 트래킹 할 수 있는 갑판이 조성되어 있다.

연천 ◆ 아우라지 베개용암

189

‖ 경기도 연천군 전곡읍 신답리 17-39(진입로 입구)

‖ 경기도 연천군 청산면 백의리 462-2(건너편 마을길)

영평천과 한탄강이 만나는 지점에 형성된 베개 모양의 용암으로, 예전에는 아우라지 잠수교에서 바라보는 경치가 좋았는데 지금은 잠수교가 홍수로 유실된 상태다.

3

| 경기도 권역 |

영평(永平) 8경

경기도 포천시의 한탄강 주변은 조선 시대에는 영평현(永平縣)으로 불리던 지역으로 풍광이 뛰어나 많은 이들이 찾아와 시와 글을 남긴 곳이다. 이중 특히 아름답고 유서 깊은 여덟 곳을 영평 8경이라 일컫는데 지금의 포천 8경에 해당한다.

kakaomap
실제 서비스 이미지와 다를 수 있음

• 포천 화적연(禾積淵)

‖ 경기도 포천시 관인면 사정리 75(캠핑장)

볏짚을 쌓아 놓은듯한 멋진 바위가 있는 곳으로 한탄강 8경에서 이미 소개한 곳이다.

포천 ◆ 금수정(金水亭)

‖ 경기도 포천시 창수면 오가리 557(안동김씨 고가터 인근) 190

오가리 영평천에 있는 금수정은 숲과 맑은 물이 함께 어우러진 멋진 곳으로, 영평천 앞 수려한 모양의 바위들도 예사롭지 않다.

포천 ◆ 창옥병(蒼玉屛)

‖ 경기도 포천시 창수면 오가리 산125-2 191

영평천 가에 푸른 옥 병풍을 두른 것 같은 아름다운 절벽으로, 일제 때 창옥병 오른쪽 절벽 상부에 청옥굴을 파서 경관이 훼손되었다. 인근 옥병서원과 그 아래 창옥병 암각문도 함께 들러볼 만하다.

• 포천 낙귀정지(樂歸亭址)

‖ 경기도 포천시 영중면 양문리 974-54(뻐꾹천교)

영의정을 지낸 한 선비가 낙향하여 낙귀정을 지었으나 그 후 집안이 멸망하여 정자가 소실된 것으로 추정된다. 지금은 뻐꾹천교 부근에서 반대편에 정자가 있던 터만 겨우 보인다.

• 포천 선유담(仙游潭)

‖ 경기도 포천시 도평리 산75-8

장장 10㎞에 이르는 백운계곡 상류에 있는 못으로 조선의 명필 양사언(楊士彦)이 쓴 〈선유담(仙遊潭)〉이란 암각자가 있다. 피서철이면 많은 인파로 붐벼 선경이 무색해지는 곳이다.

• 포천 와룡암(臥龍岩)

‖ 경기도 포천시 일동면 수입리 산34-2

영평천과 수입천이 합류하는 지점에서 약간 하류에 있던 길이 약 50m의 바위로, 기이한 모양의 바위와 아름다운 주위 풍경으로 유명했었는데 홍수 때마다 바위가 물길을 막아 피해를 입던 주민들의 요청으로 폭파하여 지금은 사라지고 없다.

• 포천 백로주(白鷺洲)

‖ 경기도 포천시 영중면 금주리 산214-3

한내천 하류에 있으며, 백로들이 자주 찾는 쉼터로 기묘한 모양의 바위들이 이채로운 곳이다.

• 포천 청학동(靑鶴洞)

‖ 경기도 포천시 영중면 금주리 산39

동면으로부터 흘러내려온 물을 병풍처럼 껴안은 듯한 모양의 절벽이지만 인근에 고가도로가 생기면서 그 모습이 가려져서 지나치기 쉽다.

| 경기도 권역 |

4 연천(漣川) 9경

한탄강 하류 지역인 연천의 대표적인 명승지로 재인폭포, 호로고루, 임진강 주상절리, 전곡리유적, 태풍전망대, 선사박물관, 그리팅맨, 숭의전, 차탄천 주상절리 등 특이한 지형때문에 찾는 이들의 눈길을 끄는 곳이다.

kakaomap
실제 서비스 이미지와 다를 수 있음

연천 ◆ 재인(才人)폭포

192

‖ 경기도 연천군 연천읍 부곡리 193

고문리에 있는 높이 18m에 이르는 폭포로 주변 현무암 주상절리와 어우러진 경기도 연천군의 대표적인 관광명소이다. 2020년에 구름다리가 새로 완공되었다.

연천 ◆ 호로고루(瓠蘆古壘)

193

‖ 경기도 연천군 장남면 원당리 1257-1

'호로하(瓠瀘河)(임진강의 옛 이름)에 있는 오래된 보루'라는 뜻의 호로고루는 당포성, 은대리성과 함께 삼국시대 고구려가 임진강 변에 세운 대표적인 세 개의 성 중 하나다. 해바라기 축제로 유명하며, 연천의 떠오르는 핫플레이스다.

연천 ◆ 임진강 주상절리(臨津江 柱狀節理)

194

‖ 경기도 연천군 미산면 동이리 64-1

임진강 변에 마치 병풍을 펴 놓은 듯한 수 ㎞의 주상절리 절벽이 비경을 보여주는 곳으로, 단풍철 경관이 수려하며 차박의 명소로 꼽히는 곳이다.

연천 ◆ 전곡리(全谷里)유적

195

‖ 경기도 연천군 전곡읍 전곡리 515

우리나라에서 보기 드문 구석기 시대의 귀중한 유물이 발견된 곳이다.

연천 ◆ 태풍(颱風)전망대

196

‖ 경기도 연천군 중면 횡산리 산109

휴전선까지 800여 미터, 북한군 초소까지는 약 1.6㎞ 떨어진 북한과 가장 가까이 있는 전망대로 1991년 12월에 건립되었으며, 천하무적 태풍부대에서 관할하는 지역에 있어 태풍전망대라 부른다. 태풍전망대에 가려면 중면 면사무소 부근에 세워진 초소에서 신분 확인 절차를 거친 후 출입할 수 있다.

연천 ◆ 전곡선사(全谷先史)박물관

197

‖ 경기도 연천군 전곡읍 전곡리 170-2

동아시아 최초의 아슐리안형 주먹도끼가 발견된 전곡리 구석기 유적지에 선사유적의 이해와 고고학 관련 체험을 돕기 위해 설립된 유적 박물관이다.

연천 ◆ 그리팅맨(Greeting Man)

‖ 경기도 연천군 중면 합수리 688(진입로 입구)

198

2016년 임진강을 따라 연강 나룻길이 조성되면서 북한과 4㎞ 떨어진 옥녀봉에 설치된 높이 10m의 조형물로 북녘땅을 향해 15도 각도로 고개를 숙여 인사를 건네는 모습이다. 그링팅맨 바로 아래에는 개안마루가 있다.

연천 ◆ 숭의전(崇義殿)

‖ 경기도 연천군 미산면 아미리 7

199

조선 시대에 고려의 태조를 비롯한 왕과 충신들의 위패를 모시고 제향하던 사당으로 임진강 변 앞마당의 수백 년 된 느티나무가 인상 깊은 곳이다.

연천 ◆ 차탄천 주상절리(車灘川 柱狀節理)

‖ 경기도 연천군 군남면 왕림리 288-1

200

차탄천 주상절리는 경기도 연천군 은대리 차탄천 일대에서 볼 수 있는 다양한 형태의 주상절리로서 신생대 제4기에 분출한 용암이 옛 한탄강을 따라 흐르다가 차탄천을 만나 역류하면서 만들어진 지형이다.

이들 연천 9경 외에도 유네스코 세계지질공원에 지정된 백의리층, 당포성, 은대리 판상절리, 좌상바위, 개안마루, 오두산통일전망대 등도 둘러볼만하다.

연천 ◆ 백의리층(白蟻里層)

‖ 경기도 연천군 연천읍 고문리 212(불탄소 인근) 201

현무암 절벽 아래 아직 암석화되지 않은 퇴적층으로 연천군 청산면 백의리 한탄강 변에서 처음 발견되어 백의리층이라 부른다. 백의리층의 지형을 보면 현재의 한탄강 물줄기와 옛 한탄강 물줄기가 달랐음을 알 수 있다.

연천 ◆ 좌상(坐像)바위

‖ 경기도 연천군 전곡읍 신답리 13-10 202

중생대 백악기 말의 화산활동으로 생겨난 좌상바위는 한탄강 주변에 약 60m로 우뚝 솟아 있어 웅장한 경관이 압도적이다.

연천 ◆ 당포성(堂浦城)

‖ 경기도 연천군 미산면 동이리 778 203

삼국시대 고구려의 성곽으로, 수직단애를 이루지 않고 평지가 이어지는 동쪽에만 돌을 쌓는 등 지형을 최대한 활용하여 축조한 성벽이다.

연천 ◆ 은대리 판상절리(隱垈里 板狀節理)

204

‖ 경기도 연천군 전곡읍 은대리 876

은대리 판상절리는 차탄천을 따라 역류한 용암이 굳어져 만들어진 곳으로 일대에서 쉽게 볼 수 없는 수평 및 방사상의 절리가 관찰되어 학술적, 교육적 가치가 매우 높은 지질명소이다.

연천 ◆ 개안(開眼)마루

205

‖ 경기도 연천군 중면 합수리 688(진입로 입구)

굽이치는 임진강이 '눈(眼)이 열리는(開)' 것처럼 멋지게 조망되는 곳으로, 그리팅맨 아래쪽에 위치해 있다. 비포장도로로 노면이 좋지 않고 돌들이 많아 그리팅맨 입구에 주차 후 도보로 이동하는 것이 좋다.

연천 ◆ 오두산(鰲頭山) 통일전망대

206

‖ 경기도 파주시 탄현면 필승로 369

예부터 고구려와 백제가 차지하기 위해 각축을 벌였던 오두산의 정상에 있는 전망대이다. 발밑으로 남쪽에서 흘러온 한강과 북쪽에서 흘러온 임진강이 합류하여 서해로 흘러 들어가는 절경과 북한 황해도의 산천과 주거, 북한 주민들의 모습을 볼 수 있는 곳이다.

| 경상남도 / 부산광역시 권역 |

1 아름다운 다도해 - 남해

진도, 완도, 장흥, 고흥반도, 여수, 남해, 통영, 거제로 이어지는 남해안 루트는 다도해를 바라보며 달리는 아름다운 해안도로 덕분에 많은 라이더가 찾는 곳이다. 특히 남해는 보리암, 망운산, 다랭이마을, 독일마을, 미조항 등 유명한 투어지도 많지만 섬 전체가 대부분 운치 있는 곳이라 투어 내내 즐거운 곳이다.

kakaomap 실제 서비스 이미지와 다를 수 있음

남해 ◆ 남해(南海)대교

207

‖ 경상남도 남해군 설천면 노량리 산34-11

한때는 동양 최대 현수교로 이름을 날렸고, '한국의 아름다운 다리'로 손꼽혔던 교량이다. 지금은 옆에 노량대교가 새롭게 개통되었으나 여전히 일부러 남해대교를 건너는 사람들이 많다.

남해 ◆ 관음포(觀音浦) 이충무공 유적

208

‖ 경상남도 남해군 고현면 차면리 107

관음포는 임진왜란의 마지막 격전지로 충무공 이순신이 '내 죽음을 알리지 말라'는 유언을 남기고 순국한 곳이며, 노량해전으로 더 잘 알려져 있다. 관음포 앞바다는 이순신이 순국한 바다라는 뜻에서 '이락파(李落波)'라고도 부르며, 마주 보는 해안에는 충무공을 기리는 사당인 이락사(李落祠)가 있다. 1965년에 이락사 경내에 '큰 별이 바다에 떨어지다'라는 뜻의 '대성운해(大星殞海)'와 '이락사'라는 액자를 경내에 걸었다. 관음포는 세계문화유산으로 등록된 국보 팔만대장경이 판각된 지역이기도 하다.

남해 ◆ 망운산(望雲山)

209

‖ 노구리 쪽 진입로 입구: 경상남도 남해군 서면 노구리 758-1

해발 786m의 망운산은 남해의 진산으로 남해 주민들이 무척 아끼는 산이다. 노구리와 남상리 두 곳에서 오를 수 있는데 노구리로 올라 일주하는 루트를 아래 정리해 보았다.

• 남해 철쭉군락지

‖ 경상남도 남해군 서면 노구리 산98

노구리 진입로를 올라가면 7부 능선쯤에 철쭉 군락지 표지석이 나오고, 표지석 옆 계단으로 100m쯤 오르면 망운산전망대가 나온다.

• 남해 망운사(望雲寺)

‖ 경상남도 남해군 남해읍 남서대로2240번길 708

망운산 철쭉 군락지 표지석에서 직진하면 망운사가 나오는데 여기서 바라보는 바다 전망도 괜찮은 편이다. 망운사는 막다른 길이라 다시 되돌아 나와야 한다.

철쭉군락지 옆 삼거리에서 정상 쪽으로(중리방향, 미공군전적비)로 오르면 망운산 정상이 나온다. 오르막 중간에 비포장도로가 1㎞ 정도 있으며, 정상 삼거리서 송신소 방향으로 180도 꺾어 좌회전 하면 헬기장과 전망이 좋은 산불감시초소 그리고 패러글라이딩 활공장이 나온다.

망운산전망대

망운산 정상 송신소

다시 정상 삼거리로 나와 남상리 방향으로 내려오면 지방도 제1024호선과 만난다.

‖ 남상리 쪽 출구: 경상남도 남해군 서면 남상리 905-5

산불감시초소

망운산활공장

• 남해 남서대로(南西大路)

이후에 남서대로와 남면로를 따라 가천 다랭이마을까지 이어지는 해안도로 코스도 좋다.

‖ 경유1 : 경상남도 남해군 남면 평산리 1467-4

‖ 경유2 : 경상남도 남해군 남면 홍현리 산312-4

남해 ◆ 가천(加川) 다랭이마을

210

‖ 전망대1: 경상남도 남해군 남면 홍현리 산312-4

‖ 전망대2: 경상남도 남해군 남면 홍현리 968-6

바닷가지만 배 한 척 둘 수 없이 척박한 해안의 경사진 땅을 개간해 논으로 만든 곳으로, 지금은 남해를 대표하는 관광명소가 된 아름다운 마을이다.

남해 ◆ 미국(美國)마을

211

‖ 경상남도 남해군 이동면 용소리 1168-7

고국으로 돌아와 노후를 보내려는 재미교포를 위해 조성된 마을로 독일마을과 비교해 규모는 작다.

남해 ◆ 보리암(菩提庵)

212

‖ 경상남도 남해군 이동면 신전리 산114-3

보리암은 많은 사람들이 첫손으로 꼽는 남해의 명소로 향일암, 홍련암, 보문사와 더불어 우리나라 4대 관음성지이며 대단한 비경을 간직한 곳이다. 자동차는 위쪽 제2주차장까지 갈 수 있지만 바이크는 아래쪽 제1주차장에 주차하고 셔틀을 타고 올라가야 하는 점이 라이더로서 아쉽다.

남해 ◆ 은모래해수욕장

213

‖ 경상남도 남해군 상주면 상주리 588-3

완도의 명사십리, 서천의 춘장대와 함께 우리 나라의 3대 명품 해수욕장으로 손꼽히는 곳으로 남해에서 가장 유명한 해수욕장이다.

● 남해 은모래전망대

‖ 경상남도 남해군 상주면 상주리 산124-2

오르막길 중간 전망대에 멈춰 서면 소나무에 둘러싸인 아름다운 해수욕장의 모습이 한눈에 내려다보인다.

남해 ◆ 설리(雪里)해수욕장

214

‖ 경상남도 남해군 미조면 송정리 962-3

남해군 최남단 설리마을 앞에 있는 작은 해수욕장으로, 앞바다의 밤섬과 띠섬이 거친 파도를 잠재워 수면이 잔잔한 천혜의 해수욕장이다. 남해에서도 가장 남쪽에 있어 일 년 내내 따뜻하고 눈도 오지 않는 마을이지만 마을 이름은 설리(雪里), 눈마을이다. 해변의 모래가 눈처럼 흰색이라 그런 이름이 붙었다는 이야기가 있다.

남해 ◆ 미조항(彌助港)

‖ 경상남도 남해군 미조면 미조리 19-79

215

'미륵(彌勒)이 도왔다'라는 뜻이 담긴 미조항은 '미항(美港) 미조'라 불릴 정도로 아름다운 항구이며, 전국에서 제일가는 수산물 산지 중 하나다.

남해 ◆ 물미(勿彌)해안도로

‖ 시작점: 경상남도 남해군 삼동면 물건리 39-3

‖ 끝점: 경상남도 남해군 미조면 송정리 355-21

216

남해군 물건리(勿巾里)에서 미조면 미조항(彌助港)에 이르는 길이 20㎞의 해안도로로 두 지역의 첫 글자를 따서 '물미해안도로'라고 부르며, 남해 최고의 아름다운 해안 길로 꼽히는 곳이다.

남해 ◆ 독일(獨逸)마을

‖ 경상남도 남해군 삼동면 물건리 1207

217

60년대 독일에 파견됐던 파독 광부와 간호사 등 독일교포들이 고국에 재정착할 수 있도록 남해에 조성된 마을로, 예쁜 독일식 건축물과 아름다운 물미해안도로가 있어 남해의 대표적인 명소가 되었다.

남해 ◆ 죽방로(竹防路) 해안길

218

‖ 시작점: 경상남도 남해군 삼동면 지족리 291-19(지족항)

‖ 경유: 경상남도 남해군 삼동면 영지리 2767-5(남해바다펜션 앞)

‖ 끝점: 경상남도 남해군 이동면 석평리 841-7(보광교차로)

지족항에서 해안을 따라 계속 이어지는 8.7㎞의 죽방로는 남해의 숨겨진 명품 드라이브 코스로, 도로가 좁고 해안지형을 따라 구불구불 돌아가므로 주의해서 운전해야 한다.

남해 ◆ 지족 죽방렴(知足 竹防簾)

219

‖ 경상남도 남해군 삼동면 지족리 1154-3

죽방렴이란 해협에 참나무 말목을 세우고 말목 사이에 대나무로 엮은 발로 만든 그물이며, 고기를 잡는 전통적인 원시 어업 방식으로 2010년에 명승 제71호로 지정되었다.

● 남해 창선도(昌善島) 왕후박나무

‖ 경상남도 남해군 창선면 대벽리 699-1

수령 약 500살 정도의 후박나무로, 천연기념물 제299호로 지정되었다.

남해 ◆ 창선·삼천포(昌善·三千浦)대교

220

‖ 경상남도 남해군 창선면 동부대로 2964번길 49-10

경상남도 사천시와 경상남도 남해군 사이의 세 개 섬을 연결하는 5개의 교량(삼천포대교, 초양대교, 늑도대교, 창선대교, 단항교)을 가리키며 사천 제1경으로 꼽힌다.
이 다리들을 모두 건너면 사천으로 넘어가면서 남해 투어가 마무리된다.

사천 ◆ 실안(實安) 노을길

221

‖ 시작점: 경상남도 사천시 실안동 1121-3

‖ 끝점: 경상남도 사천시 대방동 615

사천시 실안동 일대에서 일몰이 아름답기로 소문난 해안도로로, 노을길에서 바라보는 삼천포대교가 멋진 곳이다.

| 경상남도 / 부산광역시 권역 |

2 한국의 나폴리 - 통영

한국의 나폴리라 불리는 통영은 크지는 않지만, 명소들이 많아 제대로 둘러보려면 꽤 시간이 걸린다. 도산일주로, 평인일주로, 풍화일주로, 산양일주로 등은 모두 달려봐야 할 통영의 명품 해안길이다.

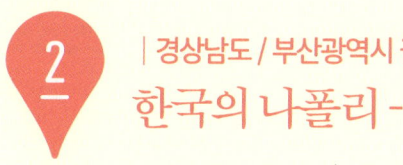

kakaomap
실제 서비스 이미지와 다를 수 있음

통영 • 도산(道山)일주로

222

‖ 시작점: 경상남도 통영시 도산면 법송리 1087-4

‖ 경유1: 경상남도 통영시 도산면 오륜리 산315-2

‖ 경유2: 경상남도 통영시 도산면 수월리 산396-1(도산면 해맞이공원)

‖ 경유3: 경상남도 통영시 도산면 법송리 241

‖ 끝점: 경상남도 통영시 도산면 관덕리 산238-2

도산면을 일주하는 길이 25㎞의 도로로 중간에 미륵도, 연화도, 욕지도, 사량도 등이 조망되는 도산면 해맞이공원이 있다.

통영 • 평인(坪仁)일주로

223

‖ 시작점: 경상남도 통영시 무전동 1039

‖ 경유: 경상남도 통영시 평림동 813-18

‖ 끝점: 경상남도 통영시 당동 413-3

통영시 인평동 경상국립대학교 통영 캠퍼스에서 출발하여 무전동 무전수변공원에서 끝나는 길이 11㎞의 도로다.

통영 • 풍화(豊和)일주로

224

‖ 시작점: 경상남도 통영시 산양읍 남평리 1297-5

‖ 경유: 경상남도 통영시 산양읍 풍화리 산605-13

‖ 끝점: 경상남도 통영시 산양읍 남평리 1322-27

풍화리 해안을 따라 일주하는 길이 16㎞의 도로다.

통영 ◆ 산양(山陽) 일주로

225

‖ 시작점: 경상남도 통영시 산양읍 남평리 1337-2

‖ 경유: 경상남도 통영시 산양읍 미남리 800-4

‖ 끝점: 경상남도 통영시 도남동 113-1

통영시 산양읍의 해안을 따라 달리는 길이 18.5㎞의 도로다.

통영 ◆ 박경리(朴景利) 기념관

226

‖ 경상남도 통영시산양읍 신전리 1429-9

대하소설 <토지>를 집필하여 한국 문학사에 큰 획을 그은 작가 고(故) 박경리를 기념하고, 작가의 고향인 통영을 소개하는 기념관이다.

통영 ◆ 달아마루

227

‖ 경상남도 통영시 산양읍 연화리 114

도산, 평인, 풍화 일주도로를 돌아 도착하는 곳으로 석양이 아름답고, 다도해 풍광이 멋지게 조망된다.

통영 ◆ 통영(統營)수산과학관

228

‖ 경상남도 통영시 산양읍 미남리 682-3

수산과학관 앞 주차장에서 바라보는 다도해의 전망도 아름답고, 과학관 바로 위 클럽ES리조트 야외 수영장은 바다와 어우러진 인생 사진을 찍기에 좋은 곳이다.

통영 ◆ 통영(統營) 케이블카

229

‖ 경상남도 통영시 발개로 205

케이블카를 타고 미륵산 정상에 올라 한려수도의 눈부신 비경을 한눈에 볼 수 있는 통영의 대표적인 관광명소 중 하나다. 탑승객 천만 명을 이미 넘어섰으며, 우리나라에서 가장 인기 있는 케이블카 중 하나다.

통영 ◆ 세병관(洗兵館)

230

‖ 경상남도 통영시 문화동 392-2

정면 9칸, 측면 6칸의 팔작지붕 건물로 본래 이순신의 전공을 기리기 위하여 세운 것이나 후일 삼도수군통제사영(三道水軍統制使營)의 건물로 사용되었다. 경복궁 경회루, 여수 진남관과 더불어 조선 시대의 대표적인 국보 대형 목조 건물이다.

3

| 경상남도 / 부산광역시 권역 |

환상의 섬 - 연화도와 욕지도

통영의 많은 부속 섬 중 연화도와 욕지도는 경관이 특히 수려해 한 번쯤 들려봐야 할 투어지이다. 통영여객선터미널과 삼덕항에서 연화도와 욕지도로 들어가는 배를 탈 수 있다.

kakaomap
실제 서비스 이미지와 다를 수 있음

통영 ◆ 연화도(蓮花島)

231

‖ 경상남도 통영시 욕지면 연화리 산2-123 일대

통영의 부속 섬 중 하나로 섬 모양이 마치 연꽃 같다 하여 연화도로 불리며, 통영 8경 중 하나인 용머리 해안이 있는 곳이다. 삼덕항과 통영항에서 바이크나 차량을 싣고 승선할 수 있으며 바이크로 2시간이면 충분히 연화도를 둘러볼 수 있다.

통영 ◆ 욕지도(欲知島)

232

‖ 욕지항: 경상남도 통영시 욕지면 동항리 560-27

통영의 대표적인 부속 섬 중 하나로 수려한 경관이 즐비하고 해안 일주로도 잘 발달하여 라이더들이 꼭 가봐야 할 아름다운 섬 투어지 중 한 곳이다. 삼여전망대와 새천년공원전망대의 풍광, 모노레일 정상 천왕봉 일대의 다도해 비경이 압권이다.

| 경상남도 / 부산광역시 권역 |

대한민국 두 번째의 섬 - 거제(巨濟)

거제도는 우리나라에서 제주도 다음으로 큰 섬으로 62개의 부속 섬을 가지고 있으며, 연중 관광객의 발길이 끊이지 않는 아름다운 섬이다. 대표적인 투어지와 해안도로들을 소개한다.

kakaomap
실제 서비스 이미지와 다를 수 있음

거제 ◆ 무지개길

233

‖ 시작점: 경상남도 거제시 남부면 탑포리 539-1

‖ 경유: 경상남도 거제시 남부면 탑포리 산90-107(전망대)

‖ 끝점: 경상남도 거제시 남부면 저구리 216-7

무지개길은 탑포리 쌍근항 오토캠핑장에서 저구항에 이르는 길이 10㎞의 아름다운 남부해안로를 말하는데 중간에 멋진 전망대가 있다. 해안도로라고 하지만 우거진 숲을 지나는 시멘트 임도인데, 노폭이 좁아 차량 두 대의 교행이 어렵고, 여름에는 노면에 이끼가 많아 미끄러우니 주의해야 한다.

거제 ◆ 거제해안로드

234

‖ 시작점: 경상남도 거제시 남부면 저구리 121-1

‖ 경유: 경상남도 거제시 남부면 다포리 산38-143

‖ 끝점: 경상남도 거제시 남부면 해금강2길 35-7

거제 남부우체국에서 여차홍포전망대를 거쳐 해금강 석곡관측소까지 가는 19㎞ 길이의 해안도로다.

거제 ◆ 여차·홍포(汝次.虹浦) 전망대(병대도 전망대)

235

‖ 경상남도 거제시 남부면 다포리 산38-145

여차마을에서 까마귀재를 넘어 홍포마을에 이르는 여차홍포해안도로 중간에 있으며, 다도해의 섬들이 멋지게 펼쳐진다. 거제 최고의 비경을 보여주는 전망대로 인근의 일부 도로는 비포장 구간이 남겨져 있다.

• 거제 여차(汝次)해안

‖ 경상남도 거제시 남부면 다포리 산38-142

병대도 전망대부터 아름다운 거제남서로를 따라가면 여차해안에 도착한다.

거제 ◆ 바람의 언덕

‖ 경상남도 거제시 남부면 갈곶리 292-13

236

거제 남부면 도장포마을의 언덕이자 관광지로 지리적 영향으로 해풍이 거센 곳이라 바람의 언덕이라 부른다. 언덕에 서 있는 풍차 덕분에 거제의 랜드마크가 된 곳으로 거제 여행의 필수 코스 중 한 곳이다.

거제 ◆ 신선대(神仙臺) 전망대

‖ 경상남도 거제시 남부면 갈곶리 산21-21

237

신선대는 도장포마을 바닷가에 있는 커다란 바위로 신선이 놀던 자리라 하여 '신선대'라고 불릴 만큼 경치가 뛰어나다. 신선대 언덕에 있는 전망대에 서면 멀리 다도해 풍경이 펼쳐지고, 바위 옆으로는 몽돌이 깔린 작은 함목해수욕장이 보인다.

● 거제 해금강(海金剛) 조망점

‖ 경상남도 거제시 남부면 갈곶리 78-1

해금강호텔 뒤편으로 올라가면 해금강을 가장 가까이서 볼 수 있는 멋진 조망이 펼쳐진다.

거제 ◆ 우제봉(雨祭峯) 전망대

‖ 경상남도 거제시 남부면 갈곶리 산2-16

238

높이 107m의 우제봉은 바이크에서 내려 도보로 조금 올라가야 하지만, 해금강 조망이 멋진 곳이다.

거제 ◆ 학동(鶴洞) 몽돌해수욕장

‖ 경상남도 거제시 동부면 학동리 701-2

239

학이 비상하는 모양의 길이 1.2㎞, 폭 50m 규모 해변을 흑진주 같은 검은 몽돌이 가득 채우고 있는 곳으로, 다른 지역보다 수심이 깊으며 도로 바로 옆이라 접근성도 매우 좋다.

거제 ◆ 구조라(舊助羅) 전망대

240

‖ 경상남도 거제시 일운면 구조라리 산20-3

거제는 곳곳에 경치 좋은 전망대들이 잘 갖춰져 있는데, 구조라해수욕장이 한눈에 내려다보이는 구조라 전망대도 멋진 조망이 있는 곳이다. 최근 남쪽빛감성 버스 정류장이라는 구조물이 포토존으로 주목 받고 있다.

거제 ◆ 서이말(鼠耳末) 전망대

241

‖ 경상남도 거제시 일운면 와현리 산34-1

지형이 쥐의 귀 끝처럼 생겨서 '서이말(鼠耳末)'이라 부르는 곳에 있는 전망대로, 와현 해변과 구조라항이 한눈에 내려다보이는 멋진 조망을 자랑한다.

거제 ◆ 장승포(長承浦) 벚꽃길

242

‖ 경상남도 거제시 능포동 산6-78

장승포 해안일주도로와 양지암조각공원 주차장 사이의 해안도로에 조성된 꽃길로, 현지인들만 찾던 곳이었는데, 요즘 벚꽃 명소로 소문이 나서 많은 사람이 찾고 있다. 푸른 바다와 하얀 벚꽃을 동시에 볼 수 있는 몇 안 되는 해안 벚꽃길이며, 벚꽃 개화기에는 일방통행으로 운행된다.

거제 ◆ 양지암(揚支岩) 전망대

‖ 경상남도 거제시 능포동 산61-78 243

양지암으로 가는 멋진 해안길인 장승포 해안로에 있는 전망대이다.

거제 ◆ 매미(Maemi)성

‖ 경상남도 거제시 장목면 대금리 290 244

2003년 태풍 매미로 피해를 본 주민이 다시 무너지지 않도록 견고하게 벽을 쌓아 올렸는데, 이것이 마치 중세 시대 성처럼 보여 매미성이라 불리게 되었고 거제의 관광명소가 되었다.

거제 ◆ 유호(柳湖) 전망대

‖ 경상남도 거제시 장목면 유호리 산85-2 245

부산의 가덕도와 거제도를 잇는 거가대교를 한눈에 내려다볼 수 있는 전망대다.

거제 ◆ 칠천도(七川島) 일주로

246

‖ 시작점: 경상남도 거제시 하청면 어온리 601-5

‖ 경유1: 경상남도 거제시 하청면 대곡리 산5-37

‖ 경유2: 경상남도 거제시 하청면 연구리 191-3

‖ 끝점: 경상남도 거제시 하청면 어온리 601-5

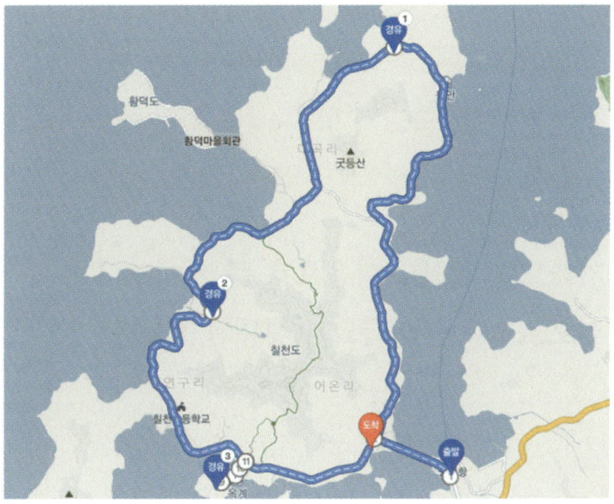

2000년에 거제도와 연륙교가 연결되었으며, 그 후 가조도와 산달도도 연륙교로 연결되었다.

거제 ◆ 계룡산(鷄龍山)

247

‖ 시작점: 경상남도 거제시 상동동 산61-7

‖ 정상부: 경상남도 거제시 상동동 산34-4

‖ 끝점: 경상남도 거제시 거제면 동상리 646

다도해의 비경을 볼 수 있는 계룡산을 오르는 길은 몇 군데 있지만, 필자가 진행했던 루트는 위 좌표와 같다. 거제 최고의 명산인 계룡산 정상에는 6·25 전쟁 때 사용하던 통신대와 포로수용소 유적지가 있는데, 시멘트 임도와 비포장도로가 몇 차례 교차하는 험한 길을 4.6㎞나 올라야 한다. 지금은 거제 포로수용소 유적공원에서 계룡산 정상까지 관광 모노레일이 운행 중이라 누구나 쉽게 계룡산 정상의 비경을 볼 수 있다.

‖ 모노레일 승차장: 경상남도 거제시 계룡로 61(거제 포로수용소 유적공원)

• 거제 파노라마 케이블카

‖ 경상남도 거제시 동부면 구천리 953-2

최근 2022년 3월에 노자산에 거제 케이블카가 새롭게 개통되어 거제의 새로운 명소가 되고 있다.

출처 : 네이버 예약 사이트

거제 ◆ 가조도(加助島) 일주로

248

‖ 시작점: 경상남도 거제시 사등면 창호리 2020

‖ 경유1: 경상남도 거제시 사등면 창호리 738-12

‖ 경유2: 경상남도 거제시 사등면 창호리 1070-11

‖ 경유3: 경상남도 거제시 사등면 창호리 2547-4

‖ 끝점: 경상남도 거제시 사등면 창호리 2080

가조도는 칠천도 다음으로 큰 거제도의 부속 섬으로 2009년 연륙교가 개통된 곳이다.

거제 ◆ 구천(九川)저수지 돌안골

249

‖ 경상남도 거제시 삼거동 산90-1

거제 구천저수지 안에 마치 섬이 하나 떠 있는 것 같은 특이한 풍경을 지닌 곳으로 최근 SNS를 통해 인생 사진 명소로 이름을 떨치고 있다. 위 주소지를 따라가다 길가에 주차하고 산 쪽으로 난 길을 따라 10분 정도 걸으면 돌안골을 조망하는 펜스 전망대가 나온다.

거제 투어는 주로 해안을 따라 안내했지만 해안로가 아니더라도 반송재로, 학동고개 등 내륙의 길들도 한 번 둘러볼만하다. 이렇게 거제 일주를 마무리한다.

5

| 경상남도 / 부산광역시 권역 |

영남의 양대 누각

조선 시대 우리나라의 3대 누각으로 꼽히는 밀양 영남루, 진주 촉석루, 평양 부벽루 중 두 개가 영남 지방에 있다.

kakaomap
실제 서비스 이미지와 다를 수 있음

밀양 ◆ 영남루(嶺南樓)

250

‖ 경상남도 밀양시 내일동 40

밀양 영남루는 정면 5칸, 측면 4칸의 밀양 도호부 객사(客舍) 부속건물로, 귀한 손님을 맞이하여 잔치를 베풀던 곳이다. 조선 후기 건물의 특색을 잘 반영한 곳으로 진주 촉석루, 평양 부벽루와 함께 한국의 3대 누각으로 꼽히며 보물로 지정되어있다. 유유히 흐르는 밀양강이 시원하게 조망되는 웅장한 영남루는 밀양 시민들의 많은 사랑을 받는 휴식처이자 명품누각이다.

진주 ◆ 촉석루(矗石樓)

251

‖ 경상남도 진주시 본성동 415

진주성 촉석루는 진주의 상징이자 영남 제일의 명승으로 남강 바위 벼랑 위에 자리한 탓에 뛰어난 경치까지 볼 수 있다. 촉석루는 전시에는 군 지휘소로, 평시에는 선비들이 풍류를 즐기는 곳으로 또 과거를 치르는 고사장으로도 쓰였다. 지금의 촉석루는 한국 전쟁 때 불탄 것을 시민의 성금으로 1960년에 중건한 것이며, 촉석루 바로 아래 남강에는 논개가 임진왜란 때 진주성을 침략한 왜장을 껴안고 자결한 가슴 아픈 순국의 현장인 '의암'이 자리하고 있다.

6

| 경상남도 / 부산광역시 권역 |

화왕산 / 관룡사

넓은 억새밭과 깎아지른 바위 낭떠러지, 봄의 진달래가 장관을 이루는 명산 화왕산. 그 화왕산의 동쪽으로 이어진 산봉우리로 '창녕의 금강산'이라 불리는 관룡산에는 풍광이 멋진 관룡사도 있다.

kakaomap
실제 서비스 이미지와 다를 수 있음

창녕 ◆ 화왕산(火旺山)

252

‖ 산성교 쪽 진입로 입구: 경상남도 창녕군 창녕읍 옥천리 산219-1

‖ 화왕산 자연휴양림 쪽 진입로 입구: 경상남도 창녕군 고암면 감리 산60-2

‖ 정상부: 경상남도 창녕군 창녕읍 옥천리 산323-1

창녕의 진산인 군립공원 화왕산은 삼국시대 때 축조된 화왕산성과 정상부의 억새평원, 봄 진달래가 장관을 이루는 곳이다. 관룡사 입구 삼거리에서 산성교 쪽으로 오르는 길과 화왕산 자연휴양림 쪽에서 오르는 두 가지 방법이 있는데, 필자들은 산성교 쪽으로 오르다 8부 능선에서 태풍에 유실된 비포장도로에 막혀 실패했고, 자연휴양림 쪽으로 오르다 코로나 때문에 출입이 통제되어 실패한 경험이 있다. 자연휴양림 쪽이 도로 상태는 더 좋은 편이며, 드라마 '허준' 촬영장을 경유하게 된다.

창녕 ◆ 화왕산 관룡사(火旺山 觀龍寺)

253

‖ 경상남도 창녕군 창녕읍 옥천리 292

화왕산군립공원 구룡산 아래에 있는 고찰로 대한불교조계종 제15교구의 본사인 통도사의 말사로 구룡산 병풍바위를 배경으로 삼고 있어 빼어난 비경을 보여준다.
관룡사 경내에서 약 20분 정도 걸으면 용선대에 오를 수 있다. 용선대는 일출과 일몰의 장소로도 유명하지만, 석조여래좌상과 어우러진 화왕산과 구룡산 등 주변의 전경 또한 장관이다.

관룡사

관룡사 용선대

7

| 경상남도 / 부산광역시 권역 |

자굴산 / 한우산

의령의 북서쪽에 우뚝 솟은 자굴산은 의령 최고봉이자 진산으로 의령인들이 자랑스럽게 여기는 산이다. 자굴산과 어깨를 겨루는 한우산(寒雨山)은 우리 이름이 찰비산이며, 철쭉과 진달래가 폭넓게 군락을 이루고 있어 매년 5월 초 축제가 열리는 곳이다.

kakaomap
실제 서비스 이미지와 다를 수 있음

의령 ◆ 자굴산(闍崛山) 쇠목재 색소폰도로

254

‖ 경상남도 의령군 대의면 신전리 산1-1

높이 897m의 자굴산은 경상남도 중심부인 의령의 진산으로 쇠목재까지 멋진 굽잇길이 이어져 있으며, 그 모양이 마치 색소폰 같다 하여 일명 '색소폰도로'로 널리 알려진 곳이다.

의령 ◆ 한우산(寒雨山)

255

‖ 경상남도 의령군 칠곡면 내조리 산20-1

자굴산에서 이어지는 한우산은 봄이면 철쭉군락이 장관을 이루며 정상부 패러글라이딩 활공장에서 산 아래엔 벽계저수지까지 이어지는 찰비(벽계)계곡이 수려한 경관을 자랑한다.

| 참고 |

주말에는 쇠목재에서 한우산 생태숲 주차장까지의 차량 통행이 전면 제한되므로, 의령벽계관광지를 거쳐 한우산생태공원으로 오르는 도로를 이용해야 한다.

• 의령 벽계(碧溪)관광지

‖ 경상남도 의령군 궁류면 벽계리 369-6

• 의령 한우산생태숲 주차장

‖ 경상남도 의령군 궁류면 벽계리 산200

8

| 경상남도 / 부산광역시 권역 |

황매산 / 영암사지

삼각형으로 뾰족이 솟아오른 산봉우리가 예닐곱 굽이로 길게 펼쳐져 있는 눈부신 하얀 빛의 화강암 골산인 황매산을 처음 보면, 누구든 그 환상적인 아름다움에 넋을 잃고 만다. 황매산 아래에는 황매산이 병풍처럼 둘러싸고 있던 영암사(靈巖寺)라는 큰 절터인 영암사지가 있다.

kakaomap
실제 서비스 이미지와 다를 수 있음

산청 ◆ 황매산(黃梅山)

256

‖ 산청 쪽 진입로 입구: 산청군 차황면 법평리 1-2(주차장)

‖ 황매산오토캠핑장 쪽 진입로 입구: 경상남도 합천군 가회면 둔내리 산219-11(주차장)

‖ 억새평: 경상남도 합천군 가회면 둔내리 산219-5

합천과 산청의 경계에 있는 높이 1,108m의 산으로, 봄에는 철쭉, 가을에는 억새가 장관을 이루는 우리나라 10대 명산 중 하나다. 바이크로 올라가는 길은 합천과 산청 양쪽에 있으며, 합천이나 산청 투어 시 반드시 들러야 할 곳 중 하나다. 길은 정상부까지 나 있으나 도중에 통행이 차단되니 참고하기를 바란다.

합천 ◆ 영암사지(靈巖寺址)

257

‖ 경상남도 합천군 가회면 둔내리 1032

'신령스러운 바위산' 모산재가 옛 절터인 영암사지를 감싸고 있는 모습이 장관을 이루는 곳이다. 보물로 지정된 쌍사자석등과 삼층석탑이 옛터를 지키고 있으며, 국내 폐사지 중 가장 아름다운 곳으로 평가된다.

9

| 경상남도 / 부산광역시 권역 |

평사리 최참판댁 / 한산사 전망대

동학혁명에서 근대사까지 우리 한민족의 삶을 그린 박경리의 대하소설 〈토지〉에 등장하는 최참판댁을 재현한 14동의 한옥을 둘러보고, 인근에 있는 한산사 앞 전망대에 올라 평사리 일대를 굽어보는 것도 멋진 투어가 된다.

kakaomap
실제 서비스 이미지와 다를 수 있음

하동 ◆ 평사리(平沙里) 최참판댁

258

‖ 경상남도 하동군 악양면 평사리 483

조선 후기 우리 민족의 생활 모습을 담은 초가집, 유물 등이 있는 드라마 세트장이며, 앞마당에서 내려다보는 평사리 들녘이 아름다운 곳이다. 최참판댁 바로 옆에 박경리 선생을 기리는 기념관이 조성되어 있다.

하동 ◆ 한산사(寒山寺) 전망대

259

‖ 경상남도 하동군 악양면 평사리 산47-8

평사리에 있는 사찰 한산사 앞에 조성된 전망대로 최참판댁, 동정호, 부부송이 서 있는 아름다운 평사리 들녘과 굽이굽이 흘러가는 섬진강의 멋진 모습을 조망할 수 있다.

10

| 경상남도 / 부산광역시 권역 |

팔담팔정

조선 후기 행정구역인 안의현에는 용추폭포가 있는 심진동, 농월정이 있는 화림동, 수승대가 있는 원학동 등 경치 좋은 세 개의 계곡이 있었는데 이를 '안의삼동(安義三洞)'이라 불렀다. 그중 안의에서 장수로 올라가는 길목에 있는 화림동 계곡은 맑은 물과 너른 암반, 기암괴석과 늙은 소나무 숲이 어우러져 절경을 이루며, 여덟 곳의 정자와 못이 있다고 하여 '팔담팔정(八潭八亭)'이라 불렀다. 현재는 명승으로 지정된 거연정과, 군자정, 동호정, 농월정 등이 남아있으며 우리나라 정자 문화의 메카로 불리는 곳이다.

kakaomap
실제 서비스 이미지와 다를 수 있음

함양 ◆ 거연정(居然亭)

260

‖ 경상남도 함양군 서하면 봉전리 882-2

농월정이 2003년 소실된 후 화림동 계곡의 대표주자가 된 거연정은 2012년 국가 명승 제86호로 지정되었으며, 주변 기암괴석과 어우러진 풍광이 매우 수려한 곳이다.

함양 ◆ 군자정(君子亭)

261

‖ 경상남도 함양군 서하면 봉전리 881-1

동방 5현인 일두 정여창(一蠹 鄭汝昌) 선생을 기리기 위해 세워진 정자로 거연정 바로 옆에 있다.

함양 ◆ 동호정(東湖亭)

262

‖ 경상남도 함양군 서하면 황산리 843-1

임진왜란 때 선조 임금을 등에 업고 의주로 피난을 했다는 장만리(章萬里) 선생을 기리기 위해 그의 후손들이 1890년경에 지은 것으로, 정자 앞 거대한 너럭바위가 인상적이다.

함양 ◆ 농월정(弄月亭)

263

‖ 경상남도 함양군 안의면 월림리 687

안의삼동 중 심진동의 심원정, 원학동의 수승대, 화림동의 농월정을 '삼가승경'이라 하여 최고의 절경으로 칭송하였는데, 화림동 계곡의 대표 정자인 농월정이 불행히도 2003년 화재로 소실되어 지금은 다시 지은 농월정이 그 자리에 서 있다. 아무래도 본래의 고풍스러움이 사라져 지금은 거연정에 화림동 계곡의 대표 정자 자리를 넘겨주었지만, 여전히 정자 앞 천 평 규모의 너럭바위 지대와 주변 경관이 아주 멋진 곳이다.

11

| 경상남도 / 부산광역시 권역 |

수승대 / 구연서원

거창 위천에 있는 수승대는 영남 제일의 동천(洞天/산천으로 둘러싸인 경치 좋은 곳)으로 알려진 '안의삼동(安義三洞)' 중 하나로 원학동계곡 한가운데 넓은 화강암 암반으로 이뤄진 곳이다. 주변의 숲과 어우러진 빼어난 경관으로 2008년 명승 제53호로 지정되었다.

kakaomap
실제 서비스 이미지와 다를 수 있음

거창 ◆ 수승대(搜勝臺)

‖ 경상남도 거창군 위천면 황산리 750-3(주차장) 264

수승대는 암반 위를 흐르는 계류 가운데 위치한 거북바위(구연암)를 중심으로 구연교와 건너편 요수정이 어우러진 경치가 매우 아름다운 곳이다. 퇴계 이황(退溪 李滉)을 비롯한 옛 풍류가들의 시가 가득 새겨져 있는 거북바위 위에 자리한 노송이 백미이다.

거창 ◆ 구연서원(龜淵書院)

‖ 경상남도 거창군 위천면 황산리 769 265

요수(樂水) 신권(愼權)의 학문과 덕행을 추모하기 위하여 신권이 제자를 가르치던 구 주서당 자리에 서원을 창건하여 위패를 모신 곳으로 관수루의 빼어난 건축미가 돋보이는 곳이다. 대원군의 서원철폐령으로 1868년(고종 5년)에 훼철되어 아직 복원되지 않고 있으며, 서원 터에 사적비와 신권을 위한 거대한 산고수장비(山高水長碑)만 남아있다.

12

| 경상남도 / 부산광역시 권역 |

장유암 / 장유폭포

우리나라에 불교가 최초로 전래된 유서 깊은 사찰인 장유암과 해발 801m의 불모산 용지봉 준령에서 흘러내린 물줄기가 폭포를 이루는 장유폭포는 세상 시름을 모두 잊게 만들기에 충분한 비경이다.

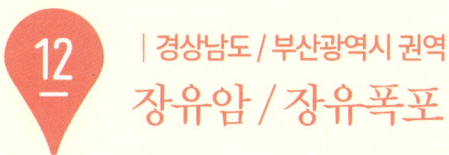

kakaomap
실제 서비스 이미지와 다를 수 있음

김해 ◆ 불모산 장유암(佛母山 長游庵)

266

‖ 경상남도 김해시 대청계곡길 170-563

서기 48년에 인도 아유타국의 태자이자 승려인 長遊和尙(장유화상)이 누이 허씨를 따라 이곳으로 와서 최초로 창건한 절이라고 한다. 장유폭포가 있는 김해 대청계곡을 끼고 오르는 십리 임도길이 무척 아름다운 곳으로, 장유암 마당에서 내려다보면 김해 시내가 한눈에 조망된다.

김해 ◆ 장유(長游)폭포

267

‖ 경상남도 김해시 대청동 산 69-2

대청계곡 길가에 자리하고 있어 접근성이 좋으므로 장유암으로 가는 길에 함께 둘러보면 좋다.

13

| 경상남도 / 부산광역시 권역 |

홍룡폭포 / 내원사계곡

양산의 명산 천성산 자락에는 아름다운 내원사계곡과 홍룡사가 있다. 천성산 화엄벌 억새터와 내원사계곡 그리고 홍룡폭포는 모두 양산 8경에 속하는 곳들이다.

kakao**map**

실제 서비스 이미지와 다를 수 있음

양산 ◆ 홍룡(虹龍)폭포

268

‖ 경상남도 양산시 상북면 대석리 산145-3

천성산 골짜기의 계곡에서 떨어지는 폭포로 깎아지른 바위 위에 물보라를 일으키며 떨어지는 폭포의 모습이 말할 수 없이 아름다우며, 폭포 아래에 홍룡사가 아담하게 자리하고 있다.

양산 ◆ 내원사(內院寺)계곡

269

‖ 경상남도 양산시 하북면 용연리 산63-18

천성산 기슭에 자리한 내원사 아래에 있는 계곡으로 예부터 소금강이라 불릴 정도로 자연경관이 빼어나고 사시사철 맑고 깨끗한 물이 흐른다. 내원사까지 계곡을 끼고 달리는 내내 기분이 좋은 멋진 길이다.

14

| 경상남도 / 부산광역시 권역 |

문수암 / 보현암약사전

경남 고성의 무이산(545.6m)과 수태산(574.8m)에는 각각 문수암과 보현암약사전이 서로를 굽어보며 자리하고 있다.

고성 ◆ 무이산 문수암(武夷山 文殊庵)

270

‖ 경상남도 고성군 상리면 무선리 291-5

고성 무이산 자락을 굽이굽이 오르면 마주하게 되는 문수암은 남해 보리암, 여수 향일암과 더불어 남해안 3대 해수관음성지로 꼽히는 곳이다. 바다를 바라보는 경치가 매우 아름답다.

고성 ◆ 보현암약사전(普賢庵藥師殿)

271

‖ 경상남도 고성군 하일면 무선2길 1039

높이 13m 동양 최대의 금불인 약사여래대불이 있는 약사전은 모든 중생의 질병을 고쳐주고 고통을 없애주며 목숨을 연장해준다고 알려져 기도하는 불자들이 많이 찾는 곳이다. 다도해를 배경으로 자리하고 있는 부처의 모습이 돋보인다.

15

| 경상남도 / 부산광역시 권역 |

부산 산복도로

산복도로(山腹道路)는 원래 산의 중턱(腹)을 지나는 도로를 뜻하지만, 고지대 경사지까지 개발이 이루어지며 산동네로 이어지는 도로를 의미하기도 한다. 전국에서 산복도로가 유명한 곳은 부산, 창원, 통영, 성남 등으로 고지대의 산비탈에 주민들이 정착하면서 도로가 만들어진 곳들이다. 부산은 그중 가장 대표적인 곳으로 해방으로 인해 귀환한 동포들과 6·25 전쟁으로 생긴 피란민들이 급격히 유입되면서 갈 곳이 없던 그들이 산비탈에 정착하게 되었고, 후에 그곳이 도로로 이어지면서 수십 ㎞의 산복도로가 생기게 되었다. 이미 잘 알려진 황령산 벚꽃길과 만덕고갯길도 산복도로의 하나이다. 천마산로, 영주로, 망양로 등 대표적인 산복도로를 둘러보는 것은 부산을 이해하는 멋진 투어가 될 것이다.

| **출발지** | 부산광역시 동구 초량동 1187-1(부산역)

kakaomap
실제 서비스 이미지와 다를 수 있음

• 부산 매축지(埋築地)마을

‖ 부산광역시 동구 좌천동 68-391

동구 범일동에 있는 자연 마을로 일제 강점기에 해안을 매립하여 방대한 매축지(埋築地) 위에 조성되었으며, 동구 도심에 있지만 고립된 형태로 지금도 일제 강점기와 6·25 전쟁 당시 형성된 피란민촌의 모습을 그대로 간직한 도심 속 오지 마을로 알려져 있다. 일제 강점기에 만들어진 가옥과 좁은 골목길 등의 풍경으로 사진작가들이나 여행객이 즐겨 찾는 장소다.

• 부산 안창마을

‖ 부산광역시 동구 범일동 1545-15

부산의 마지막 달동네인 안창마을은 도심 속 작은 섬처럼 주변 경관과 대조를 이루는 곳으로, 6·25 전쟁 때 피란 온 사람들이 한 채, 두 채 지은 판자촌이 현재의 모습으로 이어졌다. 슬레이트 지붕의 푸른색과 집집이 지붕 위에 놓인 또 다른 푸른색의 물탱크가 이채롭다.

• 부산 희망마을 수직(垂直)농장

‖ 부산광역시 동구 진성로 75번길 22

수직농장은 말 그대로 '세로 농장'으로, 도심에 수직 빌딩형 공간을 만들어 식물을 재배하는 농장이다. 도심에서 키워 수확물을 빠르게 유통할 수 있는 장점 덕분에 미래 농업의 대안으로 평가되며, 정부에서 인가한 농림수산식품 분야 '제1호 사회적협동조합'이기도 하다. 지역 경제를 활성화하고 취약계층에게 사회서비스 및 일자리를 제공하고 있으며, 수익금은 경로당·독거노인 등 지역 취약계층에 복지서비스를 제공하는 등 사회적 목적을 위해 사용되고 있다.

• 부산 까꼬막

‖ 부산광역시 동구 망양로 596번길 18

'까꼬막'은 경상도 사투리로 산비탈을 말하는데, 부산역 맞은편에는 사방이 온통 까꼬막인 초량동과 수정동이 있다. 6·25 전쟁 때 전국의 피란민이 부산으로 몰려오면서 40만여 명이던 부산 인구가 당시 100만 명까지 늘어나 살 곳이 모자라자 피란민들은 산비탈을 깎아 판잣집을 짓고 살다가 전쟁이 끝난 뒤 산동네에 정착하면서 만들어진 곳이다. 대부분의 까꼬막 골목들이 지금도 옛 모습을 간직하고 있어 1970~1980년대로의 시간 여행이 가능하다.

부산 ◆ 부산항(釜山港) 전망대

272

‖ 부산광역시 서구 남부민동 산10-1

부산 산복도로에 있는 여러 개의 전망대 중 부산항 전망이 가장 좋은 곳이다.

부산 ◆ 누리바라기 전망대

273

‖ 부산광역시 서구 남부민동 50-40

세상을 바라본다는 의미의 누리바라기 전망대는 아미동과 남포동, 중앙동, 장산, 부산항대교까지 한눈에 조망되는 대단히 멋진 곳이다. 바로 인근에 부산항 전망대가 자리하고 있다.

부산 ◆ 천마산(天馬山) 하늘전망대

274

‖ 부산광역시 서구 해돋이로 183번길 17-4

부산 원도심과 부산항이 내려 보이는 야경명소로 1층엔 화장실, 2층엔 오르다가 카페, 3층엔 전망대가 있다. 영화 '국제시장'의 마지막 장면 촬영지로 유명하며 관련 조형물이 설치되어 있다.

부산 ◆ 한마음행복센터

275

‖ 부산광역시 서구 천마산로 370

초원이 우거져 말이 서식할 정도로 뛰어난 자연조건을 지녔다는 서구 천마산 자락에서 주민자치로 운영되는 복지센터로, 드라마 '그냥 사랑하는 사이'의 촬영지로 활용됐던 목욕탕 '산호장'을 비롯한 멋진 전망이 볼 수 있는 곳이다. 1층에는 저렴한 가격으로 음료를 판매하는 카페가 있고 인근에 야외 갤러리가 조성되어 있는 하늘산책로 전망대가 있다.

부산 ◆ 감천(甘川) 문화마을(하늘마루전망대)

276

‖ 부산광역시 사하구 감내2로 177-11

감천 문화마을은 도시재생사업의 대표적인 성공사례로 미술 프로젝트를 통해 부산을 대표하는 문화관광 브랜드로 자리를 잡은 곳이다. 하늘마루전망대에선 감천 문화마을을 한눈에 내려볼 수 있다. 인근에 감천마을의 대표적인 포토존인 어린 왕자 조형물과 감천 문화마을 안내센터 등이 있다.

하늘마루전망대

감천 문화마을

부산 ◆ 아미동(峨嵋洞) 비석(碑石)마을 277

‖ 부산광역시 서구 아미동2가 213-39

감천고개에서 시작해 산상교회 근처까지 이어진 마을로 일제 강점기 시절에 조성된 일본인 공동묘지가 있던 자리에 6·25전쟁 때 부산으로 피란 온 피란민들이 움막을 짓고 살기 시작했다고 한다. 공동묘지의 비석들을 피란민들이 건축자재로 사용했다 하여 비석마을로 불리는 곳이다.

● 부산 구름이 쉬어가는 전망대

‖ 부산광역시 서구 아미동2가 213-156

비석마을 인근 막다른 오르막에 설치된 전망대로, 멀리 남포동 일대와 중앙공원 충혼탑, 용두산공원의 부산 타워 등이 한눈에 들어오며, 산기슭에 다닥다닥 붙어있는 집들을 비추는 가로등이 만들어 낸 주홍빛 풍경이 이채로운 곳이다.

부산 ◆ 영주(瀛州) 하늘눈전망대 278

‖ 부산광역시 중구 영주동 91-7

'산복도로 걷기 좋은 산책로 조성 사업'의 일환으로 만들어진 곳으로, 바다, 산, 도시가 어우러진 부산의 모습을 조각 타일로 표현한 조형물과 '부산을 내려다보는 독특한 하늘 눈' 조형물을 볼 수 있다. 부산 시민들 사이에서 야경 명당으로 손꼽히는 곳이다.

부산 ◆ 역사의 디오라마(Diorama)

‖ 부산광역시 중구 영주로 93

디오라마(Diorama)는 원래 이동식 극장을 뜻했으나 현재는 3차원의 실물 또는 축소 모형을 말한다. 이곳에서는 부산의 '자연경관', '근대경관', '문화경관'과 '미래경관' 등 4가지 주제의 풍경들이 축소 모형처럼 보인다고 하여 디오라마라 부른다. 피란 수도, 해양 도시로 대표되는 항도 부산에서 가장 부산다운 모습을 볼 수 있는 전망대로, 편히 쉴 수 있는 카페도 마련되어 있다. 정면으로 보이는 광안대교 바다 전망과 산복도로를 빼곡하게 채우고 있는 건물들, 그 사이 굽은 길을 능숙하게 오가는 버스의 모습은 오직 부산에서만 볼 수 있는 전망이다.

● 부산 금수현(金水賢)의 음악살롱

‖ 부산광역시 중구 망양로 355번길 22

지휘자 금난새의 아버지이자 가곡 '그네'의 작곡가인 부산 태생의 음악인 금수현(金水賢)을 추억하기 위해 만들어진 장소로, 금수현의 생애에 대한 역사와 고인이 사용했던 유품들이 전시되어 있다. 원래 주변 노인 분들을 위한 공간으로 만들어졌지만, 현재는 나름 관광명소로도 유명세를 떨치고 있다. 망양로 위 민주공원 쪽은 길이 좁아 조심해야 한다.

● 부산 색채(色彩)마을

‖ 부산광역시 중구 망양로 327-1

2009년 수립한 부산 도시 색채계획에 따라 만들어진 색채 마을은 총 34동의 건물에 알록달록 색을 입혀 건물 자체를 작품으로 바꿔 놓은 곳으로, 서울의 도시재생과 비슷한 콘셉트이다. 단순히 조악한 벽화를 그린 것이 아니라 거리갤러리 미술제에서 수상한 작가들의 솜씨로 만들어졌으며, 건물마다 작가의 이름과 작품설명이 붙어있다.

부산 ◆ 유치환(柳致環)의 우체통

280

‖ 부산광역시 동구 망양로 580번길 2

경남여고 교장을 2차례 지내고 이곳 동구에서 생을 마감한 청마 유치환(靑馬 柳致環)을 기리기 위해 2013년에 개관한 전망대로 부산항을 한눈에 전망할 수 있는 명소이다. 전망대는 1층과 2층, 옥상으로 나뉘며, 옥상에 있는 유치환 우체통은 편지를 보내면 1년 뒤에 수취인에게 배달된다.

부산 ◆ 친환경 스카이웨이전망대

281

‖ 부산광역시 동구 초량동 산53-19

초량동 이바구길에 설치된 전망대로 활령산과 함께 부산 최고의 야경 감상 장소로 알려진 곳이다. 특히 밤에는 형형색색의 경관 조명이 신비로운 감성에 빠져들게 만드는 곳으로, 동구 지역과 부산항대교가 한눈에 들어오는 전망을 지녔다.

부산 ◆ 이바구공작소

282

‖ 부산광역시 동구 망양로 486번길 14-13

'이바구'는 이야기를 뜻하는 경상도 사투리로 다른 지역에서는 볼 수 없는 독특한 부산의 산복도로를 배경으로 그 속에서 근현대사를 살아온 사람들의 이야기를 담아내는 문화공간이다. 산복도로 마을 주민들의 생생한 증언을 담은 '아, 나의 아버지 최천택', '외솔배기의 젖줄, 용암샘', '당산의 유래' 등 영상물이 상영되고, 영상실에서는 터치스크린을 통해 각종 산복도로 관련 자료를 열람할 수 있다.

부산 ◆ 장기려(張起呂) 기념관

‖ 부산광역시 동구 영초윗길 48 283

가난하고 소외된 사람들을 무료로 진료해주고, 그들의 병원비를 자신의 월급으로 대납했던 '한국의 슈바이처 장기려(張起呂) 박사'를 기리기 위해 2013년 개관한 기념관이다. 그는 평생 가난한 이웃에게 나눔을 실천했고, 국민건강보험이 실시되기 10년 전에 의료보험의 시초인 '청십자의료보험조합'을 동구 지역에 설립했던 인물이기도 하다.

부산 ◆ 168계단

‖ 부산광역시 동구 초량동 994-552 284

동구 초량동에 있는 경사 35~45도의 가파른 168개 계단으로, 6·25전쟁 때 피란민들이 산동네에 모여 살면서 건설한 통행로이며, 2016년에 모노레일이 개통되어 관광객들을 맞이하고 있다.

부산 ◆ 김민부(金敏夫) 전망대

‖ 부산광역시 동구 영초윗길 26번길 14 285

'일출봉에 해 뜨거든~'으로 시작하는 '기다리는 마음'의 작사가인 김민부(金敏夫) 시인을 기리기 위해 만들어진 전망대로 멀리 부산 앞바다와 부산역의 조망이 멋진 곳이다.

부산 ◆ 호천(虎川)문화플랫폼

286

‖ 부산광역시 부산진구 엄광로 491

드라마 '쌈마이웨이'에서 부산 원도심의 아름다운 야경을 보여줬던 '남일바'가 있던 곳으로, 촬영지를 재현하여 한류 드라마 관광지로 조성한 곳이다.

부산 ◆ 이중섭(李仲燮) 전망대

287

‖ 부산광역시 동구 증산로 168

평안남도 평원 출신의 화가 이중섭(李仲燮)은 1·4 후퇴 때 아내와 두 아들을 데리고 부산으로 내려와 피란 생활을 하며, 당시 광복동 일원의 밀다원, 금강다방, 부둣가의 술집들을 전전하며 부산으로 피란 온 예술가들과 친밀한 교분을 나누며 그림을 그렸다.
이중섭 작가의 초상이 타일로 붙은 희망 100계단을 오르면 이중섭 전망대가 나온다.

이중섭 전망대

희망100계단

1

| 경상북도 권역 |

백석탄 / 신성계곡 / 방호정

경북 청송을 가로질러 흐르는 맑고 잔잔한 길안천 주변의 자연과 고즈넉한 정자를 볼 수 있는 코스다.

kakaomap
실제 서비스 이미지와 다를 수 있음

청송 ◆ 백석탄(白石灘)

‖ 경상북도 청송군 안덕면 고와리 645

288

안동에서 청송으로 가는 길안천 변은 풍경이 무척 아름다운 곳이며, 그중 고와리에 있는 백석탄은 오랜 시간 계곡의 풍화와 침식작용으로 인해 만들어진 포트홀과 표면이 하얀 바위들이 군집을 이루고 있어 눈부신 비경을 보여준다.

청송 ◆ 신성(薪城)계곡 녹색길

‖ 시작점: 경상북도 청송군 안덕면 고와리 518-1

‖ 끝점: 경상북도 청송군 안덕면 신성리 355-4

289

백석탄이 있는 고와리에서 방호정이 있는 신성리까지 이어지는 신성계곡은 청송 제1경으로 꼽히며, 유네스코가 선정한 세계지질공원으로 반드시 둘러봐야 할 투어지 중 한 곳이다. 단풍이 질 때 더욱 멋진 곳들이기도 하다.

청송 ◆ 방호정(方壺亭)

‖ 경상북도 청송군 안덕면 방호정로 126-5

290

조선 중기의 학자 방호 조준도(方壺 趙遵道)가 44세 때 돌아가신 어머니를 사모하는 마음으로 푸른 바위와 맑은 물이 휘감아 도는 길안천 변 신성계곡 벼랑 위에 터를 잡은 정자다. 계곡과 어우러진 경치가 아름다워 많은 사람이 찾는 곳이다.

2

| 경상북도 권역 |

북대암 / 운문사

국내 최대의 비구니 도량인 운문사와 그 부속 암자인 북대암을 둘러보는 코스다. 운문사를 보려면 북대암으로 가고, 북대암을 보려면 운문사로 가라는 말이 있을 정도로 상대방 위치에서 전체 모습이 더 잘 보인다.

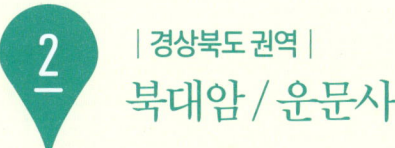

kakaomap
실제 서비스 이미지와 다를 수 있음

청도 ◆ 북대암(北臺庵)

291

‖ 경상북도 청도군 운문면 운문사길 231-60

운문사 조금 못 미쳐 좌측 북대암으로 오르면 병풍바위와 어우러진 북대암의 비경을 볼 수 있다. 북대암에서 내려다보이는 운문사의 전경이 아름다워 많은 사람들이 그 모습을 사진으로 담는다. 극락교 이후부터는 경사가 좀 심한 굽잇길이니 주의해야 한다.

청도 ◆ 호거산 운문사(虎踞山 雲門寺)

292

‖ 경상북도 청도군 운문면 신원리 1786-9

운문사는 신라 진흥왕 때 신승(神僧)이 창건한 절로 동화사의 말사이며, 국내 최대 비구니 교육 도량으로 사리암, 호거암, 북대암, 내원암 등의 부속 암자를 거느리고 있다.
진입로의 솔바람길이 아주 멋지고, 운문사에서 북대암의 비경을 바라볼 수 있지만 아쉽게도 바이크는 입구 매표소부터 통행이 금지된다. 이외에도 운문사의 부속 암자인 사리암, 내원암도 들러볼 만하다.

운문사

운문사 솔숲길

3

| 경상북도 권역 |

강축해안도로

영덕 강구항에서 축산항에 이르는 해안도로로 양쪽의 이름을 따서 강축(江丑)해안도로라 부르며, 영덕대게로와 블루로드 생태탐방로를 지난다. 인근 대진해수욕장, 고래불해수욕장과 함께 둘러보면 좋고, 주변에 창포말등대, 영덕풍력단지, 죽도산전망대, 대소산봉수대 등의 명소들이 있다.

| **시작점** | 경상북도 영덕군 강구면 강구리 253-51(강구항)

| **끝점** | 경상북도 영덕군 축산면 경정리 23-10(축산항)

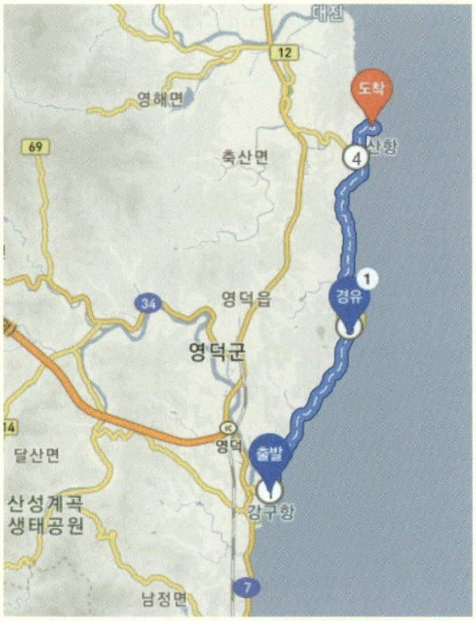

kakaomap
실제 서비스 이미지와 다를 수 있음

• 영덕 해파랑공원

‖ 경상북도 영덕군 강구면 강구리 581

떠오르는 해와 파란 바다의 합성어인 해파랑이란 이름을 지닌 공원으로, 영덕 대게축제 등 다양한 행사 공간과 시민과 관광객들의 휴식 공간을 제공하기 위해 만든 곳이다.

영덕 ◆ 창포말(昌浦末)등대

293

‖ 경상북도 영덕군 영덕읍 창포리 산5-5

창포리 끝에 위치해서 창포말등대라 부르며, 대게의 집게 모양을 한 독특한 등대로 42㎞ 밖의 멀리 있는 바다까지 불빛을 보내준다.

영덕 ◆ 영덕(盈德) 풍력단지

294

‖ 경상북도 영덕군 영덕읍 창포리 산21-5

산속의 풍력발전기와 푸른 동해를 함께 조망할 수 있는 멋진 곳이다.

영덕 ◆ 대소산(大所山) 봉수대

295

‖ 경상북도 영덕군 축산면 도곡리 산18-6

대소산 임도 정상부에 위치하며, 축산항 일대가 한눈에 내려다보이는 전망이 멋진 곳이다.

영덕 ◆ 죽도산(竹島山) 전망대

296

‖ 경상북도 영덕군 축산면 축산리 산106-1

축산항 앞 죽도산 축산등대 근처에 있는 전망대로 축산항 주변의 전경과 일출이 아름다운 곳이며, 멀리 대소산 봉수대도 조망된다.

영덕 ◆ 대진해변 도해단(蹈海壇)

297

‖ 경상북도 영덕군 영해면 영덕대게로 2762

의병장 벽산 김도현 선생은 일제에 의해 국권이 침탈당하자 그 울분으로 바다 쪽으로 걸어가 죽음을 맞이하는 '도해(渡海)'를 결행하였는데, 그를 추모하기 위해 세운 추모비다.

영덕 ◆ 고래불해수욕장

298

‖ 경상북도 영덕군 병곡면 덕천리 1-48

대진에서 고래불로 이어지는 약 4㎞의 아름다운 해수욕장으로, 예전에 고래들이 자주 출몰하여 '고래가 노는 갯벌'이란 뜻의 고래불로 불렸다고 한다. 넓은 모래사장과 소나무가 어우러진 일몰이 멋진 해변으로 꼽힌다.

| 경상북도 권역 |

양동마을 / 하회마을

2010년 유네스코 세계문화유산으로 등재된 하회마을과 양동마을은 조선 시대의 대표적 마을 유형인 씨족 마을 중에서 역사가 가장 오래됐고, 경관 또한 탁월한 곳이다. 유네스코는 세계문화유산 등재 결의안에서 '조선 시대 독특한 유교 양반문화가 마을 공간과 자연환경에 잘 배어 있고, 수백 년 동안 전통이 온전하게 지속되고 있는 점을 높게 평가했다.'라고 밝혔다. 바이크를 주차한 후 천천히 걸어서 하회마을과 양동마을을 둘러보면 마음이 차분해지고 정신이 맑아지는 편안함이 찾아온다.

kakaomap
실제 서비스 이미지와 다를 수 있음

경주 ◆ 양동(良洞)마을

‖ 경상북도 경주시 강동면 양동리 125

299

경주시 외곽에 있는 양동마을은 월성 손씨(月城 孫氏)와 여강 이씨(驪江 李氏)가 모여 살던 씨족 마을로, 하회마을과 함께 2010년 유네스코 세계문화유산으로 등재된 한국 최대 규모의 조선 시대 동성 촌락이다. 조선 시대의 상류층의 주택을 포함한 양반 가옥과 초가 160호가 모여 있으며 관가정, 향단, 송첨종택, 무첨당, 심수정 등 볼 곳이 많고, 하회마을에 비해 한산하지만 상업화되지 않아 옛 모습이 더 잘 보존되어 있다.

● 경주 송첨종택(松簷宗宅)

‖ 경상북도 경주시 강동면 양동리 223

양동마을 안에 있는 경주 손씨 집안의 종갓집으로, 손소의 별호인 '송첨(松簷)'을 따서 '송첨종택'이라 부른다. 이곳에서 3명의 현인이 나온다고 하였는데 손소의 아들 손중돈(孫仲暾), 여주 이씨 가문으로 시집간 손소의 딸이 낳은 회재 이언적(晦齋 李彦迪)이 여기서 태어났으며, 세 번째 현인은 반드시 손씨 가문에서 나와야 한다고 해서 출산을 앞둔 딸들은 출입을 금했고, 손씨 가문의 며느리들만 이곳에서 출산을 할 수 있도록 했다고 한다. 사랑채에는 매일 '참을 인(忍)' 자를 백 번을 쓰며 생활하라는 의미의 서백당(書百堂)이란 편액이 걸려 있으며, 마당에 있는 수백 년 된 향나무가 대단히 인상적인 곳이다.

안동 ◆ 하회(河回)마을

300

‖ 경상북도 안동시 풍천면 하회리 1176-1

낙동강이 마을을 휘감아 흐른다는 뜻을 지닌 하회마을은 풍산 류씨(豊山 柳氏)의 집성촌으로, 국보 징비록을 집필한 서애 류성룡(西厓 柳成龍) 선생과 그의 형 겸암 류운용(謙菴 柳云龍) 선생이 자라난 곳이며, 고유의 '하회별신굿탈놀이'가 유명하다. 마을은 크게 남촌과 북촌으로 나뉘는데 유서 깊은 많은 문화재를 잘 보존하고 있으며, 대표적 가옥인 양진당, 충효당, 북촌댁, 남촌댁, 옥연정사, 겸암정사 등 많은 건축물이 조선 시대 사대부가의 생활상과 집 구조를 연구하는데 귀중한 자료가 되고 있다. 2010년 경주의 양동마을과 함께 세계문화유산으로 지정되었고, 엘리자베스 여왕도 다녀간 안동의 대표적인 여행지이다. 다만 양동마을과 비교해 너무 상업화되어 아쉽게 느껴진다.

5

| 경상북도 권역 |

골굴사 / 기림사

'달을 품은 산'이라는 뜻의 경주 함월산 자락에는 유서 깊은 천년고찰 기림사와 골굴사가 자리하고 있다. 신문왕이 아버지 문무대왕의 릉을 찾아 다녀갔던 '왕의 길'이 트래킹 명소로 주목받는 곳이기도 하다.

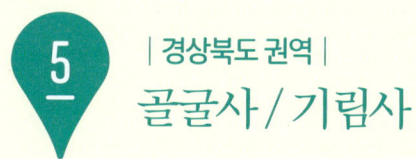

kakaomap
실제 서비스 이미지와 다를 수 있음

경주 ◆ 함월산 골굴사(含月山 骨窟寺)

301

‖ 경상북도 경주시 문무대왕면 안동리 산304

약 1,500여 년 전 인도에서 온 광유선인(光有仙人)이 창건했다고 전해지며, 석굴암보다 200여 년이나 앞선 우리나라에서 가장 오래된 석굴사원이다. 겸재 정선(謙齋 鄭敾)이 <골굴석굴도(骨窟石窟圖)>에서 그 아름다움을 극찬했으며, 중국 소림사처럼 선무도(禪武道)의 국내 총본산이기도 하다. 무엇보다 타포니 지형의 바위굴에 불교예술이 더해진 아주 독특하고 아름다운 전경을 볼 수 있는 사찰이다.

경주 ◆ 함월산 기림사(含月山 祇林寺)

302

‖ 경상북도 경주시 문무대왕면 호암리399-1(주차장)

대한불교조계종 제11교구 불국사의 말사로 해방 전까지는 오히려 불국사를 말사로 거느린 대사찰이었으나, 해방 이후 불국사의 대대적인 개발로 상황이 역전되었다. 비로자나불을 모신 대적광전과 임진왜란 때 승군의 지휘소로 쓰인 진남루가 위풍당당하게 서 있으며, 유물관에는 이목구비가 뚜렷한 보물 건칠보살반가상(乾漆菩薩半跏像)이 모셔져 있다.

6

| 경상북도 권역 |

구주령 / 일월산

온천을 지나 수비로 가는 낙동정맥 루트 위에 있으며, 굽이와 풍광이 강원도의 고개보다 더 아름다운 곳이다. 라이더라면 해와 달을 가장 먼저 본다는 일월산 산길과 함께 한 번쯤 찾아가 봐야 할 곳이다.

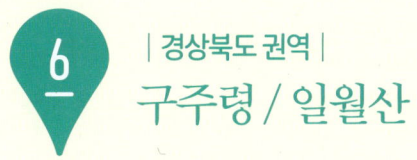

kakaomap
실제 서비스 이미지와 다를 수 있음

울진 ◆ 구주령(九珠嶺)

303

‖ 경상북도 울진군 온정면 외선미리 산1-18

경상북도 영양군 수비면과 경상북도 울진군 온정면의 경계에 있는 높이 약 550m의 고개로 지형이 9개의 구슬을 엮어놓은 듯하다 하여 구주령이라 부른다. 우리나라 최고의 와인딩 로드 중 한 곳이며, 정상에서 내려다보는 경관이 장엄하고 광활하다.

영양 ◆ 일월산(日月山) 자생화공원

304

‖ 경상북도 영양군 일월면 용화리 394-5

1930년대부터 해방 전까지 일제가 광물 수탈을 위하여 일월산에서 금, 은, 동, 아연 등을 채굴하고 제련했던 용화 광산이 있던 곳으로, 오염된 채로 수십 년간 방치되었다가 2000년대 들어 오염원을 밀봉하고 객토 후 부지를 조성하여 자생화공원으로 완전히 탈바꿈시킨 곳이다.

영양 ◆ 일월산(日月山)

305

‖ 영양터널 쪽 진입로 입구: 경상북도 영양군 수비면 신암리 산19-59

‖ 봉화터널 쪽 진입로 입구: 경상북도 봉화군 재산면 갈산리 산582-15

‖ 일월산 정상 표지석: 경상북도 영양군 청기면 당리 산118

높이 1,219m로 일출과 월출을 가장 먼저 보는 산이라 해서 일월산이라 부르며, 정상부 KBS 중계소까지 이어지는 7.5㎞의 숲길이 매우 아름다운 곳이다. 영양터널과 봉화터널 쪽 두 곳에서 진입할 수 있으며, 워낙 오지라서 내비게이션 주소로는 찾기 어려우니 W3W 좌표를 활용하는 게 좋다. (정상부 표지석 W3W 좌표: ///출국.겸손.방문객)

영양 ◆ 반딧불이천문대

306

‖ 경상북도 영양군 수비면 반딧불이로 129

반딧불이생태체험마을 특구 내에 있는 천문대로 일반인을 대상으로 영양군이 운영하는 시민천문대다. 여름철 밤하늘의 별과 함께 반딧불이를 동시에 관찰할 수 있는 국내 유일의 천체 관측장소다. 수비면에서 금강송면으로 이어지는 낙동정맥로 위에 있으며, 이후 이어지는 남회룡로도 멋진 라이딩 코스다.

7

| 경상북도 권역 |

천년 고도 - 경주

우리나라 문화유산의 보고인 천년고도 경주는 1995년에 해인사 장경판전과 함께 세계문화유산으로 지정된 불국사와 석굴암, 그리고 2000년에 세계문화유산으로 지정된 경주역사 유적지구 등 전 세계가 인정한 문화유산만도 수십여 가지가 넘고, 둘러봐야 할 명소들도 워낙 많아 며칠 일정을 잡고 투어를 해도 부족한 곳이다. 토함산을 중심으로 불국사와 석굴암, 풍력단지, 추령 옛길과 덕동호, 보문호 그리고 경주역사 유적지구의 대표적인 명소 등을 소개한다.

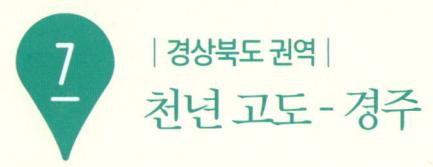

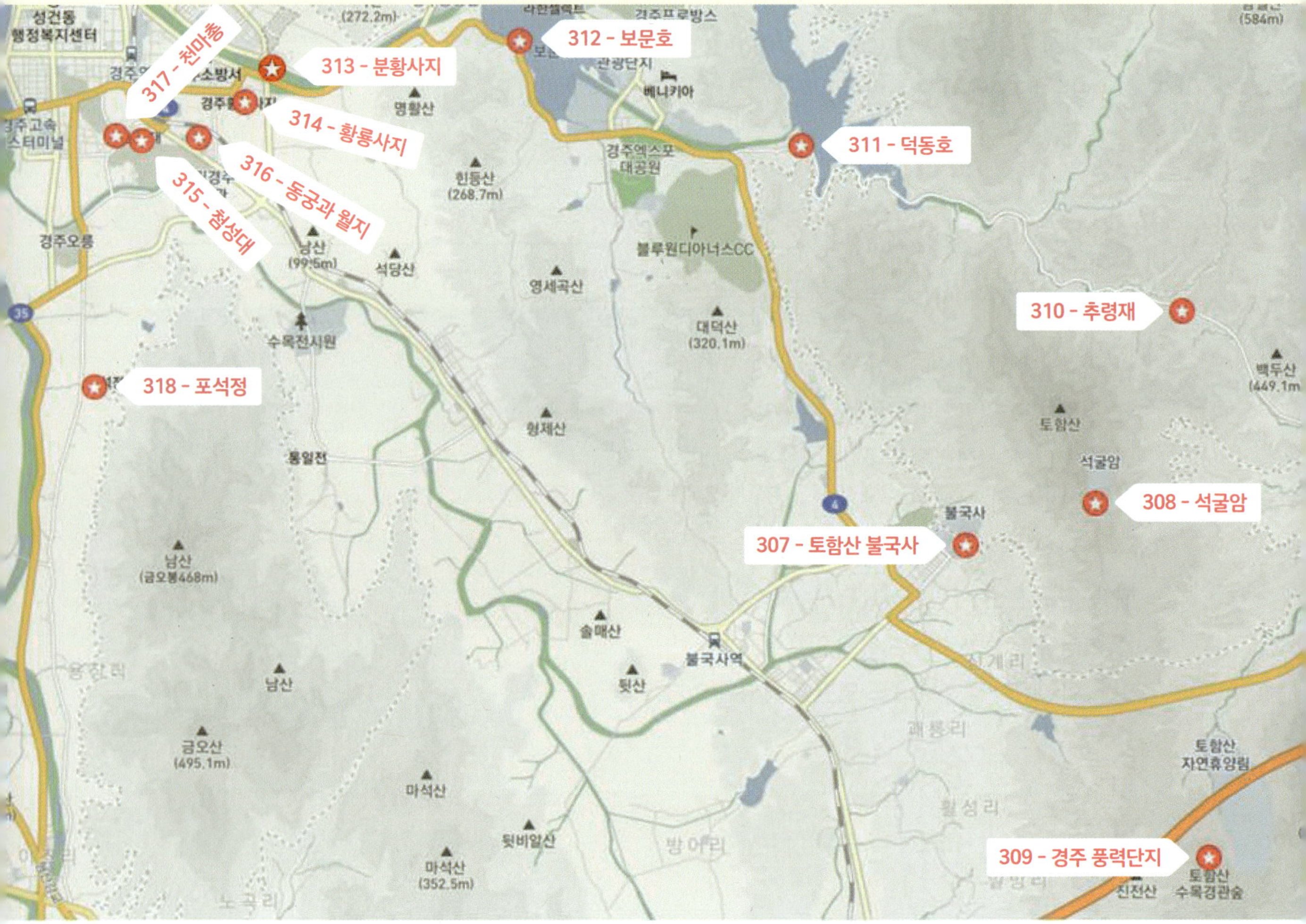

kakaomap
실제 서비스 이미지와 다를 수 있음

경주 ◆ 토함산 불국사(吐含山 佛國寺)

307

‖ 경상북도 경주시 진현동 산70-2(정문 주차장)

신라 경덕왕 때 김대성(金大城)이 창건한 불국사는 세계문화유산이자 우리나라 명승 1호로 국보 6점과 보물 5점을 보유한 우리나라의 대표적인 사찰이다. 불국사에서 석굴암으로 오르는 아름다운 불국로 또한 라이더들이 잊지 못할 멋진 굽잇길이다.

경주 ◆ 석굴암(石窟庵)

308

‖ 경상북도 경주시 진현동 973-7

국보인 석굴암은 조형미와 예술성이 대단히 뛰어난 작품으로 세계문화유산이자 우리나라 불교예술 최고의 걸작이다. 불상 보호를 위해 지금은 유리 벽 너머로만 관람할 수 있다.

경주 ◆ 경주(慶州) 풍력단지

309

‖ 경상북도 경주시 양북면 장항리 산599-24

토함산 옆 조양산 자락에 자리한 경주 풍력단지는 일곱 기의 풍력발전기가 가동 중이며, 광장에 있는 전망 정자인 경풍루(慶風樓) 주변의 경치가 아주 멋지다.

경주 ◆ 추령재(楸嶺岾)

310

‖ 경상북도 경주시 양북면 장항리 산257-6

경주와 감포를 이어주는 고갯길인 추령은 가을 단풍철에 특히 아름다운 도로로, 지금은 근처에 추령터널이 생겨 옛길이 된 멋진 굽잇길이다.

경주 ◆ 덕동호(德洞湖)

311

‖ 경상북도 경주시 천군동 산1-4

보문호와 함께 경주를 대표하는 호수로 농업용 댐으로는 제방 높이가 가장 높고, 가을 단풍이 멋진 곳이다.

경주 ◆ 보문호(普門湖)

312

‖ 경상북도 경주시 천군동 315-1

경주 보문관광단지 개발 계획에 따라 경상북도 경주시 동쪽 명활산 옛 성터 아래 만들어진 인공호수로, 봄이면 호수 주변에 피는 벚꽃이 무척 아름다운 곳이다.

경주 ◆ 분황사지(芬皇寺址)

313

‖ 경상북도 경주시 구황동 838-2

세계문화유산인 경주역사유적지구 중 신라불교의 정수를 느낄 수 있는 황룡사 지구에는 신라시대 가장 오래된 석탑인 국보 분황사지 모전석탑이 분황사 경내에 자리하고 있다. 비록 3층 이상 윗부분이 유실된 채 서 있지만, 그 웅장했던 규모를 충분히 짐작할 수 있다.

경주 ◆ 황룡사지(皇龍寺址)

314

‖ 경상북도 경주시 구황동 320-1

분황사 바로 앞 광활한 대지에 자리하고 있는 신라 제일의 국찰이 있었던 황룡사지는 옛 영광을 뒤로하고 황량한 절터만 남아있다. 남겨진 황룡사 9층 목탑의 심초석과 금당, 중문의 초석을 보면 당시 황룡사의 규모와 위상을 가늠하게 해준다.

경주 ◆ 첨성대(瞻星臺)

315

‖ 경상북도 경주시 인왕동 910-30

경주역사유적지구 중 신라 천년 왕조의 궁궐터인 월성지구에 있는 국보 첨성대는 신라시대에 천체의 움직임을 관찰하던 천문 관측대로 현존하는 아시아의 가장 오래된 천문대이다.

경주 ◆ 동궁(東宮)과 월지(月池)

316

‖ 경상북도 경주시 인왕동 517

예전에 안압지로 불렸던 곳이나 유물 출토 중 이곳의 명칭이 월지(月池)인 것을 확인한 후부터 동궁과 월지로 부른다. 동궁은 궁궐의 연회가 열리던 별궁이었으며, 그 안에 인공연못을 조성한 곳이 월지다. 여유 있게 산책하기 좋은 경주 야경의 명소 중 한 곳이다.

경주 ◆ 천마총(天馬塚)

317

‖ 경상북도 경주시 황남동 202-9

경주역사유적지구 중 신라왕과 왕비, 귀족들의 무덤군인 대릉원지구에는 미추왕릉과 황남대총 그리고 국보 4점과 보물 6점 등 수많은 문화재가 도굴되지 않고 온전한 상태로 보존되었다가 발굴된 천마총이 있다.

천마총

대릉원 미추왕릉

경주 ◆ 포석정(鮑石亭)

318

‖ 경상북도 경주시 배동 476-4

경주역사유적지구 중 남산지구는 신라 불교 미술의 보고로 야외박물관이라고 할 만큼 곳곳에 신라의 숨결이 살아 숨 쉬는 유적들이 많다. 신라왕조가 종말을 맞았던 대표적인 유적 포석정을 비롯한 탑곡 마애조상군, 천룡사지 삼층석탑, 칠불암 마애석불 등 수많은 불교 유적이 흩어져 있다.

8

| 경상북도 권역 |

봉화 닭실마을

금닭이 알을 품고 있는 형국이라는 천하명당 봉화 닭실마을은 예부터 아름답기로 소문난 곳이며, 1963년 국내 최초로 마을 전체가 국가지정문화재가 되었다가 2009년에 '봉화 청암정과 석천계곡'이라는 이름의 명승 제60호로 지정되어 보존되고 있다.

kakaomap
실제 서비스 이미지와 다를 수 있음

봉화 ◆ 청암정(靑巖亭)

319

‖ 경상북도 봉화군 봉화읍 유곡리 931

충재 권벌 선생이 세운 연못 위 거북 바위에 조성된 아름다운 정자로 권벌(權橃) 선생의 종택 바로 옆에 자리하고 있다.

봉화 ◆ 석천정사(石泉精舍)

320

‖ 경상북도 봉화군 봉화읍 유곡리 945

충재 권벌 선생의 아들 권동보(權東輔)가 지은 정자로 규모나 여러 면으로 보아 정자라기보다는 서원에 가까우며, 아름다운 석천계곡에 자리하고 있어 빼어난 경관을 자랑한다. 청암정에서 남산교를 건너 가계천을 따라 석천정사 앞마당까지 바이크나 차량이 갈 수 있다.

9

| 경상북도 권역 |

곤륜산 활공장 / 이가리닻 전망대

포항의 해안로인 국도 제20호선을 달리다 보면 칠포항과 이가리항 사이에 곤륜산 활공장, 해오름 전망대, 이가리닻 전망대 등이 있다. 모두 꼭 들려볼 만한 멋진 여행지들이다.

kakaomap
실제 서비스 이미지와 다를 수 있음

포항 ◆ 곤륜산(崑崙山) 활공장

321

‖ 진입로 입구: 경상북도 포항시 북구 흥해읍 칠포리 914-5

‖ 정상부: 경상북도 포항시 북구 흥해읍 칠포리 산86

포항시가 2019년 '패러글라이딩 월드컵 대회'를 유치하기 위해 곤륜산 정상에 900㎡의 활공장을 조성했는데, 산 높이는 177m에 불과하지만 정상부 활공장에서 바라보는 칠포항과 칠포 해변의 조망이 그림 같은 곳이다. 최근 SNS를 통해 '바다가 보이는 활공장'으로 소문이 나면서 많은 사람들이 찾는 핫플레이스가 됐다. 다만 진입로 초입에 차량과 바이크의 통행을 막는 차단봉이 있는 점이 아쉽다.

● 포항 환호공원 스페이스워크

‖ 경상북도 포항시 북구 두호동 산8

출처 : 한국관광공사

2021년말 포스코가 제작해 포항시에 기부한 체험형 조형물로 포항시내와 제철소 그리고 영일만 일대의 풍경을 조망할 수 있는 핫플레이스이며, 포항의 랜드마크로 자리잡고 있다.

포항 ◆ 이가리닻 전망대

322

‖ 경상북도 포항시 북구 청하면 이가리 산67-3

포항시 북구 청하면 이가리에 위치한 이가리닻 전망대는 이가리 간이해수욕장 인근에 닻을 형상화하여 만든 높이 10m, 길이 102m의 전망대로, 포항 앞바다를 한눈에 담을 수 있는 곳이다. JTBC의 드라마 '런온'에서 소개된 후 많은 관광객들이 찾는 핫플레이스가 되었다.

10

| 경상북도 권역 |

화본역 / 화산산성 전망대

아름다운 간이역 군위 화본역과 화산산성 전망대는 마치 소풍 가는 기분이 드는 정겨운 투어지들이며, 요즘 들어 많은 사람들에게 주목받고 있는 여행지이다.

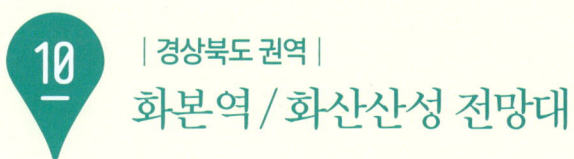

kakaomap
실제 서비스 이미지와 다를 수 있음

군위 ◆ 화본역(花本驛)

323

‖ 경상북도 군위군 산성면 화본리 1224-1

화본역은 경상북도 군위군에 위치한 중앙선의 역으로 열차를 이용하는 이용객보다는 관광객이 더 많이 찾는 곳이다. 전국에서 가장 아름다운 간이역 중 하나로, 드라마, 영화, 예능 등 다양한 프로그램에도 자주 소개되고 있다.

특히 일본 강점기에 만들어진 급수탑은 증기기관차에 물을 공급하던 장치로 요즘은 볼 수 없는 과거의 유산이라 많은 사람들이 찾고 있다.

화본역

화본역 급수탑

군위 ◆ 화산산성(華山山城) 풍차전망대

324

‖ 경상북도 군위군 삼국유사면 화북리 1271-64(진입로 입구)

화산 일대에 외적의 침입을 막기 위해 축성된 화산산성으로 가는 길 중간 군위호가 한눈에 내려다보이는 곳에 위치하며, 이국적인 풍광과 멋진 전망 덕에 많은 사람들이 찾아오는 핫플레이스가 되었다.

| 경상북도 권역 |

11 임청각 / 법흥사지 7층 전탑 / 월영교 / 이천동 마애여래석불

안동댐 아래 낙동강 변 인근에는 안동 여행 시 꼭 들러봐야 할 유서 깊은 곳들이 많이 있다. 독립운동의 성지 임청각, 국보 법흥사지 7층 전탑, 달빛이 아름다운 월영교 그리고 이천동 마애여래석불 등을 소개한다.

kakaomap

실제 서비스 이미지와 다를 수 있음

안동 ◆ 임청각(臨淸閣)

325

‖ 경상북도 안동시 법흥동 20-3

임청각은 일제 강점기 대한민국 임시 정부의 대통령 격인 초대 국무령을 지낸 독립운동가 이상룡(李相龍) 선생의 생가이며 보물로 지정된 조선 중기 건축물이다. 이상룡 선생은 국권이 침탈당하자 나라를 되찾기 전에는 돌아오지 않겠다며 망명길에 올랐고 99칸 대저택 임청각을 팔아 독립 자금으로 사용하며 신흥무관학교의 전신인 신흥강습소를 창설하기도 했다. 일제는 민족의 정기를 끊으려 임청각을 관통하는 중앙선 철도를 놓았으며, 2021년 현재 80년 만에 철도를 이전하고 임청각 복원사업이 진행 중이다. 3대에 걸쳐 11명의 독립운동가를 배출한 우리나라 독립운동의 성지로서 안동 방문 시 꼭 가봐야 할 곳이다.

안동 ◆ 법흥사지 7층 전탑(法興寺址 七層 塼塔)

326

‖ 경상북도 안동시 법흥동 8-1

높이 17m, 기단 폭 7.75m의 크기의 국보이며, 우리나라에서 가장 크고 오래된 전탑이다. 기단부에는 화강암으로 조각된 8부 중상과 사천왕상이 새겨져 있고 기단의 상단부는 일본 강점기에 시멘트로 보수를 해놓았다. 철길 바로 옆에 위치해 있어 훼손의 염려가 컸으나 임청각 복원사업으로 철도를 철거 중이라 한시름 놓게 됐다.

안동 ◆ 월영교(月映橋)

327

‖ 경상북도 안동시 상아동 502

안동댐 아래 낙동강 변에 있는 월영교는 길이 387m, 폭 3.6m로 우리나라에서 가장 긴 목책교이며, 안동 여행의 대표적 명소 중 하나다. 월영교 중간에는 월영정이라는 정자가 있으며, 분수 쇼와 야경이 특히 아름답다.

안동 ◆ 이천동 마애여래석불(泥川洞 磨崖如來立像)

328

‖ 경상북도 안동시 이천동 708-4

커다란 바위에 몸체와 머리를 나누어 조각한 12m의 큰 불상으로, 예전에 일종의 여관인 제비원(燕飛院)이 있던 곳이라 일명 '제비원석불'이라고도 부르는 보물이다. 연미사 경내에 있지만 바로 앞 공원에서 바라보아야 전체 모습이 잘 보인다.

12

| 경상북도 권역 |

낙동강의 보물 - 상주

상주에는 낙동강이 흐르다 모래가 자연스럽게 쌓여 만들어진 아름다운 경천섬이 있는데 경상북도 상주 시민들의 대표적인 휴식처로 많은 사랑을 받는 곳이다. 경천섬 조망이 좋은 인근 비봉산과 회상 나루터 두 곳의 전망대도 들러볼 만하다.

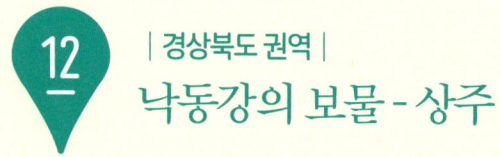

kakaomap
실제 서비스 이미지와 다를 수 있음

상주 ◆ 비봉산 청룡사(飛鳳山 靑龍寺)

329

‖ 경상북도 상주시 중동면 회상리 산200-6

비봉산 중턱의 가파른 절벽 위에서 낙동강을 굽어보고 있는 사찰로, 1674년(현종 14)에 창건되었다고 전해지며, 중창과 관련된 기록이 인근 도남서원에 보관되어 있다.

청룡사에 주차 후 경내를 지나 5분 정도 걸으면 나무갑판으로 된 청룡사 전망대가 나오는데, 경천섬이 한눈에 내려다보이는 조망이 대단히 멋진 곳이다. 10분 정도 더 오르면 비봉산 정상 전망대가 있다.

청룡사

청룡사전망대

상주 ◆ 학(鶴) 전망대

330

‖ 경상북도 상주시 중동면 회상리 759-4

드라마 '상도'의 촬영지인 회상나루 인근에서 포장된 일방통행 도로를 따라 오르면 2013년 완공된 학 전망대가 나온다. 바위에 앉은 학 모양을 형상화한 전망대에 오르면 좌로는 청룡사, 정면에는 경천섬, 그리고 우로는 경천대가 조망되는 탁 트인 전망을 볼 수 있다.

상주 ◆ 경천대(擎天臺)

331

‖ 경상북도 상주시 사벌국면 경천로 652

낙동강 1,300여 리 물길 중 경관이 가장 아름답다는 '낙동강 제1경'의 칭송을 받아 온 곳으로, 하늘이 만들었다 하여 일명 자천대(自天臺)라 부르다 우담 채득기(雩潭 蔡得沂) 선생이 이곳에 은거 생활을 하면서부터 하늘을 떠받든다는 뜻의 '경천대(擎天臺)'로 부르기 시작했다. 옥주봉에 있는 전망대에 오르면 멀리 주흘산(1,106m)과 학가산, 낙동강과 백화산 등을 한눈에 볼 수 있다.

상주 ◆ 경천(擎天)섬

332

‖ 경상북도 상주시 중동면 오상리 968-1

상주보의 상류 낙동강 가운데 만들어진 하중도(하천 중간에 형성된 퇴적 지형)로 4대강 사업으로 새롭게 조성된 생태공원이다. 남북 1㎞, 동서 350m 크기의 나비 모양을 띤 경천섬은 낙강교를 통해 육지와 연결돼 있다. 봄에는 유채꽃, 가을에는 코스모스와 메밀꽃 등 다양한 꽃들의 향연을 볼 수 있으며, 야간에 범월교와 낙강교를 이어 펼쳐지는 빛의 향연인 야간 조명 경관도 볼만하다.

상주 ◆ 도남서원(道南書院)

333

‖ 경상북도 상주시 도남동 175

정몽주, 김굉필, 정여창, 이언적, 이황, 노수신의 학문과 덕행을 추모하기 위해 1606년(선조 39)에 창건한 영남의 으뜸 서원이다. 서쪽 도남서원 앞에는 범월교의 유래인 '낙강범월시 유래비(落江泛月詩由 來碑)'가 있어 옛 선비들이 달밤에 배를 띄우고 시를 읊는 풍류를 느낄 수 있다.

● 상주 회상(回上) 나루 관광지

‖ 경상북도 상주시 중동면 회상리 764-5

상주의 도남동과 중동면의 회상리 횟골을 이어주던 나루를 재현한 곳으로, 역원, 주막촌, 객주촌, 낙동강 문학관 등이 자리하고 있다. 주막촌에는 전통 음식점(백강정)이 영업을 하고 있고, 객주촌은 한옥 펜션으로 인기를 더하고 있다. 인근에 드라마 '상도'의 촬영지가 있다.

13

| 경상북도 권역 |

주왕산 / 달기폭포 / 주산지

천하절경을 간직한 국립공원 주왕산과 호수의 왕버들이 비경을 자아내는 주산지, 그리고 달기폭포는 청송 여행 시 반드시 들러봐야 할 투어지이다.

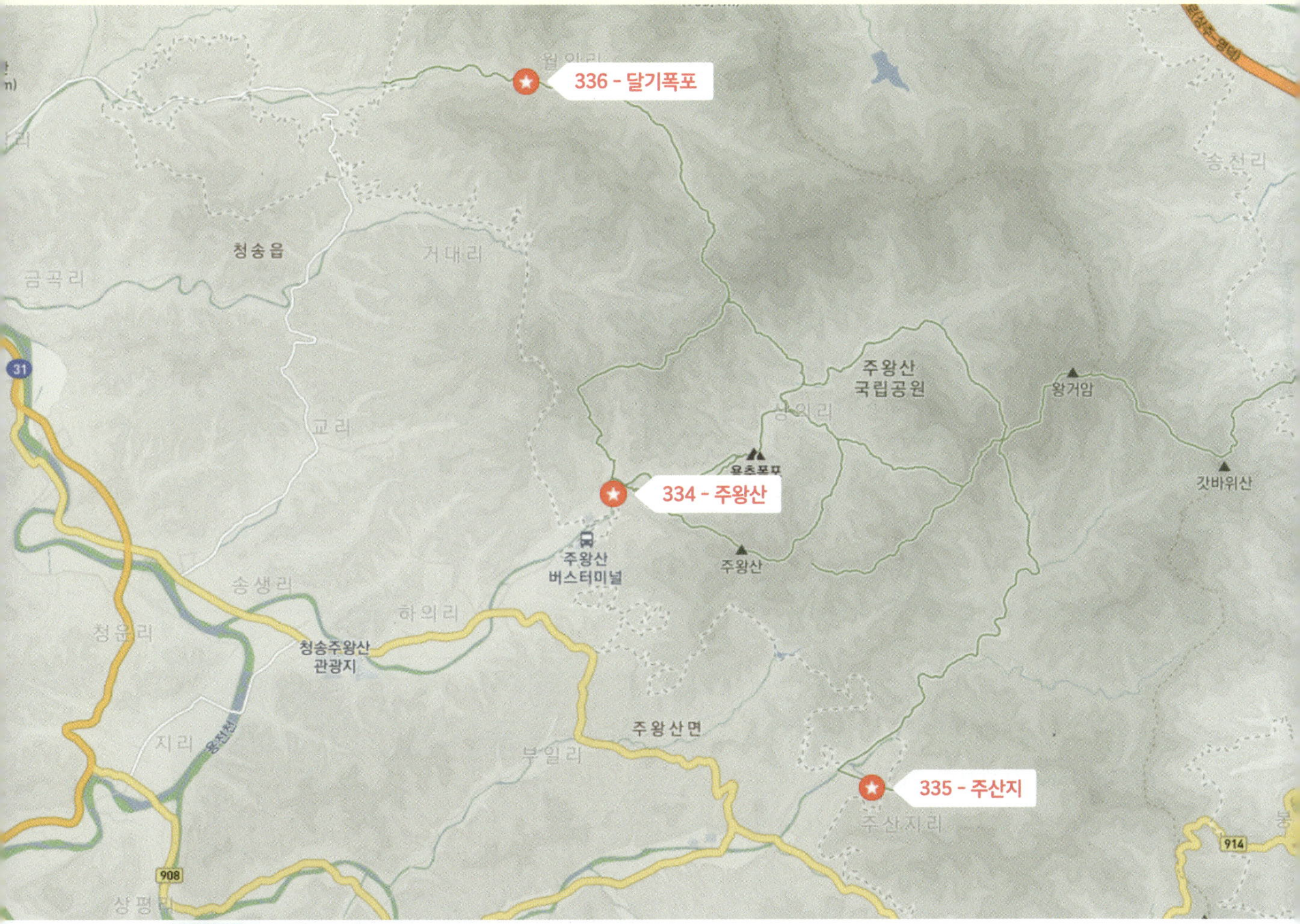

kakaomap
실제 서비스 이미지와 다를 수 있음

청송 ◆ 주왕산(周王山)

334

‖ 경상북도 청송군 주왕산면 상의리 440-2(대전사 입구)

설악산, 월출산과 함께 우리나라 3대 암산으로 불리는 높이 720m의 산으로, 주방계곡의 기암절벽과 폭포들이 선경을 보여주는 국립공원이자 명승 제11호다. 가을 단풍철에는 발 디딜 틈 없이 탐방객들로 인산인해를 이루며, 입구인 대전사에서 출발해 아들바위, 학소대, 시루봉, 용추협곡, 용추폭포, 절골폭포, 용연폭포까지 이르는 탐방코스는 왕복 3시간 내내 놀라운 비경을 보여준다.

청송 ◆ 주산지(注山池)

335

‖ 경상북도 청송군 주왕산면 주산지리 87(주차장)

주산지는 300년이 넘은 농업용 저수지로 안쪽 물속에 잠긴 왕버들과 능수버들이 독특하고 몽환적인 경관을 보여준다. 김기덕 감독의 영화 '봄 여름 가을 겨울 그리고 봄'의 촬영지로 많은 사람들에게 알려졌으며 명승 제105호로 지정되었다. 주차장에 주차 후 10여 분을 걸어 들어가야 만날 수 있다.

청송 ◆ 달기(達基)폭포

336

‖ 경상북도 청송군 청송읍 월외리 산104

주왕산국립공원 안에 있으며, 월외리에 있어 월외폭포라고도 부른다. 11m 높이의 물줄기가 시원하고 장쾌하다. 계곡과 나란히 놓인 도로를 따라 폭포 앞까지 바이크로 갈 수 있다.

14

| 경상북도 권역 |

한티재 / 아미타여래삼존불

대구 팔공산 자락에는 가을 단풍과 굽잇길이 멋진 한티재와 석굴암의 모태가 된 아름다운 아미타여래삼존불이 자리하고 있다.

kakaomap

실제 서비스 이미지와 다를 수 있음

칠곡 ◆ 한티재

‖ 경상북도 칠곡군 동명면 득명리 산108-1(한티휴게소)

337

한티재란 이름을 가진 고개는 전국에 여섯 개나 있는데, 그중에서 경상북도 칠곡과 군위를 잇는 한티재가 가장 유명하다. 가을 단풍과 굽잇길이 멋져서 라이더들이 많이 찾는 대구권역의 대표적인 와인딩 루트로 팔공산 터널이 개통된 후 옛길이 됐지만, 한티재 휴게소는 아직 자리를 지키고 있다.

군위 ◆ 아미타여래삼존불(阿彌陀如來三尊佛)

‖ 경상북도 군위군 부계면 남산리 297

338

지상 20m의 절벽에 6m 크기의 암벽을 뚫고 그 안에 조성한 석불로 아도화상(阿度和尙)이 전법하던 이곳에 원효가 조성해서 봉안했다고 전해진다. 제2의 석굴암으로 불리지만 실제 경주 석굴암보다 100년이나 앞서 제작된 것으로 석굴암의 모태가 되었으며, 1962년 그 가치가 인정되어 국보로 지정되었다.

15

| 경상북도 권역 |

맥문동 솔숲 / 장각폭포

경상북도 상주 상오리는 여름이면 보랏빛 맥문동과 소나무가 어우러져 장관을 이루는 맥문동 솔숲과 속리산 최고봉인 천왕봉에서 흘러나오는 계곡물이 폭포를 이루는 장각폭포가 서로 가까이에 있어 함께 들러볼 만하다.

kakaomap
실제 서비스 이미지와 다를 수 있음

상주 ◆ 맥문동(麥門冬) 솔숲

339

‖ 경상북도 상주시 화북면 상오리 571-1

2011년 상주 상오리 소나무 숲에 주민들이 맥문동꽃을 심어서, 맥문동이 피는 7~8월이면 보랏빛 맥문동 위에 소나무가 어우러진 장관이 연출되는 곳이다.

상주 ◆ 장각(長角)폭포

340

‖ 경상북도 상주시 화북면 상오리 658(주차장)

속리산의 최고봉인 천왕봉에서 시작한 시냇물이 장각동 계곡을 굽이쳐 흐르다 하류에서 6m 높이의 절벽을 타고 떨어지는 아름다운 장각폭포를 이룬다. 폭포 위 기암에는 금란정이 서 있어 주위의 노송들과 함께 멋진 경관을 보여주며, 여름에는 폭포 주위에 물놀이 행락객들이 넘치는 곳이다.

16

| 경상북도 권역 |

오어사 / 자장암

운제산은 신라사성(新羅四聖)으로 불리는 자장, 의상, 원효, 혜공이 수도한 명산으로, 고승들이 구름을 사다리 삼아 서로 왕래하였다 하여 구름 운(雲), 사다리 제(梯)자를 써서 '운제산'이라 부른다. 운제산에는 오어사, 원효암, 자장암 등이 있다.

kakaomap

실제 서비스 이미지와 다를 수 있음

포항 ◆ 오어사(吾魚寺)

341

‖ 경상북도 포항시 남구 오천읍 항사리 35-1

원효대사와 혜공선사가 이곳에서 수도할 때 법력으로 개천의 죽은 고기를 생환토록 시합을 하였는데 그중 한 마리만 살아서 힘차게 헤엄치자, 그 고기로 서로 자기가 살린 고기라고 하여 '나 오(吾)', '고기 어(漁)'자를 써서 오어사라 하였다고 한다. 호수와 기암절벽 위에 있는 부속 암자 자장암과 어우러져 한 폭의 동양화를 연상케 하는 멋진 사찰로, 단풍이 우거진 가을에 특히 아름답다.

포항 ◆ 자장암(慈藏庵)

342

‖ 경상북도 포항시 남구 오천읍 항사리 34-1

오어사 위쪽 가파른 바위산에 아슬아슬하게 자리 잡은 오어사의 산내 암자 자장암은 신라 진평왕 때인 서기 578년경 자장율사(慈藏律師)와 의상조사(義相祖師)가 오어사와 함께 창건한 암자다. 자장암으로 가려면 오어사 주차장에서 약 200m 정도를 가파른 산길을 약 15~20분 정도 오르거나, 차량으로 '운제로'를 따라 은정재와 오어재를 넘어서 가야 한다. 절벽 위 자장암에서 내려다보는 오어사의 풍광도 수려하다.

17

| 경상북도 권역 |

수도암 / 무흘구곡

경북 김천의 수도산 자락 증산계곡과 유유히 흐르는 대가천변에는 한강 정구 선생이 노래한 아름다운 무흘구곡이 자리하고 있다.

kakaomap
실제 서비스 이미지와 다를 수 있음

김천 ◆ 수도암(修道庵)

343

‖ 경상북도 김천시 증산면 수도리 513-5

대한불교조계종 제8교구 직지사의 말사인 청암사(青巖寺)의 부속 암자로, 859년에 도선국사(道詵國師)가 창건한 사찰이다. 도선이 이 터를 발견하고 기쁨에 겨워 7일 동안 춤을 추었다는 전설이 있다. 한동안 수도승들의 참선 도량으로 그 이름을 떨쳤으나 6·25 전쟁 때 공비 소탕 작전을 펼치면서 전소된 뒤 최근 들어 크게 중창하였다. 무흘구곡이 있는 옥동천과 진입로 숲길이 매우 인상적인 절이다.

경북 ◆ 무흘구곡(武屹九曲)

344

‖ 제1곡 봉비암: 경상북도 성주군 수륜면 신정리 666-3(회연서원)

‖ 제2곡 한강대: 경상북도 성주군 수륜면 수성리 산3-2

‖ 제3곡 무학정(배바위): 경상북도 성주군 금수면 무학리 16-4

‖ 제4곡 선바위: 경상북도 성주군 금수면 영천리 산186

‖ 제5곡 사인암: 경상북도 김천시 증산면 유성리 15-1

‖ 제6곡 옥류동: 경상북도 김천시 증산면 유성리 224

‖ 제7곡 만월담: 경상북도 김천시 증산면 평촌리 산65-4

‖ 제8곡 와룡암: 경상북도 김천시 증산면 평촌리 산78

‖ 제9곡 용추폭포: 경상북도 김천시 증산면 수도리 21

경북 김천시 증산면 수도산 자락에서 성주군 금수면, 수륜면까지 이어진 대가천의 맑은 물과 주변 계곡의 기암괴석, 수목이 절경을 이루는 곳으로, 조선 시대 대유학자인 한강 정구(寒岡 鄭逑) 선생이 중국 남송(南宋) 성리학의 대가 주희(朱熹)의 무이구곡(武夷九曲)을 본떠 9곡의 시를 지어 노래한 곳이다. 경관이 수려해 행락 피서지로 주목을 받는 곳들이며 라이딩 코스로도 손색없이 멋지다.

18

| 경상북도 권역 |

경북의 정자들

우리나라에서 정자가 가장 많은 지역인 봉화에는 현재도 대략 100개가 넘는 정자가 있다고 한다. 봉화 한 곳만도 이 정도인데 전국 각지에 있는 유명한 정자들을 찾아다닌다면 그 수가 엄청날 것이다. 정자 문화가 발달했던 경상북도에서 대표적인 몇 곳을 소개한다.

kakaomap
실제 서비스 이미지와 다를 수 있음

문경 ◆ 주암정(舟巖亭)

345

‖ 경상북도 문경시 산북면 서중리 41-2

주암정은 조선 시대 유학자였던 채익하(蔡翊夏) 선생을 기리기 위해 후손들이 세운 정자이다. 배를 닮은 바위 위에 정자가 서 있어 배 위에 떠 있는 것처럼 보이는 풍광이 멋진 곳이며, 석문구곡 중 제2곡으로 꼽히는 곳이다. 바로 앞 금천 건너에 또 하나의 정자인 경체정이 자리하고 있다.

봉화 ◆ 도암정(陶巖亭)

346

‖ 경상북도 봉화군 봉화읍 거촌리 502

조선 시대의 문신 황파 김종걸(黃坡 金宗傑)이 1650년 무렵에 당대 유림들의 교류, 토론, 풍류를 위해 지은 정자로, 정자 앞 연못과 노송 그리고 커다란 바위들이 어우러져 수려한 풍광을 보여준다.

안동 ◆ 체화정(棣華亭)

347

‖ 경상북도 안동시 풍산읍 상리리 447

1761년에 창건하여 만포 이민적(晩圃 李敏迪)이 학문을 닦고 형인 이민정과 함께 기거하면서 형제간의 우의를 돈독히 한 정자로, 정자 이름인 '체화'도 형제간의 화목과 우의를 뜻한다고 한다. 연못과 어울린 풍광이 매우 아름다우며, 정자 앞 배롱나무꽃이 흐드러지게 필 때 특히 멋진 곳으로 2019년 국가 보물로 지정됐다.

예천 • 병암정(屛巖亭)

348

‖ 경상북도 예천군 용문면 성현리 94

금당실 마을 인근에 세워진 병암정은 연못 위 왕버들과 벚꽃 그리고 바위 절벽 위에 세워진 정자가 한 폭의 그림처럼 멋진 곳이다. 드라마 '황진이'의 촬영지로 많은 사람들에게 알려졌다.

예천 • 초간정(草澗亭)

349

‖ 경상북도 예천군 용문면 원류리 331-3(주차장)

초간정은 우리나라 최초의 백과사전인 〈대동운부군옥〉을 저술한 초간 권문해(草澗 權文海) 선생이 1582년에 지은 정자로 굽이치는 금곡천 계곡의 기암괴석 위에 축대를 쌓고 만든 정자다. 경관이 수려하기로 이름난 명승 제51호로 인근에는 용문사와 예천 양수발전 상부댐인 어림호가 자리하고 있다.

포항 • 용계정(龍溪亭)

350

‖ 경상북도 포항시 북구 기북면 오덕리 180

조선 중기에 형성된 여강 이씨(驪州 李氏)의 집성촌인 덕동마을에 위치하며, 인근 덕동 숲과 함께 명승으로 지정된 정자다. 기계천 주변의 기암괴석과 어울려 빼어난 비경을 보여준다.

19

| 경상북도 권역 |

만휴정 / 묵계서원

청렴과 강직함으로 존경받았던 보백당 김계행(寶白堂 金係行) 선생이 고향인 안동 길안면 묵계리에 낙향하여 지은 이름다운 정자 만휴정과 김계행 선생과 응계 옥고(凝溪 玉沽) 선생을 배향하기 위해 세운 묵계서원이 서로 가까이에 있다.

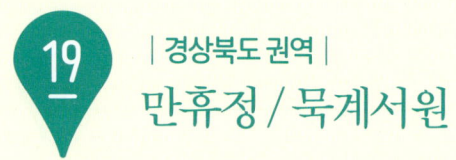

kakaomap
실제 서비스 이미지와 다를 수 있음

안동 ◆ 만휴정(晩休亭)

‖ 경상북도 안동시 길안면 묵계리 1081

351

만휴정은 청렴과 강직함으로 존경을 받았던 보백당 김계행(寶白堂 金係行) 선생이 고향인 안동 묵계리에 낙향하여 지은 정자이며, 드라마 '미스터 션샤인'의 촬영지로 알려지면서 안동의 대표적인 관광지가 된 곳이다. 김계행 선생은 '오가무보물 보물유청백(내 집에는 보물이 없다. 보물이 있다면 오로지 청백뿐이다.)'라는 글귀를 만휴정 너럭바위에 새겨 놓았으며, 정자 아래 송암폭포의 비경도 감탄을 자아낸다.

안동 ◆ 묵계서원(默溪書院)

‖ 경상북도 안동시 길안면 묵계리 735-1

352

보백당 김계행(寶白堂 金係行)과 응계 옥고(凝溪 玉沽) 선생을 배향하는 서원으로 안동을 대표하는 서원 중 하나다. 대원군의 서원철폐령으로 훼철되었다가 1925년 도내 유림이 협력하여 강당 등 일부를 복원해 현재에 이르고 있다.

20

| 경상북도 권역 |

농암종택 / 고산정

낙동강 1,300리 중 가장 아름답다는 낙동강 상류 국도 제35호선이 지나는 청량산과 도산서원 사이에 있는 가성협곡에는 소나무가 아름다운 가송리 마을이 있으며, 여기에 고산정과 농암 이현보 선생의 고택인 농암종택이 있다.

kakaomap
실제 서비스 이미지와 다를 수 있음

안동 ◆ 농암종택(聾巖宗宅)

353

‖ 경상북도 안동시 도산면 가송리 612

낙동강을 따라 남하하는 국도 제35호선 청량산과 도산서원 사이에 낙동강 1,300리 중 가장 아름답다는 가송리 마을이 있다. 가송협 단애 아래 자리를 잡은 농암 이현보(聾巖 李賢輔) 선생의 고택인 농암종택은 가송협곡의 단애와 유유히 흐르는 낙동강의 아름다운 풍광을 보여준다.

안동 ◆ 고산정(孤山亭)

354

‖ 경상북도 안동시 도산면 가송길 177-42

'미스터 션샤인'의 촬영지로 많은 사람들에게 알려진 고산정은 성성재 금난수(惺惺齋 琴蘭秀) 선생이 지은 정자로 안동 8경이라는 가송협 단애 아래 자리 잡고 있어 풍광이 수려하다. 그의 스승인 퇴계 이황 선생도 이곳의 아름다움에 반하여 주변 문인들과 함께 고산정을 자주 찾았다고 전해진다.

21

| 경상북도 권역 |

부용대 / 옥연정사 / 화천서원 / 겸암정사

낙동강이 S자 모양으로 휘감아 굽이치는 안동 하회마을 건너편에는 하회마을이 한눈에 내려다보이는 부용대와 유서 깊은 서원과 정자들이 서로 500m 이내에 모여 있다.

kakaomap
실제 서비스 이미지와 다를 수 있음

안동 ◆ 부용대(芙蓉臺)

355

‖ 경상북도 안동시 풍천면 광덕솔밭길 72

화천서원 앞에 주차 후 10분 정도 걸어가면 낙동강 건너에서 안동 하회마을을 한눈에 조망할 수 있는 높이 64m의 절벽, 부용대에 도착한다. 여기서 보면 하회마을이 마치 연꽃처럼 보인다고 하여 부용대란 이름이 붙었으며, 아래쪽 낙동강이 흐르는 곳에 옥연정사, 겸암정사, 화천서원이 자리하고 있다.

안동 ◆ 옥연정사(玉淵精舍)

356

‖ 경상북도 안동시 풍천면 광덕리 20

부용대 동쪽 아래 강가에 자리 잡고 있는 곳으로 서애 류성룡(西厓 柳成龍) 선생이 국보 〈징비록〉을 집필한 유서 깊은 곳이다.

안동 ◆ 화천서원(花川書院)

357

‖ 경상북도 안동시 풍천면 광덕솔밭길 72

1786년(정조 10)에 지어진 겸암 류운용(謙菴 柳云龍) 선생 등을 기리는 서원으로, 100여 년 이상 제사를 모시다 1871년 서원 철폐령에 따라 훼철됐다. 서원의 훼철을 아쉬워하던 후손들은 1966년부터 기금을 모아 1996년에 복설하여 지금의 모습을 갖추었다. 카페를 겸하고 있어 부용대와 함께 둘러보기 좋은 여행지이다.

안동 ◆ 겸암정사(謙菴精舍)

358

‖ 경상북도 안동시 풍천면 풍일로 181

서애 류성룡(西厓 柳成龍)의 맏형인 겸암 류운용(謙菴 柳云龍) 선생이 학문 연구와 제자를 가르치기 위해 세운 건축물로, 조선 명종 22년(1567)에 지었다고 하며 부용대 서쪽 높은 절벽 위에 자리 잡고 있다. 겸암정 현판은 류운용의 스승인 퇴계 이황의 글씨다. 옥연정사의 반대편 부용대 서쪽 아래에 위치하며, 높은 절벽 아래 굽이도는 강줄기와 자연이 어울려진 진풍경을 느낄 수 있는 곳이다.

22

| 경상북도 권역 |

빙계계곡 / 빙계서원

경북 의성군 춘산면 빙계리를 지나는 쌍계천에는 예로부터 경치가 아름다워 경북 8경의 하나로 꼽히는 빙계계곡이 있고, 가까이에 1556년(명종 11) 김안국(金安國), 이언적(李彦迪)의 학문과 덕행을 추모하기 위해 세운 장천서원이 불에 타 소실되자 지금의 자리로 옮겨 세운 빙계서원이 있다.

kakaomap
실제 서비스 이미지와 다를 수 있음

의성 ◆ 빙계(氷溪)계곡

359

‖ 경상북도 의성군 춘산면 빙계리 산69

빙계계곡은 경상북도 8승으로 꼽힐 만큼 절경을 자랑하는 곳으로, 진안의 운일암, 반일암 계곡처럼 계곡에 집채만 한 기암들이 놓여 있으며, 1987년 군립공원으로 지정되었다. 삼복더위 때에도 시원한 바람이 불며 얼음이 얼고, 엄동설한에는 더운 김이 솟아난다는 신비의 계곡으로 알려져 있다.

의성 ◆ 빙계서원(氷溪書院)

360

‖ 경상북도 의성군 춘산면 빙계리 산73-1

모재 김안국(慕齋 金安國)과 회재 이언적(晦齋 李彦迪)의 덕행을 기리기 위해 세워진 서원으로 대원군 때 서원철폐령으로 훼철되었다가 2006년에 복원하였다.

23

| 경상북도 권역 |

반구대 암각화 / 천전리 각석

울주에는 지구상에서 가장 오래된 신석기 시대의 포경(捕鯨) 유적인 반구대 암각화와 선사시대의 암각화인 천전리 각석이 있다.

kakaomap
실제 서비스 이미지와 다를 수 있음

울주 ◆ 반구대 암각화(盤龜臺 岩刻畫)

‖ 경상북도 울주군 언양읍 대곡리 861-8(진입로 입구)

361

거북이가 엎드린 형상의 반구대(盤龜臺) 바위에 신석기 후기 혹은 청동기 초기에 새긴 암각화로, 육지 동물과 바닷고기, 사냥하는 장면 등 총 200여 점의 그림이 새겨져 있다. 특히 여기서 발견된 고래 사냥 그림 덕분에 그동안 10~11세기로 추정되던 인간의 첫 고래 사냥의 시기가 수천 년 앞당겨졌다. 댐 수위가 높아지면 반구대 암각화가 물에 잠겨 훼손이 우려되기 때문에 보존에 대한 이슈가 상당한 곳이다.

울주 ◆ 천전리 각석(川前里 刻石)

‖ 경상북도 울주군 두동면 천전리 1227(진입로 입구)

362

태화강의 지류인 내곡천 중류의 기슭 암벽에 새겨진 그림과 글씨로, 신석기시대부터 신라 말기까지 오랜 시간에 걸쳐 새겨진 동심원 무늬, 동심 사각형 무늬, 인물, 동물, 어룡(魚龍), 기마(騎馬), 선박 등의 그림 및 문자가 새겨져 있다. 국보 정식 명칭은 '울주 천전리 각석'이며, 보존상태가 반구대 암각화보다는 좋은 편이다. 바이크로는 각석 바로 위까지 접근할 수 있다.

1

| 인천광역시 권역 |

역사와 문화의 섬 - 강화도

강화도는 우리나라에서 다섯 번째로 큰 섬으로 오래전부터 군사적 요충지였으며, 고려 시대에 수도를 강화도로 옮기고 몽골에 대항하기 위해서 성을 쌓은 이후 건립된 초지진, 덕진진, 광성보, 갑곶돈대 등 군사시설이 많다. 지금은 갑곶돈대, 연미정, 적석사, 광성보, 초지진, 전등사, 마니산, 보문사 등 강화 8경이 강화도의 대표 관광자원이 되었다. 교동도와 석모도에 다리가 놓여 출입과 교류가 더 자유로워진 강화도의 명소를 소개한다.

kakaomap
실제 서비스 이미지와 다를 수 있음

강화도 ◆ 갑곶돈대(甲串墩臺)

363

‖ 인천광역시 강화군 강화읍 갑곶리 1040

'돈대'는 경사면을 절토(切土) 하거나 성토(盛土)하여 얻어진 계단 모양의 평탄지를 옹벽으로 받친 부분을 말하는데 진지 개념인 보(堡)보다 작은 규모다. 강화는 오래전부터 서울 등 수도권 방어를 위한 군사 요충지로서, 조선 시대에 이미 5진 7보 53돈 대가 설치되었다.

강화도 ◆ 강화풍물(江華風物)시장

364

‖ 인천광역시 강화군 강화읍 중앙로 17-9

강화대교를 건너 강화에 진입하면 바로 만나게 되는 곳으로 강화의 특산물이 있고, 강화 오일장이 열리는 곳이다.

강화도 ◆ 조양방직(朝陽紡織)

365

‖ 인천광역시 강화군 강화읍 향나무길5번길 12

1933년에 설립된 우리나라 최초, 최대의 방직 공장 조양방직의 폐공장 건물을 한 사업가가 인수해 카페로 탈바꿈시킨 곳으로, 지금은 강화에서 제일 유명한 카페다.

강화도 ◆ 대한성공회 강화(大韓聖公會 江華)성당

366

‖ 인천광역시 강화군 강화읍 관청길 27번길 10

대한성공회 최초의 성당으로 외부는 한옥, 내부는 서양 건물 양식으로 지어진 동서양의 조화가 독특한 건물이다.

강화도 ◆ 고려궁지(江華 高麗宮址)

367

‖ 인천광역시 강화군 강화읍 북문길 42

몽골의 침입에 저항하기 위해 고려 시대 왕도를 옮겼던 곳으로, 원종 11년 환도할 때까지 39년 동안 사용된 궁궐터다.

강화도 ◆ 연미정(燕尾亭)

368

‖ 인천광역시 강화군 강화읍 월곶리 242

유형문화재로 지정된 조망이 좋은 정자로 양쪽에 거대한 느티나무가 있었으나 얼마 전 태풍 피해로 좌측의 나무 하나가 안타깝게 고사했다.

강화도 ◆ 강화제적봉(江華制赤峰) 평화전망대

‖ 인천광역시 강화군 양사면 철산리 11-40 369

강화제적봉 평화전망대는 2008년 민통선 북방 지역에 지하 1층, 지상 4층 규모로 건립한 시설로, 북한 주민의 생활상을 가장 가까운 거리에서 육안으로 볼 수 있는 곳이다. 앞으로는 예성강, 왼쪽으로는 황해도 연백 평야, 오른쪽으로는 개풍군 북한 주민의 생활 모습과 선전용 위장마을, 개성송수신 탑, 송악산 등을 조망할 수 있다.

강화도 ◆ 대룡(大龍)시장

‖ 인천광역시 강화군 교동면 대룡리 1103-11 370

6·25 전쟁 때 황해도 연백군에서 교동도로 피란 온 주민들이 분단으로 인해 고향으로 돌아가지 못하게 되자 생계를 위해 고향에 있던 연백시장을 본떠서 만든 골목시장에서 시작된 곳이다. 30~40년 전에 시간이 멈춘 듯한 분위기의 정겨운 전통시장이다.

강화도 ◆ 교동향교(喬桐鄕校)

‖ 인천광역시 강화군 교동면 교동남로 229-49 371

1127년(고려 인종 5)에 창립된 우리나라에서 가장 오래된 향교로, 동국 18현인(최치원, 설총, 안향, 정몽주, 김굉필, 정여창, 이언적, 조광조, 이황, 김인후, 성혼, 이이, 김장생, 조헌, 김집, 송준길, 송시열, 박세채)의 위패를 봉안하고 있다.

강화도 ◆ 고인돌공원

372

‖ 인천광역시 강화군 하점면 강화대로 994-12

화순, 고창의 고인돌과 함께 세계문화유산으로 지정된 고인돌이 있는 공원이다.

강화도 ◆ 고려산 적석사(高麗山 赤蓮寺)

373

‖ 인천광역시 강화군 내가면 연촌길 181

고려 장수왕 때 창건한 유서 깊은 사찰로 적석사 위에서 바라보는 낙조대의 풍광은 강화 최고의 비경 중 하나다.

강화도 ◆ 낙가산 보문사(洛迦山 普門寺)

374

‖ 인천광역시 강화군 삼산면 삼산남로 828번길 44

양양 낙산사, 여수 향일암, 남해 보리암과 더불어 우리나라 4대 관음 성지 중 하나로, 빼어난 전망을 자랑한다.

강화도 ◆ 미네랄온천

375

‖ 인천광역시 강화군 삼산면 삼산남로 865-17

서해와 지평선으로 넘어가는 석양을 감상하며 온천을 즐길 수 있는 곳이다.

강화도 ◆ 민머루해변

376

‖ 인천광역시 강화군 삼산면 매음리 874

강화도의 서편 바다 위에 길게 붙어있는 작은 섬 석모도에 위치한 백사장 길이 약 1㎞ 정도의 해변이다. 해수욕과 서해의 아름다운 석양을 조망할 수 있으며 갯벌 체험도 가능하다.

강화도 ◆ 장화리(長花里) 일몰 조망지

377

‖ 인천광역시 강화군 화도면 장화리 1454

부안 변산반도, 태안 안면도 낙조와 더불어 서해 3대 낙조로 꼽힐 만큼 아름다운 일몰 전망대다.

강화도 ◆ 정족산 전등사(鼎足山 傳燈寺)

‖ 인천광역시 강화군 길상면 전등사로 37-41 378

서기 381년 고구려 아도화상(阿度和尙)이 창건한 것으로 추정되는 우리나라에서 가장 오래된 사찰이다. 단군왕검의 세 왕자가 쌓았다는 정족산 삼랑성 안에 있으며, 고려 왕실의 원찰로서 진종사(眞宗寺)라 불렸으나 충렬왕의 왕비 정화 공주가 절에 대장경과 함께 옥으로 만든 법등을 기증하면서 진종사 대신 전등사(傳燈寺)란 이름을 갖게 되었다.

강화도 ◆ 광성보(廣城堡)

‖ 인천광역시 강화군 불은면 덕성리 23-1 379

강화 해협을 지키던 강화 12진보 중 하나로 신미양요 때 격전이 벌어졌던 곳이다. 손돌목돈대, 용두돈대가 가까이에 있다.

강화도 ◆ 용두돈대(龍頭墩臺)

‖ 인천광역시 강화군 불은면 덕성리 834 380

강화 53돈대 중 하나로 고려 시대부터 천연의 요새로 중시되었으며, 조선 숙종 5년에 돈대가 세워졌다. 병인양요와 신미양요로 훼손된 것을 복원했으며, 강화 해협이 조망되는 아름다운 곳이다.

강화도 ◆ 덕진진(德津鎭)

381

‖ 인천광역시 강화군 불은면 덕성리 410-1

강화 12진보 중 하나로 고려 시대부터 강화 해협을 지키던 요충지다.

강화도 ◆ 초지진(草芝鎭)

382

‖ 인천광역시 강화군 길상면 해안동로 58

신미양요(1871) 때 미국 해병 450명이 20척의 작은 배로 상륙을 감행하여 격전이 벌어졌던 곳으로, 입구에 있는 두 그루의 소나무가 인상적인 곳이다.

1

| 전라남도 권역 |

미황사 / 도솔암

해남에는 공룡의 등줄기 같은 암봉과 기암괴석으로 남도의 금강산이라 불리는 수려한 경관의 달마산이 있는데, 이곳에 반드시 가봐야 할 아름다운 미황사와 도솔암이 있다.

kakaomap
실제 서비스 이미지와 다를 수 있음

해남 ◆ 달마산 미황사(達摩山 美黃寺)

383

‖ 전라남도 해남군 송지면 미황사길 164

조계종 22교구 본사인 대흥사의 말사로 의조화상(義照和尙)이 창건한 사찰이다. 기암괴석의 달마산을 병풍 삼은 미황사의 대웅전 앞에 서면 누구라도 감탄할 수밖에 없는 수려한 경관을 갖고 있으며, 템플스테이로도 유명한 사찰이다.

해남 ◆ 달마산 도솔암(達摩山 兜率庵)

384

‖ 전라남도 해남군 북평면 영전리 산 77-6

'땅끝에서 만나는 하늘 끝'이라 불리는 우리나라 최고의 숨은 비경 중 하나로, 이곳을 보지 않고 남도를 다녀왔다고 말하지 말라는 해남 제1경이다. 달마산 8부 능선에 바이크를 주차 후 가벼운 등산로를 15분 정도 오르면 도솔암이 나오는데 가는 길 내내 눈앞에 펼쳐지는 숨 막히는 비경들이 여행객을 감동하게 하는 멋진 곳이다.

| 전라남도 권역 |

2 고흥반도

고흥반도는 보성만과 순천만 사이의 남해안으로 돌출된 다이아몬드형 반도인데 우리나라에서 열 번째로 큰 섬인 거금도를 비롯해 소록도, 나로도, 백일도 등의 부속 섬을 거느리고 있다. 예전에는 고흥에서 여수로 가려면 벌교를 지나 순천만을 거쳐야 했는데, 2020년에 고흥-여수 간 연륙교가 완성되어 여수로 바로 갈 수 있게 되었다. 워낙 넓은 곳이라 명소가 많지만 잘 알려진 곳 위주로 소개한다.

kakaomap
실제 서비스 이미지와 다를 수 있음

고홍 ◆ 중산(中山) 일몰 전망대

385

‖ 전라남도 고흥군 남양면 고흥로 3777

고흥 초입에 있는 고흥 10경 중 하나로 우도 등 득량만 일대의 멋진 일몰을 볼 수 있는 고흥 최고의 낙조 전망대다.

● 고흥 고흥만(高興灣)방조제

‖ 전라남도 고흥군 두원면 풍류리 1333

간척지 조성을 위해 만든 방조제로 봄이면 벚꽃이 장관을 이루고, 생태공원의 유채꽃이 만발하는 아름다운 길이다.

고흥 ◆ 우주천문과학관

386

‖ 전라남도 고흥군 도양읍 장기산선암길 353

대부분의 천문대는 깊은 산 정상에 있어 진입이 쉽지 않은데 이곳은 200m의 낮은 산에 있고 잘 닦인 포장도로가 있어 방문하기 쉽다. 정상에서 바라보는 다도해의 풍광이 대단히 아름다운 곳이다.

• 고흥 소록(小鹿)대교

‖ 전라남도 고흥군 도양읍 봉암리 2662

고흥군 도양읍 녹동항에서 소록도를 연결하는 다리로 2009년 완공되었다.

• 고흥 소록(小鹿)해안길

‖ 전라남도 고흥군 도양읍 소록리 산111-1

소록대교를 지나 국립소록도병원으로 가는 소록해안길은 잘 정리된 갑판 길과 소나무 그리고 바다가 조망되는 아름다운 도로다.

• 고흥 거금(居金)대교

‖ 전라남도 고흥군 도양읍 소록리 산120-1

소록도와 거금도를 연결하는 2층으로 된 연도교로 2012년에 개통되었으며, 위층은 자동차가 아래층은 자전거와 사람이 왕래할 수 있다.

고흥 ◆ 거금(居金)휴게소 조각상

387

‖ 전라남도 고흥군 금산면 거금로 720

거금대교를 건너면 거금 휴게소가 나오는데, 휴게소 마당에 '꿈을 품다.'라는 작품명을 가진 거대한 스틸 조각상이 있다.

고흥 ◆ 거금(居金)일주로

388

‖ 시작점: 전라남도 고흥군 금산면 신촌리 334-29

‖ 경유1: 전라남도 고흥군 금산면 오천리 224-22

‖ 경유2: 전라남도 고흥군 금산면 신평리 1186

‖ 끝점: 전라남도 고흥군 금산면 대흥리 1330-6

거금대교에서 출발하여 거금도를 크게 한 바퀴 도는 일주도로로, 해안의 절경을 감상할 수 있는 길이 32㎞의 멋진 도로다.

• 고흥 염포(鹽浦)해수욕장 몽돌해변

‖ 전라남도 고흥군 금산면 오천리 138-7

오천항 부근에 있는 해변으로 해안가 가득 둥글둥글한 몽돌이 깔려있으며, 해수욕장으로 활용되고 있다.

• 고흥 오천항(五泉港)

‖ 전라남도 고흥군 금산면 오천리 224-12

일출과 바다낚시의 명소이며, 고흥-군산을 잇는 국도 제27호선의 시점이기도 하다.

고흥 ◆ 녹동항(鹿洞港)

‖ 전라남도 고흥군 도양읍 비봉로 177

389

인근 각 지역 섬들을 연결하는 기점 역할을 하는 해상교통 요충지로, 각종 해산물의 집산지이기도 한 국가어항이다.

• 고흥 나로1대교

‖ 전라남도 고흥군 동일면 덕흥리 산119-7

• 고흥 나로2대교

‖ 남도 고흥군 동일면 봉영리 산524-1

고흥반도와 내나로도를 이어주는 나로1대교는 1994년, 내나로도와 외나로도를 이어주는 연륙교인 나로2대교는 1995년에 각각 개통되었다.

고흥 녹동항

나로대교

고흥 ◆ 나로호(羅老號) 우주센터

390

‖ 전라남도 고흥군 봉래면 예내리 500

우리나라 최초의 인공위성인 나로호가 발사된 곳으로 우리나라 우주과학의 요람이자 우주 발사의 전초기지다.

• 고흥 우주센터 해변

‖ 남도 고흥군 봉래면 예내리 500

우주센터 옆에는 마을에서 운영하는 우주센터 캠핑장이 있고, 캠핑장 앞으로 바다가 펼쳐져 있는데 여기도 경치가 매우 아름답다.

• 고흥 해창만(海倉灣) 방조제

‖ 전라남도 고흥군 포두면 송산리 1638

고흥 연남면과 포두면을 잇는 방조제로 1963년에 착수하여 1993년 5월 완공되었다. 이 간척사업으로 매립된 전체 면적은 27.47㎢이며, 16.06㎢에 이르는 농경지가 확보되어 연간 8,412톤의 쌀이 생산된다.

고흥 ◆ 지붕 없는 미술관

391

‖ 전라남도 고흥군 영남면 남열리 산153-6

다도해 조망이 아름다운 남열 해맞이길 초입에 있는 전망대로, 고흥에서 가장 인상 깊은 곳 중 하나다.

고흥 ◆ 남열(南悅) 해맞이길

392

‖ 시작점: 전라남도 고흥군 영남면 남열리 산153-6(지붕 없는 미술관)

‖ 끝점: 전라남도 고흥군 영남면 우천리 250-6(팔영대교 입구)

지붕 없는 미술관에서 팔영대교 입구에 이르는 고흥에서 가장 아름다운 해안도로 중 하나다. 일출 때 이 길을 달려보면 왜 이 길이 해맞이길인지 알 수 있다.

고흥 ◆ 우주발사전망대

393

‖ 전라남도 고흥군 영남면 남열리 77-7

남열 해맞이로 옆에 7층으로 지어진 우주발사 전망대는 나로우주센터와 약 15㎞ 떨어져 있어 나로호를 바다 배경으로 함께 볼 수 있고, 인근 다도해의 비경도 한눈에 내려다 볼 수 있는 멋진 곳이다.

고흥 ◆ 영남(影南) 용바위

394

‖ 전라남도 고흥군 영남면 우천리 58-4

바다의 용이 하늘로 승천할 때 타고 올라간 흔적같은 모습이 뚜렷이 새겨진 고흥 제6경으로, 깎아지른 절벽과 넓은 반석이 장관을 이루는 곳이다.

● 고흥 백일(白日)대교

‖ 전라남도 고흥군 과역면 연등리 34-11

고흥 ◆ 망주산(望珠山) 해안로

395

‖ 시작점: 전라남도 고흥군 남양면 망주리 산168

‖ 경유: 전라남도 고흥군 남양면 월정리 686(해안방풍림)

‖ 끝점: 전라남도 고흥군 남양면 월정리 1286

고흥반도의 동북쪽 망주산(348.1m) 주위의 바다를 끼고 도는 해안도로로, 월정리방풍림을 지나 죽암 방조제에서 끝나는 약 8㎞의 구간이며 다도해의 절경을 감상할 수 있는 코스다.

• 고흥 죽암(竹巖) 방조제길

‖ 전라남도 고흥군 남양면 월정리 1286

월정리 죽암 방조제를 가로질러 건너는 도로다.

396

고흥 - 여수 ◆ 연륙연도교(連陸連島橋)

2020년 2월, 고흥 영남면에서 시작해 적금도, 낭도, 둔병도, 조발도 등 4개의 섬을 이어주며 여수 화양면에 이르는 17㎞의 구간에 5개의 다리(팔영대교, 적금대교, 낭도대교, 둔병대교, 화양조발대교)가 완전히 개통되었다. 그로 인해 고흥에서 여수로 들어갈 때 벌교와 순천만을 돌지 않고 바로 갈 수 있어 거리와 시간이 많이 단축되었다.

• 여수 팔영(八影)대교

‖ 전라남도 여수시 화정면 적금리 162

• 여수 적금도(積金島) 전망대

‖ 전라남도 여수시 화정면 적금리 162

팔영대교를 건너고 요막교라는 작은 다리를 하나 더 건너면 오른쪽으로 커다란 당산나무가 있는 적금도 전망대가 나오는데 여기서 팔영대교의 멋진 전망을 볼 수 있으며, 팔영대교를 배경으로 멋진 사진도 찍을 수 있다.

• 여수 적금(積金)대교

‖ 전라남도 여수시 화정면 적금리 117-1

• 여수 장사금(長蛇金)해수욕장

‖ 전라남도 여수시 화정면 낭도리 499-24

연륙교 구간 중 가장 큰 섬인 낭도에 있는 해수욕장으로 금빛 모래가 뱀처럼 길게 펼쳐진다고 하여 '장사금'이라 부르며, 외지인들은 잘 모르는 숨겨진 비경 중 하나다. 이곳에서 내려다보는 백사장의 모습도 아름답고, 물 위에 떠 있는 사도, 중도, 장사도, 추도와 멀리 돌산도 개도 금오도까지 펼쳐지는 다도해해상국립공원의 모습도 인상 깊다.

• 여수 낭도(狼島)대교

‖ 전라남도 여수시 화정면 낭도리 산253-5

• 여수 둔병(屯兵)대교

‖ 전라남도 여수시 화정면 조발리 산71-4

• 여수 조발도(早發島)전망대

‖ 전라남도 여수시 화정면 조발리 산24

둔병대교를 건너자마자 왼쪽으로 전망공간이 설치된 조발도전망대가 나오는데 둔병대교의 장엄한 모습을 사진에 담기에 좋은 곳이다. 주차장과 화장실도 마련되어 있다.

• 여수 화양조발(華陽早發)대교

‖ 전라남도 여수시 화정면 조발리 산2-3

여수 화양면 장수리와 화정면 조발도를 연결하는 연륙교로, 개통 당시 이름은 조화대교였으나 다리 이름을 놓고 두 지역 주민들 간에 갈등이 생기자, 개통 6개월 만에 주민 합의를 거쳐 화양조발대교로 이름을 바꿨다.

3

| 전라남도 권역 |

민속문화 예술특구 - 진도(珍島)

전라남도 진도군은 서해와 남해가 만나는 한반도 서남쪽 바다의 약 230여 개의 섬으로 이루어져 있다. 보배의 섬이란 뜻의 진도는 1년 농사지어 3년을 먹고산다고 할 만큼 풍요로운 땅이며 관매도, 조도 등 아름다운 부속 도서를 갖고 있고 남도석성, 명량해협, 세방낙조, 동석산, 운림삼방 등 역사유적지와 둘러볼 여행지가 많은 아름다운 섬이다.

kakaomap
실제 서비스 이미지와 다를 수 있음

• 진도 나리방조제

‖ 전라남도 진도군 군내면 녹진리 1978

진도 군내면과 진도읍을 연결하는 3.5㎞의 방조제로 군내호를 가로지르며, 저녁 일몰과 고니의 서식지로도 유명하다.

진도 ◆ 울돌목

‖ 전라남도 해남군 문내면 관광레저로 12

397

해남군 화원반도와 진도 사이의 좁은 해협으로 폭이 좁고 수심까지 얕아 우리나라에서 조류가 가장 빠르며, 소용돌이가 일어난다. 물살 소리가 매우 커서 바위가 우는 것 같다는 의미로 '울돌목'이라 불렸고, 이를 한자로 표현한 것이 '명량(鳴梁)'이다. 임진왜란 때 이순신 장군이 12척의 배로 133척의 왜군 함대를 물리친 명량대첩의 장소이기도 하다. 진도대교를 건너기 전 왼편에 있는 우수영국민관광지에서 울둘목을 가장 잘 구경할 수 있으며, 2021년 9월에 개통한 케이블카도 운행 중이다.

진도 ◆ 세방낙조(細方落照)

‖ 전라남도 진도군 지산면 가학리 산27-3

398

강화도 낙조, 태안 낙조와 더불어 우리나라 3대 낙조로 꼽히는 곳으로, 해 질 무렵 섬과 섬 사이로 빨려 들어가는 일몰은 한국에서 가장 아름다운 일몰로 손꼽힌다.

진도 ◆ 급치산(急峙山)전망대

399

‖ 전라남도 진도군 지산면 심동리 59

세방낙조 인근 급치산에 있는 전망대로 다도해의 멋진 풍광을 내려 볼 수 있는 곳이다. 건물에 화장실도 있어서 차박이나 모캠을 하기에도 좋다.

진도 ◆ 동석산(銅錫山)

400

‖ 전라남도 진도군 지산면 심동리 9-37

비록 고도 200m에 불과한 낮은 산이지만 암릉미가 탁월하여 많은 등산객들이 찾는 산이다. 천종사 앞에서 보면 동석산이 멋지게 조망된다.

진도 ◆ 진도항(珍島港)

401

‖ 전라남도 진도군 임회면 진도항길 101

세월호 사건 이후 팽목항에서 진도항으로 개명한 연안항으로, 세월호 사건의 아픈 흔적이 지금도 곳곳에 남아 있다. 현재 국민해양안전관, 복합항만배후단지, 진도연안여객선터미널 공사 등이 진행 중이며, 2022년 3월부터는 진도와 제주를 1시간 30분 만에 주파하는 쾌속 여객선이 취항할 예정이다.

진도 ◆ 남도석성(南桃鎭城)

402

‖ 전라남도 진도군 임회면 남동리 290

남도석성은 고려 원종 때 배중손(裵仲孫)이 삼별초를 이끌고 진도로 남하했을 때 대몽항쟁의 근거지로 삼기 위해 쌓은 성으로 삼별초의 애환이 담긴 곳이다.

● 진도 삐에르랑디공원

‖ 전라남도 진도군 의신면 초사리 산6-1

진도 신비의 바닷길을 모세의 기적으로 전 세계에 소개해 유명한 관광지로 만든 프랑스 대사 '삐에르 랑디(Pierre Landy)'를 기념하기 위해 만든 공원으로, 신비의 바닷길이 내려다보이는 전망 좋은 곳에 있다.

진도 ◆ 신비의 바닷길

403

‖ 전라남도 진도군 고군면 금계리 1212-9

전라남도 진도군 고군면 일원 해역의 조수간만의 차이로 수심이 낮아질 때 고군면 회동리와 의신면 모도리 사이에 길이 2.8㎞, 폭 10~40m의 바닷길이 드러나는 곳으로 2000년 명승 9호로 지정되었다.

진도 ◆ 운림산방(雲林山房)

404

‖ 전라남도 진도군 의신면 사천리 61

조선조 남화의 대가인 소치 허련(小癡 許鍊) 선생이 기거하던 곳으로, 첨찰산 아래 아늑하게 자리하고 있다. 아름다운 연못과 정원 그리고 첨찰산을 배경으로 서있는 운림산방은 명승 제80호이다.

진도 ◆ 진도(珍島)기상대

405

‖ 전라남도 진도군 의신면 사천리 산1-6

해발 450m의 진도 진산인 첨찰산 정상에는 진도기상대가 있으며, 여기서 다도해는 물론이고 날씨가 맑으면 제주도까지 보인다.

진도 ◆ 이충무공벽파진전첩비(李忠武公碧波津戰捷碑)

406

‖ 전라남도 진도군 고군면 벽파리 740-1

"신에게는 아직 12척의 배가 남아 있습니다."라며 명량해전에 임했던 성웅 이순신(李舜臣) 장군의 승리를 기념하기 위해 세운 이충무공전첩비는 진도대교가 생기기 전 진도의 관문 역학을 했던 벽파항 언덕에 세워져 있다.

이충무공전첩비

벽파정

전첩비 아래 바다를 바라보며 고즈넉한 모습으로 서 있는 벽파정의 모습도 무척 아름답다.

진도 ◆ 진도(珍島) 타워

407

‖ 전라남도 진도군 군내면 만금길 112-41

진도에서 육지 쪽으로 나오기 전 진도대교 못 미친 곳에서 오른쪽으로 올라가면 진도 타워가 나오는데 여기서 진도대교와 울둘목이 한눈에 조망된다.

● 진도 둔전(屯田) 방조제

‖ 전라남도 진도군 군내면 세등리 1413-1

둔전방조제를 지나면 진도를 벗어나게 된다.

4

| 전라남도 권역 |

국제 해양관광의 중심 - 여수(麗水)

북쪽으로는 순천과 광양, 우측으로는 남해, 서쪽으로는 고흥반도와 접해있는 여수는 세계 1위의 석유 산업단지가 들어서 있는 전남의 핵심 산업도시로 향일암, 오동도, 여수 케이블카, 여수의 밤바다 등이 우리에게 많이 알려진 곳이다. 보통 해안선을 타고 가다 보면 순천만과 와온해안을 지나면서 여수로 진입하게 된다.

kakaomap
실제 서비스 이미지와 다를 수 있음

여수 ◆ 여자만(汝自灣) 해넘이 전망대

408

‖ 전라남도 여수시 화양면 장수리 1404-3

고흥에서 연륙교를 건너 여수로 들어서는 초입 여자만 언덕 위에 2007년 건립된 전망대로, 화양조발대교, 여자만, 화양면 장수리 쪽 바다의 전망과 노을이 멋진 곳이다. 전망대 입구까지 바이크 통행이 가능하며, 화장실도 마련되어 있다.

● 여수 와온(臥溫)해안

‖ 전라남도 순천시 해룡면 상내리 838-1

와온마을에 있는 길이 3㎞의 해변으로 동쪽으로는 여수, 남서쪽으로는 순천만에 인접하고 있으며, 드넓은 갯벌에 지는 석양이 매우 아름다운 곳이다.

여수 ◆ 달천도(疸川島)

409

‖ 전라남도 여수시 소라면 복산리 1901-4

순천만의 동쪽 끝에 위치한 섬으로 1982년에 건설된 달천교를 통해 육지와 연결되었으며, 바다가 얕아서 썰물 때는 북동해안 바닥 전체가 드러나 육지가 되기도 한다.

• 여수 대곡(大谷)해안길

‖ 전라남도 여수시 소라면 복산리 1474-3

여수의 조용한 시골 어촌 해안 길로, 다도해 조망이 아름다운 곳이다.

• 여수 구미(九味)마을

‖ 전라남도 여수시 화양면 이목리 1108-8

고흥과 여수를 잇는 연륙교를 건너 여수로 진입하면 만나는 첫 번째 마을로 마치 피오르처럼 구불구불한 해안도로가 멋진 조용한 마을이다.

여수 ◆ 고봉산(高峰山) 전망대

‖ 전라남도 여수시 화양면 화동리 산287-7(진입로 입구) 410

고봉산 전망대는 고흥 방향으로 조발도, 둔병도, 낭도, 적금도와 연륙교들이 그림같이 조망되는 곳이며, 전망대에서 봉화산 쪽으로 비포장 길을 100여 미터 오르면 고봉산 활공장이 나오는데 여기도 조망이 멋지다.

여수 ◆ 백야도(白也島) 등대

411

‖ 전라남도 여수시 화정면 백야등대길 48

백야도는 2005년 백야대교가 개통된 후 육지화된 섬으로, 백야대교 건너 백야도 끝에 1929년에 처음 점등한 아름다운 백야도 등대가 있다.

● 여수 돌산(突山)대교

‖ 전라남도 여수시 남산동 58

여수와 돌산도를 연결하는 연륙교로 2004년 개통했으며, 밤이면 50가지 색상의 조명으로 옷을 갈아입고 찬란한 위용을 뽐내는 다리다.

여수 ◆ 돌산(突山)공원

412

‖ 전라남도 여수시 돌산읍 우두리 산355-145

돌산대교가 한눈에 내려다보이는 여수의 밤바다를 감상할 수 있는 전망 좋은 곳이다. 시간이 허락한다면 여수 케이블카 타보기를 추천한다.

여수 ◆ 끝등전망대

413

‖ 전라남도 여수시 돌산읍 금성리 산221-10

작금항에서 성두항으로 이어지는 해안로를 달리다 보면 전망 좋은 끝등전망대가 나온다. 다도해해상국립공원 금오도지구가 멋지게 조망되는 곳이다.

여수 ◆ 향일암(向日庵)

‖ 대형주차장: 전라남도 여수시 돌산읍 향일암로 70-4

‖ 향일암 앞 주차장: 전라남도 여수시 돌산읍 율림리 산7-1

414

'해를 향한 암자'라는 뜻을 지닌 여수 제1의 관광지 향일암은 낙산사의 홍련암, 남해 금산의 보리암, 강화도 보문사와 함께 한국의 4대 관음기도처 중 하나다. 향일암 바로 앞까지 바이크로 갈 수 있으나 길이 험하고 주차공간이 여의치 않으니 대형주차장에 주차 후 걸어 올라가는 게 좋다.

● 여수 두문포(杜門浦) 해안길

‖ 전라남도 여수시 돌산읍 죽포리 산8-1

두문포에서 계동 해안으로 넘어가는 아름다운 해안길이다.

여수 ◆ 진남관(鎭南館)

‖ 전라남도 여수시 중앙동 498-1(주차장)

415

국보인 진남관은 전면 15칸, 측면 5칸의 팔작지붕 형태로 지어진 전라좌수영의 부속 건물로 임진왜란 때는 삼도수군통제영으로 사용되었다. 현존하는 가장 큰 단층 목조건축물이며, 2022년까지는 보수 공사를 위해 폐관 중이다.

여수 ◆ 오동도(梧桐島)

416

‖ 전라남도 여수시 수정동 2-6(주차장)

전라남도 여수시 수정동에 속한 섬으로 방파제로 육지와 연결되어 있다. 모양이 마치 오동잎 같다 하여 오동도로 불리고 있으며 동백섬 또는 죽도로도 불린다. 완만한 구릉지로 되어 있고 해안가의 기암괴석이 절경을 이루는 곳이다.

여수 ◆ 마래(馬來) 제2터널

417

‖ 전라남도 여수시 덕충동 35

1926년 일제강점기 때 시공된 길이 640m, 높이 4.3m의 터널로 지금도 차량 통행이 이뤄지는 국내 유일의 자연 암반터널이자 가장 오래된 터널이다. 일본 강점기에 동원된 주민들이 오로지 손과 정(釘)으로만 이 터널을 뚫었다고 한다.

여수 ◆ 만성리(萬聖里) 검은모래해변

418

‖ 전라남도 여수시 만흥동 49-12

여수엑스포역에서 3㎞쯤 떨어진 곳에 있으며, 이곳의 검은 모래는 원적외선을 방사하여 모세 혈관을 확장하고 혈액순환을 도우며 땀 분비를 촉진해 준다고 한다.

• 여수 신덕(新德)해변

‖ 전라남도 여수시 신덕동 598-1

4월 진달래로 유명한 영취산 끝자락과 맞닿은 신덕 해변은 고즈넉한 해변과 최대 규모의 중화학 공업단지인 여수국가산업단지가 절묘하게 어우러져 있는 숨겨진 비경이다.

• 여수 거북선대교

‖ 전라남도 여수시 종화동 307

전라남도 여수시 돌산읍 우두리와 여수시 종화동을 잇는 교량으로 2012년 개최된 여수세계박람회의 교통량 분산을 위해 건설되었다. 길이는 744m, 폭은 17.0m이며, 상부구조는 국내에 처음 도입된 해상 콘크리트 사장교 형식으로 건설되었다.

• 여수 이순신대교

‖ 전라남도 여수시 묘도동 2019

여수시 묘도동와 광양시 금호동을 연결하는 길이 2.2km의 현수교이다. 주탑 사이의 거리가 1,545m로 국내에서 가장 길고, 해수면에서 상판까지의 높이 역시 80m로 대한민국에서 가장 높다. 묘도대교와 이순신대교를 건너면 여수에서 광양으로 넘어가지만 둘 다 자동차 전용도로라서 바이크 출입이 안되므로 여수공항을 경유하는 먼 길을 돌아가야 한다.

5

| 전라남도 권역 |

슬로시티 - 증도(曾島)

슬로시티 신안 증도는 한국인이 가고 싶어 하는 여행지 2위에 오를 만큼 아름다운 곳이다. 2014년 증도 투어를 처음 다녀온 후 다음 카페 '할리데이비슨을 사랑하는 자유인들의 모임'에 소개를 한 적이 있는데, 그 후로 많은 할리 라이더들이 찾고 있다. 증도는 처음 갔을 때 정말 깨끗하고 이국적이라는 생각이 들었을 만큼 매력적인 곳이다.

kakaomap
실제 서비스 이미지와 다를 수 있음

• 신안 증도(曾島)대교

‖ 전라남도 신안군 지도읍 당촌리 산76-1

2010년 증도대교가 완공되면서 사옥도와 연결되어 육지화되었고, 이후 더 많은 사람이 아름다운 증도를 찾게 되었다. 증도 초입에 있는 식당의 짱뚱어탕도 맛볼만하다.

증도대교

짱뚱어탕

신안 ◆ 신안해저유물(新安海底遺物) 발굴기념비

‖ 전라남도 신안군 증도면 방축리 산318-1

419

이 기념비는 1976년 해저 유물선 발견 후 발굴과 인양작업을 통해 2만4천여 점의 해저 유물을 발굴한 것을 기념하기 위한 것이다. 기념비 뒤로 가면 발굴유역을 전망할 수 있는 전망대가 있다.

신안 ◆ 트레저아일랜드

‖ 전라남도 신안군 증도면 보물섬길 369

420

보물선 모양을 한 전시관 겸 카페로, 발굴유물 대부분은 서울 국립중앙박물관과 국립광주박물관에 전시되어 있으며 이곳에는 도자기 등 일부가 전시되어 있다. 카페의 음식 맛이 정갈하고 전망도 좋다.

신안 ◆ 짱뚱어다리

421

‖ 전라남도 신안군 증도면 증동리 1584-11

증도의 명물 짱뚱어다리는 갯벌 위에 떠 있는 470m의 목교로 갯벌 생물을 관찰할 수 있도록 조성된 다리다.

신안 ◆ 우전(羽田)해수욕장

422

‖ 전라남도 신안군 증도면 대초리 1609-4

고운 모래와 야자수 등으로 이국적인 정취가 느껴지는 해수욕장이다.

신안 ◆ 엘도라도리조트

423

‖ 전라남도 신안군 증도면 우전리 233-1

우전해수욕장 옆에 있는 리조트 단지로 조경과 전망이 아름다워 숙박객이 아닌 사람들도 즐겨 찾는 곳이다.

신안 ◆ 소금박물관

‖ 전라남도 신안군 증도면 지도증도로 1058

경제사, 기술사, 사회사는 물론이고 예술과 신화를 넘나들며 인류와 함께해 온 소금의 역사를 보여주는 박물관으로 소금 조각, 천일염으로 만든 자막에 첨단영상 기법을 접목한 영상 그리고 수묵화 기법 등으로 표현한 다양한 볼거리를 제공한다.

• 신안 태평(太平) 소금가게

‖ 전라남도 신안군 증도면 지도증도로 1055

태평염전에서 만든 천일염과 증도에서 생산되는 여러 가지 특산물을 판매한다. 바로 옆에 소금을 넣어 만든 아이스크림을 파는 가게가 있는데 생각과는 달리 아주 맛있다.

소금가게

소금 아이스크림

신안 ◆ 태평염전(太平鹽田)

425

‖ 전라남도 신안군 증도면 대초리 1673

여의도의 두 배 정도인 140만 평 규모를 자랑하는 우리나라 최대의 소금 생산지로 국내 천일염 생산의 5%를 담당한다.

• 신안 태평염생(太平鹽生)식물원

‖ 전라남도 신안군 증도면 증동리 1930

유네스코 생물권보전지역으로 지정된 우리나라 유일의 염생식물원으로 갯벌에는 갯벌 미네랄을 먹고 자라는 건강한 염생식물들이 군락을 이루고 있다. 미네랄과 사포닌이 풍부해 바다의 홍삼이라 불리는 함초를 비롯해 100여 종의 염생식물들을 관찰할 수 있다.

신안 ◆ 소금밭 낙조(落照)전망대

426

‖ 전라남도 신안군 증도면 대초리 1650-65

태평염전의 넓은 벌판이 한눈에 들어오는 전망이 멋진 곳이다.

6

| 전라남도 권역 |

신안 중부(新安 中部) 섬

신안은 1,004개(유인도 72개, 무인도 932개)의 섬으로 이루어진 곳으로, 이 중에서 자은도, 암태도, 팔금도, 안좌도, 박지도, 반월도 등 신안 중부 지역의 여섯 개 섬은 모두 연육교로 이어져 있다. 천사대교는 자동차 전용도로라서 바이크는 출입이 안 되지만 목포 북항이나 증도에서 카페리 선박에 바이크를 싣고 섬으로 들어가면 여섯 개의 섬을 모두 둘러볼 수 있다.

kakaomap
실제 서비스 이미지와 다를 수 있음

• 목포 북항(北港)

‖ 전라남도 목포시 죽교동 620-232

목포 북항에서 안좌도 읍동선착장으로 들어가는 카페리 선박을 이용할 수 있다.

• 증도 왕바위 여객선터미널

‖ 전라남도 신안군 증도면 지도증도로 1997

증도 왕바위 여객선터미널에서 자은고교 여객선터미널로 들어가는 카페리 선박을 이용할 수 있다. 증도에서 들어가는 것이 가격도 싸고, 시간도 적게 걸린다.

신안 ◆ 천사대교 관광안내소

‖ 전라남도 신안군 압해읍 송공리 441-8

427

천사대교 초입에 있는 관광안내소로, 신안군의 여러 섬에 대한 관광 정보를 구할 수 있다. 인근에 천사대교 관련 조형물들이 설치되어 있다.

• 신안 팔금면(八禽面) 충혼탑

‖ 전라남도 신안군 팔금면 읍리 380-1

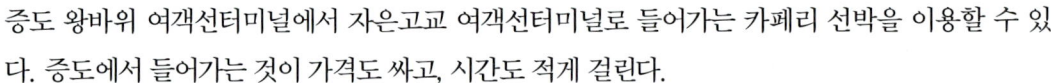

조국 수호를 위해 6·25 전쟁 및 월남전 등에 참전하여 목숨을 바친 팔금도 출신 국가유공자들의 넋을 기리고 후세에 알리기 위해 건립한 충혼탑이다.

• 신안 읍리삼층석탑(邑里三層石塔)

‖ 전라남도 신안군 팔금면 읍리 350-1

전라남도 유형문화재 제71호로 기단이 1층이며 가운데 기둥 조각이 없고 두꺼운 지붕돌과 4단 지붕돌 받침 등으로 보아 고려 후기의 작품으로 추정되는 석탑이다.

• 신안 철쭉공원

‖ 전라남도 신안군 팔금면 원산리 산28-6

팔금도에서 중앙대교를 건너기 전 도로변에 조성된 공원으로, 5월이면 철쭉이 흐드러지게 피어 장관을 이루며, 천사대교가 잘 조망되는 곳이기도 하다.

신안 ◆ 소작인항쟁(小作人爭議) 기념탑공원

‖ 전라남도 신안군 암태면 단고리 542-1

428

1923년 9월, 암태도에서 소작하던 소작인들이 1년 동안 친일 대지주를 상대로 부당한 소작료 징수에 저항하며 쟁의를 벌여 마침내 소작료 인하 요구를 관철했던 암태도 소작쟁의 사건을 기념하는 탑이다. 일제의 식민지 농업 정책에 편승한 대지주와 그를 비호하는 일제의 통치 권력에 항거한 대표적인 농민운동으로 꼽힌다.

신안 ◆ 기동(基洞)삼거리 벽화 429

‖ 전라남도 신안군 암태면 중부로 1927

전라남도 신안군 암태도 기동삼거리에 있는 문병일, 손석심 부부의 집 담장에 그려진 벽화로 은은한 미소를 띤 부부의 얼굴이 담벼락을 가득 채우고 있고, 마당 안에 심어진 두 그루의 동백나무가 두 사람의 머리 부분을 대신하고 있다. 신안 출신의 김지안 작가가 그린 벽화로 암태도의 명물이 되었다.

신안 ◆ 에로스 · 서각(書刻)박물관 430

‖ 전라남도 신안군 암태면 박달로 362-26

1999년에 폐교된 암태동초등학교 건물 자리에 건립한 박물관으로, 한 동엔 나무에 조각하여 글이나 그림을 그린 작품인 서각을 전시하고 있고, 다른 한 동엔 이색 성 문화관이 있다. 에로스·서각박물관의 입장료가 5천 원인데 분재공원, 에로스·서각박물관, 세계화석광물박물관, 퍼플교, 1004자은뮤지엄파크 등 다섯 곳을 모두 볼 수 있는 통합관람권이 15,000원이니 통합권을 끊는 게 좋다.

신안 ◆ 무한(無限)의 다리 431

‖ 전라남도 신안군 자은면 한운리 산231-2

2019년 자은도에 새로 생긴 인도교인 무한의 다리는 자은도 둔장해변에서 구리도~고도~할미도를 잇는 보행교이다. 섬과 섬이 다리로 연결된 연속성과 끝없는 발전의 의미를 담은 것으로 한국의 조각가 박은선과 스위스 출신의 세계적인 건축 거장 마리오 보타(Mario Botta)가 작명을 했다. 밀물과 썰물의 차이로 건너는 시간대에 따라 분위기가 달라진다.

신안 ◆ 자은도(慈恩島) 해사랑길

432

‖ 시작점: 전라남도 신안군 자은면 송산리 310-2

‖ 경유: 전라남도 신안군 자은면 한운리 산210

‖ 끝점: 전라남도 신안군 자은면 송산리 501-8

우리나라에서 열두 번째로 큰 섬인 자은도를 일주하는 탐방로로 네 개의 구간으로 이뤄져 있으며, 이 중 등산로인 4구간을 제외한 다른 곳은 모두 바이크로 주행이 가능하다. 멋진 해안도로와 함께 중간마다 만나는 명소들이 잘 어우러진 명품 루트이다.

‖ 1구간: 해넘이길 - 9.7㎞

‖ 2구간: 간들속삭임길 - 11.5㎞

‖ 3구간: 다은모래길 - 11.5㎞

‖ 4구간: 그리움마루길 - 5.5㎞(등산로)

이 중에서 특히 1구간 해넘이길은 국토부가 선정한 대한민국 아름다운 해안누리길에 이름을 올린 명품 길이다. 자은도 송산교차로에서 시작하여 한운-둔장-두모를 연결하는 12㎞의 해안길로 일몰 풍경이 아름다워 '해넘이길'이라는 이름이 붙여졌으며, 비포장 임도지만 관리가 잘 되어 있어 바이크 통행에 큰 어려움이 없으며, 울창한 소나무 숲길과 해수욕장, 어촌체험마을 등을 지나 무한의 다리까지 연결된다.

• 신안 자은고교(慈恩古橋) 여객터미널

‖ 전라남도 신안군 자은면 한운리 1-6

2019년 취항을 시작한 증도와 자은도를 잇는 '슬로시티호'가 입항하는 터미널이다. 자은도와 증도는 배로 15분 거리에 불과하고, 승선 요금은 여객이 1,000원, 승용차나 바이크는 한 대당 2,000원으로 육지에서 자은도로 들어오는 가장 빠르고 저렴한 방법이다.

신안 ◆ 1004뮤지엄파크

433

‖ 전라남도 신안군 자은면 백산리 633-54

신안군이 자은도 양산해변 50만㎡ 부지에 조성한 해양 복합 문화단지로 1004섬 수석미술관, 수석정원, 세계조개박물관 등이 들어서 있으며, 2020년 8월 개관 이후 꾸준히 관람객이 늘고 있는 곳이다. 수석 정원은 7,000㎡ 부지에 3,000톤에 이르는 기암괴석과 200여 종의 야생화, 100여 그루의 분재 등이 해변과 어우러져 한 폭의 진경산수화를 연상케 한다. 수석박물관에는 다양한 종류의 수석들이 전시 중이다. 세계조개박물관은 국내 최대의 조개·고둥 박물관으로 7,700여 점의 표본과 조개 공예 작품이 전시되어 있다.

1004뮤지엄파크

수석정원

수석박물관

세계조개박물관

신안 ◆ 분계(分界)해수욕장

434

‖ 전라남도 신안군 자은면 백산리 883-1

분계 해수욕장은 자은도에 있는 9개의 해수욕장 중 하나로, 바다 풍경이 아름다울 뿐 아니라 울창한 여인송 소나무 숲과 하얀 모래와 함께 바다 풍경을 바라보며 한가로이 힐링을 할 수 있는 곳이며, 아직은 덜 알려져서 언제와도 호젓하고 여유로운 곳이다. 늘씬한 자태의 여인이 물구나무를 서있는 모습의 여인송도 볼거리다.

신안 ◆ 백길(白吉)해수욕장

‖ 전라남도 신안군 자은면 자은서부1길 163-119(주차장) 435

자은도의 남서쪽에 있는 해수욕장으로 해안선 길이가 3㎞에 이르며 썰물 때면 백사장 너비가 70m로 늘어나는 넓은 해수욕장이다. 경사가 완만한데다 모래가 곱고 소나무 숲이 울창하며, 암태도와 자은도를 연결하는 다리가 개통된 후로 피서객이 늘고 있어 현재 큰 규모의 호텔을 신축 중이다.

신안 ◆ 추포노두(秋浦路頭)길

‖ 전라남도 신안군 암태면 수곡리 32-24 436

노두(路頭)란 물 위에 돌을 놓아 만든 일종의 징검다리로, 암태도와 추포도 사이 2.5㎞ 구간에 수백 년 전에 만든 노두가 있다. 돌에 이끼가 끼면 미끄러워서 이곳에서는 1년에 한 차례씩 주민들이 수천 개의 돌을 뒤집는 행사가 열렸으나 2000년에는 시멘트 방조제가 만들어지고, 2021년에는 추포교가 완공되어 이제는 그런 행사는 하지 않는다. 추포대교를 건너기 전 오른쪽 다리 아래 길로 들어서면 시멘트 방조제 옆에 남아 있는 노두를 볼 수 있다.

추포노두

추포노두길

신안 ◆ 추포(秋浦)해수욕장

437

‖ 전라남도 신안군 암태면 수곡리 산231-1

암태도에 있는 백사장 면적 4.05㎢, 길이 600m, 너비 약 100m의 해수욕장으로, 백사장이 활 모양으로 휘어 있고 수심이 얕으며 주위가 숲으로 울창한 천혜의 조건을 갖추고 있다.

신안 ◆ 퍼플교

438

‖ 전라남도 신안군 안좌면 소곡리 597-1(매표소)

안좌도, 박지도, 반월도를 보라색의 다리로 연결하여 도보여행을 즐길 수 있게 만든 보라색 다리로 '한국 관광 100선'에도 뽑힌 곳이다. 예전에 걸어서 섬을 건너고 싶다는 어느 할머니의 소망을 담아 안좌 두리-박지-반월을 잇는 목교를 만들어 '소망의 다리'라고 부르던 것을 2015년 섬의 재생사업을 진행하며 섬에 자생하는 보라색 도라지 군락 등의 특징을 고려해 보라색을 콘셉트로 잡아 퍼플교로 탈바꿈했다. 지금은 신안을 대표하는 새로운 핫플레이스로 많은 사람들이 찾고 있다.

신안 ◆ 세계 화석광물(化石鑛物) 박물관

439

‖ 전라남도 신안군 안좌면 대리길 18-20

학생 수가 줄면서 폐교가 된 안창초등학교를 전라남도 신안군에서 매입하여 만든 예술 복합공간으로 2019년 7월 개관했다. 창작 공방 및 전시공간과 사계절 꽃이 피는 정원이 아름다운 곳으로, 전시관에 있는 약 4,000여 점의 전시물은 이 지역 출신의 박윤철 씨가 평생 수집하여 기증한 것이다.

• 신안 안좌 대리(安佐 大里) 우실

‖ 전라남도 신안군 암태면 신석리 산251

'우실'이란 수령이 오래된, 굵은 나무가 일정한 선을 그리며 나란히 서 있어서 바람을 막아주는 울타리 역할을 하는 것을 말한다. 안좌 대리 우실은 팽나무 군락이 안좌면 대리마을을 감싸듯 외곽에 길게 늘어서 있는 해안방풍림으로 전라남도 신안군의 향토유적 제12호로 지정되었다.

신안 ◆ 김환기(金煥基) 고택

‖ 전라남도 신안군 안좌면 김환기길 38-1

440

1913년에 신안에서 출생하였고 1974년 향년 61세의 나이로 뉴욕에서 별세한 천재 화가 김환기의 생가이다. 김 화백은 우리나라 작가의 미술품 경매 중 최대 낙찰가인 132억 원에 거래된 〈우주〉라는 작품의 작가이며, 국내 미술품 경매 낙찰가 기준 TOP 10 중 이중섭의 〈소〉(9위)를 제외한 아홉 점이 모두 그의 작품이다. 서울에 환기미술관이 있고, 환기재단이 설립될 정도로 우리나라 미술계의 큰 인물이다.

• 신안 안좌(安佐) 여객선터미널

‖ 전라남도 신안군 안좌면 안좌동부길 764-32

안좌 여객터미널에서 다시 목포 북항으로 나가는 배를 타고 신안 중부 섬 투어를 마무리한다.

7

| 전라남도 권역 |

명옥헌 원림 / 소쇄원

담양은 정자 원림의 고장으로 수많은 정자가 있으며 그중 대표적인 민간정원이자 명승인 명옥헌과 소쇄원을 소개한다.

kakaomap
실제 서비스 이미지와 다를 수 있음

담양 ◆ 명옥헌 원림(鳴玉軒 園林)

441

‖ 전라남도 담양군 고서면 산덕리 435-2(주차장)

물 떨어지는 소리가 옥구슬이 구르는 소리와 같다는 의미의 명옥헌은 소쇄원과 더불어 가장 아름다운 민간정원으로 손꼽히는 곳이다. 배롱나무꽃이 흐드러지게 핀 여름에 방문하면 명승 제58호 명옥헌 원림의 아름다움을 제대로 느낄 수 있다. 시간이 되면 인근 후산리 은행나무도 함께 둘러보기를 권한다.

담양 ◆ 소쇄원(瀟灑園)

442

‖ 전라남도 담양군 가사문학면 지곡리 98(주차장)

조선 중종 때의 유학자 소쇄옹 양산보(瀟灑翁 梁山甫)가 스승인 조광조가 유배되자 세상의 뜻을 버리고 고향으로 내려와 은거하면서 조성한 민간 정원으로, 자연미와 구도가 빼어나 조선의 정원 중 으뜸으로 꼽히는 명승이다. 대나무 숲이 우거진 진입로를 지나면 이미 자연과 하나가 되어버린 아름다운 소쇄원을 마주하게 된다.

8

| 전라남도 권역 |

불갑사 / 내산서원

전남 영광은 굴비로 유명한 법성포와 백수해안도로 그리고 불갑사가 생각나는 곳으로, 백제불교의 최초 도래지이기도 하다.

kakaomap
실제 서비스 이미지와 다를 수 있음

영광 ◆ 불갑산 불갑사(佛甲山 佛甲寺)

443

‖ 전라남도 영광군 불갑면 모악리 8

대한불교조계종 18교구 본사인 백양사의 말사로 '부처 불(佛), 첫째 갑(甲), 절 사(寺)'라는 절 이름에서 보듯이 백제에 불교가 들어와서 처음 세워진 사찰이다. 도선국사(道詵國師)가 세운 호남3갑(도갑사, 봉갑사, 불갑사) 중 으뜸이라 하는 곳이다. 무엇보다 상사화와 꽃무릇이 너무 유명해서 상사화가 피는 여름과 꽃무릇이 만개하는 가을에 수많은 사람들이 찾아오는 절이다.

영광 ◆ 내산서원(內山書院)

444

‖ 전라남도 영광군 불갑면 쌍운리 203

임진왜란 때 일본에 포로로 잡혀 가 일본에서 조선으로 돌아올 때까지의 체험을 기록한 글인 <간양록(看羊錄)>을 집필한 수은 강항(睡隱 姜沆)을 모신 서원으로, 방마산 자락에 고즈넉이 자리 잡고 있다. 인근 불갑수변공원과 함께 둘러보기 좋은 여행지이다.

| 전라남도 권역 |

9 전남의 정자들

우리나라에는 수없이 많은 정자들이 전국에 산재해 있으며 유명한 정자만 찾아다녀도 수백 곳은 족히 넘는다. 호남 정자 문화의 메카이자 가사 문학의 산실인 담양은 물론이고 전라남도 전역에 아름답고 멋진 정자들이 즐비한데 그중 널리 알려진 몇 곳을 소개한다.

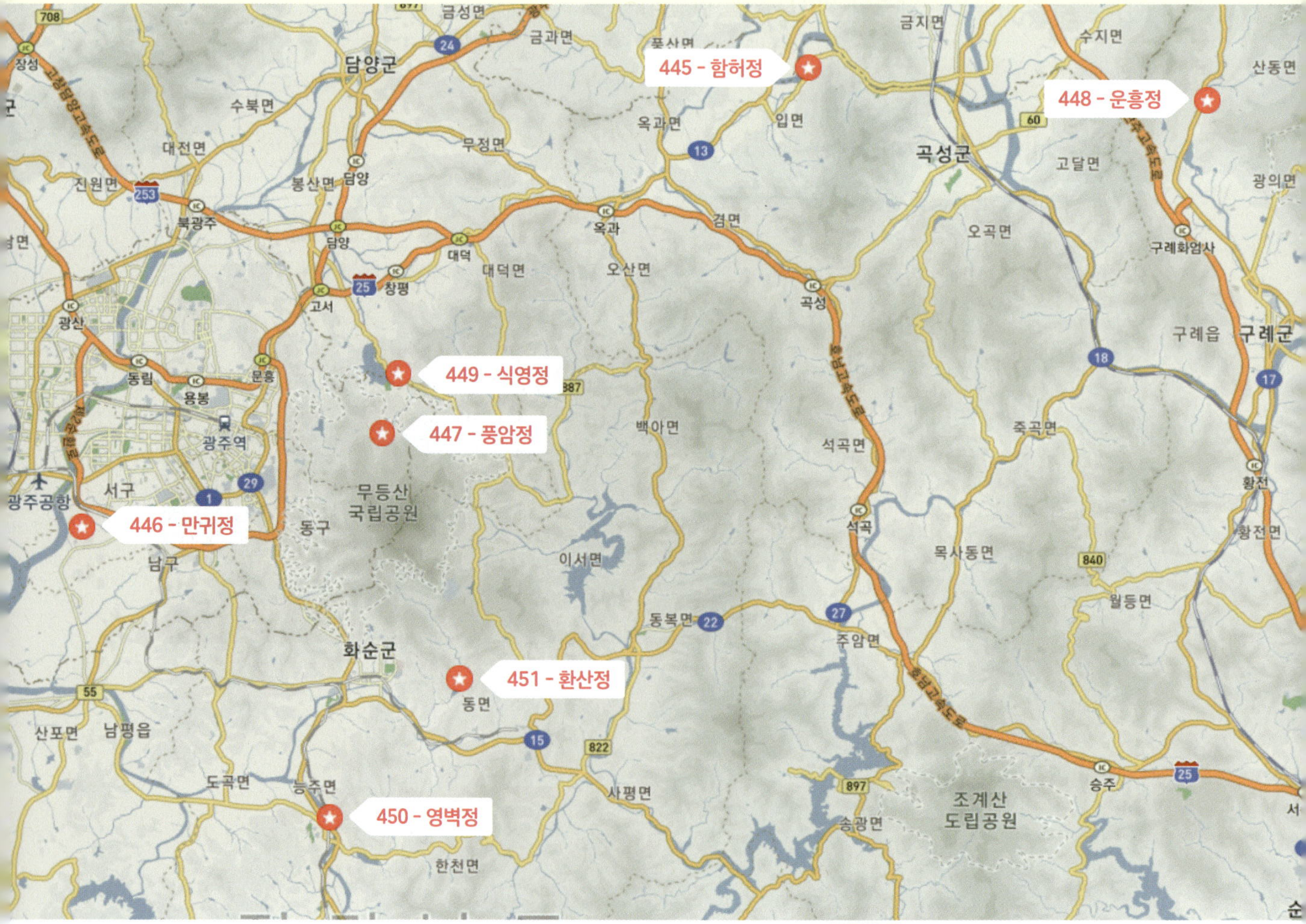

kakaomap
실제 서비스 이미지와 다를 수 있음

곡성 ◆ 함허정(涵虛亭)

445

‖ 전라남도 곡성군 입면 제월리 290-1

조선 중종 때 훈도(訓導)를 지낸 제호정 심광형(霽湖亭 沈光亨)이 지역 유림들과 풍류를 즐기기 위해 지은 정자로, 유유히 흐르는 섬진강과 제월리 들판을 배경으로 그림같이 자리하고 있다.

광주 ◆ 만귀정(晩歸亭)

446

‖ 광주광역시 서구 세하동 274-1

광주 서구 동하마을에 있는 정자로 효우공 장창우(孝友公 張昌友)가 남은 삶을 자연과 함께 즐기며 살겠다는 뜻으로 만귀정이라 이름 짓고 지은 정자다. 연못 중간에 있는 습향각과 안쪽에 있는 묵암정사가 만귀정과 일렬로 배치됐으며 연못과 주변의 소나무, 버드나무, 왕벚나무 등이 어우러져 멋진 풍경을 보여준다.

광주 ◆ 풍암정(楓岩亭)

447

‖ 광주광역시 북구 금곡동 670-1

호남의 명산 무등산 주변의 길들이 다 아름답지만, 특히 풍암제를 지나 풍암정에 이르는 무등산 의병길 구간은 단풍나무 터널이 우거져 찾는 이들에게 즐거움을 주는 곳이다. 원효계곡의 커다란 기암과 노송 옆에 서 있는 풍암정이 어우러져 한 폭의 그림 같은 풍광을 보여준다.

구례 ◆ 운흥정(雲興亭)

448

‖ 전라남도 구례군 산동면 시상리 216-1

운흥정은 1926년 이 지역 유지들이 계를 조직하여 건립한 정자로 유서 깊은 곳은 아니지만 한천 옆 경승지에 있어 경치가 빼어나다. 서시천 건너에 경재비각과 하연유적비가 있으며, 계곡과 기암괴석, 용운교와 어우러진 정자가 찾는 이들의 감탄을 자아낸다.

담양 ◆ 식영정(息影亭)

449

‖ 전라남도 담양군 가사문학면 지곡리 313-3

석천 임억령(石川 林億齡)이 지은 정자로 그의 제자 송강 정철(松江 鄭澈)이 이곳에서 성산별곡을 비롯한 많은 시가를 지어 송강 문학의 산실로 여겨진다. 광주호 앞에 자리하고 있는 명승 제57호로 가사 문학을 대표하는 정자 중 하나다.

화순 ◆ 영벽정(映碧亭)

450

‖ 전라남도 화순군 능주면 관영리 1

계절 따라 변하는 연주산의 경치가 맑은 지석강물에 투영된 모습을 바라볼 수 있다 하여 '영벽정'이란 이름이 붙은 정자이다. 강변의 왕버들과 영벽정 그리고 철교 위로 기차가 지나는 모습을 사진에 담기 위해 찾아오는 사람이 많으며, 특히 봄철 영벽정 벚꽃 반영 사진이 유명한 곳이다.

화순 ◆ 환산정(環山亭)

451

‖ 전라남도 화순군 동면 서성리 139-5

백천 류함(百泉 柳涵) 선생이 병자호란 때 화순의병을 이끌고 청주까지 진군하였으나 조정이 청태종에게 항복하였다는 소식을 듣고 이곳으로 돌아와 환산정을 짓고 속세를 뒤로하며 은둔하였다고 전해진다. 봄 벚꽃이 필 때 운치가 더하는 곳으로, 호수 건너편 전원주택과 어우러져 아름다운 풍광을 연출한다.

| 전라북도 권역 |

1 태고의 신비 - 마이산(馬耳山)

전라북도 진안 부근을 지나는 사람이라면 누구나 봉긋 솟은 두 개의 큰 봉우리를 어렵지 않게 보게 된다. 마이산은 1979년 도립공원으로, 2003년 명승으로 지정되었고 은수사와 탑사가 있어 많은 사람들이 찾는 관광지가 됐다. 도립공원 입구 주차장에 바이크를 주차하고 약 2㎞를 걸어 들어가 탑사와 은수사를 구경할 수도 있고, 북쪽 사양제로 진입하여 마이산을 조망하고 등산을 할 수도 있다. 수도권에서 내려간다면 인근 위봉폭포, 모래재, 용담호 등과 함께 둘러봐도 좋다.

kakaomap
실제 서비스 이미지와 다를 수 있음

진안 ◆ 마이산(馬耳山)

452

‖ 전라북도 진안군 마령면 동촌리 70-21(주차장)

높이 685m의 마이산은 풍화작용에 의해 구멍이 송송 뚫린 타포니 지형이라 신비함을 더해주는 산으로, '마이산'이란 이름은 조선을 개국한 태조 이성계가 호남에서 무술을 연마할 때 이 산의 모양이 '말의 귀'와 비슷하다 하여 '마이(馬耳)'라 이름 지었다고 한다. 두 개의 봉우리 중 동쪽 봉우리를 수마이봉, 서쪽 봉우리를 암마이봉이라 하는데 수마이봉 중턱에 화암굴이 있고, 이 굴속에서 솟아나는 샘물을 마시면 옥동자를 잉태한다는 전설이 있다.

진안 ◆ 탑영제(塔影堤)

453

‖ 전라북도 진안군 마령면 동촌리 산 22-2

금당사를 지나 마이산 탑사로 가는 길가에 위치한 저수지로 봄이면 벚꽃이, 가을이면 단풍이 장관을 이룬다.

진안 ◆ 마이산 탑사(馬耳山 塔寺)

454

‖ 전라북도 진안군 마령면 마이산남로 362(탑사문화재관리사무소)

마이산에 있는 두 개의 절 중 하나인 탑사는 1885년 이갑룡(李甲龍)이란 사람이 25살의 나이로 마이산에 입산하여 솔잎으로 생식을 하며 수도하면서 쌓아 올린 80여 개의 돌탑이 있는데 지금까지도 무너지지 않고 남아 있다. 이갑룡은 전국 명산의 돌을 몇 개씩 날라다 돌탑을 쌓았다고 전해지며, 부모상을 당했을 때는 묘 옆에 움막을 치고 3년간 시묘를 한 효자로 알려져 있다.

진안 ◆ 마이산 은수사(馬耳山 銀水寺)

455

‖ 전라북도 진안군 마령면 마이산남로 406

은수사는 태조 이성계가 이곳에서 물을 마시고 '물이 은(銀)과 같이 맑고 깨끗하다'라고 하여 유래된 이름으로 전해지며, 마이산의 봉우리를 가장 가까이서 볼 수 있는 곳이다. 마이산도립공원 주차장에 주차 후 탑사, 은수사까지 도보로 걸어가야 한다.

진안 ◆ 사양제(斜陽堤)

456

‖ 전라북도 진안군 진안읍 단양리 637-2

햇볕이 마을을 비켜 간다고 하여 '사양제(斜陽堤)'라 부르지만 원래 이름은 '단양제(丹陽堤)'이다. 마이산 북산이 가장 잘 보이는 조망 포인트로 마이산 생태수변공원이 조성되어 있다.

2 | 전라북도 권역 |

57개 섬의 군락 - 고군산군도(古群山群島)

고군산군도는 군산시 옥도면에 속한 선유도를 중심으로 신시도, 야미도, 무녀도, 대장도, 장자도, 관리도, 방축도, 명도, 말도, 횡경도 등 63개의 섬이 모여 있는 곳으로, 고군산이란 '옛 군산'이란 뜻이다. 선유 8경인 고군산군도를 필자는 2016년 신시도와 무녀도를 연결하는 고군산대교가 임시 개통된 직후 다녀왔다. 지금은 고군산대교, 선유교, 장자교 등이 모두 개통되어 보도교를 건너던 추억은 이제 옛이야기가 됐다.

kakaomap
실제 서비스 이미지와 다를 수 있음

● 군산 고군산(古群山)대교

‖ 전라북도 군산시 옥도면 신시도리 산55-1

새만금에서 고군산대교를 건너 고군산군도의 초입인 무녀도로 진입한다.

군산 ◆ 무녀도(巫女島)

457

‖ 전라북도 군산시 옥도면 무녀도리 99-4

주산인 무녀봉 앞에 장구 모양의 장구섬과 그 옆에 술잔 모양의 섬이 있어 마치 무당이 굿을 할 때 너울너울 춤을 추는 모습과 같다 하여 무녀도라 불렀다.

군산 ◆ 선유도((仙遊島)

458

‖ 선유도 입구: 전라북도 군산시 옥도면 선유도리 산35-6

무녀도와 장자도 사이에 잇는 섬으로 망주봉, 선유도 전망대, 명사십리해수욕장 등이 있다.

● 군산 망주봉(望主峰)

‖ 전라북도 군산시 옥도면 선유도리 산23-3

섬의 경치가 너무 아름다워 신선이 놀다 갔다고 전해지는 선유도의 대표적인 산으로, 높이 104.5m의 두 개의 큰 암봉으로 이뤄져 있다.

• 군산 선유도(仙遊島) 전망대

‖ 전라북도 군산시 옥도면 선유도리 산3-45

신선이 노닌다는 선유도의 가장 끝까지 둘러보고 돌아 나오면서 만나는 전망대로 장자대교와 선유도 일대가 한눈에 조망된다.

• 군산 명사십리(鳴沙十里)해수욕장

‖ 전라북도 군산시 옥도면 선유도리 213-3 인근

천연 해안사구 해수욕장으로 유리알처럼 투명하고 아름다운 백사장이 넓게 펼쳐져 있어 명사십리해수욕장으로 불린다.

군산 • 장자도(壯子島)

‖ 전라북도 군산시 옥도면 장자도리 157-1

459

장자도는 전라북도 군산시 고군산군도에 딸린 인구 70여 명의 작은 섬으로 선유도, 무녀도와 대장도 사이에서 네 개 섬을 연결하는 중요한 역할을 한다. 천연의 대피항으로 유명한 장자도는 힘이 센 장사가 나왔다 하여 장자도로 불리게 되었으며, 교육열이 높아 고군산군도 19개의 유인도 중에서 제일 먼저 초등학교가 세워진 곳이다.

• 군산 장자도 보도교(壯子島 步道橋)

‖ 전라북도 군산시 옥도면 선유도리 산78-1

선유도에서 장자도로 가는 보도교로 장자교가 개통되기 전까지 섬으로 가는 유일한 다리였다.

• 군산 장자(壯子)교

‖ 전라북도 군산시 옥도면 선유도리 산78-8

선유대교와 함께 선유도를 상징하는 다리로 옆에 대교가 건설되기 전까지 사용하던 장자 보도교가 있다.

군산 ◆ 대장도(大長島)

‖ 전라북도 군산시 옥도면 대장도리 18

460

장자도와 불과 20여 미터 떨어져 있는 부속 섬으로 대장봉에서 바라보는 고군산 일대 풍광이 매우 아름다운 곳이다. 처음 개척 투어를 다녀오고 몇 년 뒤 다시 대장봉에 올랐는데 약 20분 정도 등산을 하면 멋진 비경을 만날 수 있다.

그리고 필자와 10년 넘게 바이크로 우정을 쌓아온 푸울(임만순)님의 '고군산군도 투어기'에 등장하는 신시도(新侍島)의 대각산전망대와 대봉전망대도 가보고 싶은 곳이다.

대장도

대장봉 전망

• 군산 대각산(大覺山)전망대

‖ 전망대: 전라북도 군산시 옥도면 신시도리 산17-2

‖ 등산로 진입로 입구: 전라북도 군산시 옥도면 신시도리 188

'토황소격문(討黃巢檄文)'의 저자인 고운 최치원(孤雲 崔致遠)이 크게 깨달음을 얻었다는 대각산(187m) 정상 전망대에 서면 고군산군도의 멋진 풍경이 한눈에 들어온다. 신시도리 삼거리꽃나무수퍼 앞에서 대각산등산로를 따라 900m 정도 걸어 올라가면 3층짜리 전망대가 나온다.

• 군산 대봉(大峰)전망대

‖ 전라북도 군산시 옥도면 선유도리 112-14(등산로 입구)

높이 150m의 남악산 대봉에 설치된 전망대로 망주봉이 멋지게 조망되는 곳이다. 선유도해수욕장이 끝나는 곳에 있는 대봉 안내 표지판부터 1㎞를 걸어야 한다.

3

| 전라북도 권역 |

변산반도(邊山半島)

내소사와 개암사, 직소폭포, 채석강, 적벽강 등 경치가 수려하고 풍부한 관광자원을 가지고 있어 1988년 국립공원으로 지정된 변산반도는 산과 바다가 어우러진 유일한 국립공원이며 해안가와 내륙을 기준으로 외변산과 내변산으로 나누어진다. 대부분의 라이더들이 해안가 외변산을 주로 둘러보지만, 내변산도 생각보다 볼거리가 많은 곳이다.

kakaomap
실제 서비스 이미지와 다를 수 있음

부안 ◆ 사랑의 낙조(落照)공원

‖ 전라북도 부안군 변산면 대항리 산 113-9

461

새만금 쪽에서 진입해 변산 해안을 일주하면 서 처음 만나는 전망대다.

부안 ◆ 하섬전망대

‖ 전라북도 부안군 변산면 마포리 385-19

462

변산반도국립공원에 속하는 하섬을 조망하는 전망대로, 하섬은 섬의 모양이 연꽃 같다 하여 '연꽃 하(遐)자'를 쓰기도 하고, 새우가 웅크린 형상이라 하여 '새우 하(鰕)'자를 쓰기도 한다. 1950년대에 원불교 재단에서 사들여 해상수련원으로 쓰고 있어 원불교 신도나 신도와 동행한 일반인만 출입할 수 있다. 매달 초와 보름 썰물 때 바닷길이 열리는 한국판 모세의 기적으로 유명한 곳이다.

하섬 전망대

적벽강 앞

부안 ◆ 적벽강(赤壁江)

463

‖ 전라북도 부안군 변산면 격포리 252-20

소동파(蘇東坡)가 노닐었다는 중국의 적벽강과 비슷하다 하여 붙여진 이름으로, 전라북도 부안군 변산면 격포리의 해안절벽 일대를 총칭하는 지명이다. 수성당 가는 길 중간 지점에 적벽강으로 내려가는 갑판이 있다.

부안 ◆ 격포(格浦)해수욕장

464

‖ 전라북도 부안군 변산면 격포리 산47-1(대명콘도 앞)

변산반도국립공원에 속한 해수욕장으로 닭이봉과 채석강 사이에 있어 채석강의 절경을 가까이서 볼 수 있다. 대천해수욕장, 만리포해수욕장과 더불어 서해안의 3대 해수욕장으로 손꼽힌다.

부안 ◆ 닭이봉전망대

465

‖ 전라북도 부안군 변산면 격포리 301-33

시멘트 임도를 따라 오르면 격포항 주변과 내변산 고군산군도까지 조망되는 비경을 볼 수 있는 아름다운 전망대이다.

부안 ◆ 채석강(採石江)

‖ 전라북도 부안군 변산면 격포리 285-11

466

변산반도 서쪽 끝의 격포항과 오른쪽 닭이봉 일대의 1.5㎞의 해식 단애를 이룬 층암절벽과 바다를 총칭하는 지명으로 변산팔경 중의 하나다.

부안 ◆ 능가산 내소사(楞伽山 來蘇寺)

‖ 전라북도 부안군 진서면 석포리 230-2(입구)

467

선운사의 말사로 신라의 승려 혜구두타(惠丘頭陀)가 창건했으며, 진입로의 전나무 숲이 장관이고 내소사의 대웅보전과 소나무가 어우러진 모습도 절경이다.

내소사

내소사 진입로

부안 • 굴바위

‖ 전라북도 부안군 보안면 우동리 561-4

468

대불사(大佛寺) 위쪽 깎아지른 거대한 암벽에 세로로 뚫린 천연 굴로, 드라마 '아스달연대기'의 촬영지이기도 하다. 접근이 용이하고 기이한 분위기를 지니고 있어 많은 사람들이 찾는다. 이 동굴의 샘물이 만병통치라 하여 과거 한센병 환자들이 많이 찾았고, 동굴 입구에서 불을 피우면 연기가 80리 떨어진 변산반도 북쪽 해창으로 나온다고 전해지는 곳이다.

부안 • 선계(仙溪)폭포

‖ 전라북도 부안군 보안면 우동리 산140-3

469

조선조 태조 이성계가 머물며 공부와 무예를 닦았다 해서 성계골이라 부르던 지역에 있는 폭포이다. 비가 오면 위쪽 분지에 고인 물이 선계 바위로 떨어지는 것이며, 비 온 뒤 하루 이틀 동안만 볼 수 있다. 홍길동의 저자 허균(許筠)이 조선 시대 4대 여류시인 중 한 사람인 이매창(李梅窓)과 시문과 인생을 논하며 즐기던 곳이기도 하다.

• 부안 바드재

‖ 전라북도 부안군 상서면 청림리 산138-1

국도 제30호선과 지방도 제736호선을 남북으로 잇는 반계로에 있는 고개로 도로 가에 있는 기암괴석들이 장관을 이루는 곳이다.

부안 청림제(靑林堤)

‖ 전라북도 부안군 상서면 청림리 산118-8

줄포만 일대 간척지의 농업용수 해결을 위해 2006년 조성한 저수지로 주변 풍광이 아름답다.

부안 중계교(中溪橋)

‖ 전라북도 부안군 변산면 중계리 산9-6

지방도 제736호선 중 부안호를 가로질러 건너는 다리로, 중계교 위에서 바라보는 좌우 전망이 매우 아름답다.

부안 ◆ 직소(直沼)폭포

‖ 전라북도 부안군 변산면 중계리 179-9(주차장)

470

내변산의 대표적인 관광명소인 직소폭포는 높이 약 30m 정도의 폭포로, 폭포 물이 둥근 못으로 바로 떨어진다고 하여 직소란 이름이 붙었다. 빼어난 아름다움으로 변산 8경으로 꼽히며 얼마 전 국가 명승으로 지정되었다. 주차장에서 한참 걸어가야 하지만 중간에 직소보, 분옥담 등 무척 아름다운 풍광들을 만날 수 있는 트레킹 명소이다.

부안 ◆ 벼락폭포

471

‖ 전라북도 부안군 변산면 중계리 산18-25

변산반도국립공원 내변산 인근의 부안호에 있는 폭포로, 부안호의 물빛과 건너편 기암들 사이로 떨어지는 폭포 줄기가 빼어난 경관인 명소다.

부안 ◆ 의상봉(義湘峰)

472

‖ 전라북도 부안군 변산면 중계리 산1-57

높이 509m로 변산 제1의 고봉인 의상봉에 오르면 새만금방조제가 한눈에 들어오는 전경이 펼쳐진다. 정상부에 군부대가 있어 도중에 진입이 차단된다.

부안 ◆ 능가산 개암사(楞伽山 開巖寺)

473

‖ 전라북도 부안군 상서면 감교리 714

삼국시대 백제의 승려 묘련(妙蓮)이 창건한 사찰로 내소사와 더불어 변산반도를 대표하는 절이다.

4

| 전라북도 권역 |

위봉폭포 / 위봉사 / 위봉산성

완주 위봉산 자락의 아름다운 길인 송광수만로를 오르면 위봉폭포, 위봉사, 위봉산성이 있고, 소양면에는 송광사와 아원고택, 동상면에는 동상지와 대아저수지 등 명소들이 즐비하게 늘어서 있다.

kakaomap

실제 서비스 이미지와 다를 수 있음

완주 ◆ 위봉(威鳳)폭포

474

‖ 전라북도 완주군 동상면 수만리 산51-1

높이 60m의 2단 폭포로 예부터 완산 8경에 드는 절경으로 유명하다. 폭포 주변의 기암괴석과 울창한 숲이 빼어난 경관을 이루며, 도로가에서 나무갑판을 따라 조금 내려가면 폭포의 모습이 가까이 보인다.

완주 ◆ 추출산 위봉사(崷崒山 威鳳寺)

475

‖ 전라북도 완주군 소양면 대흥리 21

대한불교조계종 제17교구 본사인 금산사의 말사로 604년에 서암대사(瑞巖大師)가 창건하였으며, 고려 말기에 최용각(崔龍角)이 이곳에 왔다가 세 마리의 봉황이 노니는 것을 보고 위봉사라 불렀다고도 전해진다. 보물로 지정된 아름다운 보광명전이 있는 절이다.

완주 ◆ 위봉산성(威鳳山城)

‖ 전라북도 완주군 소양면 대흥리 287-1

조선 숙종 때 변란에 대비하고 주민들을 대피시킬 목적으로 험준한 지형을 이용하면서 성곽 안에 골짜기를 포함하여 축조한 포곡식(包谷式) 산성이다. 최근 BTS가 화보 촬영을 하여 더 유명해진 곳이다.

1

| 충청남도 권역 |

태안반도(泰安半島)

서산, 당진, 태안이 속해있는 태안반도는 해안선의 드나듦이 복잡하여 크고 작은 만들이 발달했으며, 해안 경관이 수려하여 해안 국립공원으로 지정된 곳이다. 우리나라에서 가장 많은 해수욕장이 밀집된 곳이며, 수도권에서 접근성이 좋아 라이더들이 많이 찾는 곳이기도 하다.

kakaomap
실제 서비스 이미지와 다를 수 있음

당진 ◆ 석문(石門)방조제

477

‖ 충청남도 당진시 송산면 가곡리 527

석문지역 농지 간척을 위해 1995년 준공된 방조제로 쭉 뻗은 수 킬로미터의 도로가 석문호와 바다를 둘로 나누고 있으며, 도로 중간 방조제에 올라 주변의 풍광을 즐기기 좋은 곳이다.

당진 ◆ 왜목마을

478

‖ 충청남도 당진시 석문면 교로리 844-12

배를 타고 바다로 나가 마을을 바라보면 누워 있는 사람의 목처럼 잘록하게 생겼다 하여 '와목'으로 불리다 '왜목'으로 이름이 바뀌었다. 서해안에 있지만 동쪽으로 바다를 향하고 있어 서해에서는 드물게 바다 일출을 볼 수 있으며, 일출, 일몰, 월출을 모두 볼 수 있다고 알려지기 시작한 곳이다.

당진 ◆ 도비도(搗飛島)

479

‖ 충청남도 당진시 석문면 난지도리 563

대호방조제 간척사업으로 육지와 연결된 섬으로, 섬과 바다, 개펄과 호수, 낙조와 낚시, 문화와 휴양을 동시에 즐길 수 있는 자연생태공원이 조성되어 있다.

• 당진 도비도 전망대 휴게소

‖ 충청남도 당진시 석문면 대호만로 2888-12

휴게소 전망대에서 바라보는 도비도의 전경이 멋지다.

서산 ◆ 삼길포(三吉浦)

‖ 충청남도 서산시 대산읍 화곡리 1891

480

석문면 교로리와 대산읍 화곡리 삼길포를 연결하는 대호방조제의 끝 지점에 있는 대호 수문에 위치한 삼길포는 신선한 횟감을 찾아 주말이면 많은 관광객이 방문하는 서해의 항구다. 삼길산 정상 봉수대에서의 전망은 마치 한려수도를 보는 것처럼 멋지다.

서산 ◆ 황금산(黃金山)

‖ 충청남도 서산시 대산읍 독곶리 569-90

481

원래 항금산(亢金山)으로 불리다가 금이 발견되면서 황금산이라 부르게 되었으며 한 시간 정도 산행을 하여 도달하는 서쪽 해안의 기암절벽이 멋진 곳이다. 서산 7경 중 하나인 황금산은 몽돌해변과 코끼리바위로 유명하다.

태안 ◆ 만대항

‖ 충청남도 태안군 이원면 내리 41-10

482

태안반도의 가로림만 북쪽 끝자락에 위치한 오지로, '가다 만다'는 뜻을 지닌 만대항은 태안 솔향기길 1코스의 출발점이기도 하다. 저녁노을 트래킹이 특히 유명하다.

태안 ◆ 이원(梨原)방조제

‖ 충청남도 태안군 이원면 포지리 1288

483

2007년 태안 기름유출 사고의 절망을 딛고 성공적으로 복구된 곳으로, 충청남도 태안군민들의 절망을 희망으로 바꿔준 130만 자원봉사자와 국민에게 감사의 뜻을 전하기 위해 제작된 희망 벽화가 있다. 자원봉사자 7만여 명의 손도장이 찍혀져 있는 벽화는 세계에서 가장 긴 벽화로 유명하다.

태안 ◆ 학암포(鶴岩浦)

‖ 충청남도 태안군 원북면 방갈리 515-170

484

해변에 물이 빠졌을 때 드러나는 바위의 형상이 마치 학의 모습처럼 보인다고 하여 학암포라 부른다. 태안국립공원의 일부다.

태안 ◆ 신두리 해안사구(薪斗里 海岸砂丘)

‖ 충청남도 태안군 원북면 신두리 산305-1

485

아름다운 해안과 함께 거대한 모래언덕이 형성된 국내 최대의 해안사구로 마치 사막과 같은 모래언덕을 볼 수 있다.

태안 ◆ 만리포(萬里浦)

486

‖ 충청남도 태안군 소원면 모항리 1436

태안 8경중 제4경인 만리포 해안은 대천·변산 해수욕장과 함께 서해안 3대 해수욕장의 하나로 태안해안국립공원에 속한다. 백사장 길이는 약 4㎞이며, 모래질이 곱고 경사가 완만하여 해수욕장으로 알맞은 조건을 갖추고 있으나, 조수간만의 차가 큰 것이 단점이다.

태안 ◆ 안면도(安眠島)

487

‖ 충청남도 태안군 안면읍 승언리 339-286(꽃지 해안)

우리나라에서 6번째 큰 섬으로 본래 섬이 아니라 반도였는데, 조선 인조 때 삼남지역의 세곡(稅穀) 운반선의 통행을 위해 절단함으로써 섬이 되었다가 1970년 안면대교 개통으로 육지와 이어진 섬이다. 안면도에는 해안선을 따라 펼쳐져 있는 14개 해수욕장(꽃지, 방포, 삼봉, 백사장, 바람아래해수욕장 등)과 해송이 유명하며, 천연기념물 제138호인 모감주나무군락지 등이 있다. 몽산포해변과 꽃지의 할미할아비바위가 태안 8경에 꼽히고, 낙조도 아주 유명하다.

서산 ◆ 간월암(看月庵)

488

‖ 충청남도 서산시 부석면 간월도리 26-17

간월도는 원래 천수만의 섬이었지만 대규모 간척사업으로 부석면과 육지로 이어졌으며, 이곳의 간월암은 간조 시 육지가 됐다 만조 시 섬이 되는 인기 있는 관광명소 중 하나다. 간월도는 굴 생산지로도 유명해서 입구에 굴 따는 아낙 동상도 세워져 있다.

2

| 충청남도 권역 |

김정희 선생 고택 / 용궁리 백송

충남 예산에는 추사 김정희의 옛집인 김정희 선생 고택과 추사기념관, 화순옹주 정려문, 용궁리 백송 등이 가까이 모여 있어 한 번쯤 둘러볼 만하다.

kakaomap

실제 서비스 이미지와 다를 수 있음

예산 • 김정희(金正喜) 선생 고택

489

‖ 충청남도 예산군 신암면 용궁리 799-2

조선 후기 문과에 급제하여 이조참판을 지낸 실학자이자 대표적인 서예가인 추사 김정희(秋史 金正喜) 선생의 옛집으로, 추사의 증조부이자 영조의 사위였던 월성위 김한신(月城尉 金漢藎)이 건립한 것으로 알려져 있다.

예산 • 용궁리 백송(龍宮里 白松)

490

‖ 충청남도 예산군 신암면 용궁리 산73-28

추사 김정희(秋史 金正喜) 선생이 조선 순조 9년(1809)에 아버지 김노경(金魯敬)을 따라서 중국 청나라 연경에 갔다가 돌아올 때 종자를 필통에 넣어 와서 고조부 김흥경(金興慶)의 묘 옆에 심었다고 전해진다. 백송의 수령은 약 200년이며 높이는 약 10m다.

3 | 충청남도 권역 |

명재고택 / 파평 윤씨 종학당

네 명의 임금에게서 20번이 넘는 벼슬을 내려받았으나 모두 사양하고 평생 벼슬을 하지 않았던 백의 정승 명재 윤증(明齋 尹拯) 선생의 고택과 파평 윤씨 가문의 학문 수도처였던 종학당을 둘러본다.

kakaomap
실제 서비스 이미지와 다를 수 있음

논산 ◆ 명재고택(明齋古宅)

491

‖ 충청남도 논산시 노성면 교촌리 306

충남 논산에 살면서 높은 학식과 도덕성으로 많은 사람들의 존경을 받고, 이조참판, 이조판서, 우의정 등의 벼슬을 모두 사양하고 평생 벼슬을 하지 않아 백의정승이라 불리던 명재 윤증(明齋 尹拯) 선생의 고택이다. 대문도 담장도 없는 검소한 집이며, 연못, 사랑채, 그리고 장독대가 인상적인 곳이다.

논산 ◆ 파평 윤씨 종학당(宗學堂)

492

‖ 충청남도 논산시 노성면 병사리 95-1

명문가 파평 윤씨(坡平 尹氏)의 자녀와 친인척들이 학문을 배우던 종학당은 배롱나무에 꽃이 필 때 무척 아름다운 곳이다. 연못 위에 그림같이 자리한 정수루(淨水樓) 위에서 호수와 배롱꽃에 둘러싸인 종학당을 내려다보는 호사도 누려볼 만하다.

4

| 충청남도 권역 |

성주사지 / 무량사

성주산 자락에 위치한 보령 성주사지와 만수산 무량사는 잔잔한 감동을 주는 투어 코스로 인근을 지날 때 꼭 한번 들러보기를 권한다.

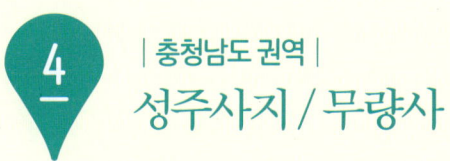

kakaomap
실제 서비스 이미지와 다를 수 있음

보령 ◆ 성주사지(聖住寺址)

493

‖ 충청남도 보령시 성주면 성주리 104(주차장)

성주사는 백제 법왕이 창건한 절로 처음에는 오합사(烏合寺)라고 불렀으나 신라 문성왕(839~859) 때 중국 당나라에서 돌아온 낭혜화상 무염(郎慧和尙 無染)이 크게 중창하면서 절 이름도 성주사로 바꾸었다고 한다. 임진왜란 때 불타버려 현재는 드넓은 폐사지 터에 몇 개의 건축물만 남아 있어 다소 황량하고 쓸쓸하게 느껴지지만, 보물인 5층 석탑과 세 개의 삼층 석탑, 그리고 천년 세월을 견디며 꿋꿋이 서있는 국보 낭혜화상탑비를 보면 진한 감동이 전해온다.

부여 ◆ 만수산 무량사(萬壽山 無量寺)

494

‖ 충청남도 부여군 외산면 무량로 192

세조 때 김시습(梅月堂 金時習)이 세상을 피해 있다가 불교에 귀의한 후 생을 마감한 곳으로 극락전, 오층 석탑, 석등 등의 보물을 보유하고 있는 유서 깊은 사찰이다. 천왕문을 지나 소나무에 가려진 석등, 오층석탑, 극락전의 모습이 방문객의 마음을 사로잡는다. 특히 무량사 극락전은 법주사 팔상전, 금산사 미륵전, 화엄사 각황전과 함께 깊은 감명을 주는 조선 중기 불교 건축물의 걸작 중 하나로 평가받고 있다.

5

| 충청남도 권역 |

운산한우목장 / 마애여래삼존상

충청남도 서산시 운산면에는 푸른 초목이 아름답게 펼쳐진 한우목장과 백제의 미소라는 국보 마애여래삼존불상이 있다.

kakaomap
실제 서비스 이미지와 다를 수 있음

서산 ◆ 운산한우목장(雲山韓牛牧場)

495

‖ 충청남도 서산시 운산면 용현리 산10-57

마치 제주도 오름처럼 푸른 초원이 부드러운 곡선을 그리며 이국적인 풍경을 자아내는 서산 운산한우목장은 서산 9경 중 제8경으로 꼽힐 정도로 아름다우며, 특히 봄철이면 아름다운 능선의 초지를 따라 벚꽃이 만개하여 많은 관광객이 찾는다. 곳곳의 진입로가 잠겨있는 경우가 많지만 잘 살펴보면 진입할 수 있는 길이 여러 곳에 있다.

서산 ◆ 용현리 마애여래삼존상(龍賢里 磨崖如來三尊像)

496

‖ 충청남도 서산시 운산면 용현리 5(주차장)

'백제의 미소'로 알려진 서산 마애여래삼존상은 국보이자 서산 9경 중 2경이다. 백제 후기의 작품으로 때로는 근엄하게, 때로는 온화하게 보이는 얼굴은 해가 비치는 시간과 보는 이의 각도, 마음 상태에 따라 달리 보여 더욱 신비롭다. 우리나라 마애불 중 가장 뛰어난 작품으로 평가받고 있으며 세계문화유산에 등재되기 위해 노력 중이다.

6

| 충청남도 권역 |

외암민속마을 / 봉곡사

충청남도 아산시 송악면에는 송악저수지를 사이에 두고 500년 된 외암민속마을과 소나무 숲 진입로 안으로 근사한 봉곡사가 자리하고 있다.

kakaomap
실제 서비스 이미지와 다를 수 있음

아산 ◆ 외암(外巖)민속마을

‖ 충청남도 아산시 송악면 역촌리 65-8(주차장)

497

500년 전 이곳에 정착한 예안 이씨(禮安 李氏)의 집성촌으로 조선 숙종 때 학자 이간(李柬)의 호인 '외암'을 마을 이름으로 쓰고 있으며, 대한민국에서 살기 좋은 마을 10선에 선정된 곳이다. 양반집과 초가가 조화를 잘 이루고 있고, 집마다 둘러진 돌담과 정원, 각종 수림이 아름다운 경관을 보여준다. 고택은 주인의 관직명이나 출신 지명을 따서 참판댁, 신창댁, 교수댁 등의 이름으로 불린다. 인근에 조선시대 시장 격인 저잣거리가 조성되어 전통차와 음식 등을 먹을 수 있다.

아산 ◆ 봉수산 봉곡사(鳳首山 鳳谷寺)

‖ 충청남도 아산시 송악면 유곡리 596

498

대한불교조계종 제6교구 본사인 마곡사의 말사로 신라 말 도선국사(道詵國師)가 창건하였다. 주차장에서 봉곡사에 이르는 울창한 송림은 '천년의 숲길'이라 불리며, 꿈속을 걷는 듯 아름다운 길이다.

| 충청남도 권역 |

7 도비산 부석사 / 해돋이 · 해넘이 전망대

서산 도비산은 비록 높지는 않지만 정상에 오르면 멀리 서해까지 조망이 되고 동쪽으로는 천수만이 내려다보인다. 또한 아름다운 절 부석사와 둘레길에 석천암, 동암 그리고 해넘이와 해돋이를 볼 수 있는 전망대도 있다.

kakaomap
실제 서비스 이미지와 다를 수 있음

서산 ◆ 도비산 부석사(島飛山 浮石寺)

‖ 충청남도 서산시 부석면 취평리 160

499

같은 이름을 가진 영주 부석사의 명성에 가려져 있지만 서산 도비산 부석사도 무척이나 아름다운 절이다. 특히 봄에는 왕벚꽃이 만개하며 운거루와 경내 곳곳에서 바라보는 서해의 조망은 이 절을 찾는 이들에게 감동을 준다.

서산 ◆ 도비산(島飛山) 해넘이 전망대

‖ 충청남도 서산시 부석면 취평리 산91

500

부석사에서 조금 내려온 곳에 도비산을 일주하는 둘레길이 있는데 이 길 위에 서해가 바라보이는 해넘이 전망대가 있다. 해가 지는 석양이 아름답게 조망되는 곳이며, 바로 뒤로 도비산 패러글라이딩 활공장이 있다.

서산 ◆ 도비산(島飛山) 해돋이 전망대

‖ 충청남도 서산시 부석면 지산리 산27-1

501

해넘이 전망대를 뒤로하고 도비산을 일주하다 보면 천수만이 시원하게 조망되는 도비산 전망대가 나온다. 눈 앞에 펼쳐진 광활한 대지의 모습에 가슴이 시원해지는 곳이다.

8

| 충청남도 권역 |

솔뫼성지 / 신리성지

충남 당진은 우리나라 천주교의 성지와 같은 곳으로 스페인의 산티에고 순례자의 길과 같은 버그네 길(총 13.3㎞)이 있는 곳이다. 우리나라 최초의 사제인 김대건 안드레아 신부의 탄생지인 솔뫼성지와 서양 선교사들이 선교활동을 할 때 조선의 카타콤바(로마시대 비밀교회) 역할을 하던 신리성지가 유명하다.

kakaomap
실제 서비스 이미지와 다를 수 있음

당진 ◆ 솔뫼성지

‖ 충청남도 당진시 솔뫼로 132

502

한국 최초의 천주교 사제인 김대건 신부의 생가지에 조성된 성지로, 김대건 신부의 증조할아버지, 작은할아버지, 아버지에 이르는 4대가 천주교 신앙을 위해 목숨을 바친 순교성지다. '솔뫼'라는 이름은 소나무가 우거져 산을 이룬다고 하여 붙여진 것이며, 2014년 프란치스코 교황이 방문한 이후로 더욱 큰 관심을 받고 있다. 소나무 숲 사이의 초록빛 동산에 김대건 신부의 생가터와 동상, 예수의 고난을 상징하는 조각물들이 어우러져 멋진 풍광을 보여준다.

당진 ◆ 신리(新里)성지

‖ 충청남도 당진시 합덕읍 신리2길 21

503

한국 천주교의 대표적인 성지 중 하나로, 천주교가 조선에 전파되는 데 큰 역할을 했던 제5대 조선교구 장 앙토니앙 다블뤼(Antoine Daveluy) 주교가 한국 천주교를 위해 노력한 사람들의 기록과 박해 상황 등을 담은 비망기를 집필한 곳이기도 하다. 다블뤼 주교의 은거처, 성인들의 경당, 순교자 기념관과 순교 미술관 등 아름답고도 성스러운 공간이 자리하고 있으며, 초록의 아름다운 잔디밭 덕분에 인생 사진 명소로 소문이 나면서 찾는 이들이 많아졌다.

9

| 충청남도 권역 |

오천항 / 충청수영 해안경관전망대

보령 천수만 초입에 위치한 오천항과 충청수영성은 다산 정약용 선생이 세상의 호수·바위·정자·누각의 뛰어난 경치를 논하는 사람들은 반드시 '충청수영성 영보정(永保亭)'을 으뜸으로 꼽는다고 했을 만큼 빼어난 경관을 자랑한다.

kakaomap
실제 서비스 이미지와 다를 수 있음

보령 ◆ 오천항(鰲川港) 504

‖ 충청남도 보령시 오천면 소성리 700-100

보령 북부의 모든 길은 오천항으로 통한다는 말이 있을 정도로 교통과 군사의 요충지이며, 조선 시대 충청 수영성이 자리했던 곳이다. 서해의 이름 난 미항으로 키조개 생산지이기도 하다.

보령 ◆ 충청수영성(忠淸水營城) 505

‖ 충청남도 보령시 오천면 소성리 660-2

충청수영성은 서해로 침입하는 왜적을 막기 위해 축조된 조선 시대의 성곽이다.
성 안에 있는 영보정은 조선 최고의 정자로 불렸던 건축물이었으나 소실되고 터만 남아 있다가 2015년에 복원되었다.

충청수영성

영보정

보령 ◆ 충청수영(忠清水營) 해안경관전망대

506

‖ 도미부인사당 쪽 진입로 입구: 충청남도 보령시 오천면 소성리 8-30

‖ 소성리 쪽 진입로 입구: 충청남도 보령시 오천면 소성리 215-5

‖ 도보 진입로 입구: 충청남도 보령시 오천면 소성리 923-4

충청수영 인근에 있는 전망대로 오천항과 보령방조제 등 천수만 일대가 한눈에 들어오는 전망을 지닌 곳이다. 바이크로 오르는 길은 두 곳이 있는데 양쪽 모두 약 2㎞ 이상 비포장 임도를 타야 하지만 길이 험하지 않아 바이크로 다녀오기에 큰 무리가 없다. 도보로 가려면 20분 정도 올라야 한다.

1

| 충청북도 권역 |

수옥폭포 / 속리산 3대 구곡

충북 괴산에는 높이 약 20m의 수옥폭포를 비롯해 우암 송시열이 효종 임금을 잃은 슬픈 마음을 간직한 채 은거하면서 주자의 무이구곡을 본떠 경치 좋은 아홉 곳의 이름을 붙인 화양구곡과 선유구곡, 쌍계계곡 등 경관이 빼어난 계곡들이 있다.

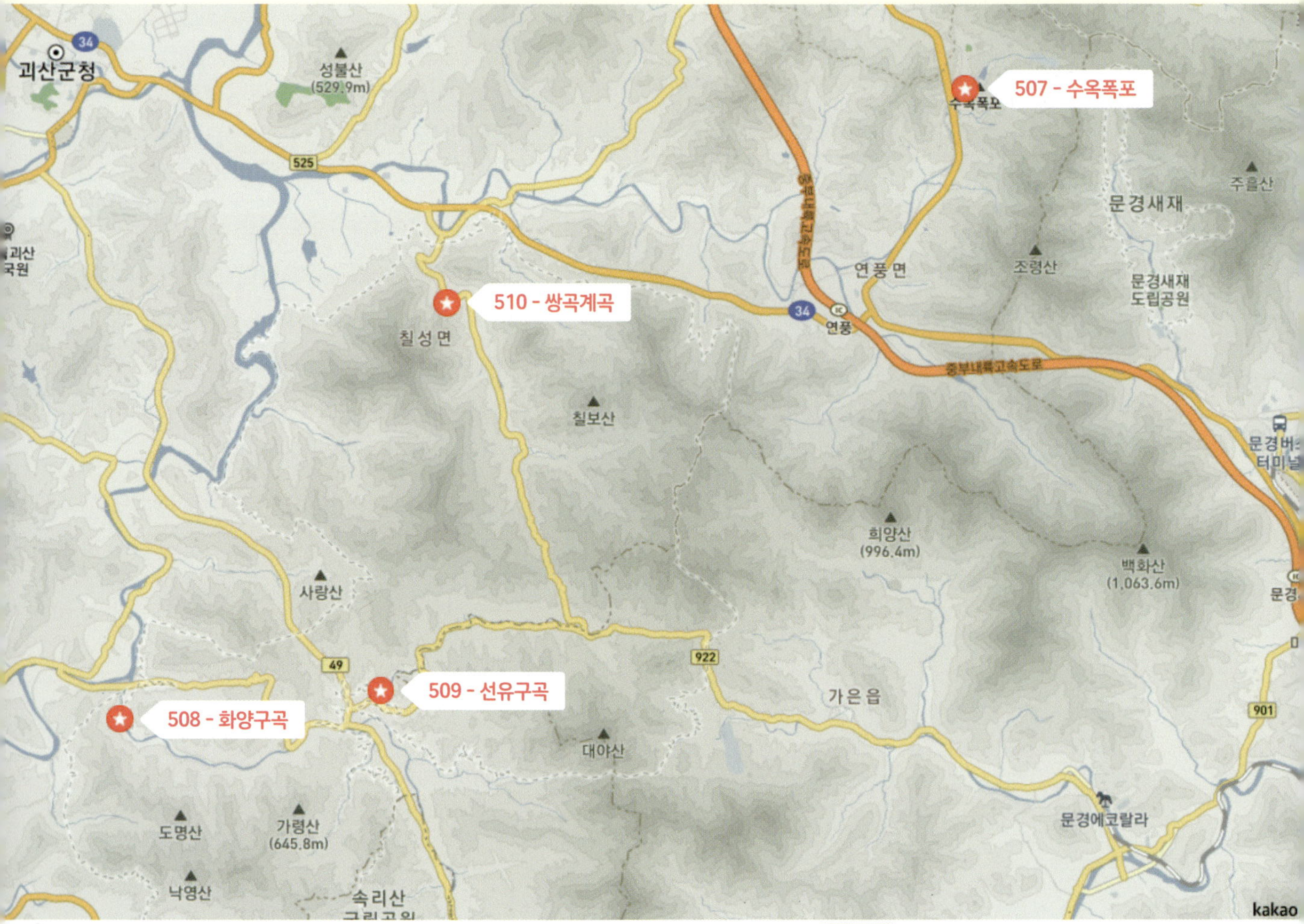

kakaomap
실제 서비스 이미지와 다를 수 있음

괴산 ◆ 수옥(漱玉)폭포

507

‖ 충청북도 괴산군 연풍면 수옥정1길 19

조령 제3관문에서 소조령을 향해 흐르는 물이 20m의 절벽 아래로 떨어지면서 이루어진 3단 폭포로, 고려 말 공민왕이 홍건적을 피해 이곳으로 피신하여 지냈던 곳이기도 하다. 폭포 아래 수옥정이란 정자가 있고, 폭포 상류에는 인공적으로 웅덩이를 파서 물이 모였다 떨어지도록 만든 소(沼)가 있으며, '여인천하', '다모', '선덕여왕' 등 드라마 촬영지로도 알려지면서 많은 관광객들이 찾고 있다.

괴산 ◆ 화양구곡(華陽九谷)

508

‖ 충청북도 괴산군 청천면 화양리 456

화양구곡은 1975년 속리산 국립공원에 포함되었으며, 청주에서 동쪽으로 32㎞ 지점인 청천면 화양리에 위치한 계곡이다. 넓게 펼쳐진 반석 위로 맑은 물이 흐르고, 주변의 울창한 숲이 장관을 이룬다. 조선 중기에 우암 송시열 선생이 산수를 사랑하여 이곳에 은거했다고 전해진다. 화양 9곡은 경천벽, 운영담, 읍궁암, 금사담, 첨성대, 능운대, 와룡암, 학소대, 파천 아홉 경관으로 이뤄져 있다.

괴산 ◆ 선유구곡(仙遊九谷)

509

‖ 충청북도 괴산군 청천면 삼송리 893

화양동 도립공원 내에 있으며 인근 화양동계곡이 남성적이라면 선유구곡은 여성적인 아름다움을 지닌 계곡이다. 조선 시대 이황이 이곳을 방문했다 경치에 반하여 아홉 달 동안 머물면서 아홉 개 계곡의 이름을 지었다고 한다. 이중환의 <택리지>에는 화양동 계곡과 함께 '금강산 남쪽에서는 으뜸가는 산수'라고 적혀 있다.

괴산 ◆ 쌍곡(雙谷)계곡

510

‖ 충청북도 괴산군 칠성면 쌍곡리 85-12

괴산군 칠성면 쌍곡 마을로부터 제수리재에 이르는 10.5㎞ 구간에 놓인 계곡으로, 호롱소, 소금강, 병암(떡바위), 문수암, 쌍벽, 용소, 쌍곡폭포, 선녀탕, 장암(마당바위) 등으로 이루어져 있다. 보배산, 칠보산, 군자산, 비학산 등 웅장한 산에 둘러싸여 있고, 계곡을 흐르는 맑은 물이 기암절벽과 노송, 울창한 숲과 함께 조화를 이룬다. 특히 한 폭의 동양화 같은 칠보산과 충청북도의 소금강이라 불리는 군자산은 등산객들에게 인기가 많다.

2

| 충청북도 권역 |

문광저수지 은행나무길 / 산막이옛길

충북 괴산에는 은행나무로 유명한 문광저수지와 괴산호, 칠성저수지를 끼고 이어지는 옛길을 복원하여 조성한 산막이옛길이 서로 30분 이내 거리에 있어 함께 둘러보면 좋다.

kakaomap
실제 서비스 이미지와 다를 수 있음

괴산 ◆ 문광(文光)저수지 은행나무길

511

‖ 충청북도 괴산군 문광면 양곡리 16

1970년 양곡 저수지 준공 이후, 묘목 장사를 하던 양곡리 주민 김환인이 1979년 양곡마을 진입로에 심을 은행나무 300여 그루를 기증하고 그 후로 마을 주민들이 가꿔서 조성된 길이다. 조성된 지 약 40년이 넘으면서 양곡저수지와 어우러진 가을 단풍의 사진 촬영 명소로 자리매김하고 있다.

괴산 ◆ 산막이옛길

512

‖ 충청북도 괴산군 칠성면 사은리 546-1

칠성면 외사리 사오랑 마을에서 산골 마을인 산막이 마을까지 연결됐던 총 길이 10리의 옛길을 그대로 복원한 산책로이다. 대부분 친환경 공법으로 조성하여 환경 훼손을 최소화하고 살아있는 자연미를 그대로 보여주고 있으며, 산막이 옛길을 따라 괴산호와 어우러져 펼쳐지는 산과 숲의 아름다움은 괴산의 자랑이다. 여러 차례 '한국 관광 100선'에 선정되면서 대한민국 대표 관광명소가 되었다.

3

| 충청북도 권역 |

선암계곡로

충북 단양의 선암계곡은 퇴계 이황 선생이 신선이 노닐다간 자리라 하며 '삼선구곡(三仙九曲)'이라는 이름을 붙인 곳으로, 도로 가까이에 10㎞에 이르는 청정계곡이 있어 드라이브를 즐기면서 맑은 물과 눈부시게 하얀 너럭바위들을 감상할 수 있다.

kakaomap

실제 서비스 이미지와 다를 수 있음

단양 ◆ 하선암(下仙岩)

513

‖ 충청북도 단양군 단성면 대잠리 284-2

삼선구곡의 첫 경승지로 3층으로 된 넓은 흰 바위가 마당을 이루고 그 위에 둥글고 커다란 바위가 덩그렇게 얹혀있는데, 그 형상이 미륵 같아 '불암'이라고도 불린다.

단양 ◆ 중선암(中仙岩)

514

‖ 충청북도 단양군 단성면 가산리 704-2

조선 효종 때의 문신인 곡운(谷雲) 김수증(金壽增)이 명명한 곳으로 삼선구곡의 중심지이며, 깊고 맑은 물이 아담한 폭포를 이루며 흐르고, 양옆으로 순백색의 바위가 층층대를 이루고 있다.

단양 ◆ 상선암(上仙岩)

515

‖ 충청북도 단양군 단성면 가산리 산69-12

조선의 유학자 수암(遂庵) 권상하(權尙夏) 선생이 이름 지은 곳으로, 많은 시객이 감탄을 금치 못할 정도로 경치가 남달랐던 곳이나 지금은 하선암과 중선암과는 달리 국도 제59호선 선암계곡길이 상선암 바로 옆을 통과하여 자연적인 아름다움은 빛이 많이 바랜 상태다.

4

| 충청북도 권역 |

탑평리 7층석탑 / 탄금대

남한강을 끼고 도는 충주 중앙탑공원에 있는 탑평리 7층석탑과 대문산에 있는 탄금대는 충주지역 방문 시 꼭 들러봐야 할 충주의 명소다.

kakaomap
실제 서비스 이미지와 다를 수 있음

충주 ◆ 탑평리 7층석탑(塔坪里 七層石塔)

516

‖ 충청북도 충주시 중앙탑면 탑평리 43-1

신라 원성왕 12년에 건립된 높이 14.5m의 현존하는 통일신라 석탑 중 가장 규모가 큰 석탑으로, 이 탑의 위치가 우리나라의 중앙이라고 하여 속칭 중앙탑이라고 부른다. 국보로 지정됐으며, 실제로 보면 대단히 크고 아름다운 탑이다.

충주 ◆ 탄금대(彈琴臺)

517

‖ 충청북도 충주시 칠금동 산1-1

우리나라 3대 악성 중 한 명인 우륵(于勒)이 가야금을 탄 곳이라고 해서 탄금대라고 부르는 곳으로, 절벽을 따라 남한강이 휘감아 도는 경치 좋은 곳에 있다. 정상부엔 탄금정이 있고, 신립(申砬) 장군이 임진왜란 때 데워진 활줄을 식히기 위해 열두 번 오르내렸다는 열두 대에서는 용섬과 남한강이 멋지게 조망된다.

5

| 충청북도 권역 |

난계사 / 옥계폭포

충북 영동에는 우리나라의 3대 악성으로 평가받는 난계 박연 선생의 영정이 모셔진 난계사와 난계 선생이 자주 찾아 박연폭포라고도 불리는 아름다운 옥계폭포가 있다. 단풍이 드는 가을에 방문하기에 좋은 여행지들이다.

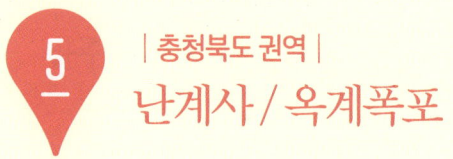

kakao**map**
실제 서비스 이미지와 다를 수 있음

영동 ◆ 난계사(蘭溪祠)

‖ 충청북도 영동군 심천면 고당리 511

518

조선 세종 때의 문신이자 우리 국악의 기반을 닦아놓은 악성인 난계 박연(蘭溪 朴堧) 선생의 위패를 모신 사당이다. 박연은 음악뿐 아니라 학문과 도덕적으로도 많은 사람들의 존경을 받았던 인물이다.

영동 ◆ 옥계(玉溪)폭포

‖ 충청북도 영동군 심천면 고당리 산74-4

519

난계 박연(蘭溪 朴堧) 선생이 자주 찾아 박연폭포라고도 불려온 옥계폭포는 깎아지른 절벽에서 쏟아져 내리는 물줄기가 무려 20~30여 미터에 이르는 수려한 경관을 자랑한다. 계곡 속에 깊이 숨어있는 음폭포(陰瀑布)로 남아 출산의 소원을 이루어주는 폭포로도 유명하며, 차량과 바이크로 폭포 앞까지 접근할 수 있다.

6

| 충청북도 권역 |

진천농다리 / 초평저수지

충북 진천에는 자연석으로 쌓은 다리 중에 동양에서 가장 오래되고 긴 다리인 진천농다리와 붕어 낚시와 붕어찜으로 유명한 초평저수지가 10분 남짓 거리에 있다.

kakao**map**
실제 서비스 이미지와 다를 수 있음

진천 ◆ 진천농(籠)다리

‖ 충청북도 진천군 문백면 구산동리 601-32

520

사력 암질의 붉은 돌을 쌓아서 만든 우리나라에서 가장 오래되고 긴 돌다리로, 지방유형문화재 28호로 지정되어 있다. 고려 고종 때의 권신 임연(林衍)이 놓았다고 알려져 있으며, 인근에 정자, 산책로, 초평저수지까지 연결된 수변 갑판이 조성되어 새로운 관광명소로 자리 잡았다. 신비로운 다리 모양과 주변 풍경이 잘 어우러져 드라마 촬영지로도 자주 등장하는 곳이다.

진천 ◆ 초평(草坪)저수지

‖ 충청북도 진천군 초평면 화산리 512-6

521

1961년 미호천 상류를 막아 축조한 저수지로 정식 이름은 '미호저수지'이나 지역 주민들은 지명을 따서 초평저수지로 불러오다, 2021년 3월에서야 '초평저수지'로 정식 이름이 바뀐 곳이다. 충청북도에서 충주호와 양대 산맥을 이루는 유명한 낚시터로, 서울을 비롯한 각지에서 연간 3만 명 이상의 낚시꾼들이 찾는 곳이다. 특히 얼음낚시로 잘 알려져 있으며, 잉어, 가물치, 붕어, 뱀장어 등이 서식하고 있다. 인근에 붕어찜으로 유명한 붕어마을이 조성되어 있다.

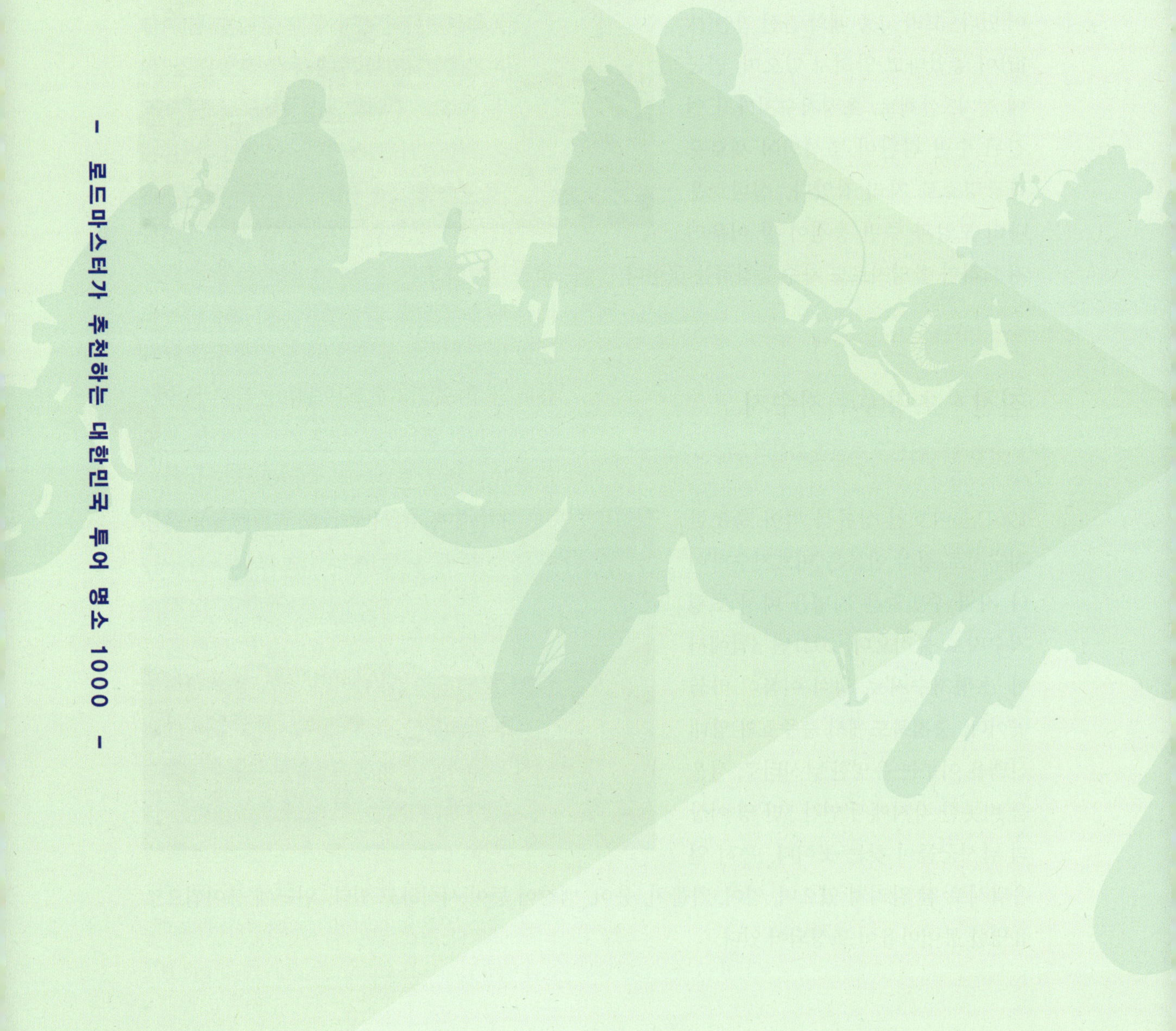

- 로드마스터가 추천하는 대한민국 투어 명소 1000 -

바이크 투어 길라잡이

PART 3

추천할만한 개별 투어 코스

강원도 권역

강원도는 지리적으로 개척이 힘든 산악 지대가 많고, 산업 개발에서 심하게 소외된 탓에 대한민국 본토에서 유일하게 대도시가 하나도 없다. 대신 자연환경과 생태계 보전이 상당히 잘 되어 있다. 1980년대 이후에는 여름(동해안 해수욕장), 가을(설악, 오대, 치악산), 겨울(스키장, 겨울 축제) 휴양지로서 조금씩 개발되기 시작했으며 지금은 제주특별자치도와 더불어 한국 최대의 관광휴양지로 부상했다.

kakaomap
실제 서비스 이미지와 다를 수 있음

강릉 ◆ 부연동(釜淵洞)길

522

‖ 시작점: 강원도 강릉시 연곡면 삼산리 1029-2

‖ 끝점: 강원도 양양군 현북면 어성전리 244-1

진고개휴게소에서 주문진 쪽으로 10㎞쯤 내려가다 왼쪽으로 접어들어 국도 제59호선이 시작되는 길로, 오대산 자락의 하늘 아래 첫 동네라는 부연동과 부연동계곡을 거쳐 가는 굴곡 많은 18.9㎞의 도로다. 몇 해 전까지만 해도 가드레일도 없는 비포장 길이었지만 지금은 포장이 거의 완료됐고 어려운 헤어핀 구간도 정비 되어 큰 부담 없이 지날 수 있다.

강릉 ◆ 안반데기

‖ 강원도 강릉시 왕산면 안반데기길 461

523

구름 위의 땅 안반데기는 백두대간 피덕령 자락 고루포기산 아래에 모여 살던 화전민들의 애환이 담긴 곳으로, 60만 평의 고랭지 채소밭과 풍력발전기가 어우러져 그림 같은 풍광을 보여주는 최고의 투어지 중 하나다. 안반데기를 오르는 길은 용평리조트, 대기리, 도암댐 쪽에서 오르는 세 가지 루트가 있다.

‖ 용평리조트 쪽 진입로 입구: 강원도 평창군 대관령면 수하리 산38-25

‖ 대기리 쪽 진입로 입구: 강원도 강릉시 왕산면 대기리 1146-1

‖ 도암댐 쪽 진입로 입구: 강원도 강릉시 왕산면 대기리 2915

안반데기 표지판이 있는 대기4리 마을복지회관을 중심으로 위쪽의 멍에전망대, 아래쪽의 일출전망대에서도 안반데기의 멋진 풍광을 조망할 수 있다.

‖ 안반데기 일출전망대: 강원도 강릉시 왕산면 대기리 2214-364

‖ 멍에전망대: 강원도 강릉시 왕산면 대기리 2214-391

강릉 ◆ 임영관 삼문(臨瀛館 三門)

‖ 강원도 강릉시 성내동 34-1

524

고려 시대부터 조선 시대까지 강릉으로 부임한 관리나 내빈들이 머물던 숙소로, 83칸 규모였으나 모두 없어지고 객사문(삼문)만 남아있다. 강원도 유일의 국보 건축물이며, 고려 시대 건축물 중 유일하게 남아 있는 건물이기도 하다. 수덕사 대웅전보다 더 오래된 목조건축물로 평가되며, 절이 아닌 일반 건축물로는 우리나라 최고의 목조건축이다.

강릉 ◆ 커피거리

525

‖ 강원도 강릉시 창해로 14번길 20-1

출처: 한국관광공사

강릉을 대표하는 해변은 경포해수욕장 해변이지만 최근 안목해변에 커피숍들이 들어서면서 새로운 명소로 떠오르고 있다. 안목해변은 남대천 끝자락인 강릉항에 자리 잡고 있으며, 이곳을 시작으로 송정해수욕장, 강문해변까지 모래사장이 이어져 있어서 계속 거닐 수 있다. 안목커피거리는 500m가 채 안 되는 짧은 거리지만 20여 개의 대형 커피숍들이 들어서 있다.

강릉 ◆ 헌화로(獻花路)

526

‖ 강원도 강릉시 강동면 심곡리 163-1

순정공(純貞公)이 강릉 태수가 되어 부임하던 길에 그의 부인인 수로부인이 바닷가 절벽 위에 핀 철쭉을 꺾어 달라 부탁했지만, 위험한 일이라 나서는 사람이 없었고, 소를 끌고 가던 한 노인이 나서서 꽃을 꺾어 바치면서 헌화가를 불렀다 한다. 헌화로는 이 설화에서 이름을 땄으며 옥계, 금진, 심곡, 정동진항을 이어가는 해안도로로 우리나라 해안로 중 아름다운 바닷길로 손꼽히는 곳이다. 특히 몇 년 전 '정동심곡 바다부채길'이 조성되어 동해의 푸른 물결과 웅장한 기암괴석의 비경을 감상할 수 있는 강릉 최고의 명소가 되었다.

고성 ◆ 금강산 화암사(金剛山 禾巖寺)

‖ 강원도 고성군 토성면 신평리 772-1

527

신라 혜공왕 때 진표율사(眞表律師)가 창건한 절로 소실과 재건을 반복했으며, 이 절의 상징물 격인 수바위와 멀리 내려다보이는 동해가 아름다운 사찰이다. 용화정토에 오르면 미륵대불과 수바위, 그리고 동해가 한눈에 들어오는 비경을 만날 수 있다. 수바위가 멋지게 보이는 경내 전통찻집 란야원이 성황을 이룬다.

고성 ◆ 송지호(松池湖) 서낭바위

‖ 강원도 고성군 죽왕면 오호리 29-10(주차장)

528

1977년 10월에 국민관광지로 지정된 송지호에는 길이 2㎞, 폭 100m의 백사장과 물이 맑은 천혜의 해수욕장이 있으며, 대나무와 기암괴석이 수려한 죽도도 볼만하다. 송지호해변 남쪽의 화강암 지대에는 풍화와 파도의 침식작용으로 형성된 독특한 지형이 있으며, 인근 오호리 마을 서낭당 근처에 목이 부러질 듯한 바위와 바위 위에서 자라는 소나무가 감탄을 자아내는 서낭바위가 있다. 송지호해수욕장을 지나면서 그냥 지나치기 쉽지만 꼭 한번 들러볼 만한 멋진 곳이다.

동해 ◆ 무릉(武陵)계곡

‖ 강원도 동해시 삼화동 859

529

두타산과 청옥산 아래 호암소에서 용추폭포까지 4㎞에 달하는 계곡으로, 우리나라 국민관광지 제1호로 지정된 곳이며, 신선이 사는 무릉도원처럼 아름답다는 곳이다. 삼화사와 무릉반

석, 선녀탕, 용추폭포, 쌍폭포 등 수려한 경관이 주위에 널려있는 대단히 멋진 여행지이다.

삼척 ◆ 대금굴(大金窟)

‖ 강원도 삼척시 신기면 환선로 800

530

국내 최대의 동굴 단지인 삼척 신기면에 있으며, 다른 유명 동굴들은 범접할 수 없는 엄청난 규모와 경관을 보여준다. 특히 동굴 내부에서 힘차게 떨어지는 높이 8m의 동굴 폭포는 숨이 막히게 만드는 압권의 비주얼이다. 개인 관람은 안 되고, 반드시 가이드 동반으로만 관람할 수 있으며 늦어도 관람 하루 전까지는 예매해야 관람할 수 있는 곳이다. 모노레일을 타고 7분 정도 산을 따라 오르면 산 중턱에 있는 대금굴에 도착한다. 대금굴 내부에서는 사진 촬영이 금지되어 사진을 남기지 못했으나 강력하게 추천하고 싶은 곳이다.

삼척 ◆ 미인(美人)폭포

‖ 강원도 삼척시 도계읍 문의재로 77-162

531

삼척시 도계읍 통리협곡 내에 위치한 높이 30m의 폭포로 미국의 그랜드캐니언과 지질학적 특성이 비슷한 곳이며, 석회질 성분으로 인해 폭포 색깔이 신비로운 비취색을 띠고 있다. 수량이 풍부한 여름철에는 장대한 물기둥과 물안개도 볼 수 있으며, 여래사 주차장에서 300m 떨어진 곳에 있어 15분 정도만 걸으면 도착한다. 단, 비가 많이 오면 진입로가 끊겨 통제되니 참고 바란다.

삼척 ◆ 새천년도로

532

‖ 시작점: 강원도 삼척시 우지동 13-1

‖ 경유1: 강원도 삼척시 교동 347-3

‖ 경유2: 강원도 삼척시 정하동 산3-15

‖ 끝점: 강원도 삼척시 정상동 93-8

갈천삼거리에서 정라삼거리까지 삼척항, 소망의 탑, 광진항, 조각공원, 후진항, 삼척해변을 거쳐 이어지는 6.7㎞의 해안도로로, 중간중간 주차공간과 전망대가 있어 빼어난 바다 전망을 즐기기 좋은 도로다.

삼척 ◆ 이사부(異斯夫) 사자공원

533

‖ 강원도 삼척시 수로부인길 333

신라 장군 이사부(異斯夫)의 개척정신과 얼을 기리는 가족형 테마공원으로 동해안의 아름다운 절경을 가장 가까이서 감상할 수 있는 곳이다.

이사부 사자공원 내 조성된 삼척 그림책나라는 그림책을 테마로 조성한 공간으로 23명의 그림책 작가가 직접 참여하여 평면적인 책의 내용을 다양한 소재와 표현기법으로 보여주는 공간이다.

이사부 사자공원

삼척 그림책나라

삼척 ◆ 장미(薔薇)공원

‖ 강원도 삼척시 오십천로 586

534

강원도 삼척시 정상동 오십천 일원 8만 5,000㎡ 규모에 조성된 삼척 장미공원에는 단일 규모로는 세계 최대인 218종 13만 그루 1천만 송이의 장미가 아름다운 장관을 이루고 있으며, 야간에는 장미꽃 군락이 조명과 어우러져 환상적인 분위기를 연출한다.

삼척 ◆ 환선굴(幻仙窟)

‖ 강원도 삼척시 신기면 환선로 800

535

1662년 허목(許穆) 선생이 저술한 〈척주지(陟州誌)〉에 최초 기록이 존재하는 환선굴은 약 5억 3천만 년 전에 생성되었으며 우리나라에서 가장 규모가 큰 석회암 동굴이다. 내부에서는 미녀상, 마리아상, 도깨비방망이, 옥좌대 등 여러 모양의 종류석, 석순, 석주의 웅장한 모습을 볼 수 있다. 2010년 4월부터 환선굴 내 모노레일 운행을 시작하여 좀 더 쉽게 환선굴에 접근할 수 있게 되었다.

속초 ◆ 영금정(靈琴亭)

‖ 강원도 속초시 동명동 1-216

536

파도에 부딪히는 소리가 마치 거문고 소리 같다는 뜻의 영금정은 속초 동명항 근처 암반 지대에 있는 정자로 속초의 일출 명소다. 인도교인 동명해교와 영금정에 부딪히는 파도가 멋진 곳이다.

속초 ◆ 영랑호(永郎湖) 범바위

537

‖ 강원도 속초시 금호동 610-21

속초 영랑호는 주변 경관이 아름답고 일주도로가 잘 조성되어 있어 속초 시민들이 산책이나 아침 운동으로 즐겨 찾는 곳이며, 드라이브 코스로도 유명하다. 그중 특히 범이 웅크리고 있는 형상이라는 범바위는 속초 8경 중 제2경으로 거대한 바위군이 아름다운 영랑호와 어우러져 멋진 풍광을 보여준다.

양구 ◆ 대암산(大巖山)

538

‖ 강원도 양구군 동면 팔랑리 산10-2(진입로 입구)

동면에서 돌산령 옛길을 오르다 보면 대암산으로 오르는 길이 있고 입구에 차단봉이 있는데 이 차단봉이 열려있으면 대암산 정상부 부대 입구까지 바이크로 오를 수 있다. 1,000m가 넘는 고지대로 인근 산들이 모두 발아래로 펼쳐지며 올라온 굽잇길과 멀리 능선들이 그림같이 조망되는 곳이다.

양구 ◆ 평화누리길전망대

539

‖ 강원도 양구군 동면 비아리 산1-1

돌산령 옛길은 2009년 돌산령터널이 개통되기 전까지 사용했던 옛길로, 돌산령터널 조금 못 미쳐 우측으로 난 길을 따라 올라간다. 정상까지 오르는 업힐 구간이 제법 길며, 정상부에 군부대가 있어 도로관리도 잘 되어있는 편이다. 정상부 조금 못 미친 지점에 도솔산 지구전투위령비가 있으며, 정상 부근의 편치볼 평화누리길 전망대에서 화채 그릇처럼 생긴 편치볼 지형을 감상할 수 있다.

영월 ◆ 고씨(高氏)동굴

540

‖ 강원도 영월군 김삿갓면 진별리 산262

인근에 살던 고씨 일가가 임진왜란 때 이곳에 피신했던 일화에서 이름을 따 왔으며, 정확한 명칭은 '고씨굴'이다. 약 4억 년 전에 생성됐으며, 총 길이는 3,380m 정도지만 관광객에게 개방된 부분은 620m 남짓이다. 석회동굴답게 탐방로가 불규칙적이며, 넓은 공간과 몸을 숙이고 지나야 하는 좁은 구간이 공존한다. 1969년 6월 4일 천연기념물 제219호로 지정되었고, 1974년 5월 15일부터 일반인들에게 공개되었다.

영월 ◆ 별마로천문대

541

‖ 강원도 영월군 영월읍 영흥리 154-3

박중훈이 주연했던 영화 '라디오스타'의 촬영지인 영월 별마로천문대는 봉래산 정상에 있으며, 동강과 영월 시내가 한눈에 들어오는 멋진 뷰를 갖고 있다. 별마로천문대로 오르는 길은 길폭이 좁고 굴곡도 심한 편이었는데 지금은 도로를 정비해서 라이딩하기 무난한 산길이 되었다.

영월 ◆ 예밀리(禮密里) 산꼬라데이길

542

‖ 시작점: 강원도 영월군 김삿갓면 예밀리 14-1(예밀2교)

‖ 경유1: 강원도 영월군 김삿갓면 예밀리 49(예밀리)

‖ 경유2: 강원도 영월군 김삿갓면 주문리 104-19(모운동)

‖ 끝점: 강원도 영월군 김삿갓면 와석리 991(주문교)

필자가 2011년 영월 쪽 투어지를 검색하다 우연히 망경대산 아래 수없이 많은 헤어핀을 가진 예밀리 18굽잇길을 발견했다. 지금은 산꼬라데이길이라는 이름이 붙은 트래킹 명소가 됐지만, 당시에는 동네 주민들만 아는 그런 길이였다. 예밀리 포도밭을 지나 굽이굽이 잘 포장된 솔숲 길을 달려 정상에 서면 옥동천과 남한강이 멋지게 조망되고, 고갯마루에서 내려다보는 모운동 마을도 정겨운 곳이다.

영월 ◆ 원동재(院洞峙)

543

‖ 강원도 영월군 북면 덕상리 산177

강원도 영월군 북면 연덕리에서 평창읍 마지리로 넘어가는 고개로, 인근 원동마을의 이름을 따서 '원동재'라 부른다. 예전에 원주, 제천, 주천에서 오는 사람들이 이 마을에 있던 제덕원(濟德院)이라는 원(院)집에서 숙박을 했기에 마을 이름을 '원동'이라 불렀다. 국도 제31호선에 원동터널이 개통되면서 차량 통행이 거의 없는 도로가 되어 와인딩을 즐기기에 좋은 곳이다.

원주 ◆ 소금산(小金山) 출렁다리

544

‖ 강원도 원주시 지정면 소금산길 14

원주의 대표적 관광지 중 하나인 간현유원지 인근 소금산에 설치한 소금산 출렁다리는 길이 200m, 높이 100m, 폭 1.5m로 산악 보도교 중 국내 최장, 최고의 규모이다. 공중에서 다리 아래를 바라보면서 느끼는 풍경이 아찔한 스릴을 자아내며, 소금산 암벽 봉우리 스카이워크 전망대에서 섬강의 빼어난 풍광을 감상할 수 있다. 주변에 원주 레일바이크와 뮤지엄산, 조엄 묘역 등 원주 문화를 함께 둘러보는 것도 좋다.

• 인제 고사리재

‖ 강원도 인제군 상남면 상남리 산42-1

홍천군 내면 방내리와 강원도 인제군 상남면 상남리를 잇는 높이 618m의 고개로, '고사리재'라는 지명은 옛날부터 이곳에서 고사리가 많이 나기 때문에 붙은 이름이다. 국도 제31호선이 지나며, 이 고개를 지나 홍천군에서 강원도 인제군으로 넘어가면 내린천의 상류인 미산계곡이 있다.

인제 ◆ 용(龍)늪

545

‖ 강원도 인제군 서화면 금강로 1106-27(용늪자연생태학교)

용늪은 큰 바위산이라는 뜻의 대암산(1,304m) 남서쪽 사면에 있는 1,280m의 구릉지대에 형성된 습지로, 북방계와 남방계 식물을 동시에 만날 수 있는 매우 희귀한 지역이다. 그곳에 사는 여러 희귀 동식물, 그리고 빼어난 자연경관 때문에 환경부가 습지보호지역(1999년)으로 지정하였고, 우리나라가 람사르 협약에 가입하면서 제일 먼저 등록한 습지이다.

| **참고** |

대암산 용늪은 제한된 인원만 사전예약으로 관람할 수 있고, 진입로도 복잡하므로 '강원도 인제군 대암산 용늪' 홈페이지에서 정보를 확인하고 가도록 한다.

※ http://sum.inje.go.kr/br/reserve

인제 ◆ 필례약수

546

‖ 강원도 인제군 인제읍 귀둔리 1053-1

영화 '태백산맥'의 전투 장면 촬영지인 필례계곡에 있는 약수로, 1930년경에 발견된 탄산 약수이나 지금은 아쉽게도 음용 불가 판정을 받아 폐쇄되었다. '필례'라는 이름은 약수터의 모양이 베 짜는 여자의 모습을 닮았다고 해서 '필녀(匹女)'라 부르다가 '필례'로 변한 것이며, 가을 단풍이 멋진 단풍 명소다.

인제 ◆ 하추리(下楸里)계곡

547

‖ 강원도 인제군 인제읍 하추로 686

설악산과 내린천이 이어지는 전국 최고의 청정지역으로 인근에 지역의 주요 명소가 즐비해 4계절 관광지로도 인기를 끌고 있으며, 숲에선 고라니, 토끼, 꿩, 다람쥐, 너구리가 노닐고, 물속에선 열목어, 버들치, 꺽지, 메기, 퉁가리, 쉬리가 살고 있는 천혜의 관광지이다. 계곡을 끼고 달리는 도로가 매우 멋진 곳이다.

정선 ◆ 병방치(兵防峙) 전망대

548

‖ 강원도 정선군 정선읍 병방치길 225

병방산 정상에 있는 병방치 전망대는 한반도 모양의 '쉬기대'를 감싸 안고 흐르는 조양강 물줄기가 비경을 이루는 곳이다. 병방치스카이워크는 해발 583m의 절벽 끝에 길이 11m의 U자형 돌출 구조물을 설치하고 바닥에 강화유리를 깔아 놓은 잔도로, 하늘 위를 걷는 듯한 기분을 느낄 수 있다.

철원 ◆ 노동당사(勞動黨舍)

‖ 강원도 철원군 철원읍 금강산로 265

549

1946년 초 이 지역이 북한 땅이었을 때 강원도 철원군 조선노동당이 지은 러시아식 건물로, 6·25 전쟁의 참화로 검게 그을린 3층 건물의 앞뒤엔 포탄과 총탄 자국이 촘촘하다. 이 건물을 지을 때 지역 주민들로부터 1리(里)당 쌀 200가마씩을 강제로 거두었고, 지역 주민들의 노동력을 착취하였으며, 내부 공사는 비밀유지를 위해 공산당원 이외에는 동원하지 않았다고 한다. 광복 후부터 6·25 전쟁 발발 전까지 공산 치하에서 반공 활동을 하던 많은 사람들이 이곳에 잡혀 와서 고문과 무자비한 학살을 당한 아픈 역사를 지닌 곳이다. '서태지와 아이들'이 이곳에서 뮤직비디오를 촬영하기도 하였으며, 'KBS 열린음악회'가 열리기도 했다.

춘천 ◆ 건봉령 승호대(乾峰嶺 勝湖臺)

‖ 강원도 춘천시 북산면 부귀리 산59-9

550

소양호 둘레길 산막골로 가는 길가에 자리 잡은 승호대는 소나무 화가인 우안(牛眼) 최영식 화백이 이름을 지었고, 도로가 포장되면서 세상에 조금씩 알려지기 시작한 곳이다. 여기서 내려다보는 소양호의 모습이 마치 내륙의 바다를 바라보는 것처럼 아름다워 많은 라이더와 여행객들이 찾아가는 춘천의 명소가 되었다. 인근에 배후령과 청평사 그리고 부귀리, 소양강 꼬부랑길 등의 투어지들과 함께 둘러보면 좋다.

춘천 ◆ 구곡폭포(九曲瀑布)

551

‖ 강원도 춘천시 남산면 강촌리 432-5(진입로 입구)

춘천 봉화산 기슭에 있는 높이 약 50m의 폭포로 강촌 지역 대표 관광명소 중 하나다. 아홉 굽이를 휘돌아 떨어지는 폭포라서 구곡폭포라 부르며, 기암괴석을 타고 흘러내리는 폭포가 장관을 연출한다. 겨울이면 빙벽 등반을 즐기려는 사람들이 모여들기도 하며, 무엇보다 구곡폭포까지 계곡을 따라 걷는 20여 분 거리의 숲속 오솔길이 아주 운치 있는 곳이다.

춘천 ◆ 김유정(金裕貞)문학촌

552

‖ 강원도 춘천시 신동면 김유정로 1430-14

<봄봄>, <동백꽃>, <산골 나그네> 등 주옥같은 작품을 남기고 젊은 나이에 요절한 '한국의 영원한 청년 작가' 김유정의 고향인 춘천 실레마을에 조성된 기념 마을이다. 이곳에는 김유정의 이름을 딴 '김유정로', '김유정역', '김유정 우체국', '농협 김유정지점' 등이 있을 만큼 마을 곳곳에 김유정이 살아 있다. 김유정은 스물아홉에 요절해서 남긴 작품이 두꺼운 책 한 권 분량에 불과하지만, 그의 작품세계를 연구한 석, 박사 논문만 수백 편에 이를 정도의 대문호다.

춘천 ◆ 오봉산 청평사(五峰山 淸平寺)

553

‖ 강원도 춘천시 북산면 오봉산길 810

춘천 오봉산에 있는 천년고찰로 973년 백암선원으로 시작해 몇 차례 이름을 고치고 중건했으며, 규모는 크지 않지만 주변 자연환경이 아름답고 전각과 영지 등의 인공적인 요소가 조화를 이룬다. 청평사 일대는 명승 70호로 지정되어 있으며, 육로는 물론이고 소양강댐 선착장에서 배를 타고 건널 수도 있다. 청평사 주차장을 지나 오봉산을 넘어 부귀리로 가는 산길은 라이딩의 묘미를 만끽할 수 있는 명품 루트이다.

춘천 ◆ 제이드 가든

‖ 강원도 춘천시 남산면 햇골길 80

554

제이드 가든(Jade Garden)은 한화리조트에서 '숲속에서 만나는 작은 유럽'이란 모티브로 조성한 리조트로, 면적은 163.528㎡, 보유식물 총 3,904종류, 24개의 정원이 있는 공간이다. 레스토랑, 카페, 기념품점 등도 있으며, 중부지방에서 생육이 가능한 국내외 식물자원을 모아 놓아 사계절 내내 멋진 뷰를 보여주는 테마정원이다.

태백 ◆ 검룡소(儉龍沼)

‖ 강원도 태백시 창죽동 146-5(주차장)

555

한강의 발원지인 검룡소는 강원도 태백시 창죽동 대덕산과 함백산 사이 금대봉 자락의 800m 고지에 자리하며 대한민국 명승 제73호다. 주차장에서 검룡소까지 이어진 약 1㎞ 남짓한 녹음 짙은 숲길이 인상적이며, 검룡소에서 시원하게 솟아 나오는 샘물이 이루는 맑은 계곡도 멋진 곳이다.

태백 ◆ 귀네미마을

556

‖ 강원도 태백시 하사미동 524-144

일제강점기에 화전민들이 들어와 정착했다가 해방 무렵 모두 떠난 자리에 1988년 광동댐이 조성되고 수몰지 주민들이 이주해 오면서 농사를 짓고 생활하게 된 곳이다. 여느 고랭지 풍력단지와 마찬가지로 멋진 풍광을 보여주며 비포장 정상부 왼쪽으로 올라가면 광동호가 아래로 조망된다.

태백 ◆ 매봉산 바람의 언덕

557

‖ 나무갑판 전망대: 강원도 태백시 창죽동 9-402

‖ 바람의 언덕 표지판: 강원도 태백시 창죽동 9-440

‖ 백두대간 표지석: 강원도 태백시 창죽동 9-402

백두대간 매봉산 자락에 위치한 바람의 언덕은 드넓은 벌판에 초록색 고랭지 배추밭과 풍력발전기가 어우러져 장쾌한 조망을 선사해주는 멋진 곳이다. 풍력단지 진입 후 왼쪽 길로 조금 오르면 나무 묶음 전망대가 나오고, 계속 정상을 향해 가다 보면 풍력단지 표지석과 바람의 언덕 표지판이 나온다. 여기서 더 오르면 백두대간 매봉산 표지석이 있다. 시멘트 임도인데다 농사철에는 흙 때문에 노면이 좋지 않아 주의해야 하고, 수확 철인 7~8월에는 외지인 출입을 통제하는 대신 무료 셔틀버스가 운행되니 참고하기를 바란다.

태백 ◆ '태양의 후예' 세트장

‖ 강원도 태백시 통동 산67-38

558

2016년 분당 최고 시청률 44%를 기록하며 대한민국을 휩쓸었던 드라마 '태양의 후예'의 세트장으로, 그 인기에 힘입어 촬영을 마치고 강원도 태백시에서 매입 후 관광지로 조성하였다. 드라마 속 태백부대와 혜성병원 의료봉사단이 머물렀던 가상국가 우르크의 모습을 그대로 재현해 놓았다.

● 태백 '태양의 후예' 공원

‖ 강원도 태백시 통동 산51-3

인근 통리삼거리 근처에 '태양의 후예' 공원도 있다.

태백 ◆ 철암(鐵岩) 단풍군락지

‖ 강원도 태백시 철암동 341-19

559

태백시 철암초등학교 앞 철암천의 암벽에 단풍나무들이 모여 있는 단풍군락지로, 면적은 0.3ha로 넓지 않은 편이지만 단풍의 색이 진하고 강렬해서 인상적인 곳이다. 예전 탄광촌 시절에 출렁다리였던 것을 철제 아치형 다리로 바꾸고, 조형물도 설치하여 점점 관광객들을 모으고 있다. 인근 철암역 부근에 옛 탄광촌의 주거시설을 보존·복원한 철암 탄광역사촌도 한번 들러볼 만 하다.

평창 ◆ 대관령(大關嶺) 삼양목장

560

‖ 강원도 평창군 대관령면 대관령마루길 483-32

우리나라의 대표적인 양 목장으로, 해발 850~900m의 대관령 구릉 위로 펼쳐진 20만 4,959㎡의 넓은 초지에 양들이 방목되어 있으며, 목장에 바라보는 노을 지는 황혼이 특히 멋진 곳이다. 넓은 초원 위의 양 떼 모습이 이국적인 정취를 자아내며, 산책로를 따라 언덕에 다다르면 만나는 작은 오두막을 배경으로 인생 사진을 찍는 곳이 있다.

평창 ◆ 백룡(白龍)동굴

561

‖ 강원도 평창군 미탄면 문희길 63

1979년 천연기념물 제260호로 지정된 석회암 동굴로, 백운산 기슭에 있으며 면적 956,434㎡, 길이 1.2㎞이다. 동굴 내에는 종유관, 종유석, 석순, 석주, 유석, 휴석(소), 동굴 진주, 커튼과 베이컨 시트, 곡석, 석화, 동굴 산호, 동굴방패, 부유방해석 등 다양한 동굴생성물이 있으며, 특히 기형의 종유석과 석순, 에그프라이형 석순은 백룡동굴에서만 볼 수 있다. 동굴 입구에서 온돌, 아궁이, 굴뚝 등 1800년대에 거처로 사용된 흔적이 발견되기도 했다.

평창 ◆ 육백마지기

562

‖ 강원도 평창군 미탄면 회동리 1-18(주차장)

미탄 청옥산에 있는 육백마지기는 조용한 산골 오지였지만 풍력발전기가 들어서고 한국의 알프스라고 소문이 나면서 여행객으로 붐비는 관광명소가 되었다. 육백마지기는 미탄면에서 좌측으로는 회동리, 우측으로는 평안리로 오르는 두 가지 길이 있는데 좌측 회동리 방향에서 오르는 길이 노면도 좋고 무난해서 주로 이용되고 있다.

‖ 회동리 쪽 진입로: 강원도 평창군 미탄면 회동리 552-2

‖ 평안리 쪽 진입로: 강원도 평창군 미탄면 평안리 768

두 길이 만나는 곳에서 청옥산 정상 쪽으로 비포장 길을 따라 2㎞ 들어가면 육백마지기 고랭지 채소밭이 나오며, 정상부에는 정자와 조형물이 있다.

‖ 정상부 정자: 강원도 평창군 미탄면 회동리 1-5

인근에 장암산활공장이나 기화리, 마하리, 어름치마을도 함께 둘러볼 만하다.

홍천 ◆ 공작산 수타사(孔雀山 壽陀寺)

563

‖ 강원도 홍천군 동면 덕치리 19

신라 성덕왕 7년(서기 708년)에 원효대사에 의하여 창건된 영서지방에서 가장 오래된 고찰로 월인석보, 삼층석탑, 홍우당부도와 1364년에 만든 종, 부도거리 등 역사적으로 가치가 높은 유물들을 소장하고 있다. 수타사에서 노천리에 이르는 20리 계곡인 수타계곡이 특히 유명하며, 수타사 생태숲이 조성되어 있어 봄에는 철쭉, 가을엔 단풍이 어우러진다.

홍천 ◆ 남산(洪川 南山)

‖ 강원도 홍천군 영귀미면 성수리 664-4(진입로 입구) 564

서울을 한눈에 전망할 수 있는 곳이 남산이라면 홍천을 한눈에 조망할 수 있는 곳도 홍천의 남산이다. 홍천 시내에서 오룡터널을 지나 불과 십여 분 정도 소요되는 곳에 있으며, 정상 인근 2㎞ 정도 무난한 비포장 임도가 있고 정상에 오르면 홍천 시내가 한눈에 조망되는 전망대와 정자가 자리하고 있다. 남산 정상 표지석에서 불과 5분 거리에 설치된 힐링필드 전망대도 함께 둘러볼 만하다.

홍천 남산

홍천 남산 힐링필드전망대

홍천 ◆ 상뱃재·하뱃재

‖ 시작점: 강원도 홍천군 내면 창촌리 1774-8 565

‖ 끝점: 강원도 홍천군 서석면 풍암리 75-4

국도 제31호선 창촌삼거리에서 국도 제56호선 풍암리 입구 삼거리까지에 이르는 24㎞의 구간에 해발 886m의 상뱃재와 해발 650m의 하뱃재가 연이어 나타난다. 국도 제56호선 구룡령이나 국도 제31호선 운두령에서 내려와 서석으로 이어지는 도로로, 굵직한 와인딩과 짜릿한 헤어핀 코스가 줄지어 나타나는 명품 라이딩 루트이다.

홍천 ◆ 은행나무숲

566

‖ 강원도 홍천군 내면 광원리 686-4

홍천지역 가을을 대표하는 최고 명소인 은행나무숲은 아내의 요양을 위해 이곳에 정착했던 농장주가 아내의 쾌유를 비는 마음으로 은행나무 묘목을 심기 시작하면서 조성된 숲이다. 1985년부터 25년 동안 한 번도 개방하지 않았다가 2010년부터 1년 중 10월 한 달만 무료로 개방하고 있다. 5m 간격으로 오와 열을 맞춰 심은 은행나무 2,000여 그루가 장관을 연출한다.

홍천 ◆ 홍천강(洪川江) 너브네길

567

| 시작점 | 강원도 홍천군 홍천읍 희망리 393-1(홍천터미널)

| 경유 | 강원도 홍천군 남면 남노일리 369(남노일강변유원지)

| 끝점 | 강원도 홍천군 서면 어유포리 316(팔봉산유원지)

홍천에서 청평으로 흘러드는 홍천강은 수심이 얕고 차지 않은 수온, 넓은 강변으로 인해 수도권 최고의 물놀이 터로 손꼽힌다. 홍천터미널을 출발하여 홍천강을 따라 굴지유원지, 홍천강 오토캠핑장, 남노일강변유원지, 노일강변유원지 등 10여 곳의 유원지를 지나는 길이 27.8km의 강변길인 '너브네길'은 완만한 와인딩과 수려한 경관으로 라이더들의 사랑을 받는 곳이다.

홍천 ◆ 가령(可靈)폭포

568

‖ 강원도 홍천군 내촌면 와야리 1236

백암산(1,099m) 서남쪽 기슭에 숨어있다가 최근 생태체험 등산 동호인들이 찾으면서 알려지기 시작한 폭포로 낙폭 50m의 낭떠러지를 뒤흔들며 내리꽂는 자태가 웅장하다. 폭포를 찾는 사람이 많지 않아 아직도 깨끗한 폭포수와 자연의 멋을 그대로 간직하고 있다.

경기도 / 인천광역시 권역

경기도는 동부의 산악지역에서 남서쪽 해안지역에 이르는 천혜의 자연조건과 한민족의 정체성을 형성해 온 역사와 문화를 배경으로 산, 절, 폭포, 해변, 강, 문화, 역사유적, 박물관, 갤러리, 리조트, 공원, 골프클럽, 온천 등 풍부한 관광자원을 보유하고 있다.

인천광역시는 서울 면적의 1.7배가 넘는 가장 큰 광역시로, 대한제국 시기 개항항으로 지정되어 많은 서양 문물이 들어왔던 역사, 피란민과 일자리를 찾아온 이주민들의 역사, 산업단지의 역사 등을 간직하고 있으며 도시, 바다, 강, 섬 등 다양한 관광자원이 있다.

kakaomap
실제 서비스 이미지와 다를 수 있음

가평 ◆ 남이(南怡)섬

‖ 경기도 가평군 가평읍 달전리 105(선착장)

면적 약 13만 평, 섬 둘레 5㎞로 북한강 한가운데 떠있는 하중도(河中島)인 남이섬은 한국관광공사가 선정한 '한국인이 꼭 가봐야 할 관광 100선' 중의 하나다. 본래 육지였으나 청평댐 건설로 북한강 수위가 상승하면서 섬이 된 곳으로 '남이섬'이란 지명은 섬 북쪽에 남이 장군의 돌무덤이 있다는 구전 때문에 정착된 것이다. 국내 단일 관광지 중 외국인 방문객이 가장 많은 곳이며, 1979년부터 1989년까지 MBC 강변가요제가 열렸고, 2010년에는 강을 건너는 집와이어가 새로 개설되었다. 청평댐 입구에서부터 북한강을 따라 남이섬까지 가는 지방도 제391호선은 근교에서 가장 멋진 라이딩 코스 중 하나이다.

가평 ◆ 뻐띠프랑스

‖ 경기도 가평군 청평면 호반로 1063 570

프랑스를 주제로 한 테마공원으로 공원 전역에서 다양한 이벤트가 진행되며, 오르골 하우스에서는 하루 5차례 18세기~20세기의 음악이 오르골로 연주된다. 사계절 내내 아름다운 쁘띠프랑스는 '베토벤 바이러스', '별에서 온 그대', '시크릿 가든', '런닝맨', '슈퍼맨이 돌아왔다' 등 유명 드라마와 예능, 영화, 광고의 촬영지이기도 하다.

가평 ◆ 에델바이스 스위스테마파크

‖ 경기도 가평군 설악면 이천리 304 571

스위스의 작은 마을 축제를 주제로 만들어진 테마파크 에델바이스는 설립자가 스위스에서 보고 느낀 아름다운 숲과 마을, 따뜻하고 친절한 사람들의 미소를 가평의 아름다운 자연환경 속에 재현한 곳이다. 20,065m(6,070평)의 단지 안에 아름다운 스위스 건축물과 풍경, 그리고 다양한 박물관, 갤러리, 테마관, 포토존, 트릭아트 등 아주 아름다운 작은 스위스에 온 것 같은 느낌으로 연출되어 있다.

가평 ◆ 아침고요수목원

‖ 경기도 가평군 상면 수목원로 432 572

1993년 삼육대학교 원예학 교수였던 한상경 대표가 축령산을 배경으로 꾸민 원예수목원으로, 20개의 주제를 가진 정원이 잔디밭과 화단, 산책로로 연결되어 있다. 대한민국의 금수

강산을 한반도지형 모양으로 조성하여 꽃으로 표현한 하경정원(Sunken Garden)이 가장 인기 있다. 영화 '편지', 드라마 '구르미 그린 달빛', 예능프로그램 '무한도전' 등의 촬영장소이기도 하다. 계절별로 페스티벌이 열리며, 겨울 시즌에 열리는 LED 빛을 이용한 '오색별빛정원전'도 인기가 많다.

가평 ◆ 연인산(戀人山)·명지산(明智山) 도로

573

‖ 시작점: 경기도 가평군 북면 제령리 4-13

‖ 끝점: 경기도 가평군 북면 적목리 산1-29

서울에서 한 시간 반 남짓이면 도착할 수 있는 가평에는 산림청이 선정한 100대 명산이 다섯 개나 있으며, 그중 하나인 명지산(1,267m)은 봄꽃, 단풍, 설경으로 인해 사시사철 등산객들이 찾는 군립공원이다. 연인산(1,068m)은 원래 이름 없는 산이었으나 1999년 가평군의 산 이름 공모전에서 '사랑이 이뤄지는 곳'이라는 뜻을 담은 연인산이란 이름이 선정되어 생긴 도립공원이다. 가평 읍내에서 연인산과 명지산을 끼고 도마치재까지 이어지는 국도 제75호선은 끝없이 이어지는 와인딩과 수려한 경관으로 라이더들의 사랑을 받는 명품 루트이다.

광주 ◆ 남한산성(南漢山城)

574

‖ 광주 쪽 진입로 입구: 경기도 광주군 남한산성면 광지원리 159-9

‖ 성남 쪽 진입로 입구: 경기도 성남시 수정구 산성동 2226-7

‖ 정상부: 경기도 광주군 남한산성면 산성리 526-2(산성로터리)

광주, 성남, 하남시에 걸쳐있는 성곽으로 사적 제57호이며, 경기도 도립공원이다. 긴 장방형 돌로 쌓은 성곽은 삼국시대부터 있던 것을 조선 인조 때 손 본 것이며, 북한산성과 함께 한양을 지키는 2대 산성이었다. 남한산성을 넘는 도로는 성남과 광주 양쪽에서 접근할 수 있으며, 수도권에서 굴곡진 와인딩과 풍경을 함께 즐길 수 있는 몇 안 되는 라이딩 코스 중 하나다.

남양주 ◆ 봉선사(奉先寺)

575

‖ 경기도 남양주시 진접읍 부평리 255

대한불교 조계종 제25교구의 본사로 고려 시대 승려 법인국사 탄문이 창건한 사찰이다. 임진왜란과 병자호란 때 소실된 것을 복원하였다가 6·25 때 다시 전소되어 현대에 재복원하였다. 대웅전에 '큰법당'이라고 한글로 현판을 내건 것이 특이하며, 보물인 동종과 괘불도 유명하다. 무엇보다 사찰 입구에 있는 연못과 연꽃들이 많은 사람들에게 사랑을 받고 있으며, 인근 광릉수목원과 함께 다녀오기 좋은 곳이다.

안산 ◆ 대부도(大阜島)

576

‖ 경기도 안산시 단원구 화랑로 387

대부도는 면적 40.34㎢, 해안선 길이 61㎞의 섬으로, 대부도란 이름은 화성 쪽에서 볼 때 큰 언덕처럼 보인다고 하여 붙은 것이다. 시화호 간척사업에 따른 방조제 건설로 육지와 연결된 섬이며, 조수 간만의 차 때문에 일부 구간이 물에 잠겼다 떠올랐다 하는 곳이다. 호젓한 바닷길과 마을이 이어지는 '대부 해솔길'이 유명하며, 소나무 숲이 특히 백미이다. 어촌체험마을과 낙조전망대를 잇는 아치교와 낙조전망대가 포토 포인트이며, 근처 누에섬 등대전망대는 서해의 풍광을 감상하기에 좋고, 대부광산 퇴적암층, 대부바다향기 테마파크도 가볼 만하다.

안산 ◆ 시화(始華)방조제

577

‖ 경기도 안산시 단원구 대부동동 2109-1

경기도 시흥시 정왕동에서 경기도 안산시의 대부도까지 이어지는 방조제로, 경기만의 일부였던 군자만을 바다와 분리하여 간척하고자 국토부에서 건설한 방조제이다. 길이는 11.2㎞이며, 방조제 중간에 조력발전소와 화장실과 편의시설이 있는 시화 나래조력공원이 있는데, 이곳에 카페, 음식점, 시화호를 조망할 수 있는 달전망대가 있다.

• 안산 달전망대

‖ 경기도 안산시 단원구 대부황금로 1927

안성 ◆ 금광(金光)호수

578

‖ 경기도 안성시 금광면 금광리 산62-3

1965년 9월에 준공된 금광호수는 도로에 인접해 교통이 편리하고, 좌대나 연안 낚시를 하기에 좋아 낚시꾼들이 많이 찾는 곳이다. 주변에 소문난 맛집도 많고, 조각공원과 잔잔한 음악이 흐르는 '청학대미술관'도 있다. 호수 주변에는 안성 출신의 시인 박두진 선생의 동상이 있으며, '박두진문학길'이란 산책로도 조성되어 있다. 금광호수를 끼고 산림이 우거진 도로변을 따라 진천 방향으로 향하는 드라이브 코스도 일품이다.

이외에 주변의 안성 8경도 들러볼 만하다.

‖ 금광호수 ‖ 서운산 ‖ 석남사 ‖ 미리내성지 ‖ 칠장사 ‖ 죽주산성 ‖ 고삼호수 ‖ 비봉산일출

양평 ◆ 두물머리

579

‖ 경기도 양평군 양서면 양수리 772-1(주차장)

금강산에서 시작된 북한강과 강원도 검룡소에서 발원한 남한강의 두 물이 합쳐지는 곳이라는 의미로 '두물머리'라 부르며, 한자로는 '양수리(兩水里)'라 부른다. 두물머리 나루터를 중심으로 관광지가 조성되어 있으며, TV 드라마나 영화를 통해 널리 알려져 연인들의 데이트, 웨딩사진 촬영장소로 인기가 높다.

양평 ◆ 서종(西宗)물길

580

‖ 시작점: 경기도 양평군 양서면 양수리 418-8

‖ 끝점: 경기도 가평군 설악면 회곡리 403-4

양수리 용늪삼거리에서 회곡리 회곡교까지 북한강의 동쪽을 달리는 서종 물길은 근교에서 소문난 드라이빙 코스다. 이 길을 따라 강변에 유명한 맛집과 카페들이 즐비하며, 중간에 유명산 쪽으로 넘어가는 지방도 제352호선이나 다락재 쪽으로 넘어가는 국도 제86호선도 멋진 라이딩 루트이다.

여주 ◆ 신륵사(神勒寺)

581

‖ 경기도 여주시 천송동 288-85

여주 봉미산 자락 남한강변 가에 자리 잡은 사찰로 신라 진평왕 때 원효(元曉)가 창건했다고 전해지며, 극락보전, 아미타여래 삼존불, 조사당, 다층전탑, 다층석탑 등 8개의 보물을 보유한 유서 깊은 사찰이다. 남한강변과 어우러진 정자 강월헌(江月軒)과 삼층석탑의 풍광이 한 폭의 산수화를 보는 듯 하다.

연천 ◆ 은대리성(隱垈里城)

‖ 경기 연천군 전곡읍 은대리 577

582

호로고루, 당포성과 함께 연천에 남아 있는 고구려 3대 성 중 하나이다. 임진강과 한탄강이 지류와 만나 형성하는 삼각형의 대지 위에 조성된 독특한 강안평지성(江岸平地城)으로 중요한 학술 가치를 지니고 있다. 연천의료원 안으로 들어가 우측으로 진입하면 바로 주차장이 있으며, 성 둘레 차탄천 끝 쪽으로 전망대도 설치되어 있다.

오산 ◆ 독산성(禿山城)

‖ 경기도 오산시 독산성로 269번길 144

583

서울 근교에서 전망 좋은 투어지를 찾는다면 오산 독산성과 세마대지를 추천한다. 수도권에 사는 라이더라면 가까워서 부담이 없고, 주차 후 많이 걷지 않아도 바로 오산 시내가 한눈에 내려다보이는 장쾌한 조망을 볼 수 있다. 독산성은 삼국시대에 백제가 건립한 성으로 알려져 있으며, 선조 때 권율 장군이 왜군 수만 명을 물리치고 진로를 막았던 곳으로 유명하다.

● 오산 세마대지(洗馬臺址)

‖ 경기도 오산시 독산성로 269번길 144

독산성 안에 있는 세마대지는 '말을 씻긴다.'라는 뜻의 세마대(洗馬臺)가 있는 곳으로, 임진왜란 때 독산성 안에 물이 많지 않음을 파악한 왜군이 성을 고립시켜 공격 기회를 노리고 있을 때 권율 장군이 산 정상에서 흰쌀로 말을 씻기는 시늉을 했는데, 그것을 본 왜군이 독산성 안에 물이 풍부한줄 알고 포위를 풀고 후퇴했다는 일화가 있는 곳이다.

용인 ◆ 대장금(大長今)파크

584

‖ 경기도 용인시 처인구 백암면 용천리 729

MBC 사극 촬영의 중심지인 용인 대장금파크는 양주 대장금테마파크가 문을 닫자 이곳으로 이전 복원해오면서 이름 지어진 곳인데, 드라마 '대장금'을 비롯하여 '선덕여왕', '이산', '해를 품은 달' 등 수 많은 히트 드라마의 배경이 되었던 사극 촬영장이다. 최근에는 BTS의 멤버인 슈가의 '대취타' 뮤직비디오를 이곳에서 촬영한 것이 알려지면서 젊은 팬들과 해외 한류 팬들의 방문도 줄을 잇고 있다.

용인 ◆ 와우정사(臥牛精舍)

585

‖ 경기도 용인시 처인구 해곡로 25-15

연화산의 48개 봉우리가 마치 병풍처럼 둘러쳐 있는 사찰로, 1970년 실향민인 해곡(海谷) 스님이 부처님의 공덕을 빌어 민족화합을 이루기 위해 세운 곳이다. 대한불교열반종의 본산으로 인도, 미얀마, 스리랑카, 중국, 태국 등에서 모셔온 불상 3천여 점이 전시되어 있어 세계 각국의 불교문화를 한눈에 살펴볼 수 있으며, 절 입구에 세워진 높이 8m의 불두(佛頭)와 황동 10만 근으로 10년간 만든 장육오존불, 무게가 12t에 이르는 통일의 종(88서울올림픽 때 타종) 등이 유명하다. 특히 산중턱에 있는 세계 최대 규모의 와불(높이 3m, 길이 12m)은 기네스북에도 등재되어 있다.

의왕 ◆ 백운(白雲)호수

586

‖ 경기도 의왕시 학의동 산82-53

1953년 안양과 평촌지역의 농업용수를 공급할 목적으로 건설한 인공호수로, 지금은 도시화로 농지가 사라져 관광 호수가 되었다. 백운산과 청계산의 계곡물이 흘러들기 때문에 물이 맑고 풍경이 수려하며, 주변에 다양한 맛집과 라이브 음악 카페가 있다. 여름엔 보트, 겨울엔 썰매 체험 등이 이뤄지고, 가을에는 백운예술제가 열려 수도권 인파가 몰려드는 곳이다.

인천 ◆ 영흥도(靈興島)

587

‖ 인천광역시 옹진군 영흥면 내리 724-91(십리포 해변)

영흥대교와 선재대교를 통해 대부도와 연결되는 영흥도는 무진장한 수산 어업의 전진기지이며, 최근 들어 눈부시게 발전하고 있는 곳이다. 십리포와 소사나무 군락지인 장경 해변 등 해안 경관이 수려하고, 넓게 펼쳐진 백사장과 일출, 일몰과 어우러지는 아름다운 풍경으로 관광객이 줄을 잇고 있다.

파주 ◆ 감악산(紺岳山) 잔도(棧道)길

588

‖ 경기도 파주시 적성면 객현리 40-3

관악산, 운악산, 화악산, 감악산, 송악산(개성)을 가리켜 경기 5대 악산이라 한다. 2020년 감악산 절벽 위에 잔도를 놓아 '감악산 하늘길'을 조성했는데, 깎아지른 절벽에 세운 전망대와 감악산의 경관이 어우러져 멋진 비경을 보여준다. 단양의 단양강 잔도, 순창의 용궐산 잔도와 더불어 꼭 한번 둘러볼 만한 멋진 하늘길이다. 감악산 정상까지 바이크와 차량 통행이 가능해서 접근성도 아주 좋다.

파주 ◆ 도라산(都羅山) 역

589

‖ 경기도 파주시 장단면 노상리 556

고려에게 패망한 신라의 경순왕이 이 산마루에 올라가 신라의 도읍을 사모하고 눈물을 흘렸다 하여 '도라(都羅)'라고 이름 붙은 곳으로, 6.15 남북정상회담 이후 경의선 복원공사를 통해 2002년 한·일 월드컵 직전인 4월 11일에 완공되어 관광코스로 개방되었다. 문산역에서 도라산역행 기차를 탈 수도 있고, 임진강역에서 출입 허가를 받고 차량으로 갈 수도 있다.

파주 ◆ 마장(馬場)호수

590

‖ 경기도 파주시 광탄면 기산로 313

깔끔하게 조성된 공원과 분수대, 곳곳에 마련된 휴식 벤치, 야생화로 가득 찬 하늘 계단 등이 어우러진 마장호수는 수상레저(카누, 카약), 호수 둘레길 등 낭만적인 요소도 갖추고 있는 근교의 유명한 나들이 장소다. 특히 호수에 비친 산의 모습이 만들어내는 물빛과 낙조가 아름다운 파주의 대표적인 자연 관광지이다.

파주 ◆ 벽초지(碧草池) 수목원

591

‖ 경기도 파주시 부흥로 242

1977년부터 조성하기 시작하여 2005년에 일반에게 개방한 약 12만㎡ 넓이의 수목원으로, 사계절 다양한 꽃과 식물들을 관람할 수 있으며, '빈센조', '마성의 기쁨', '호텔 델루나', '아가씨', '슈퍼맨이 돌아왔다' 등 드라마, 영화, 예능 프로그램 촬영지로도 자주 이용되는 곳이다.

파주 ◆ 용암사(龍巖寺) 마애이불입상

592

‖ 경기도 파주시 광탄면 용미리 651-3

장지산 기슭에 있는 용암사는 절 위 천연바위에 새겨진 두 개의 석불입상(보물) 때문에 쌍석불사라고도 부른다. 구전에 의하면 고려 선종(1084~1094년)의 후궁인 원신 궁주가 아들을 낳기 위해 지금의 용암사 자리 거대한 바위 위에 석불입상 2구를 만들었다고 전해지며, 지금도 많은 사람들이 아이(남아)를 낳기 위해 이 석불입상을 찾아 기도를 드리고 있다.

파주 ◆ 화석정(花石亭)

593

‖ 경기도 파주시 파평면 율곡리 산100-1

화석정은 원래 고려 말의 유학자인 길재(吉再)가 조선이 개국하자 벼슬을 버리고 돌아와 후학을 양성하던 곳으로, 길재 사후에 그를 추모하여 서원을 세웠으나 폐허가 되었다가 1478년 중수한 곳이다. 정자 주변에는 느티나무가 울창하고 그 아래 임진강에는 밤낮으로 배들이 들락거렸으며 밤에는 고기잡이배의 등불이 호화찬란했다고 한다. 지금은 바로 아래 도로가 생기고 임진강에 철조망이 세워져 풍경이 예전 같진 않으나 유유히 흐르는 임진강이 여전히 아름다운 곳이다.

평택 ◆ 평택호(平澤湖) 관광단지

‖ 경기도 평택시 현덕면 권관리 536-23 594

1973년 경기도 평택과 충청남도 아산 사이에 있는 바다를 막아서 도로를 내고 호수를 만들었는데 그 호수 이름이 '아산호'여서 '아산호 관광지'로 불리다 지자체가 활성화되면서 '평택호', '평택호 관광지'로 바뀌었다. 서해안고속도로가 개통되기 전까지 경기도와 충청남도를 잇는 교통의 길목으로 차량들이 긴 행렬을 이루었고 중간 휴식처로 장사진을 이루었지만 지금은 많이 한산해졌다.

포천 ◆ 산정(山井)호수

‖ 경기도 포천시 영북면 산정호수로411번길 89 595

병풍처럼 웅장한 명성산을 중심으로 망봉산과 망무봉을 끼고 있는 포천의 대표적인 관광지로, '산속의 우물과 같은 호수'라 해서 산정호수라 불린다. 1925년에 농업용수를 대기 위해 축조된 저수지인데, 주변 경관이 수려해 관광지로도 유명하다. 오래전부터 보트와 놀잇배, 겨울철 썰매, 스케이트, 아이스하키 등으로 유명했으며, 1977년부터는 국민관광지로 지정되어 관리되고 있다. 여우고개, 백운계곡 등과도 가까워 라이더들이 라이딩 하기에 멋진 코스다.

포천 ◆ 아트밸리

‖ 경기도 포천시 신북면 아트밸리로 234 596

1990년대까지는 아무도 찾지 않는 폐채석장으로 흉물스럽게 방치되었던 곳을 포천시에서 개발하여 그림 같은 에메랄드빛 호수, 그 위를 병풍처럼 깎아지른 화강암 절벽, 자연 속에서 예술을 감상하고 즐길 수 있는 복합문화예술공간으로 변신시킨 곳이다. 연인원 40만 명이 찾는 힐링의 명소로 유명하며, 2014년에 천문과학관을 개관하여 아이들의 체험교육과 연인들의 데이트 코스로 큰 인기를 누리고 있다.

화성 ◆ 매향리(梅香里) 역사기념관

597

‖ 경기도 화성시 우정읍 기아자동차로 199

매향리는 60년 동안 미군 사격장으로 사용됐던 곳으로 713가구, 4,000여 명의 주민이 오폭과 불발탄 사고, 우울증, 고도 불안, 외상 후 스트레스 장애 증세를 보이는 등의 피해를 본 곳이다. 2005년 미군 사격장이 폐쇄된 후, 폭격의 잔재인 포탄을 수거하여 전시한 기념관이 생겼고, 미 공군 사격장으로 사용됐던 쿠니사격장 부지에는 매향리 평화생태공원이 조성되었다.

화성 ◆ 제부도(濟扶島)

598

‖ 경기도 화성시 서신면 제부리 289-16(선착장)

썰물 때면 바다가 양쪽으로 갈라져 섬을 드나들 수 있는 길이 열리는 일명 '모세의 기적'을 볼 수 있는 곳으로, 수도권에서 그리 멀지 않고 교통이 편리하여 가벼운 라이딩 코스로 적합하다. 서해안에서 물에 비친 낙조가 가장 아름다운 곳 가운데 하나로 꼽히며, 세계 3대 디자인상 중 하나인 '레드닷 디자인 어워드'에서 수상한 '아트파크'와 해안 산책로의 '경관벤치'가 볼만하다. '문화예술의 섬'으로 거듭난 제부도는 2017년 '경기 유망관광 10선'에 선정되었고, 한국관광공사가 선정한 '한국 관광 100선'에도 선정되었다.

경상남도 권역

경상남도 투어는 한려해상국립공원으로 대표되는 수려한 절경을 가진 통영시, 거제시, 남해군 일대의 남해안 관광지들과 하동군, 산청군, 함양군 등 지리산 일대의 산악지대로 나뉜다. 이 두 지역 외에도 우포늪, 통도사, 진주성과 진주남강유등축제, 진해 군항제 등 전국적으로 유명한 명소와 축제들이 많으며, 금관가야의 수도였던 김해시를 중심으로 역사유적지들도 많다.

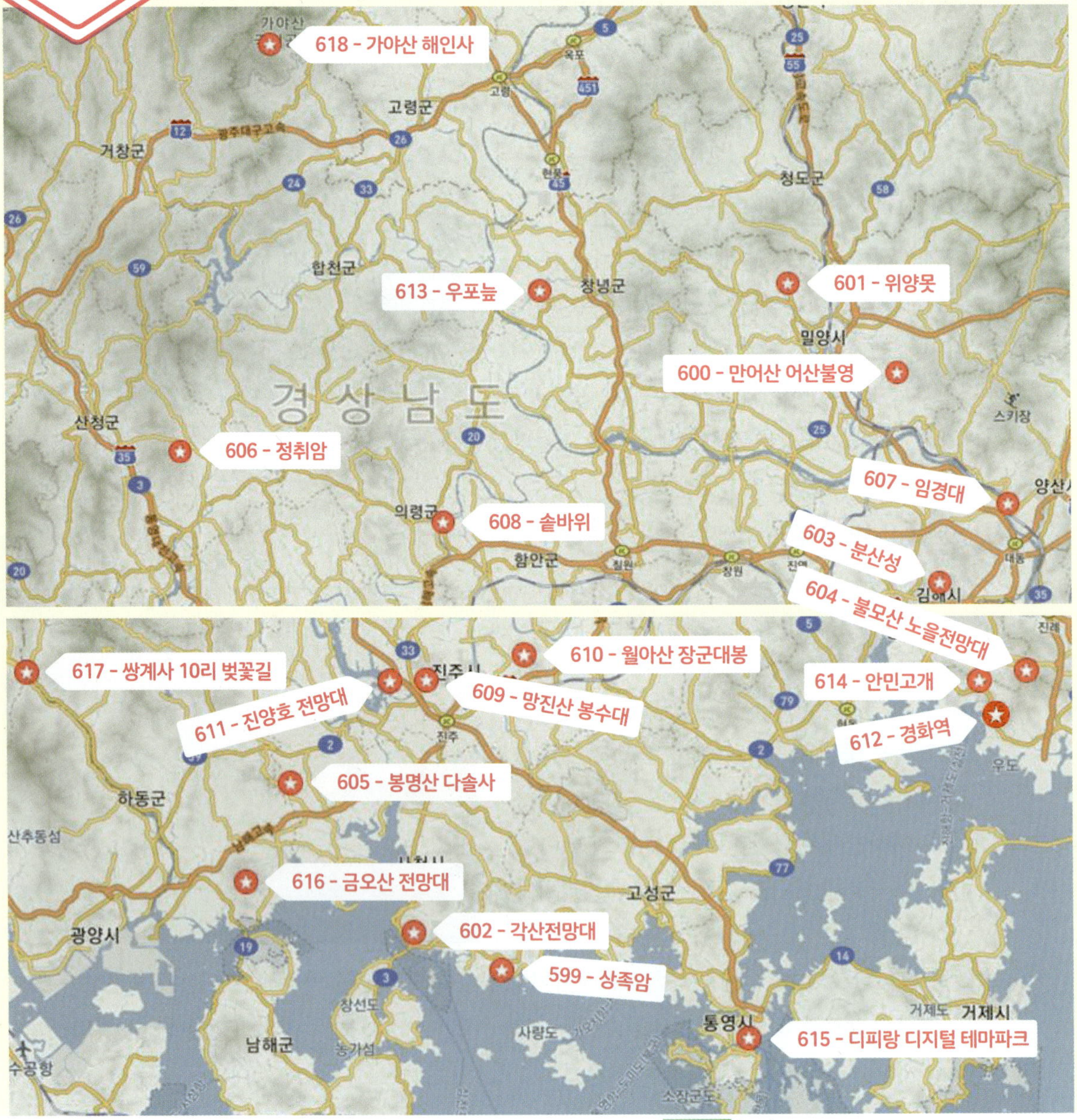

kakaomap
실제 서비스 이미지와 다를 수 있음

고성 ◆ 상족암(床足岩)

599

‖ 경상남도 고성군 하이면 덕명리 23-14(주차장)

수만 권의 책을 켜켜이 쌓은 것 같은 수성암 절벽이 우뚝 솟아 있는 곳으로, 남해안 한려수도가 한눈에 들어오며 해안의 넓은 암반과 기암절벽이 절경을 이루는 곳이다. 물때를 잘 맞춰야 하고 청소년수련관을 지나 동굴까지 가야 상족암의 진면목을 볼 수 있다.

밀양 ◆ 만어산 어산불영(萬魚山 魚山佛影)

600

‖ 경상남도 밀양시 삼랑진읍 용전리 5-2

만어산 정상 능선에 있는 절 만어사 앞에는 다양한 크기와 모양의 돌들이 폭 100m, 길이 500m에 걸쳐 강을 이루듯 널린 너덜지대가 펼쳐진다. 이 지대를 '어산에 드리운 부처의 그림자'라는 뜻에서 '어산불영(魚山佛影)'이라 부르는데, '불법에 감동한 물고기들이 변해서 돌이 됐다.'하여 '어산석(漁山石)'이라고도 불리며, 이 지대의 돌들은 두드리면 쇳소리가 나서 '종석(鐘石)' 또는 '경석(磬石)'이라고도 한다. 김수로왕이 건립했다는 만어사와 더불어 꼭 한 번은 둘러봐야 할 명소 중 하나다.

밀양 ◆ 위양(位良)못

601

‖ 경상남도 밀양시 부북면 위양리 279-2(주차장)

밀양 8경 중 하나인 위양못은 봄이면 이팝나무(쌀밥나무)가 만개하고 가을이면 단풍이 멋져서 밀양 시민들의 많은 사랑을 받는 곳이다. 화순 세량지, 청송 주산지, 경산 반곡지, 서산 용유지 등과 더불어 우리나라에서 가장 아름다운 호수 중 한 곳이다.

사천 ◆ 각산(角山)전망대

602

‖ 경상남도 사천시 실안길 144-174

남도에는 하동 금오산, 거제 계룡산, 광양 구봉산, 조도 도리산, 남해 망운산, 금산, 통영 미륵산, 부산 황령산, 해남 달마산, 강진 주작산, 고흥 마복산, 여수 고봉산 등 그림 같은 전망의 산들이 많은데 여기에 사천 각산을 추가해야 할 것 같다. 부산에 계신 푸울(임만순)님이 소개한 삼천포 각산 전망대 후기와 사진을 보고 깊은 인상을 받아 팀원들과 바로 다녀왔는데 바다를 가로질러 전망대까지 가는 케이블카가 있어 편안하게 관람할 수 있었으며, 전망대 근처까지 임도를 따라 바이크로 오를 수도 있었다. 주차 후 10분 정도 걸으면 제1전망대, 봉수대, 각산 전망대가 나오고, 삼천포대교와 남해가 내려다보이는 비경을 감상할 수 있다.

김해 ◆ 분산성(盆山城)

603

∥ 경상남도 김해시 어방동 962(인근)

김해 분성산에 있는 삼국시대의 산성으로 김해 시내와 평야, 낙동강이 한눈에 조망되는 김해 최고의 전망대이며, 야경과 일몰 또한 일품인 멋진 여행지다. 오르는 길에 일부 비포장 구간이 있지만 분산성까지 바이크를 타고 갈 수 있다.

김해 ◆ 불모산(佛母山) 노을전망대

604

∥ 경상남도 김해시 대청동 산91-3

경남 창원시와 김해시에 걸쳐있는 불모산 정상에 있는 전망대로 진해만 일대의 다도해와 장엄한 일몰을 볼 수 있는 곳이다. 정상에 군부대가 있어 일요일에만 개방하니 참고하기를 바란다.

사천 ◆ 봉명산 다솔사(鳳鳴山 多率寺)

605

∥ 경상남도 사천시 곤명면 용산리 86

범어사의 말사로 뒷산의 모양이 '많은 군사를 거느린 것과 같다.'는 뜻에서 '다솔사(多率寺)'라 이름 지었으나, 진입로에 매우 아름다운 소나무 숲이 길게 이어져 '소나무가 많다.'는 뜻에서 다솔사로 지었나 하는 생각이 들기도 한다. 여기서 만해 한용운(萬海 韓龍雲) 선생이 독립선언서 초안을 작성했고, 소설가 김동리(金東里)가 〈등신불〉을 집필했다. 경상남도 지방문화재인 대양루와 적멸보궁이 멋진 아름다운 절이다.

산청 ◆ 정취암(淨趣庵)

606

‖ 경상남도 산청군 신등면 둔철산로 675-87

둔철산 자락 대성산 기암절벽 위에 자리한 산청 8경 정취암은 의상대사(義湘大師)가 창건했다고 전해지며, 암자 위 바위 끝에 서면 멀리 경상남도 산청군의 모습이 한눈에 들어오는 절경을 볼 수 있다. 지금은 도로가 잘 정비되어 정취암까지 바이크로 가는 데 큰 무리가 없으며, 2020년에 정취암 위에 만월정이란 정자가 새로 건립되었다.

양산 ◆ 임경대(臨鏡臺)

607

‖ 경상남도 양산시 원동면 화제리 산72-4

통일신라시대의 정자로 낙동강 전망이 매우 아름다워 양산 8경 중 제7경으로 꼽힌다. 고운 최치원(孤雲 崔致遠)은 이곳의 아름다움에 반해 〈황산강 임경대에서〉라는 시를 남기기도 했다. 주차장에서 잠시 걸으면 임경대가 나오는데 전에 없던 교량이 생겨 경관이 조금 훼손된 점은 아쉽다.

의령 ◆ 솥바위(정암루, 정암철교)

608

‖ 경상남도 의령군 의령읍 정암리 286-2 인근

의령 관문 인근에 있는 솥바위는 의령 9경 중 하나로 바위 모양이 마치 솥과 같다 하여 '솥 정(鼎)'자를 써서 정암(鼎巖)이라 불리기도 한다. 인근 8㎞ 이내에는 부귀가 끊이지 않는다는 전설이 내려오는데 실제 삼성, 엘지, 효성 그룹의 창업주들이 이곳에서 태어났다. 솥바위 인근 남강이 내려다보이는 곳에 있는 정암루와 정암 철교도 함께 둘러볼 만하다.

진주 ◆ 망진산(望晉山) 봉수대

609

‖ 경상남도 진주시 망경동 산22-4 인근

진주 8경 중 하나인 망진산 봉수대는 진주 시내서 바이크로 10분이면 오를 수 있을 만큼 접근성이 좋으며, 진주 시내와 남강이 한눈에 조망되는 진주의 명소 중 하나다.

진주 ◆ 월아산(月牙山) 장군대봉

610

‖ 경상남도 진주시 금산면 용아리 산9-1(진입로)

진주 8경 중 하나인 월아산 해돋이를 볼 수 있는 곳으로, 바이크로 정상부까지 진입할 수 있다. 장군봉(장군대봉)에서 내려다보는 진주시의 전망도 좋은 편이다.

진주 ◆ 진양호(晉陽湖) 전망대

611

‖ 경상남도 진주시 판문동 산167-3(진입로)

진양호를 시원하게 조망하는 전망대로 진주 8경 중 하나인 진양호의 노을을 감상할 수 있으며, 진양호 공원 내에 있어 가족들과 함께 둘러보기 좋은 곳이다.

창원 ◆ 경화역(慶和驛)

612

‖ 경상남도 창원시 진해구 진해대로 649

진해선이 지나던 작은 역으로, 2000년 9월에 역사는 철거되었지만, 이 역에 벚나무를 워낙 많이 심어놓았기 때문에 진해 군항제가 열릴 때면 인산인해를 이루는 곳이다. 2012년에 이 곳을 공원으로 조성하면서 옛 역사를 복원하여 포토 포인트로 인기를 끌고 있다.

창녕 ◆ 우포(牛浦)늪

613

‖ 경상남도 창녕군 유어면 세진리 251-1(주차장)

우리나라의 최대 자연 늪지인 우포늪은 약 1억 4,000만 년 전에 생성되었으며, 1997년 생태계 보전지역 중 생태계 특별 보호구역으로 지정되었고, 다음 해 람사르 국제습지조약 보존 습지로 지정되었다. 현재 342종의 동식물이 서식하는 우리나라 자연생태계의 보고이다.

창원 ◆ 안민(安民)고개

614

‖ 경상남도 창원시 진해구 석동 산15

봄 벚꽃 길 드라이브 코스 중 최고로 꼽히는 곳으로 군항제 기간에는 차량을 통제한다. 도로 중간마다 전망 시설이 잘 되어있으며 도로를 따라 걷는 길도 잘 조성되어 있다.

통영 ◆ 디피랑 디지털 테마파크

615

‖ 경상남도 통영시 남망공원길 29

통영시가 남망산공원에 60억 원의 사업비를 들여 건설한 국내 최대 규모의 야간 디지털 테마파크로 2020년 10월에 개장하였다. 인근 동피랑과 서피랑에 그린 벽화들이 2년마다 교체되면서 사라지는 것을 디지털로 재현하여 남기는 관광 콘텐츠로, 낮에는 평범한 공원이지만 밤이 되면 총 15개의 테마 공간에 홀로그램, 프로젝션 맵핑, 일루미네이션 조명 등이 가동되면서 환상적인 장면을 만들어낸다.

하동 ◆ 금오산(金鰲山) 전망대

616

‖ 경상남도 하동군 금남면 중평리 산100-2

경상남도 하동군의 동쪽 남해 연안에 자리 잡은 높이 849m의 웅장한 산으로 부산에서 목포에 이르는 남해 연안의 산 중 최고봉이다. 금오산 정상부에 오르면 남해 앞 다도해가 200도 이상 조망되는 대단한 비경을 마주하게 되는데, 필자들이 바이크를 타고 올라가서 봤던 바다 조망 가운데 다섯 손가락 안에 꼽히는 곳이다. 최근에는 정상부에 집와이어가 설치되었고, 케이블카도 공사 중이다.

하동 ◆ 쌍계사(雙磎寺) 10리 벚꽃길

617

‖ 시작점: 경상남도 하동군 화개면 탑리 719-1

‖ 끝점: 경상남도 하동군 화개면 쌍계사길 59

화개면 화개장터에서부터 쌍계사까지 이어지는 길이 6㎞의 벚꽃 길로 '쌍계사 벚꽃길' 혹은 '화개 벚꽃길'이라고도 부르며, 전국에서 가장 아름다운 벚꽃 길로 손꼽히는 곳이다. 1931년 화개면 주민들이 벚나무 1,200그루와 복숭아나무 200그루를 심은 것을 계기로 조성되었다. 섬진강을 끼고 도로 양쪽에 자리한 수령 50~60년 이상의 벚나무에 꽃이 피면 환상적인 벚꽃 터널이 이루어지고, 젊은 남녀가 이 길을 함께 걸으면 결혼에 이른다고 하여 '혼례길(목)'이라고도 한다.

합천 ◆ 가야산 해인사(伽倻山 海印寺)

618

‖ 경상남도 합천군 가야면 치인리 산20-2(주차장)

통일신라의 승려 순응(順應)과 이정(利貞)이 창건한 대한불교조계종 제12교구 본사로, 양산 통도사, 순천 송광사와 함께 우리나라 3대 사찰 중 하나다. 뛰어난 목판 인쇄술과 과학적인 보관 방법을 인정받아 유네스코 세계기록유산과 세계문화유산으로 등재된 국보 팔만대장경이 경내에 모셔져 있다. 팔만대장경은 고려 현종 때 거란의 침입에 대항하며 77년에 걸쳐 만든 초기 대장경이 몽골의 침입으로 불타버리자 부처님의 힘으로 몽골군을 물리치고자 조정과 백성들이 다시 힘을 모아 16년간 만든 것이다. 2021년부터 코로나로 어려움을 겪고 있는 국민들에게 부처님의 가르침과 조상님들의 나라 사랑 마음을 느낄 수 있도록 내부를 공개하기 시작해서 내부 관람도 가능하다.

경상북도 권역

경상북도는 대한민국에서 가장 넓은 면적을 가진 광역자치단체이며, 경주와 안동 등 유서 깊은 도시들이 많아 전국에서 가장 많은 국가지정문화재가 있는 곳이기도 하다. 그 외에도 산과 동해, 낙동강과 호반을 두루 갖추고 있어 사계절 언제 찾아가도 볼거리가 있다.

kakaomap
실제 서비스 이미지와 다를 수 있음

경주 ◆ 독락당(獨樂堂)

619

‖ 경상북도 경주시 안강읍 옥산리 1560

옥산서원 인근 이언적 선생(晦齋 李彦迪)이 기거했던 고택으로, 보물로 지정된 많은 문화재를 보유하고 있으며, 자계천(옥산계곡)과 어우러진 아름다운 풍광을 간직한 곳이다.

구미 ◆ 도리사(桃李寺)

620

‖ 경상북도 구미시 해평면 송곡리 403

냉산(태조산) 자락에 자리한 도리사는 조계종 8교구 직지사의 말사로 아도화상이 세운 신라 최초의 사찰로 알려져 있으며, 국보 세존사리탑 금동사리기와 보물 삼층석탑을 보유한 유서 깊은 사찰이다. 특히 고풍스러움이 묻어나는 극락전과 낙동강 전망이 매우 수려한 서대가 여행자들을 감동하게 하며, 인근 냉산 활공장도 들러볼 만하다.

● 구미 서대(西坮)

‖ 도리사 주차장 인근

아도화상이 서대에 올라 황악산 쪽을 가리키며 저쪽에 훌륭한 절터가 있으니 그곳에 절을 지으면 불교가 홍할 것이라 하여 그곳에 지은 절이 직지사(直指寺: 아도화상이 손가락으로 바로 그곳을 가리켰다는 뜻의 이름)다. 서대에서 내려보는 낙동강 일대가 한 폭의 그림같이 아름답다.

문경 ◆ 문경(聞慶)새재

621

‖ 경상북도 문경시 문경읍 새재로 932

'새도 날아서 넘기 힘든 고개'라는 뜻을 지닌 문경새재는 1982년에 문화재보호구역으로 지정된 곳이다. 1997년 문경새재박물관을 개관한 데 이어, 2000년과 2002년에 KBS 촬영장과 문경새재 야외공연장을 개장했다. 민속박물관, 유스호스텔, 사계절 썰매장이 있고, 인근에 문경온천, 문경석탄박물관, 관광사격장, 활공랜드 등 다양한 볼거리와 즐길 거리가 있어 사시사철 사람들의 발길이 끊이지 않는다. 국도 제3호선이 지나는 이화령도 라이딩을 즐기기에 좋은 곳이다.

봉화 ◆ 청량산 청량사(淸凉山 淸凉寺)

622

‖ 경상북도 봉화군 명호면 북곡리 246

산세가 수려해 소금강이라고도 불리는 봉화 청량산 자락에 자리 잡은 청량사는 영화 '워낭소리'와 드라마 '선덕여왕'의 촬영지로 널리 알려져 있으며, 가을 단풍이 무척 아름다운 곳이다. 국도 제35호선이 지나는 아름다운 낙동강 변이여서 라이더들이 많이 지나가며 청량사 절벽 위 중턱에 자리한 5층 석탑도 주변의 산세와 어우러져 빼어난 비경을 보여준다. 청량사 경내로 오르는 길은 경사가 제법 있어 초심자들에게는 주의를 요한다.

봉화 ◆ 청량산(淸凉山) 전망대

623

‖ 경상북도 봉화군 명호면 관창리 산280-1

청량사에서 낙동강 변을 달리는 국도 제35호선을 가로질러 오면 청량산 전망대가 나오는데 청량산이 한눈에 들어오는 멋지고 시원한 조망을 가진 곳이다. 인근에 '오렌지꽃 향기는 바람에 날리고'라는 운치 있고 전망 좋은 카페도 들러볼 만하다.

상주 ◆ 화령전승(化寧戰勝) 기념관

624

‖ 경상북도 상주시 화서면 문장로 288

6·25 전쟁 발발 후 국군이 후퇴를 거듭하던 암울한 시기에 육군 제17연대가 북한군 제15사단 48연대와 45연대의 적군 600여 명을 사살하고 50여 명을 포로로 잡아 제17연대 전 장병 2,000명이 1계급 특진의 영예를 누릴 만큼 큰 전과였던 '화령전투'가 일어났다. 이 전투를 기리는 기념관으로, 당시의 전투 상황은 물론 6·25 전쟁 때 사용했던 무기와 장비, 아군, 적군의 선전용 전단 등 희귀한 전시물들이 많다. 이 승리로 인해 낙동강 방어선을 구축할 시간을 확보하였고, 훗날 인천상륙작전과 서울 수복도 가능했다.

안동 ◆ 오천군자(烏川君子) 마을

625

‖ 경상북도 안동시 와룡면 오천리 산27-1

광산 김씨(光山 金氏)가 약 20대, 600여 년 동안 거주해온 곳이 1972년 안동댐 건설로 수몰되자 문화재로 지정된 건축물과 고가들을 새로 옮겨 놓은 곳으로, 영화 '관상'의 촬영지로도 유명하다. 간결하고 잘 정돈된 느낌의 고택들이 줄지어 있어 참 아름답다고 느껴지는 곳이다. 주변 예끼마을과 도산서원도 함께 방문해 보면 좋다.

안동 ◆ 지례예술촌(知禮藝術村)

626

‖ 경상북도 안동시 임동면 박곡리 1182-1

임하댐 건설로 지례리(知禮里) 일대가 수몰 위기에 놓이자 현 지례예술촌장인 김원길(金源吉) 씨가 1986년부터 수몰지에 있던 의성 김씨 지촌파의 종택과 서당, 제청 등 건물 10채를 마을 뒷산 자락에 옮겨지으면서 시작된 우리나라 최초의 문화창작마을이자 문학관이다. 1990년도에 문화창작마을로 지정되어 예술인들의 창작과 연수공간으로 활용되고 있으며, 고택 체험도 할 수 있다. 굽잇길이 아름다운 임하호 둘레길 일주와 함께 산속 오지의 아름다운 은둔마을인 지례예술촌을 둘러보는 것도 멋진 여행이 될 것이다.

영양 ◆ 영양(英陽) 풍력발전단지

627

‖ 경상북도 영양군 영양읍 양구리 산1-15(진입로 입구)

우리나라에는 무수히 많은 풍력발전단지가 있으며, 친환경 에너지 육성 방안에 맞춰 점점 더 늘어나는 추세라서 전국의 풍력단지만 찾아다녀도 하나의 멋진 테마 투어가 될 수 있다. 필자들이 바이크로 가본 곳만 해도 아래와 같이 많다.(가나다순)

‖ 강릉 대관령풍력단지

‖ 거창 감악산풍력단지

‖ 영광 백수풍력단지

‖ 강릉 안반데기풍력단지

‖ 경주 풍력단지

‖ 영덕 풍력단지

‖ 영암 활성산풍력단지
‖ 울진 현종산 풍력단지
‖ 제주 가시리풍력단지
‖ 제주 동복북촌풍력단지
‖ 제주 수산리풍력단지
‖ 태백 귀네미마을풍력단지
‖ 평창 육백마지기풍력단지
‖ 횡성 태기산풍력단지
‖ 영양 맹동산풍력단지
‖ 의령 한우산풍력단지
‖ 제주 김녕풍력단지
‖ 제주 삼달리풍력단지
‖ 제주 신창풍력단지
‖ 태백 매봉산풍력단지
‖ 화순 풍력단지

이 중에서 가장 넓은 단지로 기억되는 맹동산 영양풍력단지를 대표로 소개한다. 낙동정맥 루트인 맹동산 인근에 86기의 풍력발전기를 설치한 국내 최대의 풍력발전단지로 한 시간을 달려도 식당 하나를 찾지 못할 정도로 오지인 이곳에 수십 기의 발전기가 서 있는 광경은 실로 장관이다.

영주 ◆ 무섬마을

628

‖ 경상북도 영주시 문수면 수도리 243-1

아름다운 자연과 예스러운 고가가 잘 보존된 전통 마을로, 내성천이 마을의 3면을 감싸듯 흐르는 육지 속의 섬마을이다. 예전에는 나무를 이어 만든 다리를 건너 밭으로 일을 하러 다녔고 장마가 지면 다리가 불어난 물에 휩쓸려 떠내려가 해마다 다리를 다시 놓았다고 한다. 지금도 남아 있는 길이 150m의 외나무다리는 지난 350여 년 동안 섬마을과 뭍을 이어준 유일한 통로였으며, 1979년 현대식 교량이 설치되면서 사라진 것을 마을 주민과 출향민들이 힘을 모아 예전 모습으로 재현시켜 놓은 것이다.

영천 ◆ 보현산(普賢山) 천문대

629

‖ 경상북도 영천시 화북면 정각길 475

굽이굽이 고갯길을 올라가면 보현산 정상에 있는 천문대로 국내 최대 구경의 1.8m 반사망원경과 태양플레어 망원경이 설치되어 있어 광학천문관측의 중심지로 일컬어지는 곳으로 성단, 성운과 은하 등의 생성과 진화를 연구하고 있다. 일반 방문객들을 위하여 4월, 5월, 6월, 9월, 10월의 넷째 토요일에 공개행사를 시행하고 있으며, 그 외 기간에는 망원경의 정비와 도로결빙으로 인해 통행이 제한된다.

영천 ◆ 은해사 거조암(銀海寺 居祖庵)

630

‖ 경상북도 영천시 청통면 신원리 622

경북 영천 팔공산 자락에 자리한 거조암은 원래 고려 때 거조사로 창건한 절이었으나 근래에 대한불교 조계종 제10교구 본사인 은해사의 말사로 편입되었다. 거조암에는 부석사 무량수전. 봉정사 극락전, 수덕사 대웅전과 같이 고려 시대에 축조된 목조건축물인 국보 영산전이 단아하게 자리하고 있어 많은 사람들이 찾고 있으며, 대구, 영천 투어 때 한 번쯤 들려봐야 할 여행지이다.

예천 ◆ 회룡포(回龍浦) 전망대

631

‖ 경상북도 예천군 용궁면 향석리 산54-1(주차장)

낙동강의 지류인 내성천이 태극무늬 모양으로 휘감아 도는 육지 속의 섬마을 회룡포를 한눈에 내려다볼 수 있는 전망대로, 풍광이 수려하여 명승 16호로 지정되었다. 장안사 주차장에 주차 후 15분 정도 걸어 오르면 전망대가 나온다.

청도 ◆ 팔조령(八助嶺) 옛길

632

‖ 경상북도 청도군 이서면 팔조리 산65-2

1998년 터널이 개통되기 전까지 사용하던 옛길로, 예부터 동래에서 한양으로 가는 관로로 이용됐으나 길이 워낙 벅차 짐이 많으면 소, 당나귀 등 짐승이나 사람의 힘을 빌려야 넘을 수 있던 곳이다. 짧고 급한 경사때문에 버스가 한 번에 커브를 돌지 못했던 해발 400여 미터의 팔조령이 지금은 자동차, 바이크, 자전거 동호인들이 많이 찾는 인기 루트가 됐다. 휴게소에서 바라보는 청도 야경과 새벽 안개도 일품이다.

청도 ◆ 헐티재

633

‖ 경상북도 청도군 각북면 금천리 산132-6

청도군 각북면과 달성군 가창면을 잇는 고개로, 고개가 험준하고 힘들어서 그 고개를 넘으면 숨을 헐떡이며 배가 고파온다고 하여 헐티재란 이름이 붙었다고 한다. 소나무 군락으로 뒤덮여 있고 봄이면 진달래, 철쭉이 아름답게 핀다. 인근의 팔조령과 헐티재를 이어 달리는 루트를 라이더들이 '팔헐 루트'라 부르기도 한다.

포항 ◆ 내연산(內延山) 12폭포

634

‖ 경상북도 포항시 북구 송라면 보경로 518

경상북도 8경 중 하나로 꼽히는 내연산 계곡에는 다양한 형태의 12개의 폭포가 있는데, 내연산 초입인 보경사에 주차 후 2㎞ 남짓 비교적 평이한 등산로를 오르면 제1폭부터 제7폭인 연산폭포까지 왕복 2~3시간 안에 다녀올 수 있다. 2㎞ 정도를 걸어야 한다고 말하면 볼멘소리가 나오지만, 관음폭포와 연산폭포를 마주하는 순간 비경에 감탄을 금치 못한다. 겸재 정선(謙齋 鄭敾)이 '내연산삼용추(內延山三龍湫)'를 그리며 극찬을 했던 곳이며, '진경산수화(眞景山水畵)'의 완성을 본 곳이기도 하다.

후포 ◆ 등기산(燈基山) 스카이워크

635

‖ 경상북도 울진군 후포면 후포리 산141-1

후포 앞바다의 탁 트인 풍경을 배경으로 세워진 높이 20m, 길이 135m의 스카이워크로 그중 57m 구간을 투명 강화유리로 만들어 스릴을 즐길 수 있다. 9시부터 6시까지 관람할 수 있으며, 비나 눈 혹은 강풍이 부는 날에는 오픈하지 않으니 참고 바란다.

부산광역시 권역

부산은 서울, 제주도와 함께 대한민국의 대표적 관광도시이며, 대도시로서의 관광자원과 자연 관광자원이 공존하는 곳이다. 동해와 남해가 나뉘는 교차점이 있어 절벽, 삼각주 등이 발달한 다양한 해안선에 온천 등이 같이 있으며, 바다와 대도시가 잘 어우러진 해운대, 광안리 해수욕장도 유명하다. 특히 전쟁 중에 난개발로 형성된 복잡미묘한 도시구조, 산 중턱까지 올라가는 시가지와 산복도로는 다른 도시에서 찾아보기 힘든 부산만의 자산이다.

kakaomap
실제 서비스 이미지와 다를 수 있음

부산 ◆ 금정산 범어사(金井山 梵魚寺)

636

‖ 부산광역시 금정구 범어사로 250

신라 제30대 문무왕 18년에 의상대사(義湘大師)가 세웠다. 해인사, 통도사와 함께 영남의 3대 사찰로 유명하며, 화엄종 10찰(刹)의 하나이다. 임진왜란 때에 소실되어 거의 폐허가 되었다가 광해군 5년에 중건 중수하였다. 범어삼기, 금정팔경이라는 기이하고 아름다운 경치를 가지고 있으며 산내에는 11개의 암자가 있다.

부산 ◆ 민주(民主)공원

637

‖ 부산광역시 중구 민주공원길 19

일제시대 항일투쟁으로부터 4·19 민주혁명, 부마민주항쟁, 6월 항쟁으로 이어지는 부산 시민의 민주 정신을 기리는 공원으로, 민주 항쟁과 관련한 각종 유물, 조형물, 시, 그림, 사진들이 전시 배치된 역사 공간이다.

부산 ◆ 백련사(白蓮寺)

638

‖ 부산광역시 남구 용호동 산4-1

멋진 드라이브 길인 이기대 공원로를 지나다 보면 백련사 표지판이 나오는데 그 길을 따라 비포장 길로 조금 오르면 작은 절 백련사가 나온다. 바닷가 절벽에 위치하여 광안대교와 해운대는 물론 부산 앞바다가 한눈에 보인다.

부산 ◆ 송도(松島) 거북섬

639

‖ 부산광역시 서구 암남동 129-4

우리나라 최초의 해수욕장인 송도해수욕장 인근에 있는 거북이 모양의 섬으로, 2013년 송도해수욕장 개장 100주년을 맞아 새롭게 단장했다. 송도의 4대 명물인 해상케이블카, 다이빙대, 구름산책로, 용궁구름다리 덕분에 많은 사람들이 송도를 찾는다.

부산 ◆ 영도(影島) 흰여울전망대

640

‖ 부산광역시 영도구 절영로 258

봉래산 기슭에서 굽이쳐 내리는 물줄기가 마치 흰 눈이 내리는 모습과 비슷하다 하여 '흰여울'이라 불리는 흰여울마을은 2011년 낡은 가옥을 리모델링하여 조성한 문화예술마을이다. 흰여울전망대에서 영도의 바다 조망을 볼 수 있으며, 인근 흰여울해안터널도 볼만하다.

부산 ◆ 오륙도(五六島)

641

‖ 부산광역시 남구 용호동 산197-4

우삭도, 수리섬, 송곳섬, 굴섬, 등대섬 등 물리적으론 5개의 섬으로 구성되어 있지만 우삭도가 보는 위치와 물때에 따라 방패섬과 솔섬 두 개의 섬으로 나뉘어 보여 6개의 섬처럼 보이기도 하여 오륙도로 불리고 있다. 수려한 경관을 자랑하는 곳으로 몇 년 전 스카이워크가 조성되어 더욱 많은 사람들이 찾고 있다.

부산 ◆ 해동용궁사(海東龍宮寺)

‖ 부산광역시 기장군 기장읍 시랑리 417-3(주차장) 642

바다 전망이 좋은 부산의 명소 해동용궁사는 1376년 공민왕 때 나옹화상(懶翁和尙)이 창건하였고, 임진왜란의 병화로 소실되었다가 1930년대 초 통도사의 운강(雲崗) 스님이 중창한 절이다. 바다와 어우러진 풍광이 매우 수려하고 기도를 하면 누구나 한 가지 소원은 꼭 이루게 해준다고 알려져 많은 사람들이 찾는 곳이다.

부산 ◆ 해운대(海雲臺) 달맞이길

‖ 시작점: 부산광역시 해운대구 중동 1439-32 643

‖ 끝점: 부산광역시 해운대구 송정동 산53-4

해운대 미포에서 시작해 송정해수욕장까지 이르는 약 8㎞의 길로, 바다를 끼고 15번 이상 굽어진다 해서 15곡도(曲道)라고도 불리며, 부산에서 가장 유명한 드라이브 루트다. 특색 있는 카페와 레스토랑이 도로를 따라 늘어서 있어 바다를 바라보며 차 한잔 마시기도 좋다.

● 부산 해월정(海月亭)

‖ 부산광역시 해운대구 중동 1490-8

달맞이길 중간에 있는 해월정에서 탁 트인 바다의 조망을 즐길 수도 있다.

부산 ◆ 황령산(荒嶺山)

644

‖ 부산광역시 연제구 연산동 산181-22(주차장)

부산의 도심인 부산진구, 남구, 수영구의 경계를 이루는 산으로 부산 시내가 한눈에 들어오는 360도 전망이 일품이고 특히 야경이 아름다워 사람들이 많이 찾는 부산의 대표적인 명소다. 정상에는 전망쉼터와 봉수대 등 4곳의 갑판 전망대가 자리하고 있으며 전망대마다 각기 다른 멋진 조망이 있다.

양산 ◆ 법기수원지(法基水源池)

645

‖ 경상남도 양산시 동면 법기로 198-13

법기수원지는 경상남도 양산시 동면 법기로에 위치한 저수지로, 양산에 있지만 부산광역시가 소유하고 관리하는 곳이라 부산 투어 코스로 소개한다. 1932년에 축조되어 상수원 보호를 위해 일반인의 접근이 차단되었다가 79년 후인 2011년부터 일반인에게 개방되었으며, 수십 년 동안 출입이 제한됐던 곳이라 청정 자연이 고스란히 간직되어 있어 개방 직후부터 인기몰이하고 있다. 한 뿌리에서 여러 갈래로 가지가 무수히 자라난 부채 모양의 반송 7형제가 특히 유명하다.

서울특별시 권역

서울은 대한민국에서 가장 크고 사람이 많은 복잡한 도시라서 바이크를 타고 라이딩을 즐길만한 곳은 상대적으로 많지 않다. 시내 중심부의 남산순환도로, 북악산의 스카이웨이, 삼각산 도선사길 등의 도로가 서울의 라이더들이 즐겨 찾는 코스다.

서울 ◆ 남산(南山)순환도로

646

‖ 시작점: 서울특별시 용산구 한남동 726-517(남산맨션 앞)

‖ 경유: 서울특별시 용산구 이태원동 258-460(그랜드하얏트호텔 앞)

‖ 끝점: 서울특별시 중구 남대문로 4가 24(남대문)

남산은 서울의 중앙부를 둘러싸고 있는 높이 265.2m의 산으로 대부분 화강암으로 구성되어 있다. 남산순환도로는 한남동 남산맨션 앞에서 그랜드하얏트호텔을 지나 남대문까지 이어지는 4㎞의 4차선 도로로, 서울의 자전거, 바이크 동호인들이 많이 찾는 곳이다.

서울 ◆ 북악(北岳)스카이웨이

647

‖ 서울특별시 종로구 평창동 산6-94

북악산 능선을 따라 자하문에서 정릉 아리랑 고개에 이르는 길이 8㎞의 도로로, 1968년 북한 무장 공비의 청와대 침투사건 이후 수도권 경비 강화를 위해 개통된 도로다. 산을 타고 이어지는 급경사의 좁은 도로와 도로변에 있는 서울의 옛 성곽, 자하문, 팔각정, 흥천사(구 신흥사), 북한산 등이 어우러진 곳으로 자전거, 바이크 동호인들이 즐겨 찾는 라이딩 코스다. 민원이 많고 단속도 자주 하는 곳이니 참고하기 바란다.

서울 ◆ 삼각산 도선사(三角山 道詵寺)

648

‖ 서울특별시 강북구 우이동 264

삼각산 기슭에 위치한 조계종 사찰로 신라 경문왕 2년(862)에 도선(道詵) 스님이 창건한 절이다. 정, 재계의 유명 인사들이 자주 찾는 사찰로 알려져 있으며, 육영수 여사와 정주영 전 현대그룹 회장이 이 절의 신도여서 절의 불사에 크게 기여를 했다. 입구에서 절까지의 오르막 경사와 길이가 상당한 편이다.

울산광역시 권역

울산은 공업 도시라는 이미지 때문에 관광지가 별로 없고 대전광역시와 더불어 '노잼 도시'라는 별칭도 갖고 있지만, 실제로는 바다와 접하고 있어 관련 관광 콘텐츠가 많은 편이다. 간절곶, 대왕암공원 등 울산 12경이 있으며, 국가가 조성하고 운영하는 정원인 태화강 국가정원도 볼만하다.

kakaomap
실제 서비스 이미지와 다를 수 있음

울산 ◆ 대왕암(大王岩)

649

‖ 울산광역시 동구 일산동 903-16(주차장)

동구 일산동 해안가 끝에 자리한 대왕암은 주차장에 도착 후 아름다운 송림을 따라 800여 미터를 걸어가면 만나는 울기등대 근처에 있다. 간절곶과 더불어 일출을 볼 수 있는 명소이며, 푸른 바다를 배경으로 기암괴석과 돌섬들이 어우러져 장관을 연출하는 곳으로 울산 12경 중 하나다.

울산 ◆ 대왕암(大王岩)공원 출렁다리

650

‖ 울산광역시 동구 일산동 905

대왕암공원 북측 해안 산책로 돌출지형인 '햇개비'에서 '수루방' 사이를 연결하여 바다 위를 지나는 길이 303m, 너비 1.5m의 출렁다리로 2021년 7월에 개통됐다. 중간 지지대가 없는 난간 일체형 보도 현수교로 전국의 출렁다리 가운데 주탑 간 거리로는 길이가 가장 길며, 개장 한 달 만에 37만 명이 다녀갈 정도로 인기몰이를 하는 중이다. 또 야간경관조명이 설치돼 밤에도 장관을 연출한다.

울산 ◆ 주전(朱田) 몽돌해변

651

‖ 울산광역시 북구 동해안로 1598

주전에서 감포로 동해안을 따라 달리는 길은 라이딩하기도 좋고, 중간에 해변에서 휴식하면서 부서지는 파도를 감상하는 것도 좋다. 이 해안을 따라 멋진 캠핑장도 꽤 많으며, 해변에 모래 대신 둥근 몽돌들이 깔려 있어서 파도가 칠 때 돌끼리 부딪히는 '차르르르' 소리가 들리는 색다른 매력을 지닌 곳이다.

울산 ◆ 태화강(太和江) 국가정원

652

‖ 울산광역시 중구 태화강국가정원길 154

전국에서 국가가 조성하여 운영하는 정원은 순천만국가정원과 태화강 국가정원 두 개뿐이다. 2019년 7월 2일에 국가정원으로 지정된 태화강 국가정원은 생태, 대나무, 계절, 수생, 참여, 무궁화 총 6개의 주제를 가진 20개 이상의 테마정원이 있으며, 갈대숲길, 은하수길, 봄꽃축제, 국화축제가 유명한 울산 제1의 사진 명소이자 핫플레이스다.

전라남도/ 광주광역시 권역

전라남도에는 지리산국립공원, 월출산국립공원, 무등산국립공원, 조계산도립공원, 두륜산도립공원, 천관산도립공원 등의 산과 화엄사, 대흥사, 송광사, 백양사, 선암사 등의 절이 있다. 또한, 다도해해상국립공원과 한려해상국립공원에도 일부 속해있어 섬·바다 관광지도 적지 않다.

광주광역시는 20세기 초까지는 나주보다도 작은 도시였기 때문에 역사적으로 유명한 랜드마크가 없으며, 지금 광주의 랜드마크라고 불리는 곳들은 그 역사가 다른 도시에 비하면 지극히 짧은 편으로 비교적 최근에 만들어진 것들이다.

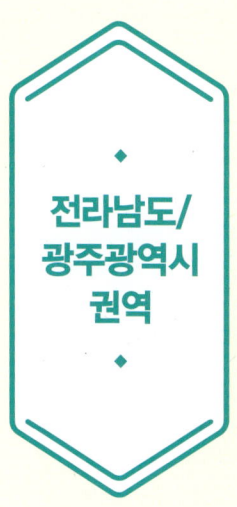

kakaomap
실제 서비스 이미지와 다를 수 있음

강진 ◆ 월출산 무위사(月出山 無爲寺)

653

‖ 전라남도 강진군 성전면 월하리 1172-4(주차장)

호남의 금강산인 월출산 자락 아래 있는 무위사는 대흥사의 말사로 신라시대 원효대사(元曉大師)가 창건하였다. 국보 2점, 보물 4점과 많은 문화재를 보유한 유서 깊은 사찰로, 특히 국보인 극락보전과 삼존불 뒤에 서 있는 고색창연한 국보 아미타여래삼존 후불벽화는 이곳을 찾는 이들에게 무한한 감동을 선사해준다. 인근에 있는 백운동원림과 도갑사, 왕인박사유적지 등도 함께 둘러보면 좋다.

곡성 ◆ 섬진강(蟾津江) 기차마을

654

‖ 전라남도 곡성군 오곡면 기차마을로 232

1999년 4월 곡성군의 역점 시책 중 하나인 '치포 치포 섬진강 나들이 관광열차' 행사가 시작된 이래 관광명소가 된 곳이다. 옛날에 실제로 운행하던 증기기관차의 모습을 그대로 복원하여 옛 곡성역(섬진강 기차마을)에서 가정역까지 10㎞ 구간을 왕복 운행하는 기차 여행을 즐길 수 있다. 섬진강 기차마을 부근은 국도 제17호선, 전라선 철도, 섬진강 세 개의 선을 이루며 달리는 루트는 호남 최고의 드라이브 코스 중 하나다.

광양 ◆ 구봉산(舊烽山)전망대

655

‖ 전라남도 광양시 구봉산전망대길 155

해발 473m 광양 구봉산 정상에 있는 세계 유일의 디지털 봉수대가 있는 전망대로 광양제철소, 광양만, 여순산단, 이순신대교가 한눈에 들어오는 360도 조망을 자랑한다. 무엇보다 전망대 바로 아래까지 바이크로 갈 수 있어 편리하며, 날이 좋으면 멀리 지리산 천왕봉, 광주 무등산까지 보이는 곳이다.

광주 ◆ 5·18 민주광장

656

‖ 광주광역시 동구 금남로1가 12-7

5·18 민주광장은 한국 민주주의의 상징적 장소로 5·18 광주민중항쟁 당시 시민들이 분수대를 연단으로 하여 각종 집회를 열어 항쟁 의지를 불태웠던 옛 전라남도청사 앞의 광장을 말한다. 전남도청은 5·18 광주민중항쟁 본부가 있던 곳이며, 5월 27일 새벽 계엄군의 무력 진압에 맞서 싸운 시민군의 최후 결사 항전지로, 마지막 항전에서 수많은 시민군들이 산화하였다.

광주 ◆ 국립 5·18 민주묘지

‖ 광주광역시 북구 민주로 200

657

1980년 5월 18일 불법으로 국가 권력을 찬탈한 신군부 세력을 거부하고 민주화를 요구했던 광주의 시민봉기 가운데 희생당한 영령들을 모신 묘역이다. 2002년 광주 민주유공자 예우에 관한 법률이 제정되면서 국립묘지로 승격되었으며, 2006년에 '국립 5·18 민주묘지'로 개칭되었다. 묘역 안에는 5·18 영령의 묘 680기가 있으며 민주의 문, 유영봉안소, 역사의 문, 숭모루, 추념문 등과 역사 공간, 민주광장, 참배광장, 전시공간, 상징 조형물, 광주민주화운동 추모탑, 7개 역사마당(의병, 동학, 3·1 운동, 광주학생운동, 4·19 혁명, 광주민주화운동, 통일마당), 헌수 기념비, 준공 기념탑 등이 있다.

구례 ◆ 오산 사성암(鼇山 四聖庵)

‖ 전라남도 구례군 문척면 사성암길 303

658

구례의 명산인 오산의 깎아지른 절벽에 지어진 그림 같은 암자로 '오산을 오르지 않으면 후회할 것이고 두 번 가지 않아도 후회할 것이다.'라고 할 정도로 아름다운 곳이다. 원래 이름은 오산암이었으나 원효대사, 의상대사, 도선국사, 진각선사 등 고승 네 분이 수도한 곳이라 하여 사성암(四聖庵)으로 불리게 되었다. 몇 년 전 도로 정비가 완료되어 바이크로 사성암까지 오르기 편하며, 사성암에서 십여 분 등산을 하면 팔각정이 있는 오산 정상이 나오는데, 여기서 내려다보는 섬진강과 구례평야의 전망도 대단히 멋지다.

구례 ◆ 운조루(雲鳥樓)

‖ 전라남도 구례군 토지면 오미리 136-1

659

영조 52년(1776)에 삼수부사를 지낸 류이주(柳爾胄) 선생이 지은 고택으로, 가난한 이웃들을 배려하는 노블레스 오블리주의 정신을 실천한 곳이다. 그는 집 안 가장 잘 보이는 곳에 쌀 두 가마가 들어가는 뒤주를 두고, '누구든 열 수 있다'는 뜻의 타인능해(他人能解)라는 글씨를 써 붙여 놓아 배고픈 이웃들이 눈치 보지 않고 쌀을 가져가 배고픔을 해결하게 했으며, 밥 짓는 연기가 멀리까지 보이면 가난한 이웃들이 소외감을 느낄까 봐 굴뚝을 최대한 낮춰 만들었다. 이런 고귀한 정신을 높이 산 덕에 동학혁명, 6·25, 빨치산 등의 약탈 때에도 운조루는 건드리지 않아 지금까지 건재할 수 있었다고 한다.

담양 ◆ 죽녹원(竹綠苑)

‖ 전라남도 담양군 담양읍 향교리 산37-9

660

담양군이 관방제림과 함께 조성한 울창한 대나무 숲으로 2003년 5월 개원했다. 연간 100만 명 이상이 찾는 담양을 대표하는 명소로 정문과 후문 양쪽에 출입구가 있는데 간단히 대나무 숲 관람을 하려면 정문 쪽으로 입장하는 게 좋고, 두세 시간 이상 천천히 돌며 담양의 정자 문화를 함께 즐기려면 후문 쪽으로 입장하는 게 좋다. 울창한 대나무 숲을 걷고 있으면 마치 다른 세상에 와있는 것 같은 황홀함을 느낀다.

목포 ◆ 유달산(儒達山) 일주도로

661

‖ 전라남도 목포시 대의동2가 1-120(노적봉주변)

목포 제1경인 유달산은 그리 높지는 않지만 기암괴석으로 이루어진 목포의 명산이며, 유달산 일주도로는 목포 시내와 유달산 그리고 목포대교와 다도해를 볼 수 있는 드라이브 코스다. 노적봉이 있는 곳에서 등산으로 유달산 정상까지 오르면 목포 주변의 비경을 한눈에 볼 수 있다.

순천 ◆ 고인돌공원

662

‖ 전라남도 순천시 송광면 우산리 454

송광면 주암호반에 조성된 고인돌공원은 주암댐 건설로 인해 수몰 지역에 있던 선사시대 유적을 옮겨 복원해 놓은 곳으로 전라남도 문화재자료 제154호다. 고인돌 140여 기와 선사시대 움집 6동, 구석기 시대 집 1동, 남북방식 모형 고인돌 5기, 솟대, 선돌들이 전시된 야외 전시장과, 고인돌에서 출토된 유물을 전시해 놓은 유물전시관, 전남지방 시대별 묘제 변천을 보여주는 묘제전시관 등이 있다.

순천 ◆ 순천만습지(順天灣濕地)

663

‖ 전라남도 순천시 순천만길 513-25

여의도 면적의 2배에 달하는 갈대밭과 10배에 달하는 갯벌로 이뤄진 순천만 습지는 전국에서 가장 잘 보전된 자연습지이며, 한국 최초로 2006년 람사르 협약에 가입되었다.

영광 • 백수(白岫)해안도로

664

‖ 시작점: 전라남도 영광군 백수읍 구수리 399-2(대신3교)

‖ 경유: 전라남도 영광군 백수읍 대신리 산234-6(칠산정)

‖ 끝점: 전라남도 영광군 백수읍 백암리 229-1(백암해암전망대)

영광 대교를 건너 오른쪽으로 접어드는 대신3교에서 칠산정, 노을 전시관을 거쳐 백암해안전망대까지 이어지는 7.3㎞의 해안도로로 '한국의 아름다운 길 10선'에 선정된 최고의 드라이브 코스 중 하나다. 칠산정 앞 전망대, 영광노을전시관, 백수해안공원, 백암해안전망대 등에서 바다의 아름다운 전경을 볼 수 있으며, 특히 낙조가 아름다운 곳이다.

완도 • 삼문산(三門山) 진달래공원 전망대

665

‖ 진달래공원: 전라남도 완도군 약산면 득암리 60

‖ 전망대: 전라남도 완도군 약산면 해동리 산239

우리나라에서 자생 약초가 가장 많다는 약산도 삼문산에 있는 진달래공원은 봄이면 진달래가 지천으로 피는 절경을 자랑한다. 진달래공원에 주차 후 바닷가 쪽으로 시멘트 임도를 따라 10분 정도 걸어가면 생일도, 가사동백 숲 해변과 아름다운 다도해가 조망되는 멋진 전망대가 나온다. 바이크 접근성도 좋아 남도 투어 때 들러볼 만하다.

완도 ◆ 신지 명사십리(鳴沙十里) 해수욕장

666

‖ 전라남도 완도군 신지면 신리 796-3(주차장)

파도에 씻기는 모래 우는 소리가 십리 밖까지 들린다고 하여 '울모래' 또는 '명사십리'라 불리는 해수욕장이다. 길이 3,800m, 폭 150m에 달하는 완만한 백사장과 넓고 울창한 송림, 주차장이 있어 매년 100만 명의 피서객이 찾는 곳이다. 친환경 해변에 부여되는 국제인증인 '블루플래그 인증'을 획득한 국내 유일한 곳이며, 전국 3대 우수 해수욕장으로 선정된 바도 있다.

완도 ◆ 완도(莞島) 타워

667

‖ 전라남도 완도군 완도읍 장보고대로 330

완도의 동남쪽 끝에 위치한 전망 타워로 1층엔 특산품 전시장, 휴게공간, 크로마키 포토존, 음식점 겸 매점, 영상시설 등이 있고, 2층엔 이미지 벤치, 포토존, 완도 출신인 골프선수 최경주와 장보고의 모형이 있어 관람객들이 사진 촬영을 할 수 있다. 다도해의 아름다운 전경과 영암의 월출산, 제주도까지 한눈에 보인다.

완도 ◆ 장보고(張保皐) 기념관

668

‖ 전라남도 완도군 완도읍 청해진로 1455

'바다를 지배하는 자가 세계를 제패한다.'라는 일념으로 해양을 개척했던 청해진 완도 출신의 장보고 대사의 업적을 기리기 위해 2008년 2월 29일 개관한 기념관이다. 장보고 대사의 흔적을 보고, 듣고, 만지는 체험형 입체 관람 시스템을 갖추고 있어 흥미로운 관람이 가능하다.

완도 ◆ 청해진(淸海鎭) 장보고 유적지

669

‖ 전라남도 완도군 완도읍 장좌리 806

장보고 기념관 앞바다 장도(장군섬)에는 통일신라시대의 유명한 무장 장보고 장군이 세운 해상기지 청해진이 있다. 이곳에서 기와, 토기 등 유적과 유물이 발견되었고, 청해진 방비를 위해 섬 둘레에 박아 놓았던 굵은 통나무 목책의 흔적도 남아있다. 육지에서 약 180m 떨어진 섬이지만 하루 두 차례씩 썰물 때는 바닥이 드러나 걸어갈 수 있다.

화순 ◆ 영구산 운주사(靈龜山 雲住寺)

670

‖ 전라남도 화순군 도암면 천태로 91-44

원래 천불천탑이 있던 절이었으나 사람들이 탑이나 불상을 헐어 묘지 상석을 만들거나 주춧돌, 섬돌, 축대로 사용하고 통째로 다른 곳으로 옮겨가서 지금은 석탑 12기와 석불 70여 기만이 남아있다. 사실 운주사의 탑과 불상들은 어디인지 모르게 엉성하고 부족한 듯 보여 마치 연습생들이 만든 작품같이 서툴러 보이지만 두루 돌아보면 입가에 잔잔한 미소가 지어지는 멋진 작품들이다. 운주사 뒷산에는 운주사를 대표하는 10m가 넘는 커다란 와불 석상(와형석조여래불)이 있다.

전라북도 권역

전라북도는 내장산, 덕유산, 변산반도, 지리산 등의 국립공원과 대둔산, 마이산, 모악산, 선운산 등의 도립공원, 강천산, 장안산 등의 군립공원 등 국가나 지자체가 관리하는 공원이 많으며 그만큼 잘 보존되고 관리되고 있다. 특히 내장산은 단풍으로 유명해 매년 가을마다 많은 관광객이 찾는 명소다.

kakaomap
실제 서비스 이미지와 다를 수 있음

고창 ◆ 도솔산 선운사(兜率山 禪雲寺)

671

‖ 전라북도 고창군 아산면 삼인리 500

진흥왕이 창건하고 검단선사(黔丹禪師)가 중건하였다고 전해지는 명승 고찰로 대한불교 조계종 제24교구 본사이다. 바이크 주차 후 도솔천을 따라 선운사까지 이르는 진입로가 대단히 운치 있고 아름답다. 시간 여유가 있다면 도솔암까지 올라가 보는 것도 좋다.

고창 ◆ 고창읍성(高敞邑城)

672

‖ 전라북도 고창군 고창읍 읍내리 460-2(일대)

고창읍성은 해미읍성, 낙안읍성과 더불어 읍을 둘러싸고 있는 우리나라 3대 평지성으로, 조선 전기에 축조된 성곽이다. 고창지역의 백제 때 지명인 모량부리(毛良夫里)를 따서 모양성(牟陽城)이라고도 부르며, 사적 제145호로 동·서·북의 3문과 치 6곳, 옹성, 수구문 2곳 등이 남아 있다. 읍성 중에서 거의 완전한 형태로 보전되어 있는 곳이며, 무엇보다 대나무와 소나무가 함께 자라며 비경을 만들어낸 맹종죽림이 인상 깊은 곳이다.

고창 ◆ 청보리밭

673

‖ 전라북도 고창군 공음면 예전리 1191(학원농장)

고창에는 청보리 농장이 많은데 그중 1960년대 초반에 설립된 학원농장 청보리밭이 가장 유명하다. 청보리는 4월부터 5월 초까지가 가장 보기 좋으며 5월 중순이 넘어가면 누렇게

익어 특유의 청량감이 덜하지만, 가을 볏논처럼 금빛 물결로 일렁이는 보리밭 풍경도 무척 인상적이다. 8월에는 노란 해바라기가 농장을 가득 메우고, 10월에는 하얀 메밀꽃이 만발하여 사진작가와 여행객들이 즐겨 찾는 곳이다. 보리밭 안에 작은 초가 정자에서 인삼밭 방향으로 보이는 소나무를 배경으로 촬영하거나, 황토민박 가는 길 초입에 있는 또 다른 보리밭 정자를 배경으로 촬영하면 멋진 사진이 나온다.

군산 ◆ 근대문화유산(近代文化遺産)거리

674

‖ 전라북도 군산시 해망로 240(군산근대역사박물관)

군산은 1899년 5월 개항 후 일제강점기를 거치며 식량 수탈의 창구 역할을 했던 곳이다. 이곳의 일제가 세웠던 식민시대 아픈 역사의 흔적들을 부수거나 지우지 않고 활용해 관광자원으로 만들었다. 최근 들어 '근대역사의 중심도시'로 주목받으며 전주 한옥마을과 함께 전라북도 관광의 양대 산맥이 되었으며, 옛 조선은행 군산지점(군산 근대건축관)과 옛 일본 18은행 군산지점(군산 근대미술관), 옛 군산세관(관세박물관)을 포함한 다양한 일제강점기 건축물들이 시간을 박제한 듯 널려 있다. 영화 촬영지로도 인기가 많아 '8월의 크리스마스', '타짜', '변호인' 등 약 130여 편의 영화가 여기서 촬영 되었다.

군산 ◆ 동국사(東國寺)

675

‖ 전라북도 군산시 동국사길 16

동국사(東國寺)는 1909년 일제강점기에 일본 승려에 의해 창건되어 일제강점기 36년 동안 일본인 승려가 운영하다가 1945년 해방과 함께 대한민국의 품으로 돌아온 아픈 역사를 간직하고 있는 사찰이다. 우리나라에 남아있는 유일한 일본식 사찰로 단청이 있는 우리 절과는 달리 아무런 장식이 없는 처마와 대웅전 외벽에 있는 창문이 일본 색을 나타낸다. 조계종 제24교구인 고창 선운사의 말사로, 실제로 운영 중이며, 대웅전은 2003년 7월에 국가 지정 등록문화재 제64호로 지정되었다.

군산 ◆ 새만금(새萬金) 방조제

676

‖ 전라북도 군산시 비응도동 124

전라북도 군산시와 전라북도 김제시 부안군을 이어주는 길이 33.9㎞의 세계에서 가장 긴 방조제로, '새만금'이란 이름은 김제평야의 다른 이름인 만금평야(만경평야의 '萬'과 김제평야의 '金'의 합친 이름)의 '만금'에 새것을 뜻하는 '새'자를 붙여 지은 것이다. 1991년 11월 16일에 착공한 후 약 19년 후인 2010년 4월 27일에 준공했으며, 새만금 간척사업의 주된 공사이기도 했다. 직선으로 곧게 뻗은 방조제 위를 달리는 기분이 최고다.

김제 ◆ 모악산 금산사(母岳山 金山寺)

677

‖ 전라북도 김제시 금산면 금산리 36 인근

대한불교조계종 제17교구의 본사로 모악산 자락에 위치하며, 국보 미륵전과 보물 10점을 보유한 대사찰이다. 문루인 보제루를 지나며 마주하는 대적광전의 규모에 한번 놀라고 우측으로 돌아서면 미륵전에 다시 한번 놀란다. 국보인 미륵전은 화엄사의 각황전처럼 저절로 합장하게 될 정도의 경외심이 느껴지는 수려한 전각이다.

남원 ◆ 광한루원(廣寒樓苑)

678

‖ 전라북도 남원시 요천로 1447

조선 세종 1년(1419년)에 세워진 누각으로, 남원에 유배된 황희 정승이 옛 서실을 헐고 누각을 다시 지은 뒤 '광통루(廣通樓)'라 이름 지었으나 1444년 관찰사 정인지가 그 아름다운 경치에 취하여 '달나라 미인 항아가 사는 월궁 속 광한청허부(廣寒淸虛府)와 같다.'라고 하여 광한루라 개칭하였다. 소설 <춘향전>에서 이도령과 춘향이가 처음 만나는 곳이기도 한 광한루는 1963년 보물로 지정되었고, 지자체에서 국보 승격을 위해 노력 중이다.

무주 ◆ 라제통문(羅濟通門)

679

‖ 전라북도 무주군 설천면 소천리 1501

삼국시대 신라와 백제가 국경을 이루던 석견산에 있는 바위굴로, 바위 능선을 경계로 동쪽은 신라, 서쪽은 백제 땅이었다. 본래는 산을 넘는 고갯길이었지만 일제강점기에 우마차가 다닐 수 있도록 굴을 뚫었으며, 구천동 33경 중 제1경에 속한다. 굴 양쪽 마을이 서로 다른 언어와 풍습을 간직하고 있어 지금도 설천 장날이면 사용하는 말투만으로도 무주와 무풍 사람을 가려낼 수 있다. 삼국의 통일 전쟁 무렵 신라의 김유신 장군이 드나들었다 하여 '통일문'이라고도 불린다.

완주 ◆ 불명산 화암사(佛明山 花巖寺)

680

‖ 전라북도 완주군 경천면 화암사길 271

시인 안도현이 '잘 늙은 절'이라 칭하며 찾아가는 길을 굳이 알려주지 않겠다고 했던 숨은 명소였으나 이제는 많이 알려져 찾아가는 이들이 늘고 있다. 주차장에서 등산로 따라 화암사까지 오르는 길은 흙길, 돌길, 철계단을 20분 정도 오르는 녹록지 않은 길이지만 매우 아름다운 전경을 보여준다. 걷는 게 싫다면 임도를 따라 바이크를 타고 화암사 마당까지 갈 수도 있다. '꽃비 내리는 누각'이라는 뜻의 아름다운 보물 우화루(雨花樓)는 국보 등재를 위해 지자체에서 노력 중이다.
벗겨진 단청이 그 세월을 가늠하게 해주는 국보 극락전은 봉정사와 부석사에서처럼 경외감이 느껴지는 국보 건축물이다.

불명산 화암사-우화루

불명산 화암사-극락전

전주 ◆ 팔복(八福) 예술공장

681

‖ 전라북도 전주시 덕진구 구렛들1길 46

1979년부터 1991년까지 카세트테이프 공장이었으나 그 후 오랫동안 폐공장으로 방치되어 있다가 2016년 전주시가 복합문화공간을 조성했다. 창작스튜디오, 전시장, 연구실, 커피숍, 놀이터 등이 있다.

진안 ◆ 부귀산(富貴山) 마이산 전망대

682

‖ 전라북도 진안군 진안읍 운산리 산358-1(두남치)

진안 1경인 마이산 주변에는 반월제, 사양제, 마이산휴게소, 부귀산 등 마이산을 조망할 수 있는 곳들이 많이 있는데 그중 두남리와 운산리의 경계인 두남치에 있는 부귀산 마이산 전망대는 마이산의 운해와 일출을 찍는 명소로 많은 사진작가와 여행자들이 찾는 곳이다. 약간의 비포장이 있고 두남치에서 5분 정도 등산을 해야 전망대에 도착한다.

● 진안 부귀산(富貴山) 팔각정 전망대

‖ 전라북도 진안군 진안읍 정곡리 산15-2 인근

진안군이 부귀산 정상부에 공원을 조성하려고 새로 닦은 임도를 따라 오르면 팔각정자가 나오는데 이곳에서 바라보는 마이산의 조망도 매우 훌륭하다. 진입로인 군상제부터 약 3㎞ 정도 거리며, 비포장 구간이 다소 길게 있다.

진안 • 천황사(天皇寺) 전나무

‖ 전라북도 진안군 정천면 갈용리 1428(천황사)

683

전라북도 구봉산 자락에 자리한 천황사는 신라시대 무염국사(無染國師)가 창건하고 대각국사(大覺國師) 의천(義天)이 중창한 작고 고즈넉한 사찰로, 인근 남암에 천연기념물로 지정된 유명한 천황사 전나무가 자리하고 있다.

• 진안 남암(南菴)

‖ 전라북도 진안군 정천면 수암길 47-39

천황사 입구에서 시멘트 임도를 따라 400m쯤 떨어진 곳에 남암이라는 부속 암자가 있는데 여기에 우리나라에서 가장 큰 전나무가 있다. 나무를 사랑하는 라이더 검은별(박윤)님의 소개로 알게 된 곳인데, 나무 앞에 서는 순간 그 거대한 크기와 높이에 저절로 탄성이 나온다. 인근 용암댐도 함께 둘러보기 좋은 곳이다.

충청남도 권역

충청남도는 백제의 발자취를 고스란히 안고 있는 공주와 부여가 속해있어 역사적인 사찰과 문화재를 곳곳에서 만날 수 있으며, 서해를 품고 있어 해상관광자원도 풍부한 곳이다. 2021년 12월, 안면도와 보령을 잇는 보령 해저터널이 개통되었으나 바이크는 통행 금지라서 아쉬움이 남는다.

kakaomap
실제 서비스 이미지와 다를 수 있음

금산 ◆ 적벽강(赤壁江)

‖ 충청남도 금산군 부리면 수통리 483-2(인근)

684

장수 뜬봉샘에서 발원하여 군산 하구둑까지 흐르는 약 400㎞ 길이의 금강은 한강, 낙동강에 이어 우리나라에서 세 번째로 큰 물줄기로, 진안, 무주, 금산, 영동, 옥천, 대전 등을 지나 군산만으로 흘러든다. 금강 변에는 수려한 경치를 자랑하는 많은 곳들이 있다. 금산 부리면 금강 변에 30여 미터의 기암괴석으로 이뤄진 절벽을 '적벽'이라 하고, 그 앞을 흐르는 금강을 '적벽강'이라 부르는데 가을이면 이 절벽에 단풍이 들어 장관을 연출한다. 이 적벽강과 인근 방우리 일대는 빼어난 경관때문에 차박의 성지로 꼽히는 곳이며 바이크로 적벽강 앞까지 진입할 수 있다.

논산 ◆ 반야산 관촉사(般若山 灌燭寺)

‖ 충청남도 논산시 관촉동 254-2

685

예부터 얼굴이 크거나 넓적한 사람을 은진미륵 같다고 놀리던 우스갯소리가 있었는데 그 못생긴(?) 은진미륵(석조미륵보살입상)이 2018년 드디어 우리나라 국보로 지정되었다. 완벽한 비율과 수려한 용모를 지닌 불상만 국보로 인정하던 것에서 탈피해 파격적이고 대범한 미적 감각을 담고 있는 은진미륵의 가치를 인정한 것이다. 논산 제1경인 관촉사는 이제 귀한 몸이 된 은진미륵과 보물인 석등 그리고 한 바퀴 돌리면 불교 경전을 한 번 읽은 것과 같다고 알려진 불경 보관함인 윤장대(輪藏臺)로 유명하며, 풍요로운 논산평야가 한눈에 들어오는 전망도 멋진 절이다.

논산 ◆ 옥녀봉(玉女峰)

‖ 충청남도 논산시 강경읍 북옥리 112

686

〈택리지(擇里志)〉의 저자 이중환(李重煥)이 〈택리지〉를 집필했던 강경에서 손꼽는 경승지로, 논산 8경 중 7경이지만 풍류와 멋을 아는 사람은 이곳을 주저 없이 1경으로 꼽는다. 강경읍내와 멀리 논산 시내, 드넓게 펼쳐진 논산평야와 금강을 조망할 수 있는 전망대가 있으며, 전망대 옆에 봉수대가 설치되어 있다. 근처 강경 젓갈 식도락 투어와 연계하여 들러보면 좋다.

논산 ◆ 탑정호(塔亭湖) 출렁다리

687

‖ 다리 입구: 충청남도 논산시 가야곡면 종연리 산44-14

논산시 가야곡면과 부적면에 걸쳐있는 면적 152만 2,100평, 제방길이 573m, 높이 17m의 크기의 저수지로 논산 저수지라 부르기도 하며, 1944년에 준공됐다. 논산시에서 5㎞ 거리인데다가 북쪽에 계룡산국립공원, 서쪽에 관촉사 은진미륵불이 있어 원래도 인기 있던 곳이나 2021년 5월, 국내 최장 길이(600m)인 탑정호 출렁다리가 건설되면서 더 많은 이들이 찾고 있다.

‖ 야경 조망점: 충청남도 논산시 가야곡면 종연리 산57

논산시는 탑정호 출렁다리에 2만여 개의 LED로 작동하는 미디어 파사드를 설치하고 각양각색의 영상물을 밤마다 상영하며, 음악에 따라 움직이는 수중 분수도 설치해서 장관을 연출한다. 낮에는 조명 쇼를 볼 수 없으니 가급적 저녁 시간에 맞춰 가는 게 좋다.

보령 ◆ 무창포(武昌浦)

688

‖ 충청남도 보령시 웅천읍 관당리 833-4

이른 봄이면 주꾸미 축제가 열려 많은 라이더들이 찾는 곳으로, 제철 음식도 좋지만 아름다운 해변과 신비의 바닷길이 있어 함께 둘러볼 만하다.

보령 ◆ 천북(川北)굴단지

689

‖ 충청남도 보령시 천북면 장은리 1066-1

보령8미 중 하나인 천북굴을 맛볼 수 있는 굴단지로, 단지에 들어서면 굴구이 집들이 바다를 따라 길게 늘어서 있다. 지방이 적고 미네랄이 풍부해 영양가도 높고 맛도 좋은 천북굴은 11월에서 2월까지 잡히는 것을 최상품으로 치며 매년 12월에 '천북 굴축제'가 열린다. 천북 굴구이와 굴회, 굴밥 등 굴을 이용한 다양한 요리를 맛볼 수 있으며, 관광객을 위한 이벤트도 마련된다.

부여 ◆ 가림성(加林城) 느티나무

690

‖ 충청남도 부여군 임천면 성흥로 97번길 167

백제 동성왕이 사비성을 수호하기 위해 축성한 가림성 석축 위에 우뚝 선 수령 400년이 넘는 거대한 느티나무로 일명 '성흥산성 사랑 나무'로 불린다. 이 나무를 배경으로 '서동요', '대왕세종', '계백', '일지매', '여인의 향기', '신의', '대풍수', '호텔 델루나' 등 각종 드라마와 영화가 만들어졌으며, 사진을 찍은 뒤 한 장을 반전시켜 이어 붙이면 하트 모양이 나타나는 나무모양 덕분에 커플들의 인생 사진 촬영지로 떠올랐다. 논산, 강경, 익산, 서천이 한눈에 보이고, 날이 좋으면 익산의 용화산과 장항 제련소까지 보인다.

서산 ◆ 해미읍성(海美邑城)

691

‖ 충청남도 서산시 해미면 읍내리 51 인근

읍성이란 평지에 세워진 성을 뜻하는데 해미읍성은 고창읍성, 낙안읍성과 함께 조선의 대표적인 읍성 중 하나이다. 약 20만 제곱미터의 대지에 동, 남, 서쪽에 문루가 있고 조선말 천주교도들의 순교지로 유명한 곳이다.

서천 ◆ 신성리(新城里) 갈대밭

692

‖ 충청남도 서천군 한산면 신성리 125-2(주차장)

한산모시와 소곡주로 유명한 한산면 신성리 금강 하굿둑 주변에 위치한 갈대밭으로, 경치가 빼어나 영화 'JSA(공동경비구역)', '추노', '미안하다 사랑한다'의 촬영지로 이용되기도 했다. 우리나라 4대 갈대밭 중 하나로 겨울철 철새도래지이며, 아름다운 금강 변에 끝없이 펼쳐진 갈대밭이 장관을 연출한다.

서천 ◆ 춘장대(春長臺)

693

‖ 충청남도 서천군 서면 도둔리 1376

푸른 해송과 아카시아 숲, 넓은 해변을 가진 서천의 대표적인 해수욕장으로 약 2㎞의 해안에 넓고 완만한 모래사장이 펼쳐지는 곳이다. 홍원항, 마량포구와 인접해 있어 주꾸미, 전어 광어 등의 신선한 해산물을 맛볼 수 있으며, 인근에 동백꽃으로 유명한 동백정이 있어 볼거리, 먹거리가 풍부하다.

세종 ◆ 운주산성(雲住山城)

694

‖ 세종특별자치시 전동면 미곡리 6-6 인근

구름도 머물러 간다는 운주산에 있는 운주산성은 백제 시대에 축조된 것으로 알려진 삼국시대의 산성이다. 약 10분 정도 걸어 올라 도착하는 운주산 정상에는 청주, 천안, 세종시가 시원하게 보이는 조망점이 있으며, 백제의 얼 상징탑이 자리 잡고 있다.

아산 ◆ 삽교천 방조제(揷橋川 防潮堤) 695

‖ 충청남도 아산시 인주면 문방리 799

삽교천의 하구에 건설한 길이 3.36㎞의 방조제로, 1976년 12월에 착공해 1979년 10월 완공했다. 1979년 10월 26일 오전에 준공식이 열렸는데 이때 박정희 대통령도 참석하였고, 그날 저녁 김재규 중앙정보부장에게 살해됨으로써 삽교천 방조제 준공식은 박정희가 참석한 마지막 공식 행사가 되었다. 시원하게 뻗은 직선 도로를 달리는 즐거움이 있는 곳이다.

예산 ◆ 덕숭산 수덕사(德崇山 修德寺) 696

‖ 충청남도 예산군 덕산면 사천리 25-70(수덕사 입구)

대한불교조계종 제7교구 본사로 창건 연대는 뚜렷하지 않으며, 부석사 무량수전, 봉정사 극락전과 더불어 우리나라 최고 목조건축물로 알려진 국보 대웅전이 특히 유명하다.

예산 ◆ 임존성(任存城) 697

‖ 충청남도 예산군 광시면 동산리 산10

예산군 봉수산의 정상부에 구축된 산성이다. 성이 위치한 봉수산은 산세가 험하고 예당저수지, 삽교, 예당평야가 한눈에 내려다보이는 지형으로 공격과 방어가 모두 유리한 곳이다. 백제 멸망 후 복원을 도모하던 곳이기도 하며, 사적 제90호로 보호되고 있다.

천안 ◆ 독립기념관(獨立記念館)

698

‖ 충청남도 천안시 동남구 목천읍 독립기념관로 1

1982년 일본이 교과서에 식민지 서술을 왜곡하여 수록하자 분노한 국민들이 국민운동으로 490억 원을 모금하여 건립한 기념관으로, 총 9만여 점의 독립 관련 유물들이 전시되어 있다.

청양 ◆ 천장호(天長湖) 출렁다리

699

‖ 충청남도 청양군 정산면 천장리 산10-1

총길이 207m의 출렁다리로 청양의 명물이며, KBS 예능 프로그램 '1박 2일' 팀이 방문한 뒤로 더 유명해진 곳이다. 다리 중간에 청양의 특산물 구기자와 고추를 형상화한 높이 16m의 주탑이 있다. 청양 명승 중 하나이며 빼어난 절경을 자랑하는 칠갑산의 정상으로 연결되는 등산로가 있다.

홍성 ◆ 남당항(南塘港)

700

‖ 충청남도 홍성군 서부면 남당리 859-2

충청남도 서해안의 대표적인 관광지인 남당항은 대하, 새조개, 광어, 우럭 등 많은 수산물이 잡히는 곳이며, 특히 천수만의 최고 별미인 새조개가 유명해 라이더들이 별미를 즐기러 많이 찾는다. 남당항로의 속동전망대와 수룡포구 옆 보령방조제 준공탑, 천북굴단지 등을 함께 둘러봐도 좋다.

홍성 ◆ 속동(束洞) 전망대

701

‖ 충청남도 홍성군 서부면 남당항로 689

속동갯벌마을 정보화센터 앞에 있는 2층짜리 해안 전망대로 서해 해안선이 한눈에 들어오고 일몰이 매우 아름다운 곳이다.

홍성·보령 ◆ 방조제 준공기념탑

702

‖ 충청남도 홍성군 서부면 신리 616

홍성 해안의 남쪽 끝 홍성 방조제와 보령 방조제의 준공을 기념하는 기념탑으로 남당항에서 5분 거리에 있으며, 파란 하늘에 높게 솟은 풍력발전기와 기념탑, 전망대가 유명해 많은 이들이 찾는 곳이다. 전망대에서 바라보면 안면도가 수평선 위에 거대한 섬처럼 떠 있으며, 홍성 방조제와 죽도, 남당항, 보령의 수룡항포구가 그림처럼 펼쳐진다.

충청북도 권역

충청북도의 충주, 단양, 제천, 청주, 괴산, 영동 등 지역에는 자연을 만끽할 수 있는 관광지들이 많으며, 특히 충주호 주변의 아기자기한 볼거리들은 많은 사람을 불러 모으고 있다. 청풍호반 케이블카, 만천하 스카이워크, 단양강 잔도는 '한국 관광 100선'에도 올라있는 명소이다.

kakaomap
실제 서비스 이미지와 다를 수 있음

단양 ◆ 고수(古藪)동굴

‖ 충청북도 단양군 단양읍 고수리 185

703

5억 년의 시간이 빚어낸 단양의 대표적인 석회암 동굴로, 약 200만 년 전에 생성된 것으로 추정한다. 현재까지 발견된 길이는 총 1,395m에 달하며 이 중 940m를 일반에게 개방하고 있는데 동굴 내부는 1년 내내 영상 15℃ 정도를 유지해 여름에는 시원하고, 겨울에는 따뜻하다. 기기묘묘한 형상의 종유석, 석순, 유석, 휴석, 동굴진주, 동굴산호, 석화 등이 만들어내는 신비하고 웅장한 풍경이 마치 궁전을 연상케 한다.

kakaomap
실제 서비스 이미지와 다를 수 있음

단양 ◆ 도담삼봉(島潭三峯)

704

‖ 충청북도 단양군 매포읍 삼봉로 644

남한강의 한가운데 위치한 도담삼봉은 늠름한 장군봉(남편봉)을 중심으로 왼쪽에는 교태를 머금은 첩봉(딸봉)과 오른쪽에 얌전하게 돌아앉은 처봉(아들봉) 등 세 봉우리가 있는데, 아들을 얻기 위해 첩을 둔 남편을 미워하여 돌아앉은 본처의 모습을 한 바위들은 살펴볼수록 그 생김새와 이름이 잘 어울려 선조들의 지혜와 상상력에 감탄하게 된다. 조선의 개국공신 정도전이 이곳의 이름을 따서 자신의 호를 '삼봉'이라 지었을 만큼 좋아했던 곳이며, 1998년 음악 분수대가 설치되어 야간에도 볼거리를 제공한다.

단양 ◆ 만천하 스카이워크

705

‖ 충청북도 단양군 적성면 옷바위길 10

단양 시내를 내려다볼 수 있는 산봉우리 위에 우뚝 선 만천하 스카이워크는 발아래로 남한강이 구불구불 흘러가고 주변 산봉우리가 눈높이로 보이는 곳으로, 날씨가 맑은 날이면 소백산까지 조망된다. 전망대 입구에서 주차장까지 내려가는 집와이어와 스릴 넘치는 알파인코스터가 유명하며, 도담삼봉, 단양팔경, 온달관광지 등 볼거리 위주의 여행지 단양을 액티비티 여행지로 바꿔 놓은 곳이다. 전망대에서 강 쪽으로 뻗은 길이 15m, 폭 2m의 유리 전망공간에 서면, 마치 하늘 위를 걷는 기분이 든다. 주변에 단양강 잔도, 이끼터널, 수양개 선사유물전시관, 수양개빛터널 등 단양을 대표하는 볼거리가 모여 있다.

단양 ◆ 사인암(舍人巖)

706

‖ 충청북도 단양군 대강면 사인암2길 42

단양 남쪽 남조천변에 있는 높이 70m의 기암 절벽인 사인암은 선암계곡의 상·중·하선암과 함께 단양팔경에 속하는 명승지다. 사인암이라는 이름은 고려 유학자인 우탁(禹倬) 선생이 정4품 '사인(舍人)'이라는 벼슬을 지내다가 고향인 단양으로 낙향하여 이곳에 머물며 후학을 가르쳤다 하여 지은 것이다. 사인암 앞 운선구곡은 단양팔경 중에서도 제일 빼어난 경승지로 손꼽힌다.

단양 ◆ 소백산 구인사(小白山 救仁寺)

707

‖ 충청북도 단양군 영춘면 구인사길 73

대한불교천태종의 총본산으로 전국 140개의 절을 관장하는 구인사는 1945년에 건립되었으며 콘크리트조(造)의 현대식 건물인 대가람을 비롯해 50여 동의 건물들이 있다. 만여 명이 취식할 수 있는 취사 시설을 갖춘 큰 사찰로 5,000여 명을 동시에 수용할 수 있는 국내 최대 규모의 대법당과 상월원각 대조사님께서 평생 가르친 모든 법문을 요약하여 새겨 놓은 비석인 법어비가 유명하다. 인근에 단풍으로도 유명한 고갯길인 보발재가 있다.

단양 ◆ 이끼터널

708

‖ 충청북도 단양군 적성면 애곡리 129-2

단양 수양개 선사유물전시관 바로 옆에 자리한 이끼터널은 좁은 도로에 토사 유출을 막기 위해 세운 옹벽 위 울창한 주변 나무 때문에 햇볕이 들지 않아 이끼가 생기면서 만들어진 곳이다. 이색적인 풍경의 사진 명소로 알려진 핫플레이스이다.

영동 ◆ 강선대(降仙大)

709

‖ 충청북도 영동군 양산면 봉곡리 467-3

신선이 내려와 노닐고 선녀가 목욕하던 곳이란 뜻의 강선대는 양산 제2경이며, 정자 위에서 바라보는 금강 변의 경치가 일품이고 멀리서 바라보면 기암절벽 위에 오롯이 서 있는 정자와 노송이 어우러져 고고한 풍광을 자아낸다.

영동 ◆ 영동(永同) 와인터널

710

‖ 충청북도 영동군 영동읍 영동힐링로 30

우리나라 포도 생산량의 10.8%를 차지하는 영동의 포도를 홍보하기 위해 영동군이 2018년 10월에 개장한 전시관으로, 길이 420m, 폭 4~12m, 높이 4~8m의 규모다. 터널을 한 바퀴 도는 코스 안에 포도밭 여행, 와인 문화관, 영동 와인관, 세계 와인관, 이벤트홀, 와인 레스토랑, 와인 포토존, 영화 속 와인, 와인 저장고, 와인 체험관, 환상터널, 와인 판매장 총 12가지 테마의 볼거리가 있다.

영동 ◆ 월류봉(月留峰)

711

‖ 충청북도 영동군 황간면 원촌리 265-4(주차장)

'달이 머물러 간다'는 뜻을 지닌 월류봉은 407m의 봉우리로 한천팔경 중 제1경으로 꼽히며, 초강천이 휘감아 도는 기암 위에 노송들과 어우러져 서 있는 월류정을 바라보면 이곳이 무릉도원 아닌가 싶은 생각이 드는 곳이다. 바로 옆에 우암 송시열(尤庵 宋時烈) 선생이 머무르며 학문을 닦고 후학을 길렀던 한천정사가 있다.

옥천 ◆ 장령산 용암사(長靈山 龍岩寺)

712

‖ 충청북도 옥천군 옥천읍 삼청리 산51-4

신라 진흥왕 13년 의신조사(義信祖師)가 창건한 절이며 법주사의 말사로, CNN 선정 '한국의 가볼 만한 곳 50선'에 뽑힌 곳이다. 법당에서 옥천 읍내가 멋지게 조망되며 위쪽 전망대인 운무대에서 바라보는 경치도 장관이다. 운무가 좋을 때는 사진작가들이 문전성시를 이루는 곳이다.

제천 ◆ 송계(松界)계곡

713

‖ 충청북도 제천시 한수면 송계리 131-4(덕주야영장)

하늘재와 지릅재에서 내려오는 물줄기가 만나는 미륵리에서부터 시작되는 송계계곡은 월악산국립공원을 대표하는 맑고 수려한 계곡으로 매년 여름 피서객들로 인산인해를 이룬다. 월악산 산행의 출발지이기도 하며, 계곡을 따라 주변에 기암봉들이 가득하다. 국보급 문화재가 다수 안치되어 있고 마의태자와 덕주공주의 전설이 깃든 미륵리사지도 유명하다. 이외에도 송계팔경이라 일컫는 월악영봉, 팔랑소, 와룡대, 망폭대, 수경대, 학소대, 자연대, 월광폭포 등이 주변에 있다.

충주 ◆ 성봉(聖鳳)채플

714

‖ 충청북도 충주시 수안보면 온천리 838-1(인근)

성결교단의 부흥을 이끈 고 이성봉(李聖鳳) 목사를 기리기 위해 한국도자기 수안보파크호텔의 안주인이자 이 목사의 셋째 딸이 세운 교회로, CBS 선정 '한국의 아름다운 교회 10선'에 뽑힌 곳이다. 수안보파크호텔로 진입하는 언덕 좌편에 그림같이 자리하고 있으며, 최근 SNS상에서 떠오르는 비대면 여행지이기도 하다.

충주 ◆ 활옥(滑玉)동굴

715

‖ 충청북도 충주시 목벌안길 26

일제강점기인 1920년대에 처음 채굴을 시작해 약 100년 동안 활옥, 백옥, 활석 등을 캤던 광산으로, 폐광 이후 관광지로 새 단장을 했다. 동굴 길이 57㎞, 지하 수직고 711m나 되는 큰 동굴로 관람코스를 모두 둘러보는 데 약 한 시간이 걸린다. 동굴 내부 온도는 연중 11~15℃라서 한여름에도 조금 춥게 느껴지며, LED로 꾸며진 화려한 조명을 설치해 놓아 볼거리가 많은 곳이다. 쓸모 없어진 공장 건물을 리모델링해 만든 동굴 입구의 카페도 인기가 많다.

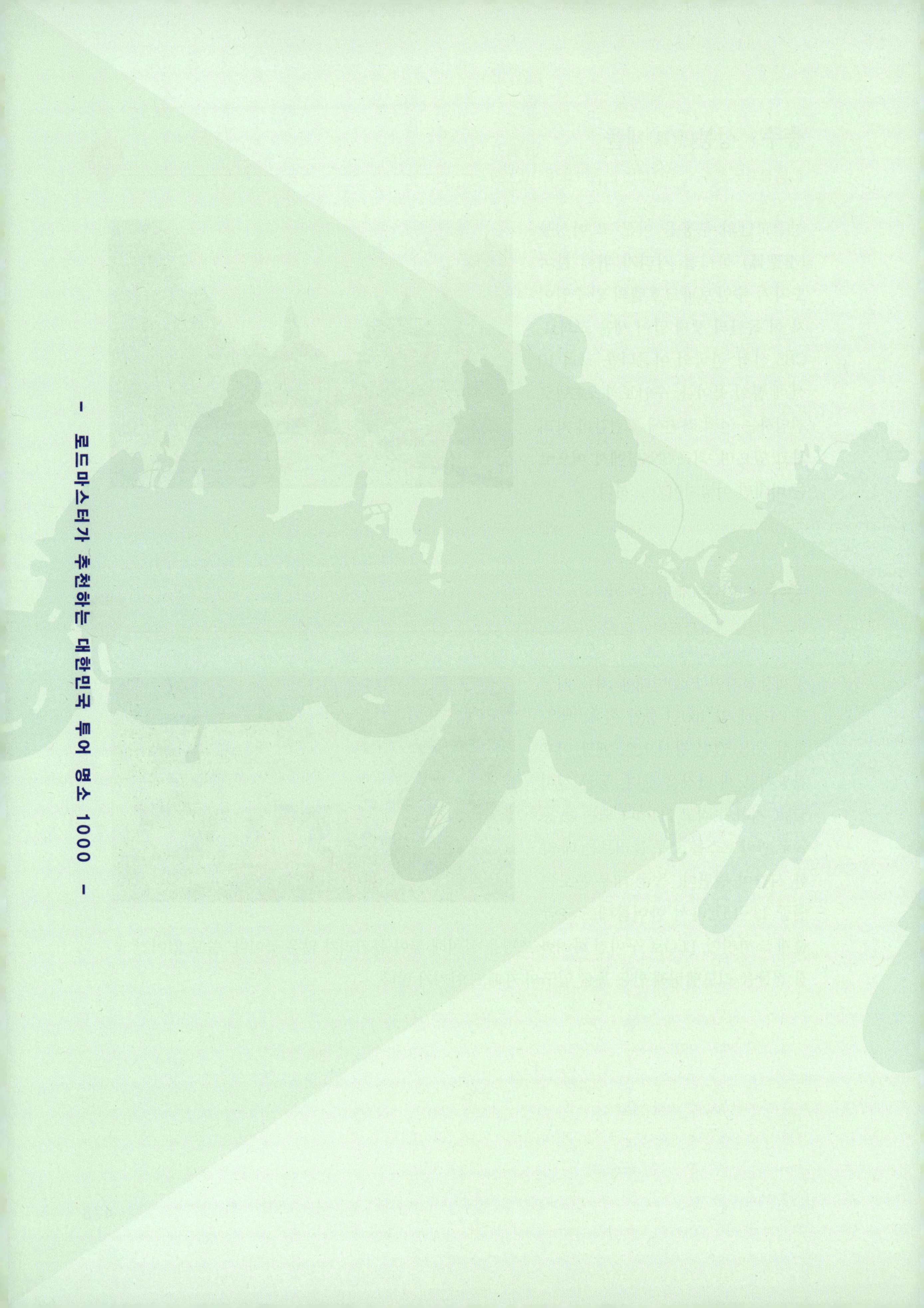

- 로드마스터가 추천하는 대한민국 투어 명소 1000 -

PART 4

바이크로 둘러보는 호수 일주 투어

1 전국의 호수 리스트

바이크를 타고 전국을 다니다 보면 아름다운 강과 호수를 많이 만나는데, 대부분의 호수 주변 길들은 물, 꽃, 단풍이 아름다우며, 호수의 경계를 따라 구불구불 이어지는 일주도로가 있어 최고의 라이딩 코스로 꼽힌다. 최근 들어 호수 주변 일주도로가 점점 더 많이 정비되고 있는 것은 라이더로서 반가운 일이다. 필자들이 바이크로 다녀온 호수들 중 기억나는 곳들을 적어보니 꽤 많다. (가나다순)

‖ 경천호
‖ 고운호
‖ 군위호
‖ 기산저수지
‖ 나주호
‖ 노래호
‖ 담양호
‖ 대아호
‖ 대청호
‖ 덕동호
‖ 도암호
‖ 동복호
‖ 마장저수지
‖ 무주호
‖ 반곡지
‖ 보령호
‖ 보문호
‖ 부안호
‖ 산정호수
‖ 상사호
‖ 소양호
‖ 신정호
‖ 안동호
‖ 안태호
‖ 어림호
‖ 영천호
‖ 예당호
‖ 옥정호
‖ 용담호
‖ 용유지
‖ 운문호
‖ 위양지
‖ 의암호
‖ 임하호
‖ 장성호
‖ 적상호
‖ 주산지
‖ 주암호
‖ 진동호
‖ 진양호
‖ 천태호
‖ 청송호
‖ 초평저수지
‖ 춘천호
‖ 충주호
‖ 탑정호
‖ 토교저수지
‖ 파로호
‖ 하동호
‖ 합천호
‖ 횡성호

이 중에서 비교적 큰 규모의 충주호, 대청호, 옥정호, 용담호, 합천호를 소개한다.

2 충주호(忠州湖) 일주

충주, 제천, 단양 세 개의 지역에 걸쳐있는 우리나라에서 가장 큰 호수로 '내륙의 바다'라 불린다. 주변에 수많은 관광지가 있으며, 벚꽃과 가을 단풍도 멋지다. 충주시와 제천시가 충주호와 청풍호 이름을 가지고 다투다가 충주호란 명칭으로 결론이 났지만, 충주호 면적의 2/3가 속한 제천시에서 이를 인정할 수 없다고 하며 청풍호란 이름을 계속 쓰고 있다. 충주나루, 월악나루, 청풍나루, 장회나루, 단양나루 등 총 5개의 유람선 선착장이 있으며, 아직 서쪽 진의실재나 북쪽 황석리에서 금성면사무소 방향으로는 비포장도로가 일부 남아 있지만 머지않아 포장이 모두 완료되면 멋진 일주도로가 될 것 같다.

kakaomap
실제 서비스 이미지와 다를 수 있음

제천 ◆ 금월봉(錦月峰)

‖ 충청북도 제천시 금성면 청풍호로 1316 716

1993년 시멘트 제조용 점토를 채취하다 발견된 기암괴석 군으로 그 모양이 금강산 일만이천봉을 빼 닮아 '작은 금강산'으로 불린다. 충청북도 제천시에서 명칭 공모를 통해 금월봉으로 이름 지었으며, 2021년 금월봉 두 시편에 고급 풀빌라가 들어섰고, 호텔 신축도 계획 중이다.

● 제천 청풍(淸風)대교

‖ 충청북도 제천시 청풍면 읍리 692

청풍호를 가로질러 읍리와 물태리, 도화리를 연결하는 다리로, 2010년 완공되었으며 길이 1.22㎞, 폭 11~13m의 큰 다리다. 청풍대교를 사이에 두고 청풍랜드와 청풍문화재단지가 서로 마주 보고 있으며, 다리를 건너 청풍면으로 진입하면 국도 제36호선과 만나고, ES리조트 옥순대교 방면으로 직진하면 국도 제36호선과 만난다.

제천 ◆ 청풍문화재단지(淸風文化財團地)

‖ 충청북도 제천시 청풍면 물태리 114-24 717

많은 문화 유적을 갖고 있던 청풍에 충주댐이 건설되면서 수몰된 지역의 문화재를 이전, 복원해 놓은 청풍문화재단지에는 향교, 관아, 민가, 석물군 등 43점의 문화재와 생활 유품 1,600여 점이 전시되어 있다. 고려 관아의 연회 장소였던 청풍 한벽루(보물), 청풍석조여래입상(보물) 등 보물 2점과 옛 건축물, 옛 관리들의 송덕비, 선정비, 열녀문, 공덕비 등이 주요 유물이다. 한벽루에서는 충주호가 한눈에 보인다.

제천 ◆ 금수산 정방사(錦繡山 淨芳寺)

718

‖ 충청북도 제천시 수산면 능강리 161-1

금수산 정상부에 있는 거대한 기암괴석 의상대 아래 자리 잡은 사찰로 신라의 의상(義湘)이 창건했다고 전해지며, 청풍호를 내려다보는 뷰가 아주 멋진 곳이다.

● 제천 옥순(玉荀)대교

‖ 충청북도 제천시 수산면 괴곡리 64-1

충주댐 건설 후 괴곡 나루터에 건설된 다리로 주위의 옥순봉을 비롯한 기암절벽과 충주호가 어우러져 절경을 연출하는 곳이다. 낙조가 유명하며, '한국의 아름다운 길 100선'에도 선정되어 드라이브 코스로 주목받는 곳이다.

● 제천 옥순봉(玉荀峰) 출렁다리

‖ 충청북도 제천시 수산면 상천리 470-5

청풍호를 가로질러 수산면과 옥순봉을 연결하는 다리로 2021년 10월에 개장했으며 개장 10일 만에 9만 명이 다녀갈 정도로 명소가 되었다. 충주호의 비경을 담은 길이 222m, 폭 1.5m, 지주가 없는 무주탑 방식의 출렁다리로 탐방로(944m), 관광편익시설(화장실, 소매점, 매포소 등), 주차장 등이 있다.

단양 ◆ 장회(長淮)나루

719

‖ 충청북도 단양군 단성면 월악로 3827

퇴계 이황이 단양에 부임했다가 단양에서 이름난 기녀 두향(杜香)을 만나 사랑에 빠졌으나 열 달 만에 풍기군수로 옮기면서 두향과 애달픈 이별을 하게 되었다. 그뒤 두향은 장회나루 건너편 강선대에 초막을 짓고 이황을 그리워하며 여생을 보내다가 퇴계가 타계하자 강선대에 올라 거문고로 초혼가를 탄 후 자결했다는 전설이 전해지는 곳이다. 장회나루 인근에는 '열 걸음 걷다가 아홉 번 뒤 돌아본다.'는 절경의 단구협(丹丘峽) 협곡이 있으며, 구담봉이 특히 아름답다. 장회나루에서 유람선을 타면 옥순봉, 구담봉, 금수산, 제비봉, 옥순대교, 만학청봉, 강선대 등의 경관을 볼 수 있다.

제천 ◆ 청풍호(淸風湖) 전망대

720

‖ 충청북도 제천시 수산면 다불리 186(백봉주막 앞)

수산면 다불리 백봉주막까지 임도를 따라 올라간 후 5분 정도 걸어 오르면 옥순대교와 청풍호가 한눈에 내려다 보이는 청풍호 전망대가 나오는데 산 속에 숨겨진 아름다운 전망대다.

충주 ◆ 악어봉(鰐魚峰)

‖ 충청북도 충주시 살미면 신당리 산4-4(진입로 입구) 721

충주호와 맞닿아 있는 산자락의 모습이 마치 악어 떼가 물속으로 기어들어 가는 형상이어서 '악어봉'이라 불리며, 충주호 전체에서 가장 뛰어난 비경을 보여주는 곳이다. 경사가 가파르고, 등산로가 따로 없어서 위험하기 때문에 출입이 금지된 곳임에도 불구하고 워낙 많은 사람들이 소문을 듣고 찾고 있어, 충주시에서 2021년 말까지 생태 다리와 나무갑판을 동원해 법정 등산로를 만들 예정이다. '게으른 악어' 카페 주차장에 주차하고, 건너편 산길을 따라 20~30분 정도 올라야 악어봉(448m)에 도착한다.

충주 ◆ 수리재

‖ 충청북도 충주시 동량면 지동리 산61 722

서운리에서 지동리로 넘어가는 서운리 순환임도(미라실) 위에 있는 고개로 인근의 충주호가 멋지게 조망된다.

3 대청호(大淸湖) 일주

대전광역시와 충청북도 청주·옥천·보은에 걸쳐있는 인공호수로 호수 둘레 길이가 무려 80㎞나 되며 우리나라에서 세 번째로 큰 호수다. 호수 위로 해발고도 200~300m의 야산과 수목이 펼쳐지는 드라이브 코스가 유명하고, 대청호 오백리길이라는 트랙킹 코스도 인기를 끌고 있다. 호수 전체를 바이크로 돌려면 거의 하루 종일이 걸릴 정도로 넓은 곳이며, 더리스, 팡시온 등 호숫가에 자리한 유명 카페도 많다.

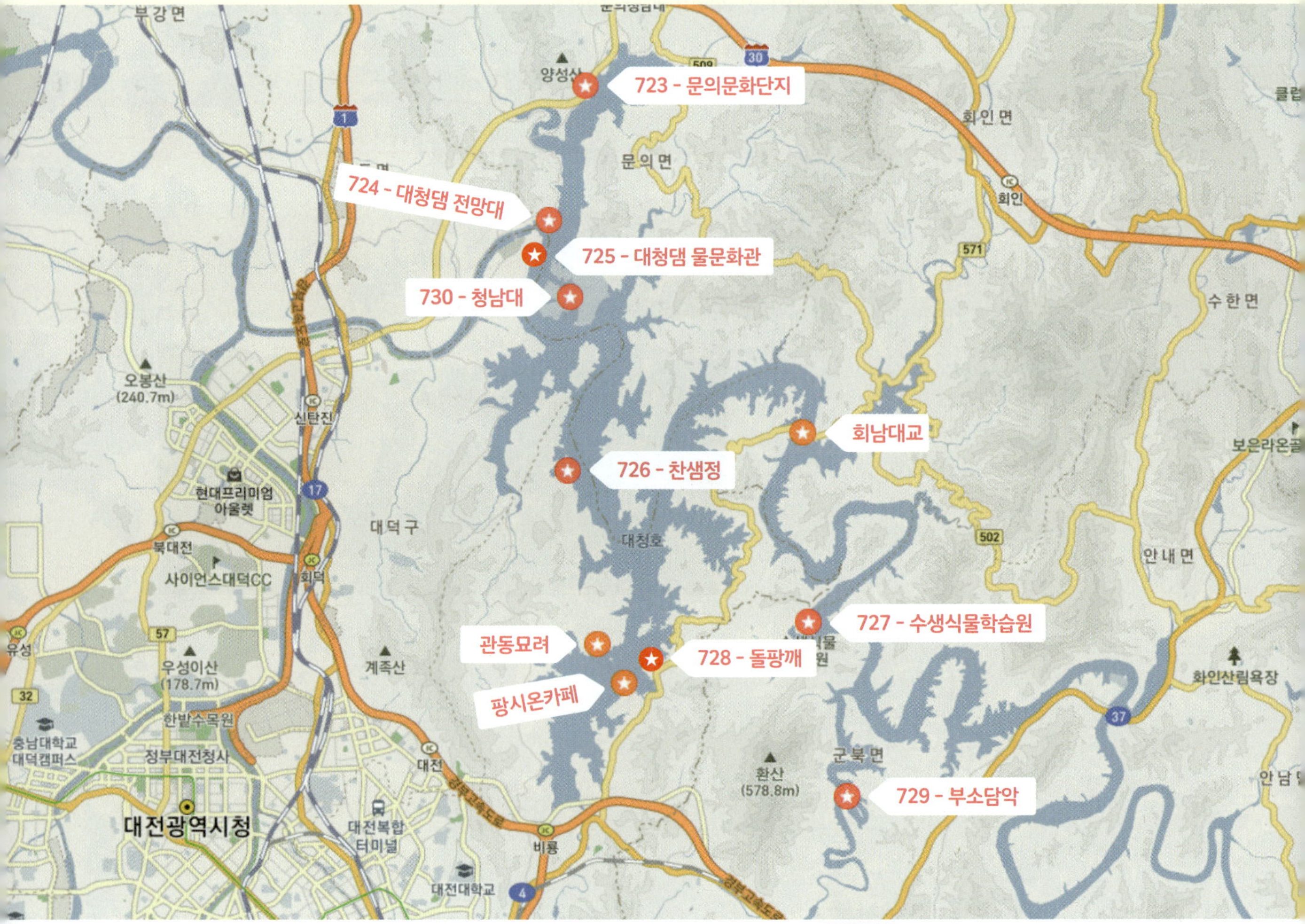

kakaomap
실제 서비스 이미지와 다를 수 있음

청주 ◆ 문의문화단지(文義文化材團地)

723

‖ 충청북도 청주시 상당구 문의면 문산리 300

대청호 일주를 시작하는 지점으로, 대청호가 내려다보이는 아름답고 시원스러운 곳에 위치하고 있어 가족 단위 관광객들이 많이 찾아온다.

청주 ◆ 대청댐 전망대

724

‖ 충청북도 청주시 상당구 문의면 덕유리 629-12

대청호가 한눈에 내려다보이는 전망 좋은 팔각형의 전망대로 현암정휴게소가 있고, 주차장도 넓어서 차박지로 유명한 곳이다.

대전 ◆ 대청댐 물문화관

725

‖ 대전광역시 대덕구 대청로 618-136

수자원에 관한 관심과 흥미를 유발하고, 물 문화에 대한 인식을 높이기 위해 한국수자원공사가 만든 복합문화공간으로 지역 주민들에게 각종 이벤트, 행사 등으로 다양한 볼거리를 제공하고 있다. 인근에 대청댐휴게소와 대청공원이 있다.

대전 ◆ 찬샘정

‖ 대전광역시 동구 직동 산31-1 726

대청호 일주의 첫 번째 사진 포인트인 팔각정 전망대가 있는 곳으로, 주차공간도 있고 접근성이 좋아 사람들이 많이 찾는 장소다. 찬샘정 위쪽 언덕에 올라가 구도를 잡으면 호수를 배경으로 멋지게 자리 잡은 찬샘정의 전체 풍광을 사진에 담을 수 있다.

• 대전 관동묘려(寬洞墓廬)

‖ 대전광역시 동구 냉천로152번길 291

조선 문종 때 열녀문을 하사받은 유씨 부인의 재실(齋室, 제사를 지내기 위하여 세운 사당)로 대청호의 풍광이 집안을 가득 채우는 명당에 자리하고 있다.

• 대전 팡시온카페

‖ 대전 동구 회남로 275번길 227

대청호에서 최고의 전망을 지닌 카페로 항상 사람들로 붐비는 곳이다.

옥천 ◆ 수생(水生)식물학습원

‖ 충청북도 옥천군 군북면 방아실길 248 727

대청호 안에서 가장 뛰어난 경관을 지닌 호수정원으로 우리나라에서 자생하는 모든 수생식물이 재배, 전시되고 있으며, 경작과 관광을 겸하는 현장으로 충청북도 교육청의 체험학습장으로 지정되어 운영되는 곳이다. 호수 위의 카페 'CAFE THE LAKE'에서 차 한잔 마셔도 좋다.

옥천 ◆ 돌팡깨

‖ 충청북도 옥천군 군북면 항곡리 152

728

옥천군 군북면 항곡마을 입구에 화산석처럼 구멍이 뚫려있는 흑색의 금강 석회암이 모여 있는 곳으로, 마을 주민들은 이곳을 돌무더기가 있는 언저리라는 뜻으로 '돌팡깨'라고 부른다. 바위 사이에 분홍색 금잔디가 피어있어 인기를 끄는 곳이다.

옥천 ◆ 부소담악(赴召潭岳)

‖ 충청북도 옥천군 군북면 추소리 263-3

729

'물 위에 떠있는 바위'란 뜻의 부소담악은 대청호를 만들면서 산이 물에 잠겨 호수 위에 기암절벽이 병풍처럼 이어진 700m의 바위 군락으로, 이 부소담악 위에 아름다운 정자 추소정이 있다.

● 보은 회남대교(懷南大橋)

‖ 충청북도 보은군 회남면 사음리 산29-6

회남면 어성리와 매산리를 잇는 높고 웅장한 다리로 대청호 일주 시 반드시 지나는 곳이며, 거대한 대청호반과 어울려 장관을 이루는 교량이다.

청주 ◆ 청남대(靑南臺)

‖ 충청북도 청주시 상당구 문의면 청남대길 646

730

'남쪽의 청와대'란 뜻의 청남대는 1983년부터 대통령의 공식 별장으로 이용되다가 2003년 4월 18일부터 일반인에게 개방된 곳이다. 총면적 182만 5천㎡의 넓은 터에 본관을 중심으로 골프장, 그늘집, 헬기장, 양어장, 오각정, 초가정 등이 있고 사계절 모습을 바꾸는 조경수와 자연생태계도 잘 보존되어 천연기념물 수달, 날다람쥐와 멧돼지, 고라니, 삵, 너구리, 꿩 등이 서식하고 있으며 각종 철새가 날아오기도 한다. 청남대까지 들어가는 도로의 경관도 매우 아름답다.

대청호 오백리길 홈페이지에 가면 자세한 안내와 루트 자료들을 받아볼 수 있다.
(http://www.dc500.org)

4 옥정호(玉井湖) 일주

옥정호는 1965년 한국 최초의 섬진강 다목적댐이 완공되면서 생긴 인공호수로 전라북도 임실군과 정읍시에 걸쳐있으며, 전북에서 가장 큰 호수다. 아름다운 굽잇길과 봄 벚꽃, 국사봉, 붕어섬의 멋진 조망이 많은 사람들을 불러 모은다.

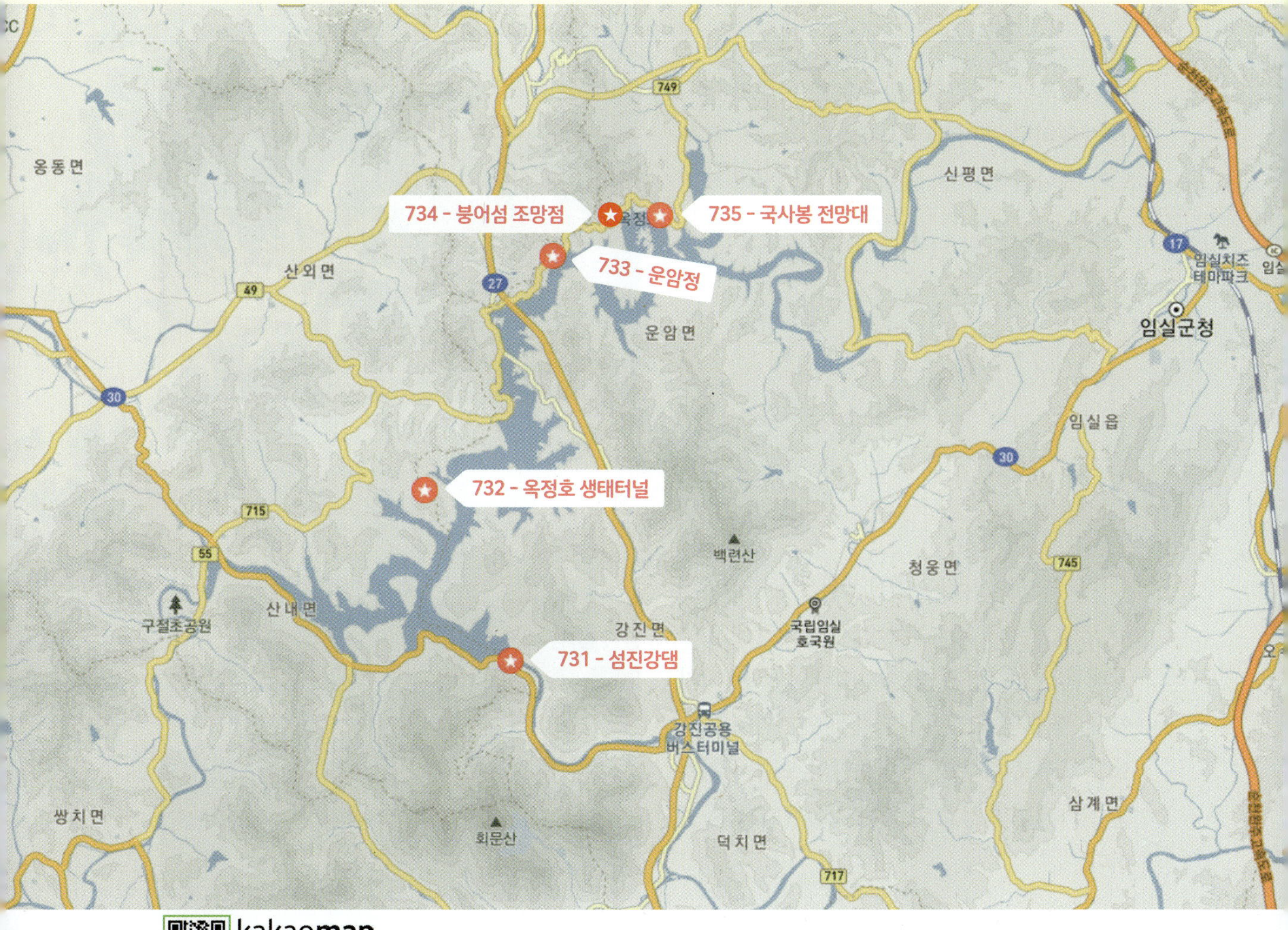

kakaomap
실제 서비스 이미지와 다를 수 있음

정읍 ◆ 섬진강(蟾津江)댐

731

‖ 전라북도 정읍시 산내면 종성리 산16-31

옥정호 일주를 시작하는 시작점인 섬진강댐은 우리나라 최초의 다목적댐으로 1965년 12월 완공한 콘크리트 중력식 댐이며, 섬진강댐으로 인해 옥정호가 생기게 되었다.

임실 ◆ 옥정호(玉井湖) 생태터널

732

‖ 전라북도 임실군 운암면 운정리 산86-12

옥정호 호반 길 중 성옥산을 넘는 구간에 설치된 생태터널로 더할리가 개척한 호남정맥 루트가 지나는 곳이며, 굽이굽이 와인딩이 멋진 곳이다.

임실 ◆ 운암정(雲岩亭)

733

‖ 전라북도 임실군 운암면 마암리 산93-3

옥정호 주변 마암리 자연산장에서 용운리까지 약 13㎞ 길이에 조성된 물안개길 중간에 있는 둘레길인 운암정은 옥정호 전망이 좋은 정자이다. 정자 옆에 양철 굴뚝에서 연기가 솟아오르고 도끼로 나무를 패는 주인의 모습이 정겨운 길카페는 옥정호 일주 시 쉬어가기 좋은 곳이다.

임실 ◆ 붕어섬 조망점(구 설리카페 자리)

734

‖ 전라북도 임실군 운암면 입석리 산44-6

옥정호 일주도로를 지나다 보면 예전에 설리카페가 있던 곳이 나오는데, 설리카페 건물은 소실됐지만 이곳에서 바라보는 붕어섬의 뷰가 멋져 지금도 많은 사람들이 찾는다.

임실 ◆ 국사봉(國師峰) 전망대

735

‖ 전라북도 임실군 운암면 입석리 산42-8

임실군 운암면에 위치하고 있는 국사봉은 해발 475m의 작은 산이지만 주변에 높은 산이 없어 조망이 탁 트여서 옥정호를 한눈에 바라볼 수 있는 곳이다. 일교차가 큰 날 새벽이면 옥정호를 감싸고 있는 운해의 모습이 장관을 이룬다.

5 합천호(陜川湖) 일주

1988년 합천댐 완공으로 만들어진 인공호수로 경상남도 합천군 봉산면, 용주면, 대병면에 걸쳐있다. 일주도로가 잘 완비되어 있고 벚꽃과 와인딩이 훌륭한 편이라 많은 라이더들이 찾아가는 투어 명소다.

kakaomap
실제 서비스 이미지와 다를 수 있음

합천 ◆ 합천(陜川)댐

736

‖ 경상남도 합천군 대병면 상천리 332

경상남도 합천군 대병면 회양리·상천리의 낙동강 지류 황강에 있는 높이 96m, 길이 472m, 유역면적 925㎢의 다목적댐으로 1988년에 준공되었다. 댐 주변에 자연경관이 수려한 관광지, 휴양지가 조성되어 있으며 가야산국립공원, 해인사 등이 가까이 있다. 댐 위로 합천호 반로가 지난다.

합천 ◆ 합천댐 준공기념탑

737

‖ 경상남도 합천군 대병면 회양리 산137-6

1988년에 완공된 세계 최초의 추적식 수상 태양광 시설을 갖춘 합천댐의 준공을 기념하는 기념비다. 인근 합천댐 물문화관에서는 합천댐의 건설에 사용된 기술과 물에 대한 정보, 합천댐의 시설 현황을 살펴볼 수 있다.

주변 관광지로는 금성산, 합천영상테마파크, 합천호 둘레길 등이 있다. 이곳을 기준으로 호수를 따라 한 바퀴 일주가 가능하다.

합천댐 준공기념비

합천댐 물문화관

합천 ◆ 광암정(廣巖亭)

738

‖ 경상남도 합천군 대병면 회양리 805-4

매와거사(梅窩居士) 권정기(權正基)가 아버지 광암 권병덕(廣巖 權秉德)을 위해 지은 정자로, 아버지의 호를 따서 광암정이라 하였다. 원래는 경관이 수려한 황강 변 자연 암반 위에 있었으나 1985년 합천댐 건설로 지금 있는 자리에 옮겨지었다. 회양 관광지 내 합천호가 내려다보이는 조망이 좋은 정자다.

● 합천 망향(望鄕)의 동산

‖ 경상남도 합천군 봉산면 김봉리 산52-3

합천댐 건설로 수몰된 11개 마을 970세대 4,074명의 주민들이 고향을 그리는 망향의 동산으로, 이곳 정자에서 바라보는 합천호의 모습도 아름답다.

● 합천 고향정(故鄕亭)

‖ 경상남도 합천군 봉산면 계산리 산265-2

고향을 그리는 수몰 실향민들이 세운 정자로, 합천호 전망이 멋진 곳이다.

● 합천 노파망향탑(魯坡望鄕塔)

‖ 경상남도 합천군 용주면 죽죽리 산8-9

합천댐 건설로 수몰된 의성 김씨 집성촌 노파마을 주민들이 고향을 그리며 만든 망향탑과 정자다.

합천 ◆ 모토라드

‖ 경상남도 합천군 대병면 합천호수로 525

739

라이더를 위한 다양한 편의시설을 갖추고, 라이딩 중 커피 한 잔의 휴식을 즐길 수 있는 2층 공간으로, 1층은 카페, 2층은 모토라드 갤러리로 운영 중이다. 4계절 형형색색으로 변하는 멋진 자연을 감상할 수 있으며, 카페 외부엔 에어스트림, 카라반 캠핑존, 모토 캠핑장이 있다. 영남 지역 라이더들의 성지와도 같은 곳으로 많은 바이크가 모이는 곳이다.

6 용담호(龍潭湖) 일주

용처럼 굽이치는 형상을 하고 있다는 용담호는 전라북도 전주권의 생활용수 해결을 목적으로 건설된 용담댐으로 인해 만들어진 호수로, 전라북도 진안군의 6개 읍면의 68개 마을, 2,864세대 1만 2,616명의 이주민을 위해 만든 거대한 담수호다. 용담, 장천, 상전, 안천으로 이어지는 용담호 일주도로는 전북권 최고의 드라이브 코스이며, 인근 운일암, 반일암, 마이산 등과 더불어 진안 최고의 관광명소로 꼽힌다.

kakaomap
실제 서비스 이미지와 다를 수 있음

진안 ◆ 정천면(程川面) 망향의동산

740

‖ 전라북도 진안군 정천면 모정리 970-40

용담호 호반 도로 위 상전면, 안천면, 용담면, 장천면 등에 있는 네 개의 전망대 중 하나다. 산줄기를 따라 굽이굽이 이어진 호수의 풍경이 멋지고, 마을에 있던 공덕비, 열녀비를 비롯한 비석과 고인돌 등을 옮겨 놓아 물속에 잠긴 마을의 역사가 한눈에 들어온다.

● 진안 용담(龍潭)대교

‖ 전라북도 진안군 용담면 수천리 529-6

전라북도 진안군 용담면 수천리와 호계리를 연결하는 교량으로 2000년에 준공됐다.

진안 ◆ 태고정(太古亭)

741

‖ 전라북도 진안군 용담면 수천리 13-15

용담호 한가운데에 위치한 용담 '망향의 동산'에 있는 조선 시대의 정자로, 영조 때 지어진 것이나 마을이 수몰되면서 이곳으로 옮겨왔다. 용담호 전경이 360도 파노라마로 펼쳐지며, 이른 아침에는 물안개를 뚫고 우뚝 솟은 산줄기들이 다도해의 섬처럼 보이는 용담호 최고의 전망대다.

진안 ◆ 팔각정휴게소

742

‖ 전라북도 진안군 용담면 송풍리 1293-12

용담댐 수문 바로 옆에 위치한 휴게소로 주차 시설도 좋고 용담호 전망이 좋다. 봄꽃이 피면 더 예쁜 곳이다.

진안 ◆ 섬바위

743

‖ 전라북도 진안군 안천면 삼락리 1595

용담댐 인근 금강 변 물 위에 섬처럼 따로 떨어져 있는 거대한 기암괴석과 그 위에 뿌리 내린 천년송이 장관을 이루는 섬바위는 노지 차박의 명소이며, 투어지로서도 손색이 없는 멋진 곳이다.

진안 ◆ 용담(龍潭)댐 환경조각공원

744

‖ 전라북도 진안군 안천면 삼락리 1136-3

일상생활의 폐품들을 활용하여 작품으로 재창조한 조각품들을 전시한 공원이다. 인근 용담댐 물문화관에는 댐 건설로 수몰된 지역에 대한 갖가지 기록물과 수몰 지역 분포도, 금강 상류의 동·식물이 전시되어 있으며, 관광휴게소가 있다.

- 로드마스터가 추천하는 대한민국 투어 명소 1000 -

바이크 투어 길라잡이

PART 5

배를 타고 건너는 섬 투어

1 세계 7대 자연경관 제주도(濟州道)

제주도는 우리나라에서 가장 큰 섬으로 남한 최고봉인 한라산 그리고 성산일출봉과 용암동굴, 수많은 오름, 현무암과 어우러진 아름다운 바다를 가진 자연의 보고다. 우리나라 최고의 관광지이며, 가볼 곳이 무척 많은 섬이라서 일주일을 잡아도 다 둘러보기 어려우므로 경험 있는 라이더들도 몇 번씩 다시 찾는 매력적인 곳이다. 제주에서 갈만한 곳들을 망라하여 소개하니 각자 일정에 맞춰 루트를 구성해 보기 바란다.

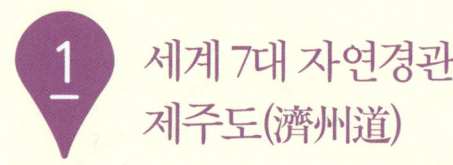

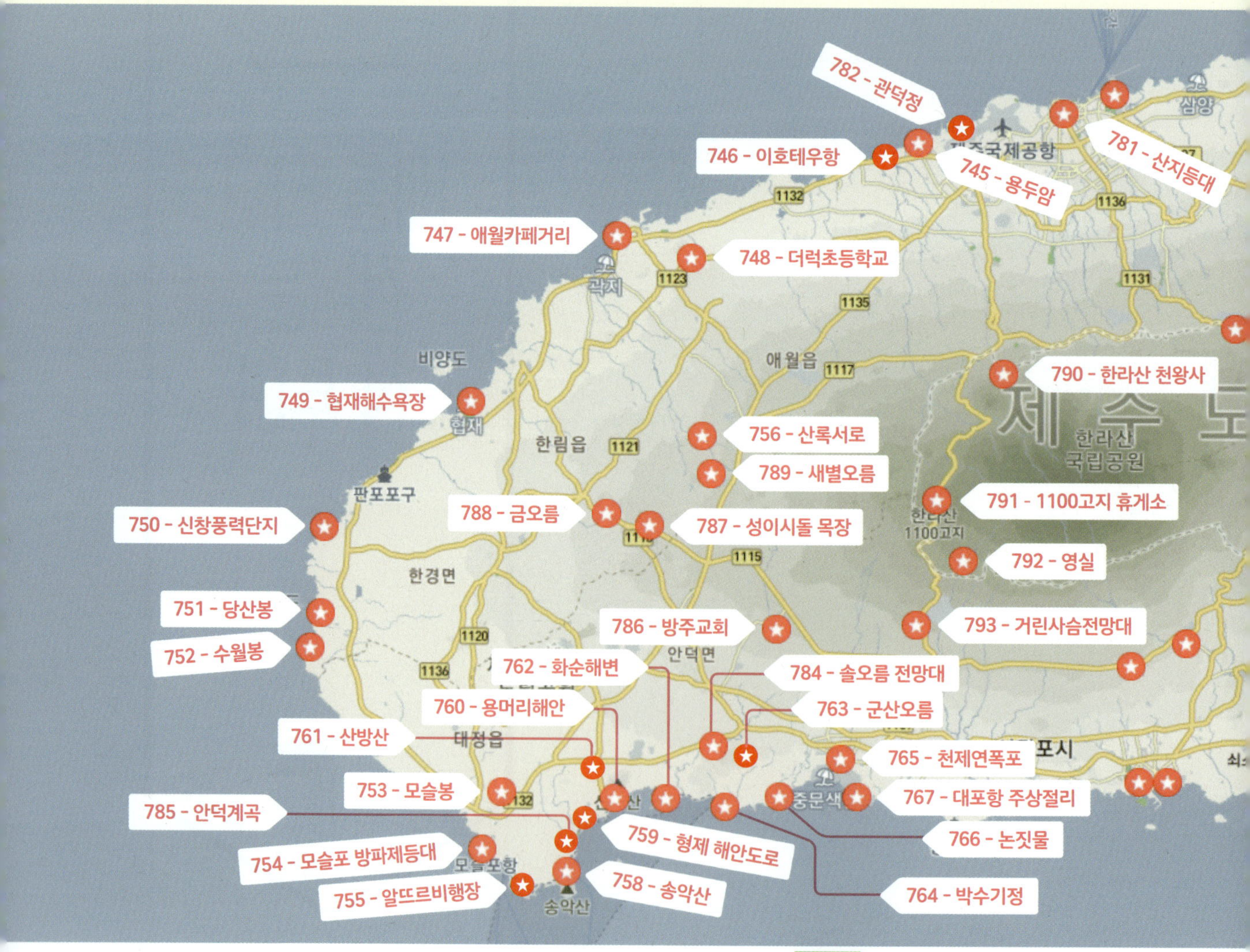

kakaomap
실제 서비스 이미지와 다를 수 있음

제주도 ◆ 용두암(龍頭巖)

745

‖ 제주특별자치도 제주시 용담이동 488-10

용두암은 높이 10m가량의 바위로 오랜 세월에 걸쳐 파도와 바람에 씻겨 빚어진 모양이 용의 머리와 닮았다 하여 용두암이라 불린다. 제주공항에서 가까워 투어 시작 때 첫 번째로 들르는 곳이다.

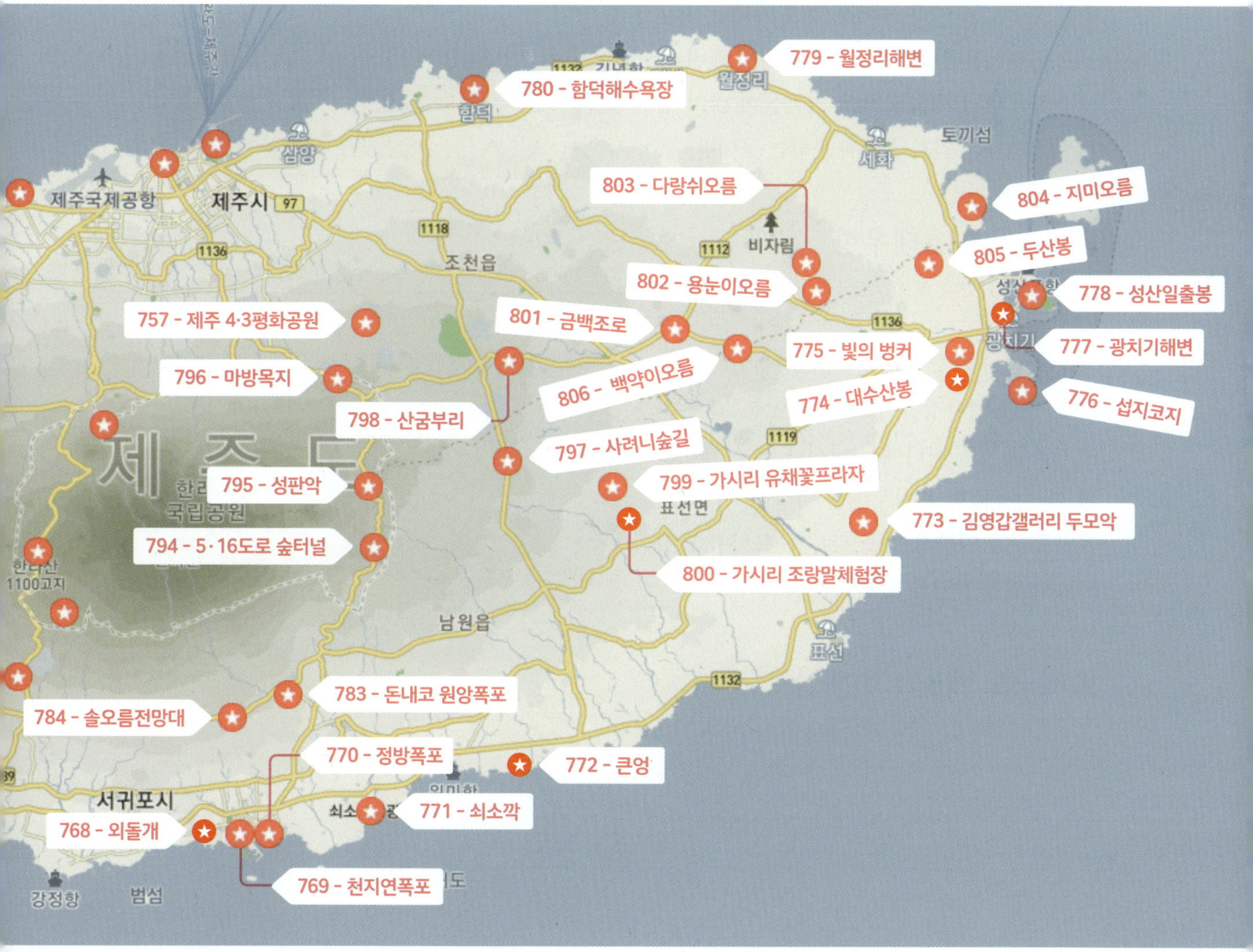

• 제주도 전농로(典農路) 왕벚꽃도로

‖ 제주특별자치도 제주시 삼도일동 585-30

제주 칼호텔 사거리에서 남성 오거리까지 약 1.2㎞에 이르는 왕복 2차선 도로로 수령 100년 가까이 된 왕벚나무들이 길게 늘어서 있으며, 해마다 '왕벚꽃축제'가 열린다.

• 제주도 제주카페거리

‖ 제주특별자치도 제주시 용담삼동 2292-26

용담 해안로를 따라 늘어선 멋진 카페가 많은 곳으로 명성을 얻었으나, 지금은 애월 해변 등 제주도에 워낙 새롭고 멋진 카페들이 많이 생겨 예전만큼의 인기를 얻지 못하는 곳이다.

제주도 ◆ 이호테우항

‖ 제주특별자치도 제주시 이호일동 746

제주 시내서 가장 가까운 이호동에 있는 솔숲과 완만한 백사장을 갖춘 해변으로, '테우'는 육지와 가까운 바다에서 낚시나 해초 채취를 할 때 사용했던 통나무배를 말한다. 두 개의 목마등대가 인상적인 곳으로, 두 목마등대 사이에서 일몰 촬영을 많이 하는 곳이다.

• 제주도 애월(涯月)해안로

‖ 시작점: 제주특별자치도 제주시 애월읍 하귀2리 1870-1

‖ 경유: 제주특별자치도 제주시 애월읍 신엄리 2730-3(돌고래전망대)

‖ 끝점: 제주특별자치도 제주시 애월읍 애월리 2113-8

애월읍 하귀리에서 애월리까지 바다를 끼고 달리는 멋진 해안도로로, 중간에 돌고래를 볼 수 있는 전망대가 있다.

제주도 ◆ 애월(涯月) 카페거리

747

‖ 제주특별자치도 제주시 애월읍 애월리 2542-7(카페촌 입구)

물가 위에 뜬 달이란 뜻의 '애월(涯月)' 지역의 바닷가 절벽 위에 카페 봄날과 애월더선셋 등 전망 좋은 카페들이 모여 있는 카페촌이다. 도로가 좁고 주차시설이 열악하니 참고하기 바란다.

● 제주도 한림(翰林)해안로

‖ 시작점: 제주특별자치도 제주시 한림읍 귀덕리 3025-2
‖ 경유1: 제주특별자치도 제주시 한림읍 귀덕리 4110-1
‖ 경유2: 제주특별자치도 제주시 한림읍 수원리 960-6
‖ 끝점: 제주특별자치도 제주시 한림읍 옹포리 332-2

한림읍 귀덕1리 교차로에서 제주한수풀해녀학교와 평수포구를 거쳐 옹포사거리까지 바다를 끼고 달리는 길이 7.6㎞의 멋진 해안도로다.

제주도 ◆ 더럭초등학교

748

‖ 제주특별자치도 제주시 애월읍 하가로 195

세계적인 색채디자이너, 장 필립 랑클로(Jean Phiilippe Lenclos)가 다양한 색채로 아름답게 장식한 학교이며, 실제 수업이 이루어지지만 관광객을 위해 특별히 개방한 만큼 수업 시간에는 반드시 관람로를 이용해서 탐방해야 하며, 교육활동이 끝난 방과 후나 주말에는 학교 안 출입도 가능하다.

제주도 ◆ 협재(挾才)해수욕장

749

‖ 제주특별자치도 제주시 한림읍 협재리 2447-45

조개껍데기 가루가 섞인 백사장과 비양도가 한데 어우러진 해수욕장으로, 비양도가 그림같이 조망되는 제주에서 가장 인기 많은 해수욕장 중 하나다.

● 제주도 금능(金陵)해변

‖ 제주특별자치도 제주시 한림읍 금능리 2038

협재해변과 더불어 돌하르방과 에메랄드 빛 바다가 조화를 이루는 아름다운 곳으로 비양도가 바로 앞에 보인다.

제주도 ◆ 신창(新昌)풍력단지

750

‖ 제주특별자치도 제주시 한경면 신창리1481-16

바람이 많은 제주에는 신창, 김녕, 가시리, 동복북촌, 삼달, 수산리, 행원리 등 많은 풍력단지가 있어 제주의 풍경을 더욱 멋지게 만든다. 신창풍력단지는 싱계물공원 기준으로 좌우로 펼쳐져 있으며, 다금바리 조형물, 마리여등대, 풍력발전기가 바다와 어우러져 멋진 풍경을 보여준다.

● 제주도 한경(翰京)해안도로

‖ 시작점: 제주특별자치도 제주시 한경면 신창리 620-1

‖ 경유: 제주특별자치도 제주시 한경면 신창리 1322-6

‖ 끝점: 제주특별자치도 제주시 한경면 용수리 2738-2

한경면 신창교차로에서 싱계물공원을 거쳐 용수리까지 해안을 따라 달리는 길이 6.5㎞의 아름다운 해안도로다.

제주도 ◆ 당산봉(堂山峰)

751

‖ 제주특별자치도 제주시 한경면 용수리 4714(정자)

당산봉은 제주시 한경면에 있는 오름으로 올레 12코스의 끝자락에 있으며 세계지질공원이기도 하다. 정자 인근에 바이크 주차 후 5분 정도 걸어 오르면 차귀도와 수월봉이 멋지게 조망되는 당산봉 제1전망대가 나온다. 더 위에 있는 정상 당산봉 제2전망대까지 오르면 신창풍력단지와 비양도까지 시원하게 조망된다. 서해 차귀도의 일몰이 그림같이 조망되는 숨겨진 명소다.

당산봉 제1전망대

당산봉 제2전망대

● 제주도 차귀도(遮歸島)선착장

‖ 제주특별자치도 제주시 한경면 노을해안로 1161

차귀도의 멋있고 특색 있는 바위 절경을 배를 타고 감상할 수 있는 차귀도 유람선이 출발하는 선착장이다.

제주도 ◆ 수월봉(水月峯)

752

‖ 제주특별자치도 제주시 한경면 고산리 3696-1

수월봉은 제주 서쪽 고산리 넓은 들판 절벽 위에 서 있는 봉우리로 깎아지른 절벽의 화산쇄설층이 장관을 이루고, 차귀도와 저녁노을이 무척 아름답게 보이는 곳이다. 바로 앞에 고산기상대가 함께 있다.

수월봉

고산기상대

제주도 노을해안로

‖ 시작점: 제주특별자치도 제주시 한경면 고산리 3616-6

‖ 경유1: 제주특별자치도 서귀포시 대정읍 신도리 3135-1(신도포구)

‖ 경유2: 제주특별자치도 서귀포시 대정읍 무릉리 4097-38(영락리방파제)

‖ 끝점: 제주특별자치도 서귀포시 대정읍 일과리 1449-2

차귀도 포구에서 신도포구와 영락리 방파제를 거쳐 일과사거리까지 해안을 따라 이어지는 길이 11.6㎞의 해안도로로, 돌고래를 볼 수 있는 곳이다.

제주도 ◆ 모슬봉(摹瑟峰) 753

‖ 제주특별자치도 서귀포시 대정읍 하모리 1971-3

높이 181m의 낮은 오름이자 기생화산으로, 정상부에 부대와 봉수대가 있고 모슬포 시내와 바다 전망이 좋은 곳이다.

제주도 ◆ 모슬포 방파제등대

754

‖ 제주특별자치도 서귀포시 대정읍 하모리 1089-34

모슬포는 산방산, 송악산, 용머리 해안 등 해안 절경에 둘러싸인 곳이며, 모슬포항은 우리나라 최남단 섬 마라도, 청보리 섬 가파도로 떠나는 여객선이 출항하는 항구다. 모슬포 방파제 등대는 시원한 제주바다 끝에 놓여 있는 등대다. 모슬포항에는 현무암을 원뿔형으로 쌓아 올려 둥글게 마무리하고 윗부분에 불을 밝혔던 옛날 등대 '도대불'이 있다.

제주도 ◆ 알뜨르비행장

755

‖ 제주특별자치도 서귀포시 대정읍 상모리 1629-8

알뜨르는 원래 '아래 뜰'이라는 뜻의 제주 방언으로 원래는 제주 주민들이 농사를 짓던 곳인데 일제강점기에 일본군이 모슬포 주민들을 동원하여 비행장으로 만든 곳이다.

당시의 격납고와 관제탑, 지하 벙커 등이 아직도 남아있으며, 제주 4·3 사건 때 수많은 양민들이 학살된 곳이기도 하다. 2017년 제주 비엔날레에 출품된 높이 9m의 파랑새를 손에 안고 있는 소녀상이 있었으나 2021년 철거되어 아쉬움이 남는 곳이다.

제주도 ◆ 산록서로(山錄西路)

756

‖ 시작점: 제주특별자치도 제주시 애월읍 어음리 산187

‖ 끝점: 제주특별자치도 제주시 해안동 산63-35

지방도 제1135호선과 제1139호선 사이에 놓인 길이 11㎞의 산간 도로로 제주승마공원을 지나며, 민가가 거의 없는 곳이라 자연의 풍광이 멋진 도로다.

제주도 ◆ 제주 4·3평화공원

757

‖ 제주특별자치도 제주시 명림로 430

1948년 4월 3일 남한만의 단독 정부수립과 단독 투표에 반대하는 사람들을 진압하는 과정에서 무고한 많은 제주도민들이 희생당한 사건인 제주 4·3사건을 추모하는 공원으로, 민간인 학살과 제주도민의 처절한 삶을 기억하고 추념하기 위해 건립되었다. 제주에는 이외에도 제주시 곤을동, 너븐숭이 그리고 서귀포시 안덕면, 표선 한모살, 대정읍 등에도 4·3사건 관련 유적이 있다.

제주도 ◆ 송악산(松岳山)

758

‖ 제주특별자치도 서귀포시 대정읍 상모리 산2-13

송악산은 높은 산은 아니지만 국토의 최남단 마라도가 가까이 보이고, 가파도, 형제섬, 우뚝 솟은 산방산과 어우러진 바다 전망이 무척 아름다운 곳이다. 깎아지른 해안절벽도 비경이며, 해안절벽 곳곳에 일제가 구축한 진지와 동굴이 있는 다크투어리즘 코스이기도 하다.

제주도 ◆ 형제(兄弟) 해안도로

759

|| 시작점: 제주특별자치도 서귀포시 대정읍 상모리 163-2

|| 끝점: 제주특별자치도 서귀포시 안덕면 사계리 2147-17

알뜨르농부시장에서 사계 포구까지 이어지는 길이 3.3㎞의 길지 않은 해안도로지만 송악산, 형제섬, 마라도, 가파도, 산방산, 용머리해안, 월라봉, 박수기정 등 제주도 서남부권의 주요 경관을 볼 수 있다. 일몰과 일출을 모두 볼 수 있으며 형제섬 사이로 떠오르는 일출이 사진 작가들에게 인기가 많다. 형제섬과 산방산이 보이는 사계항도 들러볼 만하다.

제주도 ◆ 용머리해안

760

|| 제주특별자치도 서귀포시 안덕면 사계리 118

수천만 년 동안 쌓인 사암층의 비경을 보여주는 곳으로 비슷한 지형을 가진 부안 채석강이나 고성 상족암보다 한 수위의 절경을 보여준다. 조수와 날씨에 따라 통행 제한이 되는 경우가 있으니 방문 전 미리 확인하는 게 좋다.

제주도 ◆ 산방산(山房山)

761

|| 제주특별자치도 서귀포시 안덕면 사계리 164-2

옛날에 한 사냥꾼이 산에서 사냥하다가 잘못하여 활 끝으로 천제(天帝)의 배꼽을 건드리자 화가 난 천제가 한라산 꼭대기를 뽑아 멀리 던져 생긴 산이라는 전설이 전해지는 곳으로, 오름이지만 규모가 커서 산으로 불린다. 용암이 퇴적되면서 형성된 종상 화산으로 높이가 395m에 이른다.

• 제주도 카페 원앤온리

‖ 제주특별자치도 서귀포시 안덕면 산방로 141

인근에 산방산과 바다를 함께 볼 수 있는 카페 원앤온리도 들러볼 만하다.

제주도 • 화순(和順)해변

‖ 제주특별자치도 서귀포시 안덕면 화순리 636-15

762

산방산이 바라보이는 안덕면에 위치한 해안으로 금모래해변과 박수기정을 배경으로 펼쳐져 있으며, 화순화력발전소가 있다. 올레길 10코스의 화순해안 기암괴석군은 숨겨진 제주의 비경이다.

제주도 • 군산(軍山)오름

‖ 제주특별자치도 서귀포시 안덕면 창천리 산3-1(주차장)

763

제주도에는 300여 개의 오름이 있지만 바이크나 차량으로 올라갈 수 있는 오름은 몇 개 안 되는데 그중 하나가 군산오름이다. 주차 후 5분 정도만 걸으면 제주 남쪽마다, 산방산, 서귀포, 안덕 등이 사방으로 조망되는 정상에 오를 수 있다.

제주도 ◆ 박수기정

764

‖ 제주특별자치도 서귀포시 안덕면 창천리 794-4(전망데크)

'바가지(박수)로 마실 샘물이 솟는 절벽(기정)'이라는 뜻을 지닌 박수기정은 대평포구에 있는 거대한 해안절벽으로, 제주의 또 다른 비경이다. 건너편 창천리 쪽에 조성된 작은 전망공간에서 바라보는 모습이 가장 아름답다.

제주도 ◆ 천제연(天帝淵)폭포

765

‖ 제주특별자치도 서귀포시 중문동 2230-1(주차장)

옥황상제를 모시는 칠선녀가 별빛 속삭이는 한밤중에 구름다리를 타고 옥피리 불며 내려와 맑은 물에 미역 감고 노닐다 올라간다고 하여 '하느님의 못(天帝淵)'이라 불린다. 천지연폭포, 정방폭포와 함께 제주도 3대 폭포 중 하나로 세 개의 폭포가 마치 한 폭의 그림처럼 모두 절경을 이루고 있어 많은 사람이 찾는 명소다.

제주도 천제연 제1폭은 비 온 뒤 수량이 많은 날에만 그 자태를 보여준다.
제주도 천제연 제2폭은 물보라를 일으키며 떨어지는 폭포가 무척 아름다운 곳이다.

천제연 제1폭포

찬제연 제2폭포

제주도 ◆ 논짓물

766

‖ 제주특별자치도 서귀포시 하예동 532-3

외지인들은 잘 모르는 제주도민들의 물놀이 장소인 논짓물은 서귀포 중문에서 약 10분가량 떨어진 해안에 있는 천연 수영장이다. 논짓물이란 땅속에서 솟아오르는 용천수 중 바다와 너무 가까워 식수나 농업용수로 사용할 수 없어 '그냥 흘려보내는 물'이란 뜻이다. 하예포구, 논짓물을 지나는 올레길 8코스도 아름다운 해안로 중 하나다.

제주도 ◆ 대포항 주상절리(大浦港 柱狀節理)

767

‖ 제주특별자치도 서귀포시 중문동 2768-1(주차장)

뜨거운 용암이 식으면서 수축 작용으로 육각형 모양의 수직 기둥을 만드는데 그것을 주상절리라고 한다. 대포항 제주 중문관광단지의 대표적인 절경 중 하나다.

● 제주도 오설록 제주 도순다원(道順茶園)

‖ 제주특별자치도 서귀포시 도순동 1

멀리 한라산과 녹차밭이 함께 조망되는 아름다운 도순다원은 아모레퍼시픽의 창업자 서성환 회장이 세운 다원으로 제주다원의 시초가 되는 곳이다.

• 제주도 최영로(崔瑩路)

‖ 시작점: 제주특별자치도 서귀포시 강정동 4968-2

‖ 경유1: 제주특별자치도 서귀포시 강정동 710-6(월드컵로 카페촌)

‖ 경유2: 제주특별자치도 서귀포시 법환동 1654(배염줄이)

‖ 끝점: 제주특별자치도 서귀포시 법환동 163-4

강정포구에서 서귀포 월드컵로 카페촌과 배염줄이를 거쳐 법환포구로 이어지는 길이 5㎞의 아름다운 해안로로 올레길 7코스를 일부 지나며, 범섬, 강정포구, 새섬, 문섬 등이 조망되는 아름다운 길이다.

제주도 • 외돌개

768

‖ 제주특별자치도 서귀포시 서홍동 780-1

높이 20여m, 폭은 7~10m의 돌기둥으로 화산이 폭발하여 분출된 용암지대에 파도의 침식작용으로 형성되어 특이한 해안 절경을 보여주는 명승 제79호다. 인근 황우지, 선녀탕과 함께 비경을 이룬다.

• 제주도 새(茅)섬 새연교

‖ 제주특별자치도 서귀포시 서홍동 707-7

억새를 뜻하는 새(茅)가 많은 새섬과 서귀포항을 연결하는 보도교로, 우리나라 최남단에 있는 보도교다. 바람과 돛을 형상화한 높이 45m의 주탑이 인상적이며, 저녁노을의 명소로 알려져 있다.

제주도 ◆ 천지연(天地淵)폭포

769

‖ 제주특별자치도 서귀포시 서홍동 666-1(주차장)

'하늘(天)과 땅(地)이 만나서 이룬 연못'이란 뜻을 지닌 천지연폭포는 제주 3대 폭포 중 하나로 규모가 크고 경관이 탁월하여 관광객 발길이 끊이지 않는 곳이다. 주차장에 주차 후 10분 정도 걸어가야 한다.

제주도 ◆ 정방(正房)폭포

770

‖ 제주특별자치도 서귀포시 동홍동 276(주차장)

동양에선 유일하게 폭포수가 바다로 직접 떨어지는 해안폭포로, 높이 23m의 두 줄기 폭포가 해안 바다로 직접 떨어지는 빼어난 절경으로 명승 제43호로 지정되었다.

● 제주도 보목해안(섶섬 조망)

‖ 제주특별자치도 서귀포시 보목동 1348-4

구두미포구에서 보목포구까지 이어지는 올레길 6코스 중 섶섬이 바로 보이는 해안길로, 해물라면으로 유명한 할망카페를 지난다.

제주도 ◆ 쇠소깍

‖ 제주특별자치도 서귀포시 하효동 990-1(주차장) 771

효돈천을 흐르는 담수와 해수가 만나 깊은 웅덩이를 만든 쇠소깍은 이름만큼이나 독특한 지형을 이루고 있다. 쇠는 소, 소는 웅덩이, 깍은 끝이라는 뜻이며, 기암괴석, 소나무, 맑고 깊은 물 위를 떠다니는 조각배들이 어우러져 매우 아름다운 모습을 연출하는 곳이다.

제주도 ◆ 큰엉

‖ 제주특별자치도 서귀포시 남원읍 남원리 2379-3 772

'바위가 바다를 집어삼킬 듯한 언덕'이라는 뜻을 가진 큰엉은 빼어난 경치로 해안경승지로 지정됐으며, 한반도 모양의 숲 터널 앞에서 인생 사진을 찍는 핫플레이스가 된 곳이다.

제주도 ◆ 김영갑(金永甲)갤러리 두모악

‖ 제주특별자치도 서귀포시 성산읍 삼달리 487-1(주차장) 773

제주도에 반해 18년 동안 제주도 중산간을 헤매며 오름 사진을 찍다 2005년 루게릭병으로 50이 채 안 된 나이에 세상을 떠난 사진작가 김영갑이 폐교를 개조해 만든 갤러리이다. 쌀보다 필름을 먼저 샀고, 필름을 사기 위해 막노동도 마다하지 않았던 그의 작품들을 볼 수 있는 공간이다.

제주도 ◆ 대수산봉(大水山峰)

‖ 제주특별자치도 서귀포시 성산읍 고성리 2037-2(진입로 입구) 774

300여 개의 제주 오름 중 바이크로 갈 수 있는 몇 안 되는 오름 중 하나인 대수산봉은 성산일출봉과 우도가 멋지게 조망되는 산으로 큰물뫼라고도 부른다. 하지만 경사와 비포장이 조금 있어 초심자들은 유의해야 한다.

제주도 ◆ 빛의 벙커

‖ 제주특별자치도 서귀포시 성산읍 고성리 2039-22 775

축구장 절반 정도 크기의 대형 철근 콘크리트 구조물을 오름 안에 건설하여 흙과 나무로 덮어 산자락처럼 보이도록 위장하고 군인들이 보초를 서며 출입을 통제하던 국가 통신시설을 개조하여 만든 전시장이다. 한 사업주가 제주에서 이 벙커를 찾아내서 1년의 준비 끝에 2018년에 '빛의 벙커'를 개장했다. 예술과 기술, 미술과 음악이 융합한 문화 재생 콘셉트의 공간으로 거장 미술가들의 작품을 빛과 음악을 통해서 감상하는 색다른 문화공간이다.

제주도 ◆ 섭지코지

‖ 제주특별자치도 서귀포시 성산읍 고성리 62-6 776

제주도에 있는 360여 개의 기생화산 중 하나로 지형상 성산일출봉과 비슷하다. 드라마 '올인'의 촬영지로 유명세를 치른 곳으로 올인하우스와 등대 그리고 촛대바위가 절경을 이룬다.

제주도 ◆ 광치기해변

777

‖ 제주특별자치도 서귀포시 성산읍 고성리 224-33

성산일출봉이 그림 같은 배경이 되어주는 멋진 해안으로 용암 지질과 녹색 이끼가 연출하는 장관은 전 세계 어디서도 볼 수 없는 풍경이라 많은 사진작가들이 찾는 곳이다.

제주도 ◆ 성산일출봉(聖山日出峰)

778

‖ 제주특별자치도 서귀포시 성산읍 성산리 114-3

산 모양이 성(城)을 닮아 성산봉이라 부르며, 이 산에서 보는 일출이 제주 최고의 비경이라고 해서 성산일출봉이라 부른다. 주차장에서 왕복 1시간이면 정상까지 다녀올 수 있고, 정상에서의 전망도 대단히 멋진 곳이다.

● 제주도 종달리 해맞이해안도로

‖ 시작점: 제주특별자치도 서귀포시 성산읍 오조리 9-1(오조항)

‖ 경유: 제주특별자치도 제주시 구좌읍 해맞이해안로 2196(종달리전망대)

‖ 끝점: 제주특별자치도 제주시 구좌읍 종달리 1426-1(하도해변)

광치기해변에서 시작하는 해맞이해안도로의 일부로 오조항에서 종달리전망대를 거쳐 하도해변까지 이어지는 제주의 대표적인 드라이브 코스다. 성산일출봉과 우도를 보며 달릴 수 있고, 6월에는 수국이 장관을 이룬다.

● 제주도 하도리(下道里)해변

‖ 제주특별자치도 제주시 구좌읍 하도리 2989-2

제주시에서 동쪽으로 향하는 해안도로를 따라 가다 만나는 구좌읍 하도리에 위치한 해변이다. 수심이 낮아 아이들과 함께 온 가족 단위 피서객들이 많다.

제주도 ◆ 월정리(月汀里)해변

‖ 제주특별자치도 제주시 구좌읍 월정리 652-4

779

'달이 머문다.'는 서정적인 이름을 가진 월정리는 해변의 카페나 식당에서 여행객들이 바다를 보며 쉴 수 있게 준비한 의자에서 찍은 사진들이 SNS를 통해 알려지면서 유명해진 곳이다. 해변에 놓인 빈 의자와 에메랄드빛 바다가 인상적인 해안으로 카페촌이 형성되어있다.

● 제주도 김녕(金寧)해수욕장

‖ 제주특별자치도 제주시 구좌읍 김녕리 1200-6

구좌읍 김녕리에 위치한 해수욕장으로 에메랄드빛 바다가 아름다운 제주의 유명 해수욕장 중 한 곳이다.

제주도 ◆ 함덕(咸德)해수욕장

‖ 제주특별자치도 제주시 조천읍 함덕리 1008 780

제주 올레 19코스에 자리한 함덕해수욕장은 해수욕장 바로 옆에 우뚝 선 오름(서우봉) 덕분에 함덕서우봉해변이라고도 불린다. 키 큰 야자수, 하얀 모래와 어우러진 에메랄드빛 바다가 아름다운 제주 3대 해수욕장 중 하나다. 해변 중간에 아름다운 '카페 델문도'가 있다.

제주도 ◆ 산지(山地)등대

‖ 제주특별자치도 제주시 건입동 340-2 781

사라봉 중턱 언덕 위에서 제주항을 비추는 등대로 1916년 최초로 점등되었으며, 해안절벽과 바다가 어우러진 해안선의 모습을 감상할 수 있는 곳이다.

제주도 ◆ 관덕정(觀德亭)

‖ 제주특별자치도 제주시 관덕로 19 782

1448년(세종 30) 제주목사 신숙청이 군사 훈련청으로 사용하기 위해 창건한 건물로, 제주도에 현존하는 전통 건축물 중 가장 크며 보물로 지정되었다.

제주도 ◆ 돈내코 원앙폭포

‖ 제주특별자치도 서귀포시 상효동 1463-2

783

돈내코 계곡의 중간에 있는 폭포로 입구에 주차 후 10여 분 정도 갑판 위를 걸으면 코발트색 소(沼)와 어우러진 원앙폭포의 비경을 볼 수 있다. 여름이면 물놀이객들이 만원을 이루는 곳이다.

제주도 ◆ 솔오름 전망대

‖ 제주특별자치도 서귀포시 동홍동 2150-1

784

산록 도로를 달리다 보면 만나는 솔오름 전망대는 서귀포 시내와 문섬, 섭섬 등이 조망되는 곳이며, 바로 옆 넓은 공터에 푸드트럭이 상주해있어 제주도 일주 중 쉬어가기 좋은 곳이다.

제주도 ◆ 안덕(安德)계곡

‖ 제주특별자치도 서귀포시 안덕면 감산리1946

785

돌오름 북동쪽에서 발원해 안덕면의 경계를 따라 흐르는 창고천 하류에 형성된 계곡으로, 제주도 특유의 깊게 침식된 골짜기가 발달해 있다. 길에서 잠시 계곡으로 내려가면 마치 다른 세상에 온 것 같은 착각이 드는 매우 아름다운 계곡이다.

제주도 ◆ 방주(方舟)교회

786

‖ 제주특별자치도 서귀포시 안덕면 산록남로 762번길 113

세계적인 재일 건축가 고(故) 이타미준이 노아의 방주를 모티브로 건축한 예배당으로 유명하다.

제주도 ◆ 성(聖)이시돌 목장

787

‖ 제주특별자치도 제주시 한림읍 금악리 135-1

사회적 약자와 동물을 보살폈던 스페인의 이시도르 신부의 이름을 딴 목장이다. 1954년 선교사로 제주 한림성당에 부임한 아일랜드 출신 임피제(맥글린치) 신부가 전쟁과 가난이 휩쓸고 간 척박한 제주에서 양돈과 목축업 등으로 주민들을 돕기 위해 이 목장을 만들었다. 2018년 선종 때까지 가난한 이웃을 위해 헌신했던 맥글린치 신부가 임시거처로 사용했던 테쉬폰 건물이 유명하다.

제주도 ◆ 금오름

788

‖ 제주특별자치도 제주시 한림읍 금악리 1210

서부 중산간을 대표하는 오름으로 신창풍력단지를 비롯한 제주 서쪽의 풍경이 한눈에 내려다보인다. 분화구까지 많은 여행객들이 오르내리고 도로가 나 있어 바이크로 오를 수는 있지만 통행을 규제하고 있다.

제주도 ◆ 새별오름

789

‖ 제주특별자치도 제주시 애월읍 봉성리 산59-8

애월읍에 있는 새별오름은 매년 정월대보름 들불 축제가 열리는 곳으로, 정상에 오르면 비양도, 제주 서부가 잘 보이는 대표적인 오름이다. 전에는 바이크로 오름 정상까지 올라갈 수도 있었지만 지금은 방문객들이 많아 현실적으로 어렵다.

제주도 ◆ 한라산 천왕사(漢拏山 天王寺)

790

‖ 제주특별자치도 제주시 노형동 산20-17

한라산 중턱에 자리 잡은 천왕사는 역사가 오래되지는 않았지만 천불전 뒤로 보이는 산에 신기한 기암괴석들이 멋진 광경을 보여주며, 법당 앞에는 참배객들이 쌓아놓은 기원탑이 있다. 천왕사로 접어드는 삼나무 숲길이 대단히 인상적이며, 인근에 제주국립묘지를 조성하여 도로를 확장하고 있다.

제주도 ◆ 1100고지 휴게소

791

‖ 제주특별자치도 서귀포시 색달동 산1-2

5·16도로와 함께 한라산을 세로로 넘어가는 대표적인 도로인 1100도로 정상에 있는 휴게소다. 길 건너편에 있는 람사르 습지도 한번 들러볼 만하다.

1100고지 휴게소

1100도로 람사르습지

제주도 ◆ 영실(靈室)

792

‖ 제주특별자치도 서귀포시 하원동 산1-1(주차장)

'신들의 방'이란 뜻을 지닌 영실은 한라산 6개의 탐방코스 중 하나로 단풍철에 가장 인기 있는 탐방로이며, 제주에서 바이크를 타고 가장 높이 올라갈 수 있는 곳이다. 영실휴게소로 오르는 산길은 사계절 멋진 풍경을 보여주는 명품 길이다.

제주도 ◆ 거린사슴전망대

793

‖ 제주특별자치도 서귀포시 대포동 산2-11

제주시에서 서귀포로 넘어가는 1100도로 거린사슴오름 아래 회전 구간에 거린사슴전망대가 있다. 전망대에 서면 서귀포 시내가 멋지게 조망된다.

제주도 ◆ 5·16도로 숲터널

794

‖ 제주특별자치도 서귀포시 남원읍 한남리 산106

제주와 서귀포를 가로지르는 가장 다이나믹한 도로인 5·16도로 중간에 약 1㎞에 걸쳐 도로 양쪽의 나뭇가지가 만나 터널을 만드는 아름다운 구간이다.

제주도 ◆ 성판악(城板岳)

‖ 제주특별자치도 제주시 조천읍 516로 1865(주차장) 795

판자를 세운 것처럼 급하게 솟은 곳이란 뜻을 지닌 성판악은 성널오름의 한자 표현이다. 높이 1,215m의 고지대로 한라산 탐방코스 중 하나이며, 탐방로 초입에 주차장과 휴게소가 있었으나 휴게소는 2021년에 철거되었다.

제주도 ◆ 마방목지(馬放牧地)

‖ 제주특별자치도 제주시 용강동 산14-18(주차장) 796

한라산 너른 초원지대에서 말들이 한가로이 풀을 뜯고 뛰어노는 평화로운 풍경이 연출되는 마방목지는 순수 제주 혈통 조랑말을 사육하는 목장이다. 제주 조랑말은 작고 아담한 몸집에 성질도 온순하여 사람을 잘 따르고, 추위와 질병을 잘 이겨내는 강인함을 가지고 있으며 천연기념물 347호로 지정 보호되고 있다.

제주도 ◆ 사려니숲길

‖ 시작점: 제주특별자치도 서귀포시 표선면 가시리 산158-4 797

‖ 경유: 제주특별자치도 서귀포시 남원읍 수망리 산203

‖ 끝점: 제주특별자치도 제주시 봉개동 산78-1

사려니숲길은 비자림로에서 시작하여 물찻오름과 사려니오름을 거쳐 가는 10㎞ 길이의 숲길로 도보로만 통행할 수 있다. 사려니숲길 진입로 입구를 지나는 지방도 제1112호선 인근의 삼나무 숲도 멋지다.

제주도 ◆ 산굼부리

‖ 제주특별자치도 제주시 조천읍 교래리 343-4 798

제주시 조천읍 교래리에 있는 분화구 모습의 오름으로, 제주도 유일의 함몰형 측화산이다. 1979년 천연기념물 제263호로 지정되었다.

제주도 ◆ 가시리(加時里) 유채꽃프라자

‖ 제주특별자치도 서귀포시 표선면 가시리 3665-85 799

가시리 녹산로 정석항공을 지나 풍력단지 도로 양쪽에 유채꽃플라자가 있으며, 봄이면 벚꽃과 유채꽃이 만발하여 인산인해를 이룬다.

제주도 ◆ 가시리 조랑말체험장

‖ 제주특별자치도 서귀포시 표선면 가시리 산41-8 800

제주의 토종말인 조랑말을 직접 타볼 수 있는 체험장과 조각품들이 전시된 공원으로 조랑말 박물관 등이 함께 있다

• 제주도 송당 본향당(松堂本鄉堂)

‖ 제주특별자치도 제주시 구좌읍 송당리 산199-1

강남천자국의 백주또가 제주도로 내려와 사냥꾼 소로소천국과 혼인한 뒤 18명의 아들과 28명의 딸을 낳았으며, 이들이 다시 자식을 낳아 378명이 되었고, 이 자식들이 제주 378개 마을의 당신(堂神)이 되었다고 전해진다. 그래서 송당 본향당을 제주 신당의 원조라고 하며 백주또를 제주 당신의 어머니라고 한다. 입구에 18명의 아들과 28명의 딸을 상징하는 석상이 서 있다.

제주도 ◆ 금백조로

801

‖ 시작점: 제주특별자치도 제주시 구좌읍 송당리 2234-3

‖ 끝점: 제주특별자치도 서귀포시 성산읍 수산리 1696-1

구좌읍 송당리에서 성산읍 수산리까지 이어지는 길이 10.7㎞의 금백조로는 제주 당신(堂神)의 어머니인 금백조(백주또 할망) 신화에서 이름을 딴 도로다. 백약이오름과 수산풍력단지 낭끼오름을 가로지르며, 4계절 언제 가도 제주에서 손꼽히는 드라이브 코스다.

제주도 ◆ 용눈이오름

802

‖ 제주특별자치도 제주시 구좌읍 종달리 4650-1(주차장)

용눈이오름은 북동쪽의 정상봉을 중심으로 세 봉우리가 있고, 그 안에 동서쪽으로 트여있는 타원형의 분화구가 있으며, 전체적으로 동사면 쪽으로 얕게 벌어진 말굽형 화구 모양이다. 제주 오름의 왕이라고 평가받는 곳으로 2021년 2월부터 2년간 자연휴식년제에 들어가 출입이 제한되고 있다.

제주도 ◆ 다랑쉬오름

‖ 제주특별자치도 제주시 구좌읍 세화리 2705(주차장) 803

다랑쉬오름은 한라산 동쪽에 도드라지게 솟아 있어 오름의 여왕이라 불리며, 올라가는 길이 다소 힘들지만, 정상에 서면 성산일출봉을 비롯한 제주 동부권이 그림같이 조망되는 비경이 펼쳐지는 곳이다.

제주도 ◆ 지미오름

‖ 제주특별자치도 제주시 구좌읍 종달리 산2(주차장) 804

종달리 마을 동북 방향에 있는 오름으로 정상부에 봉수대 흔적이 남아 있으며, 계단을 따라 15분 정도 걸어야 도착한다. 정상에서 보는 종달리 해변과 성산일출봉 일대의 전망이 환상적이다.

제주도 ◆ 두산봉(斗山峰)

‖ 제주특별자치도 서귀포시 성산읍 시흥리 1836(인근 정자) 805

제주 동쪽에 성산에 있는 오름으로 주차 후 완만한 산책길을 10분 정도 오르면 두산봉에 도착한다. 현지에서는 말미오름, 알오름으로도 부르며, 성산 일대와 우도 등이 그림같이 조망되는 곳이다.

제주도 ◆ 백약이오름

806

‖ 제주특별자치도 서귀포시 표선면 성읍리 1893(주차장)

표선에 있는 아름다운 도로 금백조로에 위치한 오름으로 예부터 많은 약재가 나온다고 하여 백약이오름으로 불렸다. 오름을 오르는 계단 길은 이미 유명한 인생 사진 명소가 되었고, 정상에서 보는 성산일출봉 등 제주 동쪽의 전망이 너무나 아름다운 제주 최고의 오름 중 하나다.

이렇게 제주의 대표적인 투어 명소들을 마무리해 본다.

2 신비의 섬 울릉도(鬱陵島)

철부선에 할리 바이크를 싣고 흑산도 개척투어를 다녀오면서 바이크로 갈 수 있는 우리나라 끝섬(서남단 가거도, 동해 울릉도, 서북단 백령도, 최남단 마라도)를 다녀오기로 마음먹었다. 하지만 마라도는 차량 운행 자체가 불가능하고, 가거도는 한 번 들어가면 일주일 후에나 나올 수 있어서 포기했고, 울릉도와 백령도에 도전했다. 할리 바이크로는 최초로 2019년 3월 3·1절 백주년을 맞아 울릉도와 독도를 다녀왔고, 2019년 6월에는 백령도를 다녀왔다. 울릉도는 포항 화물터미널에서 화물선에 바이크를 실어 보내고 사람은 쾌속선에 승선하여 따로 갔었는데, 지금은 대형 크루즈선이 취항해 자동차나 바이크를 함께 싣고 다녀올 수 있다. 운행 상황은 계속 바뀌니 선사에 미리 확인하기를 바란다.

kakaomap
실제 서비스 이미지와 다를 수 있음

울릉도 ◆ 통구미(通九味) 거북바위

807

‖ 경상북도 울릉군 서면 울릉순환로 1049

울릉군의 유일한 자연 포구인 통구미에 있는 거북 모양의 암석이다. 거북이가 마치 통처럼 생긴 마을로 들어가는 모양과 같이 생겼다고 해서 통구미(桶龜尾)라 부르던 것이 한자 표기가 변해 통구미(通九味)가 됐다.

울릉도 ◆ 삼선암(三仙岩)

808

‖ 경상북도 울릉군 북면 천부리 산4-9

울릉도의 빼어난 경치에 반한 세 선녀가 이곳에서 목욕하고 놀다가 하늘로 올라갈 시간을 놓쳐 옥황상제의 노여움을 사서 바위로 변했다는 정설이 전해지는 곳이며, 일선암, 이선암, 삼선암 세 개의 바위 중 가장 큰 이선암은 지상부 높이가 무려 104m나 된다. 실제로 바위 앞에 서면 압도적인 크기와 빼어난 풍경이 숨 막히게 하는 울릉도 최고의 비경 중 하나다.

울릉도 ◆ 울릉천국(鬱陵天國)

809

‖ 경상북도 울릉군 북면 평리2길 207-16

'나 그대에게 모두 드리리'의 가수 이장희가 울릉도의 비경에 반해 정착한 뒤 울릉군의 협찬으로 울릉아트센터를 건립한 곳으로, 아트센터 뒤로 석봉산이 그림처럼 펼쳐진다.

울들도 ◆ 울릉예림원(鬱陵藝林園)

‖ 경상북도 울릉군 북면 울릉순환로 2746-24 810

해양경찰 출신의 서예가 박경원 원장이 만든 공원으로, 주차장에서 동굴을 지나 들어가는 입구부터 흥미로우며, 꽃 사이에 박 원장이 조각한 문자 조각품이 즐비해서 문자조각공원이라고도 부른다. 절벽 위에서 바다를 향해 서 있는 바위 전망대와 정상 전망대에서 바라보는 경치도 일품이다.

울릉도 ◆ 해중(海中)전망대

‖ 경상북도 울릉군 북면 천부리 718-54 811

천부항 앞에 있는 우리나라 유일의 해중(수중) 전망대로, 천부소공원에서 바다 쪽으로 난 긴 다리를 건너면 그 끝자락에 있는 원통형 구조물이다. 높이가 총 22.2m로 수심 6m까지 내려가며, 창밖으로 바닷속 생태계가 펼쳐진다.

울릉도 ◆ 나리분지

‖ 경상북도 울릉군 북면 나리 산3-6 812

동서 약 1.5㎞, 남북 약 2㎞ 크기로, 성인봉 북쪽의 칼데라 화구가 함몰하여 형성된 화구원이며 울릉도에서 볼 수 있는 유일한 평야 지대다.

• 울릉도 나리길

‖ 경상북도 울릉군 북면 천부리 산202-7

나리분지로 가는 길목에 있는 굽잇길로 정상부에 전망대가 있어서 봉우리로 둘러싸인 나리분지의 전경을 한눈에 볼 수 있다.

• 울릉도 수층교(水層橋) 나선형도로

‖ 경상북도 울릉군 서면 남서리 677

남서리 버섯바위 부근 해안도로에서 산길로 오르는 도로로 해안도로와 임도의 고저 차가 커서 나선형 도로로 건설된 곳이다.

• 울릉도 서면 울릉순환로

‖ 경상북도 울릉군 서면 태하리 482-1

북면 현포에서 서면 태하로 넘어가는 아름다운 굽잇길이다.

울릉도 ◆ 현포(玄浦) 전망대

‖ 경상북도 울릉군 북면 현포리 665-2

813

대풍감, 만물상과 함께 울릉도 북서쪽 3대 전망명소인 현포전망대는 송곳산을 비롯한 울릉도 북동쪽 전망이 그림 같은 곳이다.

울릉도 ◆ 태하향목(台霞香木) 모노레일

814

‖ 경상북도 울릉군 서면 태하리 산113

울릉도의 비경을 한눈에 감상할 수 있는 관광 모노레일로 태하항에 위치하고 있다. 정상까지 약 6분이 걸리며, 정상부의 등대까지 가려면 약 500m를 걸어야 한다.

울릉도 ◆ 대풍감(待風坎) 전망대

815

‖ 경상북도 울릉군 서면 태하등대길 188

울릉도에 배를 만들기에 좋은 나무가 많이 있어 낡은 배를 타고 와서는 새 배를 만든 후 바위구멍에 닻줄을 메어 놓고 본토 쪽으로 부는 바람을 기다렸다 해서 기다릴 대(待)자를 써서 대풍(待風)이라 불렀으며 '감'은 구멍이란 뜻이다. 우리나라 10대 비경 중 하나이자, 죽기 전에 가봐야 할 100대 명소 중 한 곳이라 알려진 대풍감을 보려면 태하등대까지 모노레일을 타고 올라야 한다. 대풍감에서 내려다보이는 깎아지른 수직 절벽과 그 앞으로 펼쳐진 푸른 바다는 마치 지중해의 해안 같은 착각을 불러일으킨다.

울릉도 ◆ 관음도(觀音島)

816

‖ 경상북도 울릉군 북면 천부리 산2-38(주차장)

울릉도에서 100m 정도 떨어져 있는 부속 도서이며, 2012년에 보행 연도교가 준공되어 울릉도와 육로로 연결되었다.

울릉도 ◆ 내수전(內水田) 일출전망대

817

‖ 경상북도 울릉군 울릉읍 저동리 산23

과거 김내수(金內水)란 사람이 화전을 일구던 곳인 내수전(內水田)에 있는 전망대로, 저동항, 죽도, 관음도 일대를 한눈에 볼 수 있으며, 특히 일출이 장관이다.

울릉도 ◆ 송곳산 성불사(成佛寺)

818

‖ 경상북도 울릉군 북면 추산길 128-15

성불사는 경주 불국사의 말사로 대웅전이 따로 없는 특이한 구조의 사찰이다. 대신 송곳봉 아래 독도를 수호하는 약사여래불이 2002년부터 바다를 품고 가부좌를 틀었다. 전망이 좋아 종교와 무관하게 다녀가는 여행객이 많다.

● 독도(獨島)

‖ 경상북도 울릉군 남면 도동 1번지

울릉도에 입도했다면 시간을 내서 국토의 막내이자 외로운 섬, 독도를 가보는 것도 좋다. 단, 독도 주변의 기상 상황에 따라 배가 독도에 접안하지 못하는 경우가 많으니 참고하기를 바란다.

이렇게 2박 3일 일정의 울릉도 투어를 마무리한다. 비록 먼 곳이지만 수많은 비경을 간직한 울릉도이니 꼭 가보길 권한다. 요즘 울릉도에 소형 바이크를 렌트해 주는 곳도 생겼다 하니 바이크를 가져가기 번거롭다면 렌트해서 일주하는 것도 좋은 방법이다.

3 바다의 종착역 백령도(白翎島)

서해 최북단 섬 백령도는 귀신, 도둑, 신호등이 없는 3무의 고장이다. 백령도는 군사지역이라는 딱딱한 이미지가 강한 곳이지만 다녀와보니 많은 비경을 간직한 대단히 아름다운 섬이었다. 둘러볼 곳이 많고, 생각보다 넓어서 적어도 1박 2일 정도의 일정을 잡아야 한다.

kakaomap
실제 서비스 이미지와 다를 수 있음

• 백령도 용기포(龍機浦)선착장

인천 연안 여객터미널에서 카페리에 바이크를 싣고 약 4시간을 달리면 백령도의 용기포 신항에 도착한다. 군사지역이라서 내비게이션이 작동하지 않는 곳이 많으니 반드시 지도를 미리 공부하고 루트를 확인하기 바란다.

백령도 • 사곶해변 천연비행장

‖ 인천광역시 옹진군 백령면 진촌리 40-41

819

이탈리아 나폴리 해안과 함께 해변 백사장을 활주로로 사용할 수 있는 세계에서 두 개뿐인 천연비행장으로 길이 4㎞, 폭 300m의 규조토 해변이다. 실제로 6·25전쟁 당시 유엔군의 비행기가 이곳에서 뜨고 내렸으며, 할리 바이크를 타고 달려도 전혀 무리가 없을 정도로 단단하다.

백령도 • 서해최북단(西海崔北端) 백령도기념비

‖ 인천광역시 옹진군 백령면 진촌리 2384

820

백령호 앞에 서해최북단 백령도기념비가 서 있다. 할리 바이크를 탄 동료들과 함께 처음으로 백령도를 밟게 되어 감개무량했다.

백령도 ◆ 콩돌해변

‖ 인천광역시 옹진군 백령면 남포리 1764-7

821

해변에 콩 자갈이 두껍게 뒤덮여 바닷물이 들고 날 때 '차르르' 하는 맑은 소리가 들리는 아름다운 해변이다.

백령도 ◆ 용트림바위

‖ 인천광역시 옹진군 백령면 남포리 산283-2

822

마치 용이 하늘로 승천하려는 모습과 같다 하여 용트림 바위로 불린다. 백령도의 빼어난 비경 중 한 곳으로 새들의 천국이다.

백령도 ◆ 중화동(中和洞)교회

‖ 인천광역시 옹진군 백령면 중화길 230-7

823

1896년 우리나라에서 두 번째로 세워진 유서 깊은 장로교회로, 백령도에 기독교가 전파되고 발전해 온 역사를 보여주는 백령 기독교역사관이 함께 있다.

백령도 ◆ 천안함(天安艦) 46용사 위령탑

824

‖ 인천광역시 옹진군 백령면 연화리 958-1

해군의 초계함 천안함이 2010년 3월 26일 북한 잠수함의 불법 기습적인 어뢰 공격으로 침몰 당하면서 이창기 준위를 비롯한 46명의 젊은 용사들이 희생되었고, 구조과정에서 한주호 준위가 순직하였다. 이때 산화한 천암함 사건 희생자 46명의 장병을 추모하는 위령탑이다.

백령도 ◆ 두무진(頭武津)

825

‖ 인천광역시 옹진군 백령면 연화리 산256-1

수 억 년 동안 파도에 깎인 해안절벽과 가지각색의 기암괴석이 솟아 있는 두무진은 바위들이 장군 머리와 같은 형상을 이루고 있다 하여 두무진(頭武津)이라 부르며, 조선 광해군 때 백령도를 소개하는 <백령지(白翎志)>의 저자 이대기(李大期)가 '늙은 신의 마지막 작품'이라 극찬했던 천혜의 비경을 간직한 곳이다.

해상 유람선을 타고 바다 쪽으로 나가서 보는 두무진의 풍광도 마치 다른 세상에 온 것 같은 황홀한 선경이다.

두무진

해상유람선 위에서 본 두무진

백령도 ◆ 백령도(白翎島) 기상대

826

‖ 인천광역시 옹진군 백령면 두무진로 362-91

백령도에서 가장 높은 곳은 군부대라 진입할 수 없어서 두 번째로 높은 곳에 위치한 백령도기상대를 찾았다. 여기서 보는 전망도 일품이다.

백령도 ◆ 심청각(沈淸閣)

827

‖ 인천광역시 옹진군 백령면 진촌리 산146-1

백령도는 <심청전>의 무대가 되기도 했는데 효녀 심청이 아버지의 눈을 뜨게 하려고 뛰어들었던 인당수가 보이는 곳에 심청각이 있다. 이곳에서 보이는 바다는 북쪽으로 시원한 전망을 자랑하며, 북한의 장산곶이 바로 눈앞 지척에 보인다.

백령도 ◆ 끝섬전망대

828

‖ 인천광역시 옹진군 백령면 진촌리 1-2

용기원산에 있는 끝섬전망대는 북한이 가까이 보이고 백령도 진촌 시내와 사곶 해안이 한눈에 들어오는 최고의 전망을 지닌 곳이다.

끝섬전망대를 마지막으로 백령도 투어를 마감한다.

4 푸르다 못해 검은 바다 흑산도(黑山島)

오래전 흑산도 상라산 12굽잇길 사진을 보고 바이크를 타고 꼭 한번 가보고 싶어서, 수소문 끝에 2014년 목포북항에서 철부선에 할리 바이크 4대를 싣고 6시간을 달려 개척투어를 다녀온 곳이다. 요즘은 쾌속선이 취항하여 바이크와 함께 3~4시간이면 흑산도에 갈 수 있다.

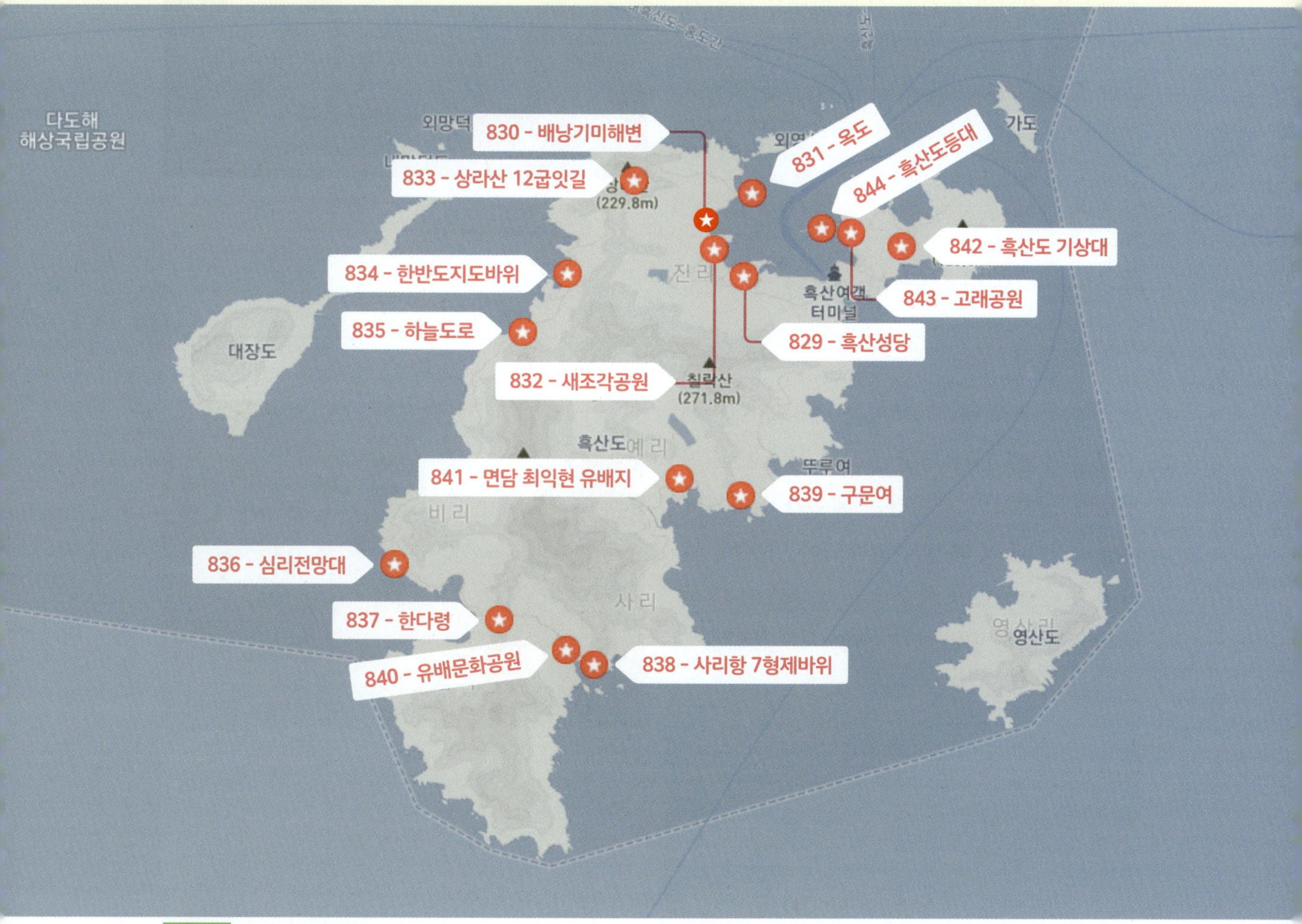

kakaomap
실제 서비스 이미지와 다를 수 있음

압해도 송공항에서 카페리인 뉴드림호를 타면 3시간 반 만에 흑산도에 도착한다. 2010년 28년 간의 긴 공사 끝에 약 25㎞의 아름다운 해안일주도로가 완공되어 섬을 한 바퀴 돌면 흑산도의 아름다운 자연과 문화 유적을 거의 다 볼 수 있다. 편하게 갔다 올 수 있는 곳은 아니지만 흑산도의 쪽빛 바다와 아름다운 해안로를 생각하면 한 번은 꼭 가볼만한 멋진 투어지이다.

• 흑산도 예리항(曳里港)

‖ 전라남도 신안군 흑산면 예리 176-47

흑산항은 천혜의 조건을 갖춘 항구로 어업기지인 동시에 인근을 항해하는 선박들에게 보급과 휴식을 제공하는 대피항이다.

흑산도 ◆ 흑산성당(黑山聖堂)

‖ 전라남도 신안군 흑산면 흑산일주로 180-20

829

1957년 항구가 내려다보이는 예리항 언덕에 지어진 흑산도에서 가장 오래된 성당으로, 진입로에 '십자가의 길'이라는 예수가 십자가에 매달리기까지의 과정이 조각되어 있으며, 브라질 코르코바도산 예수상을 재현한 하얀 예수상이 두 팔을 벌리고 서 있다.

흑산도 ◆ 배낭기미해변

830

‖ 전라남도 신안군 흑산면 진리 586-12

배낭기미는 '배가 닿는 곳'이란 뜻이며, 정약전이 흑산도로 유배 올 때 내렸던 곳이다. 흑산도 3대 해수욕장 중 하나로 규사질의 완만한 해변을 갖고 있으며, 송림 사이에 텐트를 칠 수 있는 갑판도 있다. 봄이면 이곳에서 숭어축제가 열린다. 여기서부터 반시계 방향으로 흑산도 일주를 시작한다.

흑산도 ◆ 옥도(獄島)

831

‖ 전라남도 신안군 흑산면 진리 산4

배낭기미해수욕장 근처에 있는 빨간 다리로 연결된 작은 섬으로, 유배자 중에 '위험 인물'로 여겨지는 자들을 가두는 '조선의 알카트라즈' 감옥이었다. 섬 이름도 감옥 옥(獄)자를 쓰지만, 지금은 예쁜 사진을 찍는 사진 명소가 됐다.

흑산도 ◆ 새조각공원

832

‖ 전라남도 신안군 흑산면 흑산일주로 212

국제적 철새도래지인 흑산도을 홍보하기 위해 2021년에 조성한 조각공원으로 잘 꾸며진 정원과 200여 점의 새 조형물들이 멋진 풍경을 선사한다. 인근에 조류표본 300여 점과, 실제와 구별이 안 될 만큼 정교한 조류 목각 256점을 전시하는 철새박물관과 새조각박물관이 있다.

흑산도 ◆ 상라산(上羅山) 12굽잇길

833

‖ 전라남도 신안군 흑산면 진리 산36-3

상라산 12굽잇길은 이름난 지리산 지안재보다 더 멋진 굽잇길로, 정상에서 계단을 따라 상라산 (229.8m) 정상에 오르거나, 팔각정휴게소에 오르면 12굽잇길, 한두령, 옥섬, 횡섬과 흑산도항이 그림처럼 펼쳐진다. 일출과 일몰을 볼 수 있는 명소로도 유명하다.

이미자의 노래 '흑산도 아가씨'를 기념하는 노래비가 있는데, 노래비 우측으로 난 임도를 따라 오르면 흑산도 주변 일대가 훤히 보이는 팔각형 모양의 상라정이 있다.

상라산 12구비길

흑산도아가씨 노래비

흑산도 ◆ 한반도(韓半島)지도바위

834

‖ 전라남도 신안군 흑산면 비리 산145

바다 위에 솟아 있는 바위 사이로 한반도 지형 모형의 구멍이 뚫어져 있어 '지도바위'라고 부른다.

흑산도 ◆ 하늘도로

‖ 전라남도 신안군 흑산면 비리 산136-1

835

교각이 없이 건설되어 하늘에 떠 있는 것 같은 착각을 일으키는 도로다.

흑산도 ◆ 심리(深理)전망대

‖ 전라남도 신안군 흑산면 심리 산2-5

836

상라산 12굽이길에서 한다령으로 가는 길목에 있는 정자로 탁 트인 전망 속에 대장도는 물론, 날이 좋으면 멀리 홍도까지 조망되는 곳이다.

흑산도 ◆ 한다령

‖ 전라남도 신안군 흑산면 심리 산50

837

심리에서 사리로 넘어가는 아름다운 굽잇길로 정상에는 흑산도 일주도로 완공기념비와 신안을 상징하는 천사 동상이 있으며, 바다와 접해 있어 무척 아름답게 보이는 길이다.

흑산도 ◆ 사리항(沙里港) 7형제바위

‖ 전라남도 신안군 흑산면 사리 산5

838

아름다운 사리항과 7형제바위 그리고 항구에 정박 중인 배가 한편의 그림을 연상시키는 아름다운 곳으로, 묵령이라는 고개 위에서 사리항과 7형제바위가 잘 보인다.

흑산도 ◆ 구문여(구멍바위)

‖ 전라남도 신안군 흑산면 예리 산197-2

839

커다란 바위 일부에 구멍이 뚫려있는 바위로 파도가 칠 때 구멍 사이로 뿜어져 나오는 물줄기가 장관을 이룬다.

흑산도 ◆ 유배(流配)문화공원

‖ 전라남도 신안군 흑산면 사리 468

840

흑산도는 고려에서 조선까지 나라에 큰 죄를 지은 중죄인 130여 명이 유배를 왔던 곳이다. 유배문화공원은 과거 유배지의 생활 모습을 한눈에 볼 수 있도록 각종 조형물과 자료들을 모아 놓은 곳으로, 유배자들의 거주지, 유배 온 사람들의 이름과 행적을 적은 비석, 그리고 그들이 남긴 자료 등이 있다.

흑산도 • 면암 최익현(勉庵 崔益鉉) 유배지

841

‖ 전라남도 신안군 흑산면 예리 594

1876년 면암 최익현은 고종에게 강화도조약 체결을 반대하는 상소를 올렸다가 이곳에 2년 동안 유배됐었다. 천촌리 암벽에 새겨진 '基封江山 洪武日月(기봉강산 홍무일월)'이란 글씨가 면암의 작품으로 '이 나라는 고조선 시절부터 있었고, 해와 달은 조선 500년의 역사를 갖고 있다.'는 뜻이다. 1905년 을사늑약이 체결되자 의병을 일으켰으나 패해 일본으로 압송되었다가 '적이 주는 음식은 먹을 수 없다.'라며 단식 끝에 목숨을 가두었다.

흑산도 • 흑산도(黑山島) 기상대

842

‖ 전라남도 신안군 흑산면 예리3길 21-90

편서풍대에 속하는 우리나라는 대부분의 기상 현상이 서쪽에서부터 시작되기 때문에, 국토 최남서단에 있는 흑산도는 기상학적으로 매우 중요한 곳이다. 이런 지리적 이점 때문에 1998년 흑산도 기상대가 신설되었으며, 현재 5명의 직원이 일하고 있다. 기상대까지 오르는 시멘트 임도는 노면이 그리 좋지 않아 주의해야 한다.

흑산도 • 고래공원

843

‖ 전라남도 신안군 흑산면 예리 166-11

일제강점기에 일본이 한반도 근해의 고래잡이 독점권을 장악하여 약 40여 년 동안 무려 1만 마리 이상의 고래를 잡았는데, 당시 예리마을 고래 해체 작업장이 있던 자리에 조성한 공원이다.

흑산도 ◆ 흑산도(黑山島)등대

844

‖ 전라남도 신안군 흑산면 예리 166-9

흑산항에서 1㎞쯤 떨어져 있는 예리방파제 끝에 있는 등대로, 바다 쪽에서 바라보면 배 위에 등대가 실려 있는 모양을 하고 있다. 방파제 입구에 이미자의 노래 '흑산도 아가씨'를 상징하는 동상이 있다. 섬을 일주하고 다시 항구로 돌아오면 흑산도 일주가 끝이 난다. 도로의 총 길이가 25㎞ 정도여서 여유 있게 돌아도 세 시간 정도면 충분히 일주할 수 있다.

흑산도등대

흑산도아가씨 동상

• 흑산도 여객터미널

‖ 전라남도 신안군 흑산면 예리 176-48

흑산도만 둘러본다면 당일로 다녀올 수 있고, 홍도까지 보려면 배편으로 홍도에 들어가서 1박을 하고 다음 날 유람선을 타고 해상관광을 한 후에 다시 흑산도로 돌아와야 한다.
흑산도를 빠져나와 다시 신안 송공항으로 돌아온다.

흑산도비

송공항

5 한국의 하롱베이 조도(鳥島)

'새를 닮은 섬'이라는 뜻을 지닌 조도와 조도군도는 다도해 풍경이 가장 아름다운 곳으로 '한국의 하롱베이'로도 불리는 곳이다. 2백 년 전 영국의 탐험가가 조도를 둘러보고 세상이 극치를 보았다고 했을 정도로 아름다운 섬으로 110년이 넘은 하조도 등대와 돈대봉 그리고 다도해 풍광이 멋진 도리산 전망대가 많이 알려져 있다. 가슴 먹먹한 세월호의 현장 팽목항에서 조도로 가는 배편이 있으며 아류포항까지는 배로 30분 정도 걸린다.

kakaomap
실제 서비스 이미지와 다를 수 있음

• 조도 어류포항(魚遊浦港)

‖ 전라남도 진도군 조도면 어류포길 1

진도 팽목항에서 하루 5회 정도 왕복 운항하는 차도선에 바이크를 선적하고 약 30분 정도 가면 조도의 관문이자 물고기를 흔하게 볼 수 있는 항구라는 뜻을 가진 어류포항에 닿는다.
'창유(倉遊)'항이라고도 불리는 어류포항은 조도면의 면 소재지로서 여러 섬으로 가는 뱃길이 연결되는 곳이며, 작은 섬들이 방파제 역할을 해서 늘 바다가 잔잔하기 때문에 풍랑주의보가 내리면 많은 배들이 피신하는 항구이기도 하다.

어류포항

조도 페리호

• 조도 조도(鳥島)대교

‖ 전라남도 진도군 조도면 창유리 산262-4

상·하조도 두 섬을 잇는 다리로 1997년에 개통이 되었으며, 2차선에 길이 510m로 진도대교보다 길다. 다리가 시작되는 하조도 끝자락에 '나루꾸지'라는 옛 이름을 딴 공원이 있다.

조도 ◆ 하조도(下鳥島) 등대

845

‖ 전라남도 진도군 조도면 창유리 1-2

1909년 세워진 하조도 등대는 무려 110년이 넘은 유서 깊은 등대로 2013년에 새 단장을 했으며 기암괴석 절벽 위에 있는 모습이 아름답다. 등대 옆 해안절벽에는 수많은 형태를 한 바위들의 군락인 만물상이 있다. 등대에서 삼면의 바다를 볼 수 있으며, 등대 뒤쪽 길로 조금 더 올라가면 있는 운암정에 오르면 하조도 등대와 바다를 한눈에 바라볼 수 있다.

조도 ◆ 도리산(睹里山) 전망대

846

‖ 전라남도 진도군 조도면 여미리 산187-1

상조도 도리산 정상에 자리한 도리산 전망대는 영국의 탐험가 바실홀이 '세상의 극치'라고 칭찬했던 절경을 자랑하는 곳으로, 정상에 서면 새 떼처럼 바다 여기저기에 둥지를 튼 관사도, 주도, 소미도, 맹골죽도 등 다도해의 장관이 눈길을 끈다. 맑은 날이면 이런 멋진 전망이 나온다는데 필자들이 방문했을 때는 운무가 너무 많이 끼어서 무척 아쉬웠던 기억이 있다.

바이크 투어 길라잡이

PART 6

장거리 종주 루트

영남(嶺南) 알프스

영남알프스는 울산, 밀양, 양산, 청도, 경주 일대에 가지산을 중심으로 모여 있는 해발 1,000m 이상의 산들이 마치 유럽의 알프스처럼 수려한 산세와 풍광을 자랑한다 하여 붙은 이름이다. 본래 가지산, 간월산, 신불산, 영축산, 천황산, 재약산, 고헌산 7개의 산을 지칭하나, 운문산, 문복산을 포함하기도 한다.

해발 1,000m가 넘는 산들이 모여 있어 강원도 못지않은 수려한 풍광을 보여주며, 영남알프스 구간의 길이만도 378㎞나 되고 굽잇길도 많아 전국 어디와 견줘도 뒤지지 않는 최고의 투어 코스다.

삼랑진, 천태산은 영남알프스 권역은 아니지만, 함께 둘러보기 좋은 코스라서 포함했다.

kakaomap
실제 서비스 이미지와 다를 수 있음

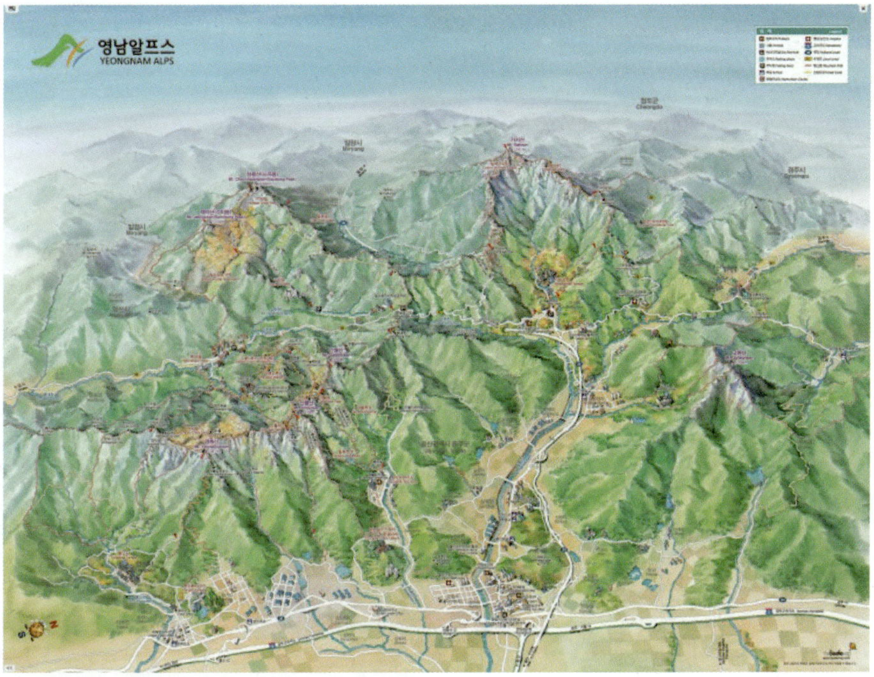
영남알프스
YEONGNAM ALPS

출처 : 울주군청 홈페이지

상동면
24
정각산
(860.1m)
재약산
신불산
삼남
1077
산외면
배내골
영축산
기회송림
유원지
밀양
JC
함양울산고속도로
14
단장면
골드그린GC
추화산
밀양
IC
통도
금시당유원지
금시당백곡재
통도사하이패
850 - 밀양댐
밀양노벨CC
848 - 농암점 쉼터
25
밀양역
리더스CC
849 - 밀양댐 아찔바위
하북면
만어산
(669.5m)
부산대학교
밀양캠퍼스
남밀양
847 - 배내골
1051
삼랑진읍
상북면
원동면
853 - 에덴밸리길
상남면
천태산
트윈터널
양산동원로얄
컨트리클럽
홍룡폭포
삼랑진
삼랑진역
1028
58
양산
와인동굴
1
1077
854 - 원동 매화마을
원동
1022

• 밀양 삼랑진로(三浪津路)

‖ 경상남도 밀양시 삼랑진읍 미전리 산3-3

밀양에서 삼랑진으로 넘어가는 국도 제58호 선 굽잇길이다.

• 밀양 삼랑진 구교(三浪津 舊橋)

‖ 경상남도 밀양시 삼랑진읍 삼랑리 472-123

김해시 마사리와 밀양시 삼랑진읍을 이어주는 교량으로 '콰이강의 다리'라고도 부른다.

• 양산 천태호(天台湖)

‖ 경상남도 양산시 원동면 용당리 산226-10

양수발전소 파트에서 소개한 삼랑진양수발전소의 상부댐에 조성된 호수로 함께 들러볼 만하다.

• 밀양 안태호(安台湖)

‖ 경상남도 밀양시 삼랑진읍 안태리 산24-7

하행길에서 만나는 하부댐 안태호의 전망도 멋지다.

• 밀양 천태로 굽잇길

‖ 시작점: 경상남도 밀양시 삼랑진읍 안태리 1233-1

‖ 끝점: 경상남도 양산시 원동면 원리 825

삼랑진 안태교에서 시작하여 원동면 원리사거리까지 이어지는 지방도 제1022호선 천태로는 천태산을 넘는 아름다운 굽잇길이다.

양산 ◆ 배내골(배태고개)

847

‖ 경상남도 양산시 원동 영포리 산122-10

원동 영포리에서 배내골인 원동대리로 넘어가는 지방도 제69호선 도로로, 예전엔 '배태재'란 표지석이 있었으나 지금은 '배내골'로 바뀌었다.

밀양 ◆ 농암정(籠巖亭) 쉼터

848

‖ 경상남도 밀양시 단장면 고례리 산215-9

밀양호를 한눈에 내려다볼 수 있는 경치 좋은 전망대로 주차장과 간이매점이 있다.

밀양 ◆ 밀양(密陽)댐 아찔바위

849

‖ 경상남도 밀양시 단장면 고례리 산215-18

밀양호를 배경으로 바위 위에 앉아 인생 사진을 건질 수 있는 포토 포인트로 입소문이 나면서 많은 이들이 찾고 있다. 원래 주차공간이 있었지만 안전 문제 때문에 차단봉을 설치했고, 사진 촬영 금지 현수막도 붙어있다. 길가에 주차하고 펜스를 넘어가면 아찔한 절벽 위에 바위가 있어 '아찔 바위'라고도 부른다.

밀양 ◆ 밀양(密陽)댐

850

‖ 경상남도 밀양시 단장면 고례리 1720-5

높이 89m, 길이 535m, 총저수량 7,360만t, 유역면적 104.4㎢의 다목적댐으로 2001년 11월에 완공되었다. 밀양시 단장면 고례리, 양산시 원동면 선리, 울주군 상북면 이천리에 걸쳐 뻗어 있다.

밀양 ◆ 도래재

851

‖ 경상남도 밀양시 단장면 구천리 1852-6

밀양 단장면에서 산내면으로 넘어가는 지방도 제1077호선이 지나는 멋진 굽잇길이다. 별빛마을 캠핑장 앞에서 도래재를 내려다보는 전망이 멋지다.

밀양 • 호박소(沼) 계곡

852

‖ 경상남도 밀양시 산내면 삼양리 산10-5

밀양 산내면에서 울산시 울주군으로 넘어가는 가지산의 옛길 아래 계곡으로, 조금 더 내려가면 영화 '방자전'의 촬영지인 시례 호박소가 나온다.

• 울주 석남(石南)터널

‖ 울산광역시 울주군 상북면 덕현리 산239-9

밀양에서 가지산 옛길을 따라 울산시 울주군으로 넘어가는 중간에 있는 터널이다.

• 울주 배내고개

‖ 울산광역시 울주군 상북면 양등리 산145-13

배내골삼거리에서 양산원동으로 넘어가는 배내골로에 있는 고개다.

양산 ◆ 에덴밸리길

853

‖ 경상남도 양산시 원동면 영포리 산21-3

우리나라 최남단에 있는 스키장인 에덴밸리리조트를 지나는 지방도 제1051호선이다. 중간에 풍력발전소가 멋지게 조망된다.

● 양산 새미기고개

‖ 경상남도 양산시 어곡동 1044-33

양산 원동에서 어곡 지방산업단지로 넘어가는 고개로, 정상에 정자 쉼터가 있다.

양산 ◆ 원동(院洞) 매화마을

854

‖ 경상남도 양산시 원동면 원리1105-1

광양 매화마을보다 규모는 좀 작지만, 낙동강변을 지나는 철길과 매화가 운치 있게 어우러져 멋진 광경을 선사하는 곳으로 개화 시기에는 많은 사람들이 찾는 명소다.

울주 ◆ 운문령(雲門嶺)

855

‖ 울산광역시 울주군 상북면 덕현리 산71-1

운문터널이 개통되기 전까지 울주에서 청도 운문으로 넘어가는 옛길이었으며 지방도 제69호선이 지난다.

청도 ◆ 운문(雲門)댐 망향정

856

‖ 경상북도 청도군 운문면 대천리 1079-1

운문댐 건설로 마을이 수몰된 실향민들의 그리움을 달래기 위해 세운 정자다.

동부70고개 종주 투어

수도권 라이더들의 대표적인 출발지인 양평 만남의 광장에 가보면 어디를 갈지 고민하는 라이더들을 많이 본다. 그래서 멀지 않는 서울특별시 근교의 달릴만한 고갯길들을 선별해 '동부70고개'라는 루트를 만들었다. 양평 만남의 광장에서 동쪽 속초 방향으로 국도 제6호선과 제44호선의 위, 아래에 있는 70여 개의 고갯길을 중복이나 교차가 없도록 동선을 짰으며, 총 종주 거리는 약 7백여 ㎞이다. 고개마다 인증지점의 주소, 동선 지도, 그리고 인증사진을 첨부했으니 참고하기를 바란다. 다음 카페 '할리데이비슨을 사랑하는 자유인들의 모임'에 올라간 동부70고개 투어 소개글을 미리 보면 도움이 될 것이다.

※https://cafe.daum.net/The-Harley/S6rY/209
(위 URL은 정회원 이상만 읽기 가능합니다.)

번호	이름	주소
1	벗고개	경기도 양평군 양서면 목왕리 19-1
2	서후고개	경기도 양평군 서종면 서후리 산41
3	명달리고개	경기도 양평군 서종면 정배리 산33-17
4	다락재	경기도 가평군 설악면 이천리 산77-24
5	솔고개	경기도 가평군 설악면 회곡리 49-2
5-1	상천리(경유)	경기도 가평군 청평면 상천리 388-2
6	호명산	경기도 가평군 경기도 청평군 상천리 산357-3
7	한우재	경기도 가평군 설악면 천안리 산58-3
8	가루고개	경기도 가평군 설악면 방일리 산13
9	마치고개	경기도 가평군 설악면 위곡리 산232-1
10	널미재	강원도 홍천군 서면 동막리 산124-2
11	가루개고개	강원도 홍천군 서면 길곡리 산134-2
11-1	길곡리(경유)	강원도 홍천군 서면 길곡리 163-5

번호	이름	주소
12	마곡고개	강원도 홍천군 서면 마곡리 산110-2
13	술어니고개	강원도 춘천시 남산면 방하리 산95-17
13-1	서천리(경유)	강원도 춘천시 남산면 서천리 산1-2
14	소주고개	강원도 춘천시 남면 후동리 산73-4
14-1	발산리(경유)	강원도 춘천시 남면 발산리 845-8
15	더존고개	강원도 춘천시 남산면 수동리 750
16	추곡고개	강원도 춘천시 남면 추곡리 산132-4
17	삽다리고개	강원도 춘천시 남면 추곡리 산66-2
18	나가지고개	강원도 춘천시 남산면 행촌리 산56-1
19	한치고개	강원도 춘천시 남산면 수동리 산126-4
20	혈동고개	강원도 춘천시 신동면 혈동리 산173-4
21	덕만이고개	강원도 춘천시 남산면 광판리 산167-4
22	구만고개	강원도 홍천군 북방면 구만리 산116-1
23	원소리고개	강원도 홍천군 북방면 원소리 산211-4
24	본궁고개	강원도 홍천군 북방면 본궁리 산1-10
25	부사원고개	강원도 춘천시 동산면 조양리 276-6
26	모래재	강원도 춘천시 동산면 원창리 산421-10
27	원창고개	강원도 춘천시 동산면 원창리 219-8
28	구봉산	강원도 춘천시 동면 장학리 산26-27
29	느랏재	강원도 춘천시 동면 감정리 산149-57
30	가락재	강원도 춘천시 동면 상걸리 산53-3
31	댕대고개	강원도 홍천군 내촌면 화상대리 1204-1
32	지르매재	강원도 홍천군 내촌면 화상대리 산283-13
33	오형재	강원도 홍천군 내촌면 답풍리 산84-12
34	서일고개	강원도 홍천군 내촌면 서곡리 산134-4

번호	이름	주소
35	아홉사리재	강원도 홍천군 내촌면 와야리 산12-6
36	행치령	강원도 홍천군 서석면 수하리 산27-21
37	솔치고개	강원도 홍천군 화촌면 장평리 산64-6
38	작은솔치고개	강원도 홍천군 화촌면 장평리 산5-3
39	앞고개	강원도 홍천군 화촌면 군업리 산202-2
40	공작고개	강원도 홍천군 화촌면 군업리 산10-30
41	부목재	강원도 홍천군 서석면 어론리 산132-17
42	화방고개	강원도 홍천군 동면 노천리 426-3
43	소니고개	강원도 홍천군 동면 노천리 산264-2
44	오룡터널	강원도 홍천군 동면 성수리 산7-1
45	말굽고개	강원도 홍천군 북방면 중화계리 산1-2
45-1	홍천강(경유)	강원도 홍천군 북방면 장항리 산23-1
46	당고개	강원도 홍천군 서면 팔봉리 산196-2
47	통곡고개	강원도 춘천시 남산면 산수리 산18-2
48	대곡치	강원도 홍천군 서면 대곡리 산141-1
49	비솔고개	경기도 양평군 단월면 산음리 산84-2
49-1	굴지강(경유)	강원도 홍천군 서면 굴업리 산1-3
50	백양치	강원도 홍천군 남면 화전리 산223-2
51	시작고개	강원도 홍천군 남면 신대리 산240-2
52	성창고개	강원도 홍천군 남면 유치리 산70-1
53	분주고개	강원도 횡성군 서원면 금대리 산204-6
54	스무나리고개	경기도 양평군 양동면 계정리 산75-18
55	도덕고개	강원도 횡성군 서원면 유현리 산107-2
56	몰운고개	경기도 양평군 청운면 갈운리 산261-5
57	벗고개	경기도 양평군 청운면 가현리 산46-4

번호	이름	주소
57-1	가현리(경유)	경기도 양평군 청운면 가현리 233-2
58	말치고개	경기도 양평군 단월면 향소리 산141-1
59	구리고개	경기도 양평군 용문면 조현리 산55-2
60	용문산터널	경기도 양평군 용문면 오촌리 산30-5
60-1	연수리(경유)	경기도 양평군 용문면 연수리 442
61	턱걸이고개	경기도 양평군 양동면 금왕리 산205-2
62	비안고개	경기도 양평군 양동면 석곡리 산19-6
63	서화고개	경기도 양평군 양동면 단석리 산256-1
64	전양고개	경기도 양평군 지평면 망미리 18-1
65	얼치고개	경기도 양평군 지평면 대평리 산53-1
65-1	옥현리(경유)	경기도 양평군 지평면 옥현리 1706
65-2	송현리(경유)	경기도 양평군 지평군 송현리 1089
66	도시락재	경기도 양평군 용문면 화전리 산69-1
67	벼랑고개	경기도 양평군 양평읍 봉성리 산65
68	설매재	경기도 양평군 옥천면 용천리 산25-9
69	숫고개	경기도 양평군 옥천면 용천리 산21-2
69-1	가일리(경유)	경기도 가평군 설악면 가일리 산29
70	유명산	경기도 가평군 설악면 가일리 산58-12

동부70고개 하이라이트

동부70고개 전체를 다 도는 것이 부담된다면 그중 경치가 빼어나고 와인딩의 재미를 제대로 느낄 수 있는 10개의 스팟과 4개의 경유지를 선별하여 재구성한 하이라이트 구간을 가보는 것도 좋다. '동부고개 베스트10'이라 이름 지은 루트에 대한 설명은 다음 카페 '할리데이비슨을 사랑하는 자유인들의 모임'에 올라간 동부70고개 베스트10 투어 소개글을 참고하기 바란다.

※ https://cafe.daum.net/harleydavidson/1tiq/55803

kakaomap
실제 서비스 이미지와 다를 수 있음

가평 ◆ 유명산(有明山)

857

‖ 경기도 가평군 설악면 가일리 산58-12

대동여지도에 마유산으로 기록된 높이 864m의 산이다. 근대에 들어 지도 제작 과정에서 누락되어 이름 없는 산으로 지내다가 1973년 엠포르산악회가 이 산에 이르러 산 이름이 없는 것을 발견하고 일행 중 홍일점인 진유명(陳有明) 씨의 이름을 따라 유명산이라고 정했다고 전해진다. 근교에서 가장 유명한 와인딩 도로지만 바이크 사망 사고가 잦아 방지 턱이 여럿 설치되어 있다.

양평 ◆ 비솔(非率)고개

858

‖ 경기도 양평군 단월면 산음리 산84-2

높이 479m로 그리 높지 않지만 산세가 험한 편인 소리산 인근에 있는 고개로, 소리산은 예전에 산속 바위 벼랑에 수리가 서식했다고 하여 수리산으로 부르다가 소리산으로 바뀌었다고 한다. 소리산 소금강이라 부를 정도로 아름다운 전경이 함께하는 도로다.

양평 ◆ 설매재(雪梅岾)

859

‖ 경기도 양평군 옥천면 용천리 산25-9

한겨울 눈 속에서 매화가 핀다는 뜻으로 이름 붙여졌다. 영화 '관상'의 촬영지로 등장했으며 산세가 험하고 헤어핀 구간도 많은 고개로 근교 최고의 하드코어 와인딩 코스다.

• 양평 숫고개

‖ 경기도 양평군 옥천면 용천리 산21-2

설매재에서 어비계곡으로 내려가는 도중에 만나는 고개로, 멋진 전경의 소나무 숲이 있는 곳이다.

• 가평 어비(魚飛)계곡

‖ 경기도 가평군 설악면 가일리 산73

물이 넘쳐 개울의 물고기들이 산을 넘는다고 하여 '어비(魚飛)'라는 이름이 붙은 계곡이다. 여름에도 서늘한 기운이 느껴질 만큼 숲이 울창하며 조금 험한 좁은 시멘트 도로지만 정비된 도로에서는 느낄 수 없는 색다른 즐거움이 있다.

청평 ◆ 호명산(虎鳴山)

‖ 경기도 청평군 상천리 산357-3

860

청평댐 뒤쪽에 있는 높이 632m의 산으로, 북한강물이 청평댐이 들어서기 전 빠른 물살의 소리가 호랑이 울음소리처럼 들린다고 하여 호명산이라 부른다. 600m가 넘는 산 정상까지 오르는 와인딩 도로가 재미있는 곳이며, 특히 가을 단풍이 아름답다.

춘천 ◆ 느랏재

‖ 느랏재터널: 강원도 춘천시 동면 평촌리 산46-1 861

서울에서 멀지 않은 춘천에 있는 느랏재(340m), 가락재(660m)는 국도 제56호선이 지나는 곳으로, 직선 경사 코스와 중고속 코스의 조합으로 바이크 투어의 성지 중 하나로 꼽히는 곳이다.

춘천 ◆ 가락재

‖ 가락재터널: 강원도 춘천시 동면 상걸리 산53 862

감정삼거리에서 시작하여 느랏재와 가락재를 거쳐 구성포휴게소까지 멋진 드라이빙 코스가 펼쳐진다.

홍천 ◆ 공작산(孔雀山)

‖ 강원도 홍천군 동면 노천리 산10-52 863

한국의 100대 명산 중 하나인 공작산은 풍치가 아름답고 깎아 세운 듯한 암벽이 장관을 이루는 곳으로, 정상에 서면 홍천군 일원이 한눈에 들어온다. 산세의 아름답기가 공작새와 같다 하여 공작산으로 불리며, 봄 철쭉, 가을 단풍, 겨울 설경이 모두 아름답다. 정상 철쭉군락지에 철쭉이 필 때면 지리산의 세석평전을 방불케 한다.

홍천 ◆ 널미재

864

‖ 강원도 홍천군 서면 동막리 산124-2

가평군 설악면과 강원도 홍천군의 경계에 놓인 널미재는 왕터산에서 보리산으로 이어지는 높이 627m의 높은 고개로, 국가지원지방도 제86호가 지나간다. 홍천군 쪽의 굴곡이 심해 교통사고가 빈번하여 현재 널미재터널 공사가 진행 중이다.

홍천 ◆ 대곡치(大谷峙)

865

‖ 강원도 홍천군 서면 대곡리 산141-1

정상부의 높이는 370m밖에 되지 않지만 경사도 12~13% 정도의 급경사 헤어핀이 연속으로 3~4개 정도 이어지는 고개이며, 차량 통행이 적은 관계로 도로가 잘 정비되어 있지 않아 거칠게 느껴지는 고개다.

홍천 ◆ 백양치(白羊峙)

866

‖ 강원도 홍천군 남면 화전리 산223-2

버드나뭇과에 속하는 나무의 일종인 백양나무가 많이 자생한다고 해서 백양치란 이름으로 불리며, 2017년 백양치터널이 개통된 후로 차량의 통행이 거의 없어서 바이크와 자전거들이 와인딩 루트로 많이 찾는 곳이다.

홍천 ◆ 아홉사리재

867

‖ 강원도 홍천군 내촌면 와야리 산12-6

홍천군 내촌면 외야리 가령골에서 인제군 상남면 상나리로 가는 길에 위치한 아홉사리재는 해발 775m 고개로, 고개가 높고 험해서 길이 아홉사리나 된다고 하여 이런 이름이 붙었다. 아홉사리재 정상에 있는 자작나무 숲도 볼만하다.

홍천 ◆ 행치령(行治嶺)

868

‖ 강원도 홍천군 서석면 수하리 산27

서울양양고속도로 행치령터널 위를 지나가는 지방도 444호선 옛길로 차량 통행이 뜸하고 코너도 많아서 와인딩을 즐기기에 좋은 곳이다.

북부30고개 종주 투어

북부30고개는 서울특별시 기준으로 북쪽 지역에 위치한 고개 중에서 라이딩하기 좋은 도로나, 전망이 좋은 곳들을 뽑아서 기획한 루트이다. 루트는 남양주, 가평, 양주, 포천, 화천, 연천, 춘천, 파주, 동두천, 인제, 양구, 철원 등 넓게 분포되어 있다. 총 구간 거리는 610㎞에 달하며, 30개의 고개와 9개의 경유지로 구성되어 있다. 아래 좌표대로 진행하면 중복 없이 전체 루트를 돌아볼 수 있다. 중간에 인증 사진을 찍고, 휴식과 주유, 식사 시간 등을 고려하면 최소 2~3일 정도 걸리는 장거리 루트다. 루트에 대한 설명은 다음 카페 '할리데이비슨을 사랑하는 자유인들의 모임'에 올라간 북부30고개 투어 소개글을 참고하기 바란다.

※ https://cafe.daum.net/harleydavidson/1tiq/56985

번호	이름	주소
1	수레넘어고개	경기도 남양주시 와부읍 월문리 산88-7
2	불기고개	경기도 가평군 상면 상동리 산76-10
3	자작고개	경기도 가평군 상면 봉수리 산87
4	굴고개(수원산)	경기도 포천시 군내면 직두리 산1-2
4-1	방축리(경유)	경기도 포천시 가산면 방축리 26-12
5	어하(어야)고개	경기도 포천시 소흘읍 이동교리 산52-2
6	소사고개	경기도 양주시 백석읍 홍죽리 산82-8
7	말머리고개	경기도 양주시 백석읍 기산리 산33-3
7-1	석현리(경유)	경기도 양주시 장흥면 석현리 384-1
8	됫박고개	경기도 파주시 광탄면 영장리 산50-9
9	체재고개	경기도 양주시 광적면 비암리 산23-38
9-1	생연동(경유)	경기도 동두천시 생연동 42-3
10	장림(창림)고개	경기도 동두천시 탑동동 497-1

번호	이름	주소
11	회암고개	경기도 양주시 회암동 산10-3
12	오지재	경기도 포천시 설운동 산38-3
13	새목고개	경기도 포천시 신북면 금동리 산34
14	무릎(무럭)고개	경기도 포천시 신북면 가채리 산46-37
14-1	야미리(경유)	경기도 포천시 영북면 야미리 177-1
15	여우고개	경기도 포천시 이동면 장암리 산285-29
16	광덕(캐러멜고개)	경기도 포천시 이동면 도평리 산1-1
17	도마치재	강원도 화천군 사내면 광덕리 산273-89
17-1	제령리(경유)	경기도 가평군 북면 제령리 562-2
18	실운현고개(화악산)	경기도 가평군 북면 화악리 산229-1
19	말고개(춘천)	강원도 춘천시 사북면 신포리 산62-1
20	세미고개	강원도 춘천시 사북면 고탄리 산14-2
21	배후령	강원도 화천군 간동면 간척리 산151-9
22	배치고개	강원도 춘천시 북산면 청평리 산183-19
23	하우고개	강원도 춘천시 북산면 부귀리 산115-14
24	부귀고개	강원도 춘천시 북산면 부귀리 산115-7
25	광치령	강원도 인제군 인제읍 가아리 산1-40
25-1	천도리(경유)	강원도 인제군 서화면 천도리 443-6
26	돌산령	강원도 양구군 해안면 만대리 산64-1
26-1	고대리(경유)	강원도 양구군 양구읍 고대리 산134-1
27	성곡령	강원도 양구군 방산면 금악리 산145-11
28	해산령(평화의댐)	강원도 화천군 화천읍 동촌리 2917-4
29	말고개(철원)	강원도 화천군 상서면 마현리 542-4
29-1	육단리(경유)	강원도 철원군 근남면 육단리 244-2
30	수피령	강원도 화천군 상서면 다목리 502-1

북부30고개 하이라이트

북부30고개 전체를 다 도는 것이 부담된다면 그중 경치가 빼어나고 와인딩의 재미를 제대로 느낄 수 있는 스팟을 선별하여 재구성한 하이라이트 구간을 가보는 것도 좋다. 하이라이트 구간이지만 고개들이 동서로 멀리 떨어져 있어 거리도 멀고, 시간도 상당히 걸려서 하루에 완주하기는 어려울 수도 있으니 참고하기 바란다.

※ https://cafe.daum.net/harleydavidson/1tiq/56985

kakaomap
실제 서비스 이미지와 다를 수 있음

가평 ◆ 화악산(華岳山)

869

‖ 경기도 가평군 북면 화악리 산229-1

바위가 많고 험한 산을 일컫는 경기5악(관악산, 운악산, 감악산, 송악산, 화악산) 중 하나인 화악산은 높이 1,468.3m로 경기도에서 가장 높은 산이며, 한국의 100대 명산에도 속한다. 지방도 제391호선이 지나며 정상에는 화악터널이 개통되어 있고, 터널 입구 쌈지공원에 설치된 전망공간에서 내려다보는 조망이 매우 훌륭한 곳이다. 산 정상 군부대까지 오르는 시멘트 도로가 있어 출입 통제가 없을 때는 응봉이나 중봉까지 올라갈 수 있다.

양구 ◆ 성곡령(城谷嶺)

870

‖ 시작점: 강원도 양구군 양구읍 한전리 346-3(양구군농협 앞)

‖ 정상부: 강원도 양구군 방산면 금악리 산145-11

‖ 끝점: 강원도 양구군 방산면 금악리 447-3

양구 양구군농협 앞에서 출발하여 파로호의 북쪽을 거쳐 금악산을 넘어가는 성곡로 상에 있는 해발 504m의 고지로, 고개 아래의 마을이 마치 성(城)과 같다 하여 성곡령이란 이름으로 불리며, 평균 경사도 10%의 만만치 않은 경사도를 가진 와인딩 코스다.

포천 ◆ 광덕(廣德)고개

871

‖ 시작점: 강원도 화천군 사내면 광덕리 332-4

‖ 정상부: 경기도 포천시 이동면 도평리 산1-1

‖ 끝점: 경기도 포천시 이동면 장암리 산239-8

화천군 사내면 광덕리에서 포천 백운계곡까지 이어지는 길이 20㎞의 고도차가 크고 와인딩이 비교적 센 고갯길이다. '캐러멜 고개'라는 특이한 별명을 갖고 있는데 6·25 전쟁 당시 이 지역을 담당하던 사단장이 급경사로 굽이도는 광덕고개를 오를 때마다 차량 운전병들에게 졸지 말라고 캐러멜을 주었다는 데서 이런 이름이 유래했다는 설과 굽이굽이 돌아가는 광덕 고개의 생김새가 낙타의 등을 연상시킨다고 하여 미군들이 '캐멀(Camel)'이라고 부르던 것이, 음이 비슷한 캐러멜로 변하게 되었다는 설이 있다.

포천 ◆ 수원산(水源山)

872

‖ 경기도 포천시 군내면 직두리 산1-2

국지도 제56호선이 지나 접근성이 좋은 높이 710m의 높은 산이다. 경기도 북부 지역에서 와인딩이 꽤 센 곳 중의 하나이며 바이크, 자전거, 스포츠카 등이 많이 찾는다. 고갯마루에 수원산 전망대가 있다.

포천 ◆ 여우고개

873

‖ 시작점: 경기도 포천시 이동면 장암리 산239-8

‖ 정상부: 경기도 포천시 이동면 장암리 산285-29

‖ 끝점: 경기도 포천시 영북면 산정리 산18-13

장암리 여유재삼거리에서 산정호수 입구까지 이어지는 길이 5.5㎞의 고갯길로, 6·25 전쟁 전에 북한이 닦은 도로다. 궁예가 왕건에게 패하여 이곳에 머물면서 망을 보았다가 곧 엿보았다 하여 '엿본고개'로 부르다 여우고개가 되었다고 한다. 이 고개를 넘어가면 산정호수가 나오는데, 와인딩이 변화무쌍한 라이딩 명소다.

화천 ◆ 도마치재(道馬峙岾)

874

‖ 강원도 화천군 사내면 광덕리 산273-89

경기도 가평군과 강원도 화천군과 경계를 이루는 고개이다. '도마치(道馬峙)'란 이름은 도와 도를 잇는다는 뜻이란 설과 궁예가 왕건과의 명성산 전투에서 패하여 도망할 때 이곳에 이르렀는데 산길이 험난하여 말에서 내려 끌고 갔다 하여 붙은 것이란 설도 있다. 도로가 넓고 정비가 잘 되어 있는 데다 와인딩 코스도 좋아서 바이크, 자전거, 자동차 동호인들이 많이 찾는 라이딩 성지이며, 고갯마루에 간이휴게소가 있다.

• 가평 용소(龍沼)폭포

‖ 경기도 가평군 북면 적목리 산192

도마치재를 넘어 가평 쪽으로 내려오다 좌측에 있는 용소폭포도 들러볼 만하다.

화천 ◆ 배후령(背後嶺) 옛길

875

‖ 시작점: 강원도 춘천시 신북읍 천전리 산34-2

‖ 정상부: 강원도 화천군 간동면 간척리 산151-9

‖ 끝점: 강원도 화천군 간동면 간척리 산152-5

강원도 춘천시 신북읍과 강원도 화천군 간동면을 잇는 춘천 배후령터널 위를 지나는 길이 10.4㎞의 옛길로, 굽이가 심하여 교통사고가 잦았으나 2012년 3월 배후령터널이 개통된 후로 차량 통행이 뜸해진 길이다. 해발 600m의 배후령은 고객 양쪽의 다운힐, 업힐 와인딩이 모두 좋은 라이딩 코스로 바이크, 자전거, 자동차 동호인들이 많이 찾는 곳이다. 배후령 정상에서 등산로를 따라 오봉산에 오르면 춘천의 모습을 한눈에 내려다볼 수 있다.

화천 ◆ 해산령

876

‖ 강원도 화천군 화천읍 동촌리 2917-4

'해가 뜨는 산'이란 뜻의 해산은 한자로는 일산(日山)이라 부르며, 우리나라에서 가장 높은 곳에 위치한 터널인 해산터널이 지나는 고개다. 여기서부터 평화의 댐까지 '아흔아홉 구빗길'이라 이름이 붙은 와인딩 도로를 달릴 수 있다.

강원도 9개령 투어

백봉령, 삽당령, 대관령, 운두령, 구룡령, 조침령, 한계령, 미시령, 진부령 등 강원도의 굵직한 고개들을 차례로 이어 달리는 강원도 9개령 루트는 와인딩을 연습하는 라이더들에게 교과서와 같은 코스다. 9개령 구간의 거리만도 320㎞나 되고, 서울 출발, 서울 복귀로 따지면 약 750㎞의 장거리라서 두세 곳씩 나눠서 다니던 루트였으나 2013년에 '더할리 클럽'의 여성 라이더인 다나(배영순)님을 포함한 열 명의 라이더들이 당일 코스로 다녀온 곳이다. 당시 무리라는 의견도 있었지만 도전해보니 하루에 달릴 만했으며, 그 후로 많은 라이더들이 9개령 당일 투어를 다니고 있다. 다만 초심자들은 커브길 라이딩을 어느 정도 익힌 후에 도전하는 게 좋다. 투어 진행에 관한 내용은 다음 카페 '할리데이비슨을 사랑하는 자유인들의 모임'의 강원도 9개령 투어 소개글을 참고하기 바란다.

※ https://cafe.daum.net/harleydavidson/1tiq/52110

※ 9개령 루트에 포함된 고개들은 모두 백두대간 루트에 들어 있는 곳들이니 각 고개에 대한 자세한 설명은 '백두대간 종주 루트' 부분을 참고하기 바란다.

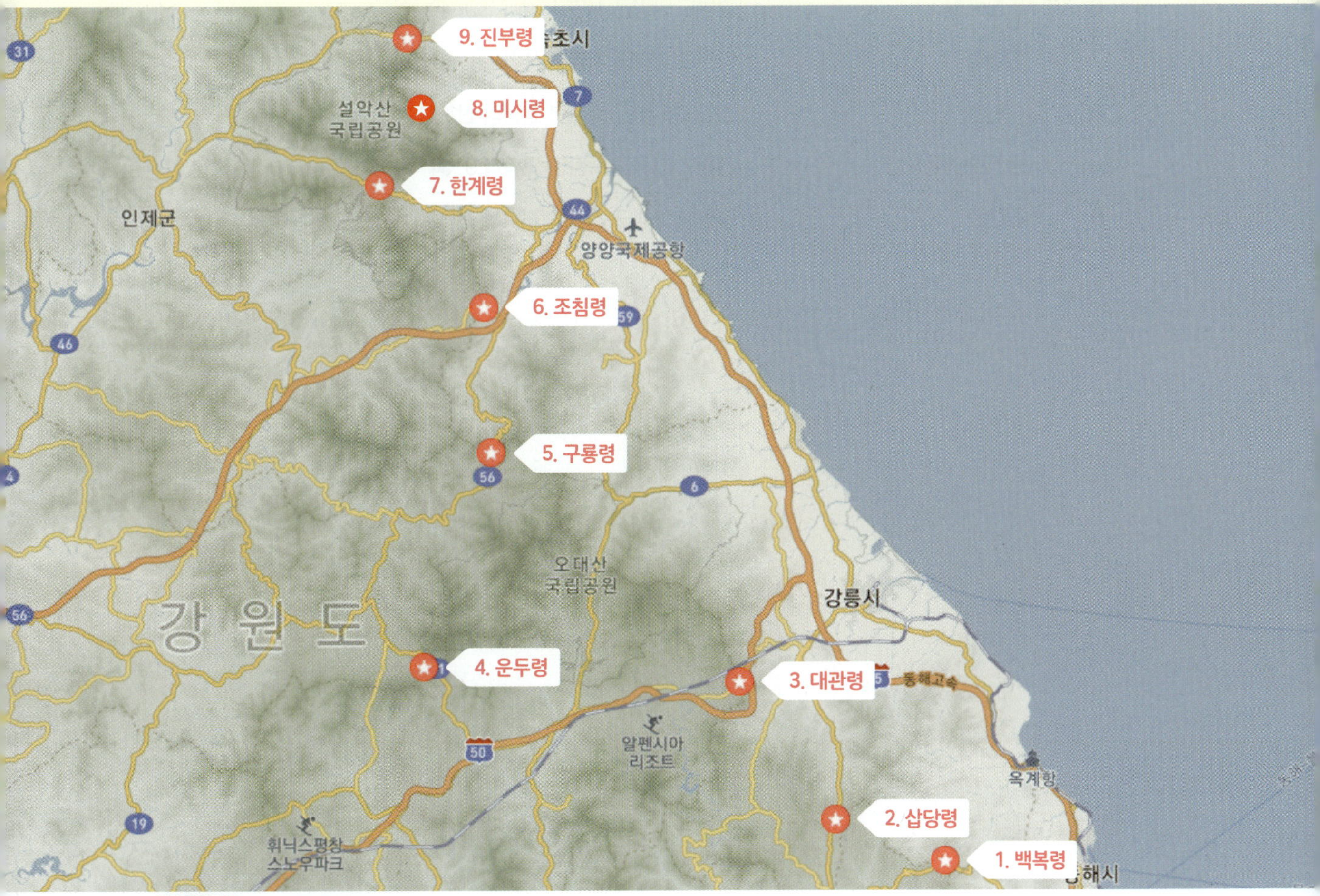

kakaomap
실제 서비스 이미지와 다를 수 있음

• 동해 달방(達芳)댐

‖ 강원도 동해시 달방동 산3-6

9개령 투어는 백봉령이 시작되는 강원도 동해시 달방댐에서 출발하며 아래 순서를 따라간다.

번호	이름	주소
출발	달방저수지	강원도 동해시 달방동 산3-6
1	백복령	강원도 정선군 임계면 서동로 5938-2
2	삽당령	강원도 강릉시 왕산면 목계리 산460-84
3	대관령	강원도 평창군 대관령면 횡계리 14-206
4	운두령	강원도 홍천군 내면 자운리 산254-46
5	구룡령	강원도 홍천군 내면 명개리 산1-35
6	조침령/U	강원도 양양군 서면 서림리 150-48
7	한계령	강원도 양양군 서면 오색리 산1-30
8	미시령	강원도 고성군 토성면 원암리 산1-1
8-1	송지호(경유)	강원도 고성군 죽왕면 오봉리 9-34
9	진부령	강원도 고성군 간성읍 진부리 산1-3

달
방
댐

바이크 투어 길라잡이

PART 7

자전거에게 배우는 그란폰도 루트

1 그란폰도(Granfondo)란 무엇인가?

그란폰도(Granfondo)란 동력이 없는 자전거를 타고 난이도 있는 코스(거리: 120~200㎞ / 상승고도: 2,000~4,000m)를 제한 시간 안에 완주하는 사이클링 이벤트를 말한다.

그란폰도 코스들은 보통 참가자들의 라이딩 실력을 겨루기 위해 업힐과 다운힐을 포함하여 코스를 설계할 뿐 아니라 지역 홍보를 위해 경치가 가장 좋은 구간들을 골라서 루트를 짜기 때문에 바이크나 승용차를 타고 가도 좋다. 국내에서 개최되는 그란폰도 대회 중에서 바이크로 갈 만한 루트 10개를 가나다순으로 추려 봤다. 대회 명칭이 그란폰도가 아닌 곳도 있으며, 간혹 전년도와 다른 루트를 짜서 시행하는 때도 있으니 참고하기 바란다. 그란폰도 코스 중 비포장 구간이 있는 곳은 안전상 우회하도록 루트를 짰다.

‖ 무주 그란폰도
‖ 백두대간 그란폰도
‖ 양평 그란폰도
‖ 어라운드 삼척
‖ 자이언트설악 그란폰도
‖ 철원 DMZ PEACE 그란폰도
‖ 춘천 그란폰도
‖ 함양 그란폰도
‖ 화천 DMZ 랠리
‖ 홍천 그란폰도

2 10대 그란폰도 루트

국내에서 개최되는 그란폰도 대회 중에서 바이크로 갈 만한 루트 10개를 가나다순으로 추려 봤다. 대회 명칭이 그란폰도가 아닌 곳도 있으며, 간혹 전년도와 다른 루트를 짜서 시행하는 경우도 있으니 참고하기 바란다. 그란폰도 코스 중에 비포장 구간이 있는 곳은 안전상 우회하도록 루트를 짰다.

무주 그란폰도

877

전라북도 무주 일대의 경관이 좋은 도로와 고갯길을 달리는 루트이다.

‖ 그란폰도 구간 총길이: 139 ㎞

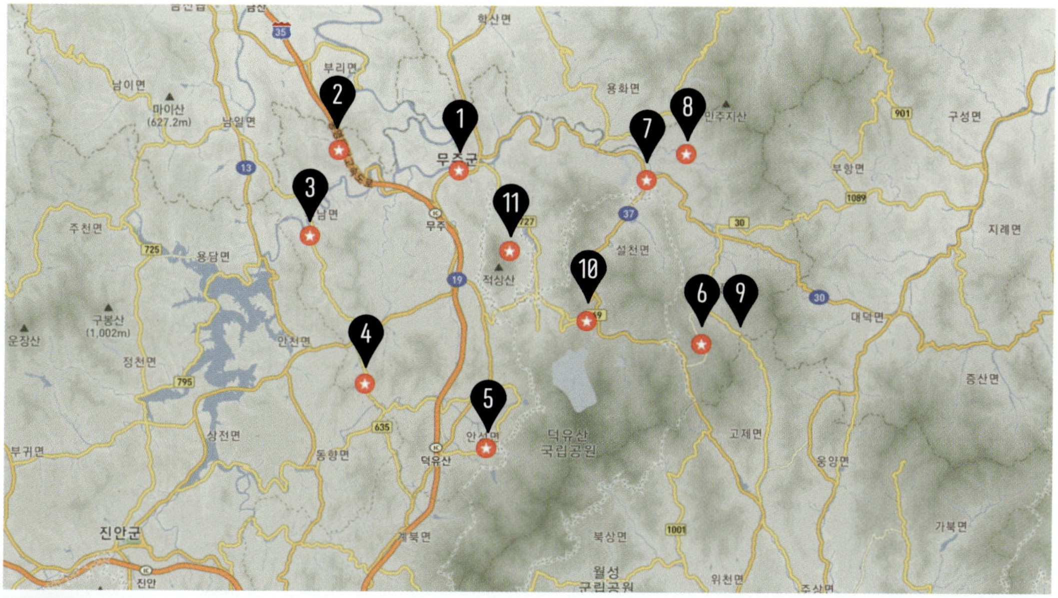

kakaomap
실제 서비스 이미지와 다를 수 있음

번호	이름	주소
1	무주청소년 수련관 출발	전라북도 무주군 무주읍 한풍루로 326-17
2	부당초등학교	전라북도 무주군 부남면 가당리 456-15
3	부남터널	전라북도 무주군 부남면 대소리 1593-15
4	노루재	전라북도 진안군 동향면 능금리 산3-1
5	용추폭포	전라북도 무주군 안성면 공정리 1223-2
6	오두재	전라북도 무주군 무풍면 덕지리 산1-4
7	라제통문	전라북도 무주군 설천면 두길리 979-2
8	대불저수지	전라북도 무주군 설천면 대불리 산27-4
9	오두재	전라북도 무주군 무풍면 삼거리 산1-8
10	구천동터널	전라북도 무주군 설천면 심곡리 963-1
11	적상산전망대 도착	전라북도 무주군 적상면 북창리 산119-8

백두대간 그란폰도

878

경상북도 영주 백두대간 일대의 경관이 좋은 도로와 고갯길을 달리는 루트이다.

‖ 그란폰도 구간 총길이: 121.9 ㎞

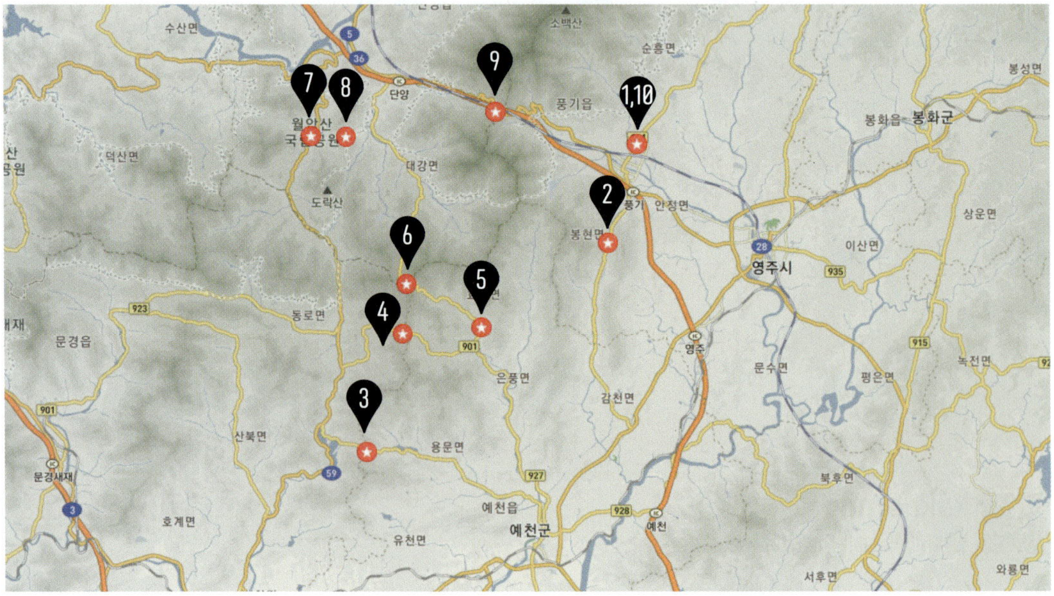

kakaomap
실제 서비스 이미지와 다를 수 있음

번호	이름	주소
1	동양대학교 출발	경상북도 영주시 풍기읍 산법리 396-7
2	힛틋재	경상북도 영주시 봉현면 한천리 456
3	성황당고개	경상북도 예천군 용문면 두천리 산102-2
4	성황당재	경상북도 문경시 동로면 석항리 산74-1
5	상리초등학교	경상북도 예천군 효자면 도촌리 336-5
6	저수령	충청북도 단양군 대강면 올산리 450-2
7	월악산국립공원	충청북도 단양군 단성면 가산리 181-8
8	피티재	충청북도 단양군 대강면 직티리 산39-1
9	죽령	충청북도 단양군 대강면 용부원리 산13-39
10	동양대학교 도착	경상북도 영주시 풍기읍 산법리 396-7

879

양평 그란폰도

경기도 양평 일대의 경관이 좋은 도로와 고갯길을 달리는 루트이다.

‖ 그란폰도 구간 총길이: 118 ㎞

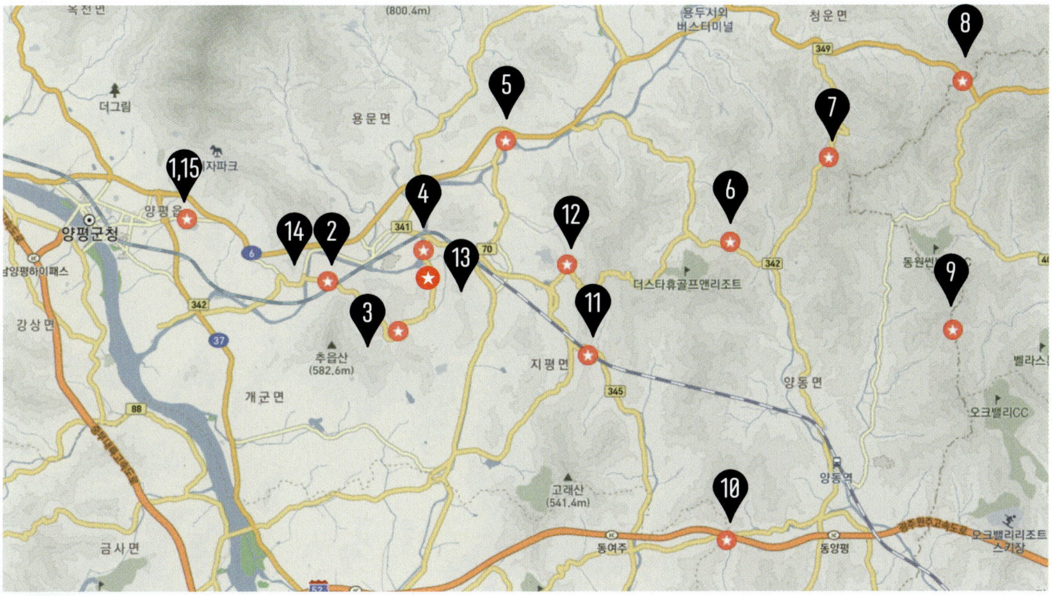

kakaomap
실제 서비스 이미지와 다를 수 있음

번호	이름	주소
1	양평종합운동장 출발	경기도 양평군 양평읍 백안리 291-5
2	삼성리	경기도 양평군 용문면 삼성리 971
3	도시락재	경기도 양평군 용문면 화전리 1119-1
4	그릇고개	경기도 양평군 용문면 마룡리 212-3
5	광탄리	경기도 양평군 용문면 광탄리 산9-2
6	턱걸이고개	경기도 양평군 양동면 금왕리 산205-1
7	몰운고개	경기도 양평군 청운면 갈운리 산261-5
8	도덕고개	경기도 양평군 청운면 갈운리 산1-5
9	스무나리고개	경기도 양평군 양동면 계정리 12-8
10	서화고개	경기도 양평군 양동면 단석리 산256-1
11	금왕리고개	경기도 양평군 지평면 망미리 18-1
12	금의고개	경기도 양평군 지평면 월산리 산264-1
13	화전리	경기도 양평군 용문면 마룡리 692-55
14	삼성리	경기도 양평군 용문면 삼성리 971
15	양평종합운동장 도착	경기도 양평군 양평읍 백안리 291-5

880

어라운드 삼척

강원도 삼척 일대의 경관이 좋은 도로와 고갯길을 달리는 루트이다.

‖ 그란폰도 구간 총길이: 140 ㎞

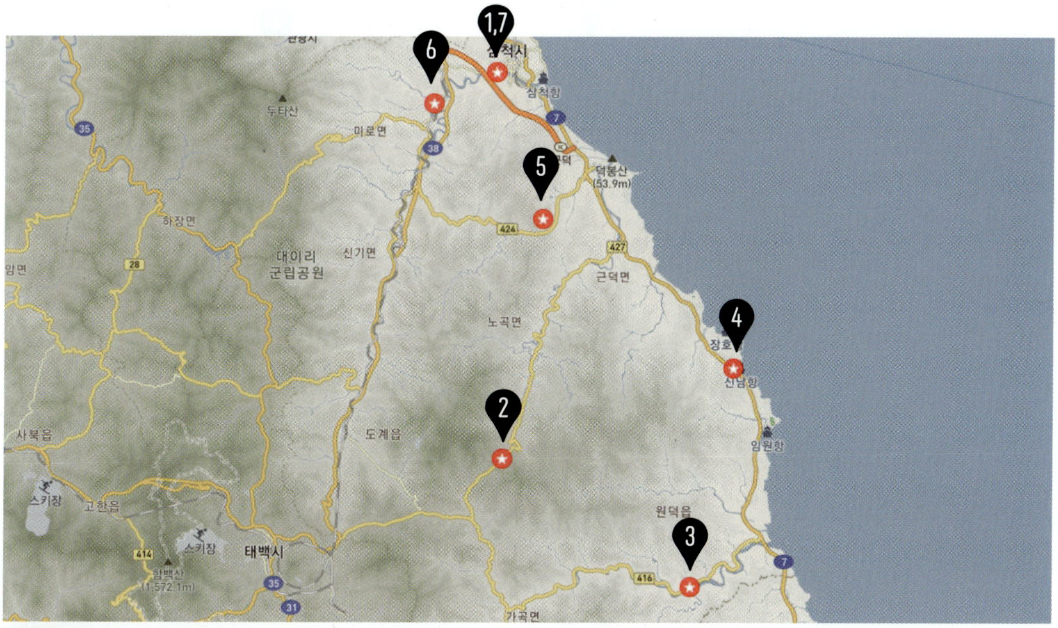

kakaomap
실제 서비스 이미지와 다를 수 있음

번호	이름	주소
1	삼척문화예술회관 출발	강원도 삼척시 성남동 167-8
2	문의재터널	강원도 삼척시 노곡면 상마읍리 산104-5
3	병풍바위	강원도 삼척시 원덕읍 산양리 761-2
4	해신당공원 입구	강원도 삼척시 원덕읍 갈남리 457-12
5	들입재터널	강원도 삼척시 근덕면 교곡리 산285-3
6	사둔삼거리	강원도 삼척시 미로면 사둔리 20-1
7	삼척문화예술회관 도착	강원도 삼척시 성남동 167-8

자이언트설악 그란폰도

강원도 설악산 일대의 경관이 좋은 도로와 고갯길을 달리는 루트이다.

‖ 그란폰도 구간 총길이: 120.7 ㎞

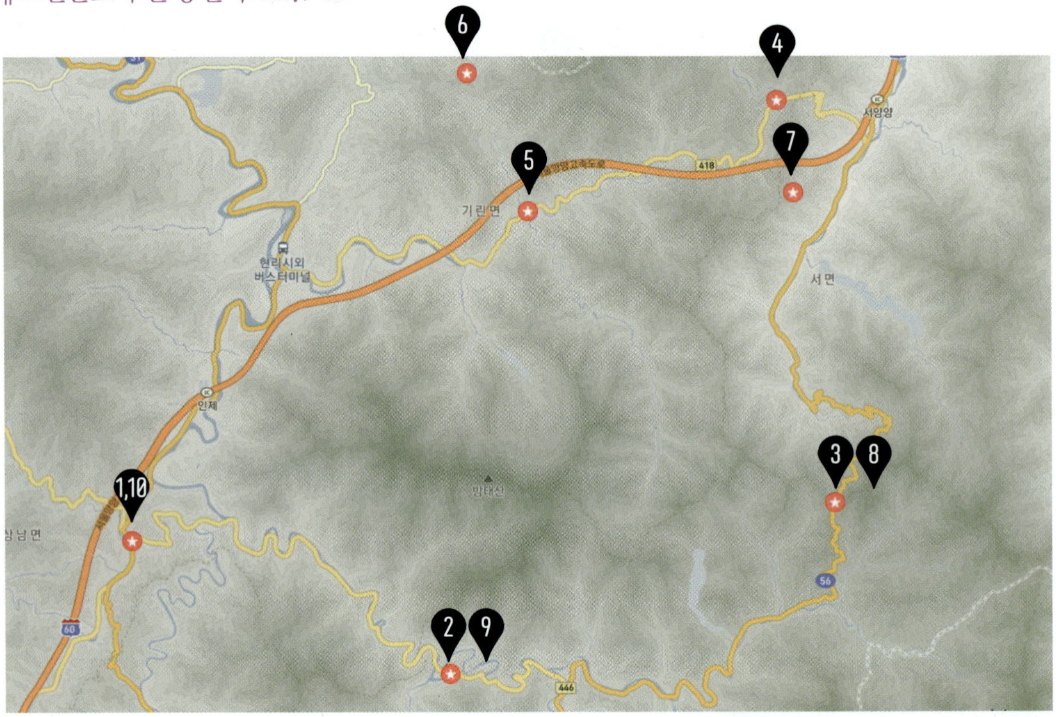

kakao**map**
실제 서비스 이미지와 다를 수 있음

번호	이름	주소
1	상남초등학교 출발	강원도 인제군 상남면 상남리 113-7
2	살둔계곡	강원도 홍천군 내면 율전리 233-1
3	구룡령	강원도 홍천군 내면 명개리 산1-35
4	조침령터널	강원도 인제군 기린면 진동리 3-23
5	진동계곡	강원도 인제군 기린면 진동리 산72-1
6	한계령휴게소	강원도 인제군 인제읍 귀둔리 164-6
7	마천골휴양림	강원도 양양군 서면 서림리 산1-5
8	구룡령	강원도 홍천군 내면 명개리 산1-35
9	살둔계곡	강원도 홍천군 내면 율전리 233-1
10	상남초등학교 도착	강원도 인제군 상남면 상남리 113-7

철원 DMZ PEACE 그란폰도

882

강원도 철원 일대의 경관이 좋은 도로와 고갯길을 달리는 루트이다.

|| 그란폰도 구간 총길이: 152.6 ㎞

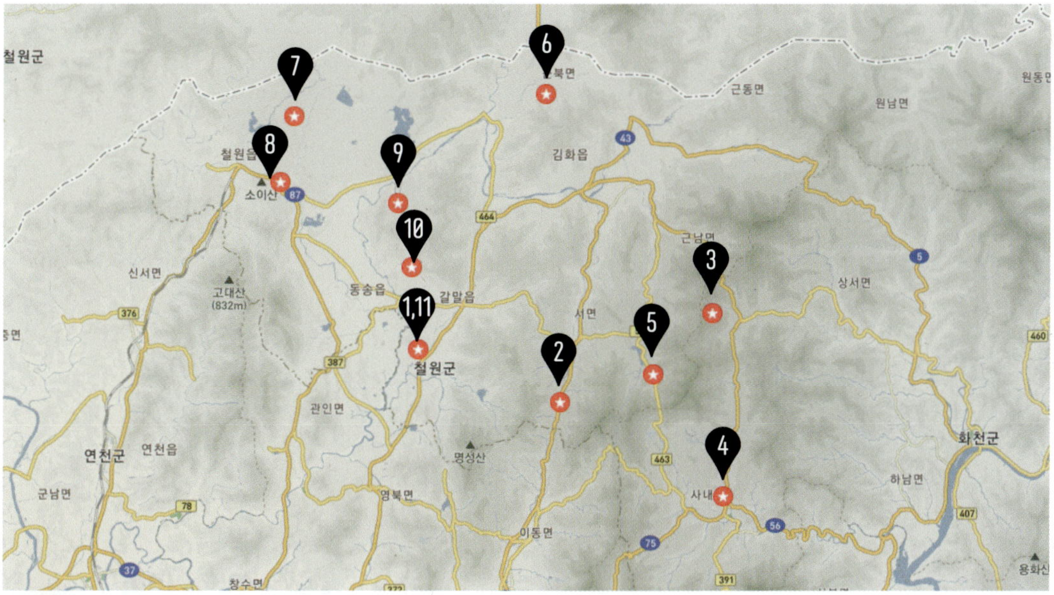

kakaomap
실제 서비스 이미지와 다를 수 있음

번호	이름	주소
1	철원공설운동장 출발	강원도 철원군 갈말읍 갈말로 53-1
2	장명교	강원도 철원군 서면 자등리 1689-3
3	수피령	강원도 화천군 상서면 다목리 산1-1
4	토마토조각공원	강원도 화천군 사내면 사창리 473-2
5	복주산	강원도 철원군 근남면 잠곡리 130-25
6	근북면	강원도 철원군 근북면 유곡리 717-4
7	내포리	강원도 철원군 철원읍 내포리 487
8	노동당사	강원도 철원군 철원읍 사요리 161-5
9	동막리	강원도 철원군 갈말읍 동막리 767
10	내대리	강원도 철원군 갈말읍 내대리 814-4
11	철원공설운동장 도착	강원도 철원군 갈말읍 갈말로 53-1

883

춘천 그란폰도

강원도 춘천 일대의 경관이 좋은 도로와 고갯길을 달리는 루트이다.

‖ 그란폰도 구간 총길이: 119 ㎞

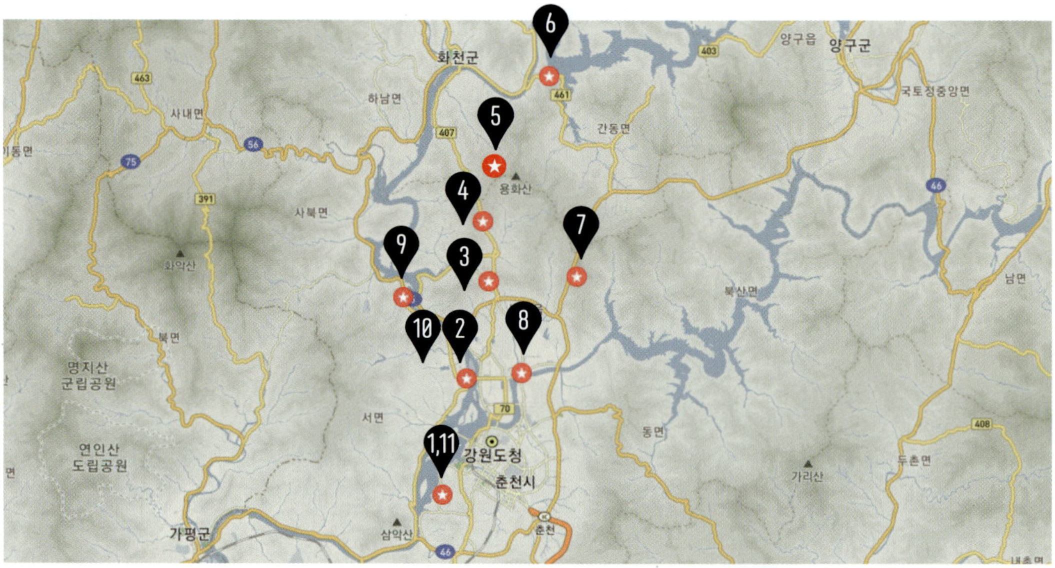

kakao**map**

실제 서비스 이미지와 다를 수 있음

번호	이름	주소
1	송암레포츠타운 출발	강원도 춘천시 스포츠타운길 136
2	신매대교	강원도 춘천시 서면 신매리 816-2
3	고탄고개	강원도 춘천시 사북면 고탄리 산14-2
4	부다리고개	강원도 춘천시 사북면 고성리 산102-7
5	새고개	강원도 화천군 하남면 삼화리 산151-1
6	파로호	강원도 화천군 간동면 구만리 산215-4
7	배후령	강원도 춘천시 신북읍 유포리 산52-1
8	신북사거리	강원도 춘천시 신북읍 율문리 272-31
9	춘천댐	강원도 춘천시 서면 오월리 산12-45
10	신매대교	강원도 춘천시 서면 신매리 816-2
11	송암레포츠타운 도착	강원도 춘천시 스포츠타운길 136

함양 그란폰도

경상남도 함양 일대의 경관이 좋은 도로와 고갯길을 달리는 루트이다.

‖ 그란폰도 구간 총길이: 130 ㎞

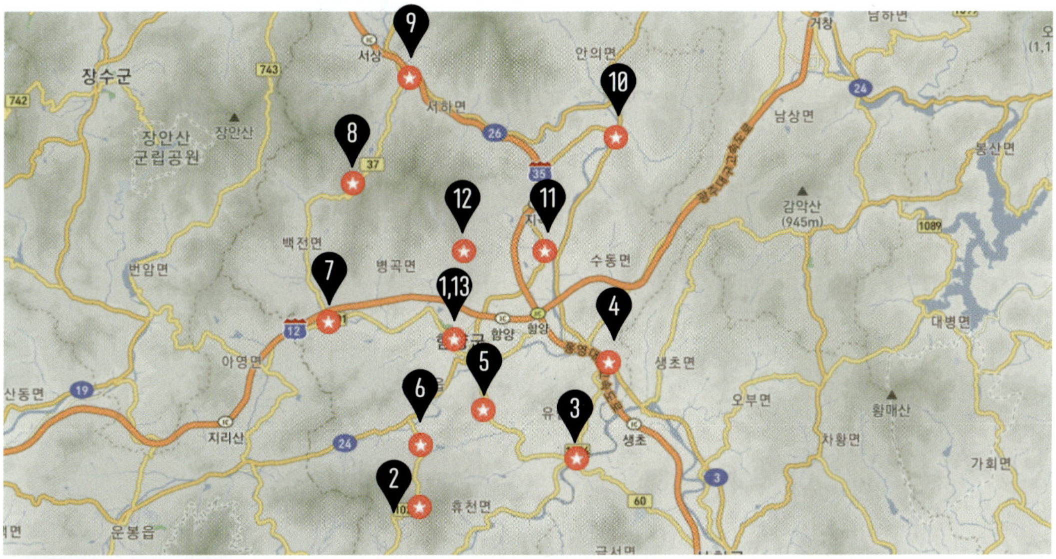

kakao**map**

실제 서비스 이미지와 다를 수 있음

번호	이름	주소
1	상림공원 출발	경상남도 함양군 함양읍 필봉산길 49
2	오도재	경상남도 함양군 휴천면 월평리 산123-20
3	유림삼거리	경상남도 함양군 유림면 화촌리 297-2
4	본통	경상남도 함양군 수동면 화산리 330-9
5	팔두재	경상남도 함양군 휴천면 목현리 산10-2
6	지안재	경상남도 함양군 함양읍 구룡리 산119-3
7	대평사거리	경상남도 함양군 백전면 경백리 766-1
8	원동재	경상남도 함양군 서하면 운곡리 산218-3
9	송계삼거리	경상남도 함양군 서하면 송계리 852-6
10	안의교차로	경상남도 함양군 안의면 석천리 628-1
11	지곡교차로	경상남도 함양군 지곡면 창평리 782-3
12	대평리	경상남도 함양군 병곡면 광평리 60-2
13	상림공원 도착	경상남도 함양군 함양읍 필봉산길 49

885

화천 DMZ 랠리

강원도 화천 일대의 경관이 좋은 도로와 고갯길을 달리는 루트이다.

‖ 그란폰도 구간 총길이: 73 ㎞

kakaomap
실제 서비스 이미지와 다를 수 있음

번호	이름	주소
1	화천청소년수련관 출발	강원도 화천군 화천읍 산천어길 79
2	해산령	강원도 화천군 화천읍 평화로 2393
3	평화의 댐	강원도 양구군 방산면 천미리 353-7
4	평화의 댐 휴게소	강원도 화천군 화천읍 동촌리 2928-1
5	한묵령	강원도 화천군 화천읍 풍산리 33-2
6	화천청소년수련관 도착	강원도 화천군 화천읍 산천어길 79

홍천 그란폰도

886

강원도 홍천 일대의 경관이 좋은 도로와 고갯길을 달리는 루트이다.

‖ 그란폰도 구간 총길이: 122 ㎞

kakaomap
실제 서비스 이미지와 다를 수 있음

번호	이름	주소
1	홍천종합운동장 출발	강원도 홍천군 홍천읍 태학리 산23-1
2	공작산	강원도 홍천군 동면 노천리 산10-52
3	작은솔치재	강원도 홍천군 화촌면 장평리 산5-3
4	행치령	강원도 홍천군 서석면 수하리 산27-38
5	하뱃재	강원도 홍천군 내면 율전리 1902-1
6	부목재	강원도 홍천군 서석면 어론리 산132-43
7	홍천종합운동장 도착	강원도 홍천군 홍천읍 태학리 산23-1

- 로드마스터가 추천하는 대한민국 투어 명소 1000 -

바이크 투어 길라잡이

PART 8

백두대간 종주 루트

1 | 백두대간 종주 루트란 무엇인가?

'산자분수령(山自分水嶺)'
산은 물을 건너지 못하고 물은 산을 넘지 않는다.
산은 스스로 물을 가르는 고개가 된다.

일제강점기에 일본이 산맥이란 개념을 적용하기 전까지 우리 민족은 백두산에서 시작된 산줄기가 모든 강의 유역을 경계 지으며, 동해안, 서해안으로 흘러드는 강을 양분하는 큰 산줄기를 대간, 정간이라 칭했고, 그로부터 갈라져 각각의 강을 경계 짓는 분수산맥(分水山脈)을 정맥이라 칭했다. 신경준의 산경표와 김정호의 대동여지도에도 한반도는 크게 1대간 1정간 13정맥으로 표기되어 있다.

백두대간 종주 루트는 산악인들이 조선 시대의 지리서인 <산경표>에 등장하는 백두대간의 산들을 이어서 넘는 것에서 시작됐으며, 산꾼이 아닌 사람이 백두대간 전체를 종주하는 일은 거의 없었다. 그러다 자전거 라이딩이 확산되면서 일부 자전거 동호인들이 백두대간 루트 중 자전거로 접근이 가능한 루트를 따라 종주를 시작했고, 이어서 모터사이클 동호인들 사이에서도 백두대간의 일부 코스들을 달리는 라이더들이 나타나기 시작했다.

출처: 산림청 홈페이지

필자들은 다음 카페에 개설되어 있는 '더 할리(The Harley, http://cafe.daum.net/The-Harley)'라는 할리 데이비슨 바이크 동호회에서 함께 바이크를 타는 라이더들이다. 타 기종 바이크에 비해 매우 무겁고, 둔한 할리 데이비슨 바이크로 백두대간 전 구간을 달리는 것은 쉽지 않은 일이었지만 2014년 더 할리 클럽의 캡틴인 카이저(권혁찬)님이 백두대간의 산, 령, 재, 치, 고개, 언덕 등을 바이크를 타고 이어 달리는 백두대간 바이크 종주루트를 만들었고, 개발자의 이름을 따서 '백두대간 80령 카이저 루트'라 이름 붙였다. 그 후로 더 할리 클럽의 라이더들은 물론 타 클럽이나 할리 데이비슨이 아닌 타 기종의 라이더들도 이 루트를 따라서 백두대간 종주에 나섰고, 지금도 종주가 이어지고 있다.

백두대간 바이크 종주는 우리에게 익숙한 대관령, 한계령, 미시령 등의 고개를 포함하여 80개의 고갯길을 연속해서 넘는 루트로, 교통량이 적고, 노폭도 좁고, 굴곡도 심하며, 도로관리 상태도 좋지 않은 곳들이 다수 포함되어 있다. 그리고 아스콘 포장도로가 아니라 시멘트 도로나 비포장 구간도 일부 들어 있고, 도로 정비나 신설을 위해 도로를 파헤쳐 놓았거나 비포장 상태로 공사가 진행 중인 지점들도 만나게 된다. 또한 백두대간 종주 루트는 주로 옛길들을 따라가는데 옛길의 차량 통행이 줄어들면 관리와 정비도 소홀해지므로 도로 상태가 좋지 않은 곳도 일부 들어 있어 와인딩 도로를 주행하는 일정 수준 이상의 라이딩 실력도 필요하다.

마지막으로 신경 써야 할 변수는 체력이다. 초장거리 루트를 달리면서 포인트를 찾고, 인증 장소를 확인하고, 인증사진을 찍고 하는 일은 생각보다 체력 소모가 많은 일이다. 그래서 백두대간 투어를 원활히 해내려면 이런 환경에서 집중력을 잃지 않을 정도의 체력도 필요하다. 자칫 준비되지 않은 라이더들이 의욕만 갖고 도전하다가 위험한 상황을 맞을 수도 있다. (실제로 백두대간 종주에 나섰다가 크고 작은 사고를 당한 팀들도 꽤 있다.) 그래서 절대 무리하지 않고 한 번에 안 되면 두세 번에 나눠 가겠다는 마음을 갖고 조금 늦어지더라도 안전하게 라이딩 하는 것을 권유한다.

다른 클럽들에 비해 장거리 투어와 하드코어 투어를 좀 더 많이 가는 것으로 소문 난 '더 할리 클럽'에서도 2014년 백두대간 루트를 개발한 이후로 2022년 3월 현재 11,600여 명의 회원 중 완주자가 겨우 51명뿐이니 참고하기를 바란다. 그리고 산속 외진 곳에서 불의의 사고나 바이크 트러블이 생길 수도 있으니 혼자 가는 것보다는 최소 2~3인 이상이 팀으로 가는 것이 좋다.

대동여지도를 만든 고산자(古山子) 김정호는 〈청구도(靑邱圖)〉라는 지도를 만들면서 이런 이야기를 남겼다.

'애국이란 그 땅을 사랑하는 것이고, 그 다음은 그 땅에 사는 사람을 사랑하는 것이다.'

그 땅을 사랑한다는 것은 그 땅을 안다는 것이고, 그 땅을 안다는 것은 그 땅을 제대로 밟아 보는 것이라고 생각한다. 그래서 우리는 이 땅을 사랑하는 마음으로 백두대간을 달리는 것이다. 준비만 잘하고 떠나면 그리 어렵지 않은 루트이니 꼭 한번 완주에 도전해 보길 바란다.

루트에 대한 설명은 다음 카페 '할리 데이비슨을 사랑하는 자유인들의 모임'에 올라간 백두대간 종주기를 참고하기 바란다.

| **파트1** | http://cafe.daum.net/harleydavidson/1tiq/34214
| **파트2** | https://cafe.daum.net/harleydavidson/1tiq/34215
| **파트3** | https://cafe.daum.net/harleydavidson/1tiq/34217

파트 1 파트 2 파트 3

2 | 백두대간 루트 개요 및 인증 방법

산림청이 발간한 백두대간 자료인 〈백두대간 마루금 등산로〉에 따르면 백두대간은 6개 도와 32개 시, 군에 걸쳐있으며, 그 안에 131개의 고갯길과 봉들이 존재하며, 7개 권역 683.2㎞에 걸쳐있다고 적혀 있다. 하지만 산꾼들이 실제로 종주하면서 측정한 GPX 값을 기준으로 하면 이보다 훨씬 긴 880㎞ 거리이다.

하지만 이것은 산꾼들이 산줄기를 따라가는 루트이고, 바이크는 도로를 따라 달려야 하므로 그보다도 훨씬 긴 거리를 달려야 한다. 시작점인 강원도 진부령에서 끝점인 지리산 성삼재까지 이어지는 바이크 루트의 거리는 내비게이션상으로는 1,286.9㎞, 실제 주행거리 기준으로는 1,500여 ㎞의 거리이다. 여기에 각자 자신의 거주지에서 출발하고 복귀하는 것을 포함하면 훨씬 더 긴 거리라서 빨리 서두르면 2박 3일이 걸리고, 3박 4일을 잡아도 그리 여유 있지 않다. 시간 여유가 된다면 4박 5일 정도의 일정으로 다녀오는 것을 추천한다.

백두대간 루트의 각 포인트나 경유지의 주소를 내비게이션에 입력하고 따라가면 인증 포인트에 도착한다. 하지만 주소만으로는 인증 장소를 찾지 못하는 경우도 적지 않은데 이유는 일부 산간 지역에서는 엄청나게 넓은 면적이 지번 하나로 묶여있기 때문이다. 예를 들어, 단목령 표지석의 주소는 '강원도 인제군 기린면 진동리 산71번지'인데 다음 지도에서 보듯이 이렇게 넓은 산 전체가 모두 한 주소이다.

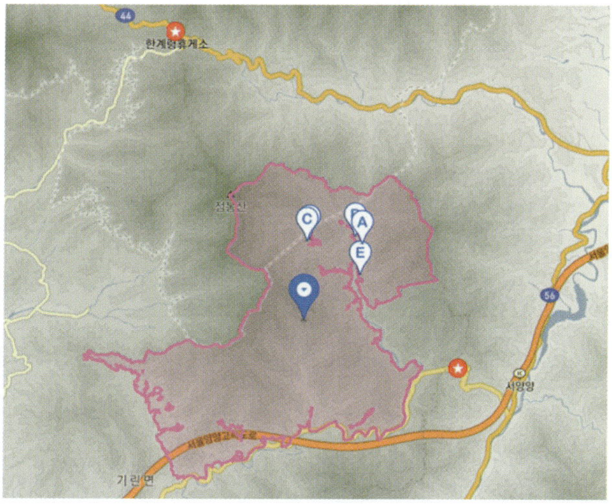

그러다 보니 이 주소를 입력하고 내비게이션을 따라가면 인증 장소에서 멀리 떨어진 곳에서 내비게이션 안내가 종료된다.(실제로 내비게이션에 의존해 백두대간을 돌면서 이런 어려움을 호소하는 경우를 많이 보았다.) 이런 문제를 해결하기 위해 'W3W'라는 주소 체계를 사용한다. W3W 주소 체계란 전 세계 지표면(육지, 하천, 바다 등)을 3m×3m 크기의 정사각형으로 나누고 각 사각형 조각마다 고유한 이름을 붙여 이것을 주소로 사용하는 획기적인 지도 시스템이다. 이것을 이용하면 지구상 어디든지 정확한 안내가 가능하다. W3W에 대한 자세한 정보는 필자가 다음 카페에 소개한 글이 있으니 참고하기 바란다.

| **W3W 소개 글** | https://cafe.daum.net/harleydavidson/1tiq/55368

2019년에 백두대간 종주 투어 때 인증 장소 현장에서 일일이 W3W 주소를 직접 확인하여 목록을 만들었다. 앞서 예로 든 단목령 표지석의 경우, 카카오 맵 주소창에 [///재발견.계약서.열린다]라고 입력하고 안내를 누르면 바로 카카오내비가 실행되면서 정확히 그 지점까지 안내한다. 다만 안타깝게도 W3W는 현재까지는 카카오맵에서만 사용할 수 있으니 이 기능을 사용하려면 휴대폰에 카카오맵과 카카오내비를 설치해야 한다.

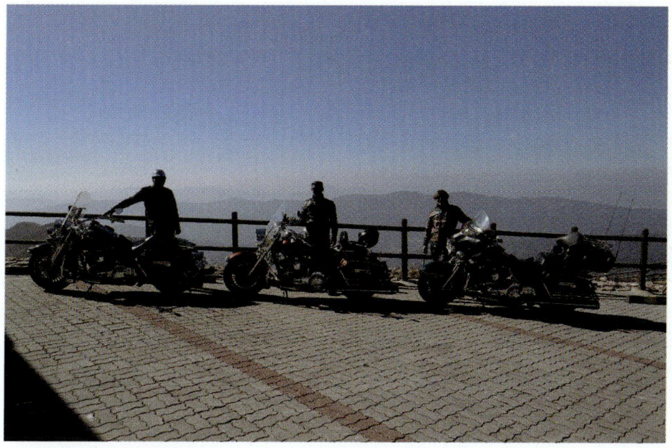

백두대간 첫 종주를 마친 3인

3 | 백두대간 종주 풀코스

번호	이름	주소	인증 장소	W3W 주소
1	진부령	강원도 고성군 간성읍 진부리 산1-3	진부령 표지석	///동작.생기.노래한다
2	미시령	강원도 고성군 토성면 원암리 산1-1	미시령 표지석	///종결.달러.계급
3	목우재	강원도 속초시 노학동 산444-4	목우재 교통표지판	///사투리.부인.성장기
4	한계령 (오색령)	강원도 양양군 서면 오색리 산1-30	오색령 표지석	///체리.수없이.기록한
4-1	GS주유소 (경유)	강원도 인제군 북면 원통리 644-43		
5	한석산고개	강원도 인제군 인제읍 덕적리 산1-20	더할리 안내판	///작은딸.회복.향상
6	쓰리재	강원도 인제군 기린면 진동리 995-3	더할리 안내판	///후보.의존.강단
7	단목령/U	강원도 인제군 기린면 진동리 217	단목령/U 표지석	///재발견.계약서.열린다
8	조침령	강원도 양양군 서면 서림리 150-48	조침령터널	///정원.공평히.사유
9	구룡령	강원도 홍천군 내면 명개리 산1-35	구룡령 표지석	///라면.목욕함.웃다
10	운두령	강원도 홍천군 내면 자운리 산254-46	운두령 표지석	///야생.부러움.높겠다
11	방아다리고개	강원도 평창군 진부면 척천리 산80-3	더할리 안내판	///대비.서식.용모
12	진고개	강원도 평창군 대관령면 병내리 산1-70	진고개 교통표지판	///열의.집중력.사연
12-1	신왕초등학교 (경유)	강원도 강릉시 연곡면 진고개로 2265-11		
13	멍어재 (승천사)	강원도 강릉시 성산면 보광리 산39-1	더할리 안내판	///완성하다.조용함.재미
14	대관령	강원도 강릉시 성산면 어흘리 산2-12	대관령 표지석	///티슈.들어가는.대열
14-1	신왕초등학교 (경유)	강원도 강릉시 연곡면 진고개로 2265-11		
15	피덕령 (안반데기)	강원도 강릉시 왕산면 대기리 2214-118	관광 안내도	///자동.유일한.냄비
16	닭목령	강원도 강릉시 왕산면 대기리 1117-2	닭목령 표지석	///평범히.내부.점화

번호	이름	주소	인증 장소	W3W 주소
17	말굴이재	강원도 강릉시 성산면 오봉리 산139-4	더할리 안내판	///읽었다.응답한.하품
18	삽당령	강원도 강릉시 왕산면 목계리 산460-84	삽당령 표지석	///관통.산책하다.결정
19	버들고개	강원도 정선군 임계면 송계리 576-4	버들고개 표지석	///거의.겉옷.안락한
20	갈고개	강원도 정선군 임계면 직원리 산1-35	갈고개 교통표지판	///출입국.누웠다.차트
21	백복령	강원도 정선군 임계면 가목리 산8-23	백복령 표지석	///만족한.고소한.호떡
21-1	미로파출소 (경유)	강원도 삼척시 미로면 하거노리 208-1		
22	댓재	강원도 삼척시 하장면 번천리 산57-6	댓재 표지석	///약사.맡았다.단골
23	건의령/U	강원도 태백시 상사미동 산65-2	건의령 표지목	///즉석.개울.하늘색
24	통리재	강원도 태백시 통동 75-99	통리재 교통표지판	///비중.잔다.회비
25	송이재	강원도 태백시 통동 285-2	송이재 표지석	///구워진.그치다.간판
26	피재(삼수령)	강원도 태백시 적각동 137-64	삼수령 표지석	///모이다.축적.겉모양
27	매봉산/U	강원도 태백시 창죽동 9-334	전망데크	///대표.백신.효율성
27-1	도계2터널 (경유)	강원도 삼척시 도계읍 마교리 산63		
28	노나무재	강원도 정선군 화암면 백전리 601-11	노나무재터널	///약속한.도전.주번
29	두문동재	강원도 태백시 화전동 산47-62	두문동재 표지석	///마무리.식단.선명한
30	함백산	강원도 정선군 고한읍 고한리 산214-24	관광 안내도	///청결한.육식.어때
31	만항재	강원도 영월군 상동읍 구래리 산1-35	만항재 표지석	///응답한.요정.편리
32	사길령/U	강원도 태백시 혈동 162-6	사길령 표지석	///동감.인성.휴식의
33	화방재	강원도 태백시 혈동 산59-1	화방재 교통표지판	///절정.부동산.결정한
34	내리고개	강원도 영월군 김삿갓면 내리 산116-5	더할리 안내판(건너편)	///각자.열린.큐브
34-1	오투리조트 (경유)	강원도 태백시 황지동 산148-7		
35	소야재	강원도 영월군 김삿갓면 내리 산1-19	더할리 안내판	///콘서트.한문.퍼진

번호	이름	주소	인증 장소	W3W 주소
36	도래기재	경상북도 봉화군 춘양면 우구치리 산1-39	관광 안내도	///앞뒤로.나긋한.자막
37	주실령	경상북도 봉화군 물야면 오전리 산1-53	주실령 교통표지판	///읽었다.구단.자연
38	마구령/U	경상북도 영주시 부석면 임곡리 산93	마구령 표지석	///동영상.속행.굽다
38-1	단산교회(경유)	경상북도 영주시 단산면 옥대리 264-2		
39	고치령	경상북도 영주시 단산면 좌석리 산2-1	고치령 표지석	///분무기.석양.민감히
40	베틀재	충청북도 단양군 영춘면 의풍리 1014-2	베틀재 표지석	///꾸준한.실내.가로수
41	밤재	충청북도 단양군 영춘면 하리 58-2	밤재 교통표지판	///노력하다.통계.공연하다
42	보발재	충청북도 단양군 가곡면 보발리 276-1	보발재 교통표지판	///여인.추측.우승한
43	고수재	충청북도 단양군 단양읍 도담리 5-1	더할리 안내판	///밥솥.일환.원액
44	죽령	경상북도 영주시 풍기읍 수철리 438-4	죽령 표지석	///식판.경치.펄펄
45	고항치(옥녀봉)	경상북도 예천군 효자면 고항리 산72-1	더할리 안내판	///장미.감쌌다.자르다
46	저수령	충청북도 단양군 대강면 올산리 450-2	저수령 표지석	///전기세.멧돼지.승진된
47	벌재	경상북도 문경시 동로면 적성리 산112-1	벌재 표지석	///바르다.보내다.놀라는
48	여우목고개	경상북도 문경시 문경읍 중평리 산91-8	여우목고개 교통표지판	///뒹글다.복싱.민다
49	하늘재/U	경상북도 문경시 문경읍 관음리 산93-2	하늘재 표지석	///사용하는.민물.일반
50	이화령	충청북도 괴산군 연풍면 주진리 산3-3	이화령 표지석	///물기.생각나다.물속
50-1	조령휴게소(경유)	충청북도 괴산군 연풍면 중원대로 229		
50-2	마성면행정복지센터(경유)	경상북도 문경시 마성면 모곡리 146-2		
51	버리미기재	경상북도 문경시 가은읍 완장리 산63-49	더할리 안내판	///할인하다.원룸.안내도
52	늘재	경상북도 상주시 화북면 장암리 산74	늘재 표지석	///일피한.교내.담백한

번호	이름	주소	인증 장소	W3W 주소
53	밤치재	경상북도 상주시 화북면 중벌리 산36-14	더할리 안내판	///몹시.희극.쑥떡
54	갈목재	충청북도 보은군 속리산면 갈목리 산9-3	갈목재터널	///완성.안방.연구자
55	비조령	경상북도 상주시 화남면 동관리 산17-15	비조령 표지석	///순번.필요.지원서
56	화령	경상북도 상주시 화서면 상곡리 508-3	화령 표지석	///성실히.대중화.필기구
57	신의터재	경상북도 상주시 화동면 선교리 477-2	신의터재 표지석	///털장갑.팝콘.생활용품
58	지기재	경상북도 상주시 모서면 소정리 139-1	관광 안내도	///다지다.도달.누구도
58-1	마성면사무소(경유)	경상북도 문경시 마성면 모곡리146-2		
59	개머리재	경상북도 상주시 모서면 소정리 산84-1	등산로 안내목	///슬쩍.근무자.면담
60	큰재	경상북도 상주시 공성면 우하리 522-4	관광 안내도	///쉽겠다.제빵.조그마한
61	작점고개	경상북도 김천시 어모면 능치리 산105-4	작점고개 표지석	///동반.뒤꿈치.작곡가
62	추풍령	충청북도 영동군 추풍령면 추풍령리 213-4	추풍령 표지석	///몰두한.운전하다.진행
63	괘방령	충청북도 영동군 매곡면 어촌리 35-3	괘방령 표지석	///냉각.묵묵히.발랄한
64	우두령	경상북도 김천시 구성면 마산리 산1-7	우두령 표지석	///양산.기대한다.믿음직
65	봄내재	경상북도 김천시 부항면 안간리 277-3	더할리 안내판	///황금.임대.새소리
65-1	내서중학교(경유)	경상북도 상주시 내서면 낙서리 7-2		
66	부항령	경상북도 김천시 부항면 어전리 산118-16	부항령 표지석	///사서.경유.이날
67	덕산재	전라북도 무주군 무풍면 금평리 산168-3	덕산재 표지석	///여행자.철자.전철
68	배티고개	경상남도 거창군 웅양면 한기리 66-3	더할리 안내판	///가득하게/져주다.탐사

번호	이름	주소	인증 장소	W3W 주소
69	고웅고개 (군암재)	경상남도 거창군 웅양면 군암리 산164-3	더할리 안내판	///체육관.번역한.독서하다
70	소사고개	경상남도 거창군 고제면 봉계리 1122-3	소사고개터널	///피아노.작용했다.복싱
71	오두재	전라북도 무주군 무풍면 덕지리 산1-4	더할리 안내판	///긍정적.모양새.유성
72	빼재(신풍령, 수령)	경상남도 거창군 고제면 개명리 산22-15	수령 표지석	///모신다.쓰이는.오징어
73	췱목재	경상남도 거창군 북상면 소정리 산2-13	관광 안내도	///행주.매운탕.첫걸음
74	남령	경상남도 함양군 서상면 상남리 산224-5	더할리 안내판	///더워지다.이미지.대했다
75	육십령	전라북도 장수군 장계면 명덕리 23-17	육십령 표지석	///전화했다.곡식.성공률
76	무룡고개	전라북도 장수군 장계면 대곡리 산92-9	더할리 안내판	///잡았다.직감한.소양
77	복성이재	전라북도 남원시 아영면 성리 산63-1	등산로 안내목	///분지.감당.해소
78	여원재	전라북도 남원시 운봉읍 준향리 657	백두대간 등산로 안내도	///남겨진.들어오다.내년
79	정령치	전라북도 남원시 산내면 덕동리 산215-23	정령치 표지석	///장인.감았다.피자빵
80	성삼재	전라남도 구례군 산동면 좌사리 산110-6	관광 안내도	///혹시.서둘러.기울이다

4 | 백두대간 하이라이트

백두대간 루트 중 놓치기 아까운 포인트들을 간추려 본다.

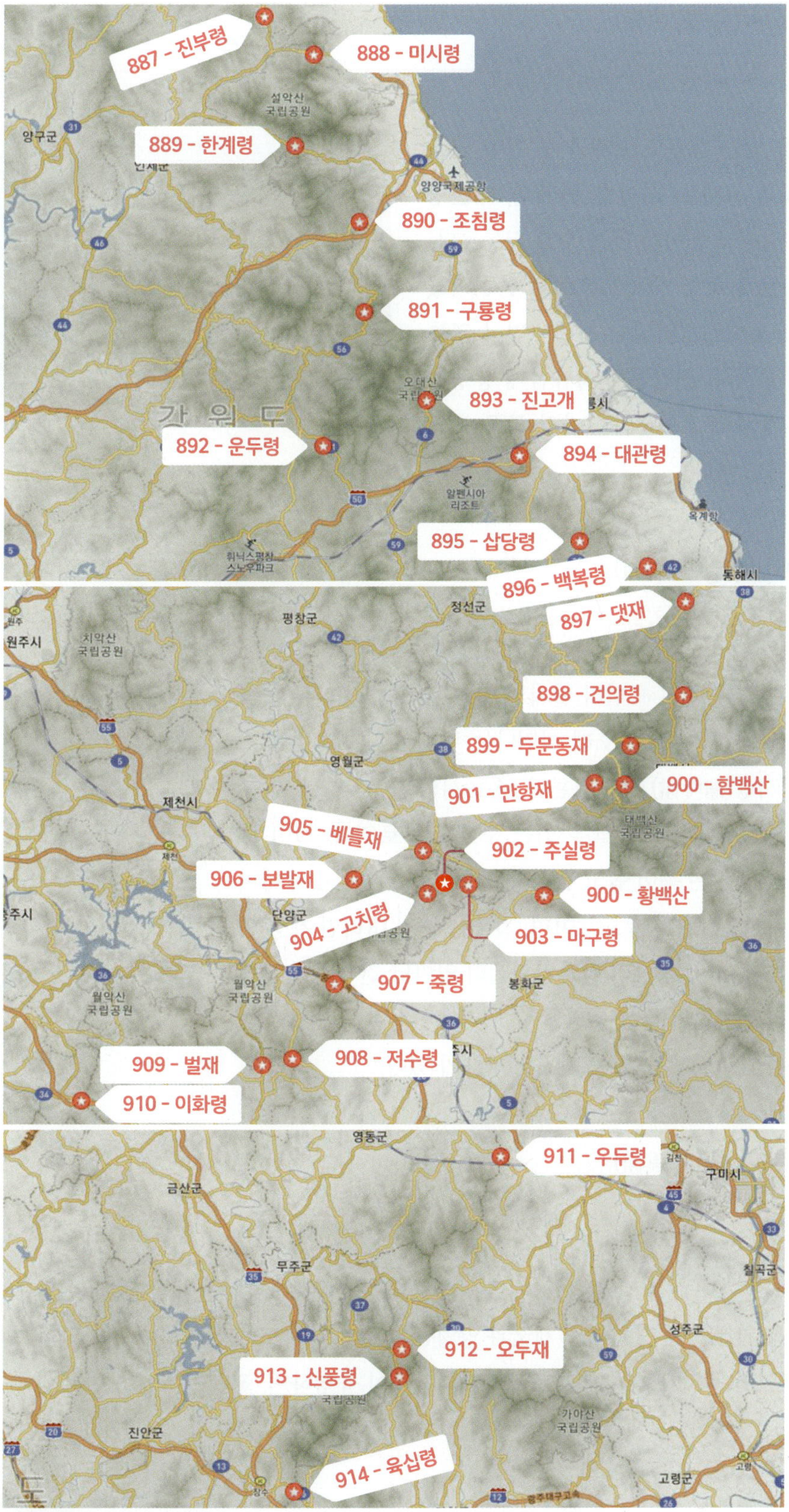

kakaomap
실제 서비스 이미지와 다를 수 있음

고성 ◆ 진부령(陳富嶺)

887

‖ 강원도 고성군 간성읍 진부리 산1-3

태백산맥을 넘는 강원도 고개들 중 가장 낮은 높이 529m의 고개로, 미시령, 한계령, 대관령 등과 함께 강원도 동서를 잇는 주요 교통로다. 1984년 10월에 국도 제46호선으로 완공되었으나, 2006년 미시령터널이 개통되면서 교통량이 많이 줄었다. 민간인이 자유롭게 통행할 수 있는 자동차 도로 고개 중 가장 북쪽에 있는 고개이기도 하다.

고성 ◆ 미시령(彌矢嶺)

888

‖ 강원도 고성군 토성면 원암리 산1-1

인근의 다른 고개에 비해 멀리 펼쳐져 있고, 경사가 가파른 편이라 고개를 넘는 데 시간이 오래 걸린다는 뜻에서 '널리 미(彌)'자를 써서 '미시령(彌時嶺)'이라 부른다. 속초시의 관문 역할을 하는 고개이며, 예로부터 태백산맥을 넘는 주요 교통로였다. 길이 11㎞의 미시령 옛길은 폭이 좁고 급한 경사와 수많은 커브, 헤어핀으로 이루어진 편도 1차선 도로이며, 겨울에 눈이 내리면 가장 먼저 통제되는 곳이다. 정상의 탐방지원센터 앞마당 전망대에 서면 속초시 전역과 동쪽 바다를 조망할 수 있다. 하행 길 중간에 설악산 울산바위를 조망할 수 있는 멋진 전망대가 있다.

양양 ◆ 한계령(寒溪嶺)

889

‖ 강원도 양양군 서면 오색리 산1-30

마의태자 일행이 유배를 갈 때 이곳에 도착했는데, 몹시 추워서 '추운계곡(寒溪)'이란 뜻으로 한계령이라 이름 지었으며, 강원도 인제군과 양양군의 경계로 국도 제44호선이 지나간다. 설악산국립공원 안에 있어 경치가 특히 아름답고, 가을 단풍이 유명하며, 고갯마루에는 한계령 휴게소가 있다. 인제군은 한계령, 강원도 양양군은 오색령이란 이름으로 불러야 한다며 논쟁을 벌이고 있는 곳이다. 정상 휴게소에 오색령 표지석이 있지만, 한계령으로 부르는 경우가 더 많다. 고개의 동쪽 사면의 경사가 급하고 헤어핀 커브도 많아 주의해야 한다.

양양 ◆ 조침령(鳥寢嶺)

890

‖ 강원도 양양군 서면 서림리 150-48

고개가 험하여 새들도 자고 넘는다는 조침령은 양양과 기린을 잇는 고갯길로 조선 시대부터 한양으로 가는 길목이었다. 지금의 조침령 길은 박정희 시해 사건의 주역 김재규가 이 지역의 사단장으로 재직 시 3공수 부대원 들에 의해 개설되었다고 알려져 있으며, 2006년에 조침령터널이 개통되었으나 여전히 한쪽 구간은 험한 커브와 헤어핀이 연속되는 어려운 루트이다.

홍천 ◆ 구룡령(九龍嶺)

891

‖ 강원도 홍천군 내면 명개리 산1-35

'구룡령(九龍嶺)'이란 용이 승천하듯 아흔아홉 굽이라는 뜻으로, 일제강점기에 구룡령 일대에 있는 자철석 등의 광물 자원과 임산 자원을 수탈하기 위해 한계령, 미시령보다 먼저 개통한 도로이다. 왕복 2차로로 포장된 국도 제56호선 지나며, 고갯마루를 기점으로 양쪽 코스 모두 와인딩이 좋다.

홍천 ◆ 운두령(雲頭嶺)

‖ 강원도 홍천군 내면 자운리 산254-46 892

정상에 항상 운무가 끼어 있다는 뜻의 '운두령(雲頭嶺)'은 왕복 2차로로 포장된 국도 제31호선이 지나며, 대한민국에서 자동차로 갈 수 있는 국도 중에선 가장 높은 곳이다. 고갯마루에 휴게소와 풍력발전기가 있으며, 선형이 매우 꼬불꼬불하고 교통량도 거의 없는 편이라 미시령 옛길과 함께 강원도의 양대 와인딩 코스로 유명하다.

평창 ◆ 진고개

‖ 강원도 평창군 대관령면 병내리 산1-70 893

비만 오면 발이 빠질 만큼 질퍽거린다는 뜻의 잔고개는 주변 경관이 뛰어나고 노폭이 넓어 라이딩하기 좋은 길이다. 진부에서 고갯마루로 올라가는 상행 라인보다 고갯마루에서 연곡면 쪽으로 내려가는 하행 라인의 굽이가 더 심한 편이며, 고갯마루에 진고개휴게소가, 연곡천 쪽에는 송천약수터가 있다.

강릉 ◆ 대관령(大關嶺)

‖ 강원도 강릉시 성산면 어흘리 산2-12 894

고개가 험해서 오르내릴 때 대굴대굴 크게 구른다는 뜻의 '대굴령'이 변해 '대관령'이 되었다는 설과 영동 지방으로 오는 큰 관문이라는 뜻에서 '대관령'이 되었다는 설이 있다. 한계령, 미시령보다 굽은 각도는 덜 예리하지만, 총연

장이 13㎞이고, 고개의 굽이가 99개소인데다 차량 통행량도 많아 주의가 필요한 구간이다. 예로부터 영동 지방에서 영서 지방을 오가는 중요한 도로였으며, 예전에는 영동고속도로가 지나던 곳이다.

강릉 ◆ 삽당령(揷唐嶺)

895

‖ 강원도 강릉시 왕산면 목계리 산460-84

강원도 강릉시 왕산면 송현리와 목계리를 잇는 고개인 '삽당령'은 고개를 넘을 때 길이 험하여 지팡이를 짚고 넘었으며 고갯마루에 오르면 짚고 왔던 지팡이를 버리고(꽂아놓고) 갔다 하여 '꽂을 삽(揷)'자를 쓴 것에서 유래되었다고 한다. 강릉과 정선을 잇는 국도 제35호선이 지나가며 완만한 와인딩이 재미있는 코스이다.

정선 ◆ 백복령(白伏嶺)

896

‖ 강원도 정선군 임계면 가목리 산8-23

'백복령'이란 이름은 옛날 이곳에서 한약재로 쓰이던 백복이 많이 나서 붙여진 이름이라 전하기도 하지만 '복이 많다.'라는 의미의 '백복령(百福嶺)'이 개칭된 것으로도 추측된다. 국도 제42호선이 지나며, 고갯마루를 지나 하행하는 코스 중 나팔재산 부근을 지나는 코스에 굽이가 많고 각도도 예리하다. 대형 화물차들도 많이 다니는데 중앙선을 넘어 주행하는 경우가 많으니 특히 주의해야 한다.

삼척 ◆ 댓재

‖ 강원도 삼척시 하장면 번천리 산57-6 897

'댓재'라는 명칭은 대나무의 일종인 산죽이 군락을 이루고 있어 붙여진 이름으로 예로부터 영동과 영서를 넘나드는 길로 이용됐으며, 현재의 도로인 지방도 제424호선이 1984년에 개통되었다. 댓재는 '동고서저'의 지형으로 동쪽 사면은 15㎞ 전 구간이 절벽과 급경사 급커브 길이며, 백두대간 전체 와인딩 코스 가운데 세 손가락에 꼽을 정도의 재미있는 코스이다. 다만 도로가 노후화되었고, 대형 트럭들이 많이 다녀서 도로 상태가 좋지 않은 곳이 많으니 주의해야 한다.

삼척 ◆ 건의령(巾衣嶺)

‖ 강원도 삼척시 도계읍 점리 318-1 898

고려 공양왕이 삼척에 유배를 와 있을 때 고려의 충신 72명이 공양왕을 만나고 돌아가면서 이 고개에 이르러 복건과 관복을 벗어 나무에 걸어 놓고 다시는 관직에 나가지 않기로 맹세를 했다고 하여 관모를 뜻하는 건(巾)과 의복의(衣)자를 붙여 '건의령'이라 부른다. 지방도 제424호선이 지나며, 터널을 지나 하행하는 동안 고랭지 채소밭과 멀리 첩첩이 펼쳐지는 산과 구름이 어우러져 마치 '차마고도'와 같은 풍경을 선사하는 멋진 곳이다. 건의령터널을 빠져나와 오른쪽으로 난 샛길을 따라 600m 정도 올라가면 등산로 입구 돌계단이 나오는데, 그 계단 위로 올라서면 건의령 표지목이 있다.

태백 ◆ 두문동재(杜門洞岾)

‖ 강원도 태백시 화전동 산47-62 899

이성계가 조선을 개국하고 공양왕을 삼척으로 유배 보내자 고려의 충신 72명이 불사이군(不事二君)의 뜻으로 개성 부근의 두문동(杜門洞) 계곡에 은거하며 과거에 응하지 않자 이들의 절개를 두려워한 이성계가 산에 불을 놓아 모두 불태워 죽였는데 이때 살아남은 7명이 이곳에 숨어들어 살았다는 전설이 전해지는 곳이다. 2001년 두문동재터널이 개통된 후로는 통행이 드문 옛길이 되었고, 동쪽 10%, 서쪽 15%의 경사로 가파르고 헤어핀이 많아 주의해야 한다.

정선 ◆ 함백산(咸白山)

‖ 강원도 정선군 고한읍 고한리 산214-24 900

겨울에 내린 눈이 오랫동안 녹지 않고 흰색을 머금고 있다는 뜻의 함백산은 대한민국에서 6번째로 높은 산이며, 봄 야생화, 여름 신록, 가을 단풍, 겨울 설경이 모두 아름다워 등산객, 관광객의 발길이 끊이지 않는 곳이다. 오투리조트에서 함백산으로 오르는 서학로는 대한민국에서 가장 높은 곳에 있는 도로이며, 고도가 높은 만큼 오르막, 내리막 모두 재미있는 와인딩 코스다.

영월 ◆ 만항재(晩項岾)

‖ 강원도 영월군 상동읍 구래리 산1-35 901

우리말로 늦목재(늦은목이재)를 한자로 표현한 '만항재(晩項岾)'는 대한민국 최대의 야생화 군락지로 계절에 따라 꽃구경, 피서, 단풍놀이, 설경을 즐기러 많은 이들이 찾는 곳이다. 함백산에서 2㎞ 거리에 위치하며, 고갯마루에 휴게소가 있다.

봉화 ◆ 주실령(朱實嶺) 902

‖ 경상북도 봉화군 물야면 오전리 산1-53

재 기슭에 산림이 울창하여 머루, 다래 등 구슬(朱)처럼 많은 열매(實)가 열린다는 뜻의 '주실령'은 인근에 조선에서 가장 물맛이 좋은 약수를 뽑는 대회에서 최고의 약수로 뽑혔던 오전약수가 있으며, 근처에 국립백두대간수목원도 있다. 지방도 제915호선 위에 위치한 주실령은 주변 경치와 굽잇길 와인딩이 좋은 코스이다.

영주 ◆ 마구령(馬驅嶺)/U 903

‖ 경상북도 영주시 부석면 임곡리 산93

고개가 험해서 말이 빨리 걷지를 못해 구박(驅迫)을 받는다고 하여 붙여진 이름이란 설도 있고, 말을 탄 군사들이 자주 넘던 고개라 '마군령(馬軍嶺)'이라 부르던 것이 변해 '마구령'이 되었다는 설도 있다. 태백산과 소백산 사이에 있는 양백지간(兩白之間)에 위치하고 있으며, 경상도, 충청도, 강원도가 만나는 곳이기도 하다. 죽령, 고치령과 함께 소백산을 넘는 3개의 고개 중 하나로 일찍이 <정감록>에서 말한 살기 좋은 '십승지' 중 한 곳이기도 하다. 아스콘 포장도로이지만 바이크와 소형차만 통행할 수 있고 대형차는 통행이 금지될 만큼 좁고 굽이가 험한 길이다.

영주 ◆ 고치령(古峙嶺) 904

‖ 경상북도 영주시 단산면 좌석리 산2-1

신라시대 때 이 고개 아래에다 대궐터를 잡았다 하여 '옛 고(古)'자와 '산 높이 솟은 치(峙)'자를 써서 '고치령'이라 부르며, 예부터 관동 및 호서지방을 오가는 교통로였다. 일부는 시멘트 도로이며, 도로 모양은 마구령이 훨씬 현란하지만 좌석리에서 고갯마루까지 5㎞ 정도의 숲과 계곡이 펼쳐지는 고치령의 운치가 훨씬 낫다. 고치령 고갯마루에는 태백산 산신령이 됐다는 단종과 소백산 산신령이 된 금성대군을 함께 모신 산신각이 있다.

단양 ◆ 베틀재

‖ 충청북도 단양군 영춘면 의풍리 1014-2

905

고개 모양이 마치 베틀 같다고 하여 베틀재라 불리며, 6·25전쟁 당시 인민군 주둔지라서 전쟁이 끝난 후 대대적인 토벌 작전이 수행됐던 곳이기도 하다. 지방도 제935호선이 이곳을 지나는데 <정감록>에 나오는 십승지 중 한 곳으로 알려진 만큼 빼어난 경치를 자랑하며, 잘 정비된 와인딩 도로를 달리는 재미있는 코스이다.

단양 ◆ 보발재(寶發岾)

‖ 충청북도 단양군 가곡면 보발리 276-1

906

단풍의 명소 보발재는 '고드너머재'라고도 부르는데, 죽령과 남한강 유역을 두고 영토 전쟁이 한창이었던 삼국시대에 '적군이 고개를 곧 넘어온다.'라고 말한 데서 유래한 것으로 전해진다. 특히 보발재의 가을 단풍은 눈부시게 아름다운 절경을 자랑하며, 굽잇길을 따라 오르다 고갯마루에 있는 나무갑판에 서면 산 지형을 따라 구불구불한 길의 모양이 한눈에 내려다보인다.

영주 ◆ 죽령(竹嶺)

907

‖ 경상북도 영주시 풍기읍 수철리 438-4

신라 아달라 이사금 때의 죽죽(竹竹)이라는 사람이 닦아서 '죽령'이라 불린다는 설과 옛날 어느 도승이 이 고개가 너무 힘들어서 짚고 가던 대지팡이를 꽂은 것이 살아났다 하여 붙여진 이름이란 설도 있다. 예부터 북쪽으로 통하는 주요한 길목이었으며, 소백산국립공원에 속한다. 죽령을 지나는 국도 제5호선은 바이크와 자동차의 드라이빙 코스로 인기를 끌고 있으며, 고개의 동쪽 면은 경사가 급하고 침식곡이 발달하여 굴곡이 심한 길이 이어진다.

단양 ◆ 저수령(低首嶺)

908

‖ 충청북도 단양군 대강면 올산리 450-2

'저수령'이란 이름은 '고개가 몹시 높고 길어서 머리(首)가 저절로 숙여진다(低).'는 뜻에서 유래했다는 설과 '임진왜란 때 왜군이 이 고개를 넘어 은풍곡(지금의 경상북도 예천군 하리면)을 가게 되면 모두 목이 잘려 땅에 떨어졌다.'고 하여 붙여진 이름이라는 설이 전해진다. 지방도 제927호선이 지나고 있으며, 올라가는 업힐 구간에 굽이가 많고 경사가 심한 편이라 주의해야 한다. 예전에는 주유소와 휴게소가 있었지만, 지금은 모두 폐업 상태이다.

문경 ◆ 벌재(伐岾)

909

‖ 경상북도 문경시 동로면 적성리 산112-1

1930년 도로가 개설된 이후 83년 동안 산줄기가 단절되었으나 산림청의 백두대간 마루금 생태축 복원사업에 따라 2013년 7월 복원되었다. 국도 제59호선이 이곳을 지나며 생태터널이 조성되어 있다. 겨울철 눈이 오고 난 후에는 모래가 많은 지역이니 조심해야 한다.

괴산 ◆ 이화령(梨花嶺)

910

‖ 충청북도 괴산군 연풍면 주진리 산3-3

'이화령'이란 이름은 주위에 배나무가 많아서 붙여진 이름이며, 고개가 험해 여러 명이 어울려서 넘어야 했다고 하여 '이유릿재, 이우리재' 등으로도 불렀다. 원래 '이화현(伊火峴)'이라 불리던 조그만 고갯길이었는데 일제가 1925년 '영남대로'의 기(氣)를 꺾으려고 일부러 조령 근처에 신작로를 낸 것이다. 1998년 이화령터널 개통 후 옛길이 된 곳으로, 정상에 이화령휴게소가 있다.

영동 ◆ 우두령(牛頭嶺)

911

‖ 충청북도 영동군 매곡면 어촌리 35-3

산의 모양이 소의 머리처럼 생겼다 하여 '우두령'으로 불리며, 황악산, 삼도봉, 석기봉, 민주지산 등 높은 산들이 주위를 둘러싸고 있는 오지다. 전쟁 때마다 많은 사람들의 피란처가 되었으며, 6·25 전쟁 당시에는 빨치산들이 활동하던 지역이기도 했다. 고갯마루에는 생태너널이 있으며, 지방도 제901호선을 따라 고갯마루로 오르는 업힐과 고갯마루에서 내려가는 다운힐이 모두 짜릿한 와인딩 코스이다.

무주 ◆ 오두재(烏頭岾)

912

‖ 전라북도 무주군 무풍면 삼거리 산1-8

고개 모양이 까마귀의 머리처럼 생겼다고 하여 '오두재'라 부르며, 2015년 '덕지삼거터널'이 개통되기 전까지 사용되었던 옛길이다. 군도 제10호선 삼은로를 따라가다 덕지삼거터널 못 미쳐서 오른쪽으로 난 시멘트 도로로 접어들면 오두재 옛길을 탈 수 있는데 급경사, 헤어핀, 낭떠러지가 즐비하며 통행량이 많지 않아 도로관리도 잘 안 되는 곳이니 주의해야 한다.

거창 ◆ 신풍령(新風嶺)

913

‖ 경상남도 거창군 고제면 개명리 산22-15

이 고개는 신풍령, 빼재, 수령, 상오정재 등 많은 이름을 갖고 있다. 빼재의 '빼'는 뼈의 경상도 사투리로 삼국시대부터 인근에 전쟁 때 죽은 사람들의 뼈가 많이 묻혀있어 '빼재'라고 불린다. 또 다른 이름인 수령은 빼재의 '빼'를 한자어인 '빼어날 수(秀)'로 해석해 붙인 이름이며, 행정상 정식 명칭은 '신풍령'이다. 오두재를 내려와 국도 제37호선을 따라 달리다 왼쪽 구천동길 쪽으로 접어들어 고갯길을 오르면 신풍령에 도착한다.

장수 ◆ 육십령(六十嶺)

914

‖ 전라북도 장수군 장계면 명덕리 23-17

'육십령'이란 이름은 산적이 많아 60명 이상의 무리를 지어서 넘어야만 화를 면할 수 있다고 하여 붙은 이름이라는 설과 고개의 굽이가 60여 개라 붙은 이름이란 설이 있다. 전라도와 경상도를 잇는 주요 교통로로 국도 제26호선이 통과하며, 오르막과 내리막길 모두 굽이가 많고 경사가 심한 와인딩 코스다. 터널 부근에 육십령휴게소가 있는데 전망정자에서 내려다보는 전라북도 장수군의 풍경이 일품이다.

이후로 백두대간은 벽소령-칠선봉-영신봉-촛대봉-연하봉-제석봉을 거쳐 지리산 천왕봉(1,915m)에서 끝이 나지만 그 이후의 구간은 연결되는 도로가 없는 산길이다. 그나마 천왕봉과 좀 더 가까운 함양 마천면 도롯가에 백두대간 벽소령 표지석이 있지만, 이 표지석의 위치가 실제 벽소령과 너무 떨어진 곳에 서 있어서 백두대간 종주 종착지로 삼기에는 무리가 있어 보여 아쉽지만 성삼재에서 백두대간 바이크 종주를 마무리한다.

바이크 투어 길라잡이

PART 9

9정맥 종주 루트

1 | 9정맥(正脈) 루트란 무엇인가?

백두대간 루트를 처음 개척한 2014년으로부터 6년이 지난 2020년 봄, 우연한 기회에 더할리 클럽에서 함께 라이딩을 하는 샤론(김용우)님으로부터 "낙동정맥을 바이크로 가보고 싶은데 참고할 만한 자료가 없나?"는 말을 듣게 되었다. 백두대간에서부터 뻗어 나온 정맥 주변 길들이 좋다는 것은 이미 알고 있었지만 그 범위가 방대하여 루트를 개발할 엄두를 못 내고 있었는데 정맥 루트를 잘 구성하면 백두대간에 버금가는 멋진 장거리 루트를 탄생시킬 수 있겠다는 기대와 함께 개발을 시작했다.

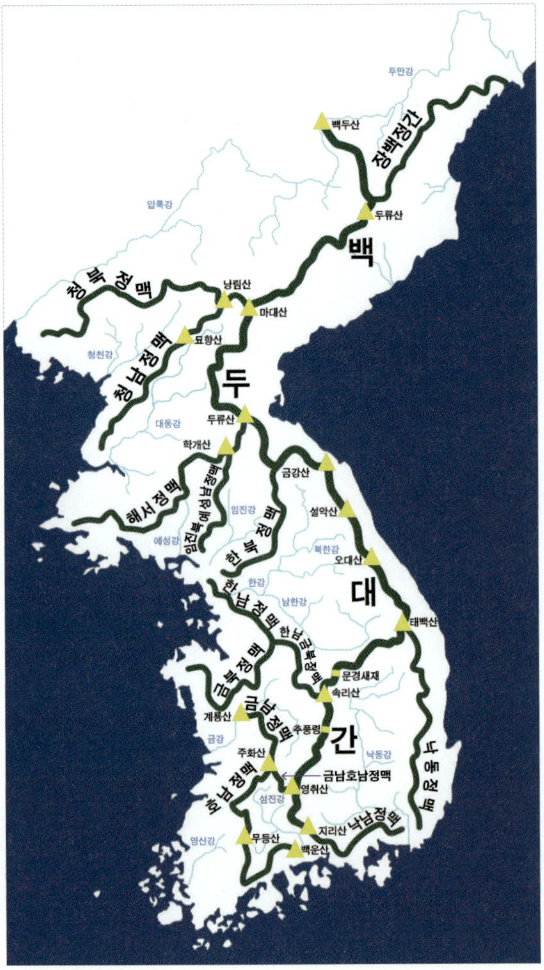

그래서 한반도 내 총 13개의 정맥 중 우리나라 영토 안에 있는 9정맥에 대한 자료를 수집하고 공부하기 시작했다. 그리고 두 달여의 준비 기간과 세 차례, 총 14일에 걸친 답사투어를 다녀온 뒤에 초안을 완성하였고, 미흡한 부분과 잘못된 부분들을 보완하여 '9정맥 바이크 루트'를 완성했다.

백두대간과 9정맥 루트에는 우리가 이미 잘 알고 있고, 라이더들이 즐겨 찾는 멋진 고갯길들의 80~90% 이상이 포함되어 있다. 필자들이 한반도 내륙과 산간 지역을 섭렵하는 통합 루트인 백두대간과 9개 정맥 루트를 모두 돌아본 소감을 전하자면 우리나라에는 가볼 만한 멋진 라이딩 포인트와 루트들이 정말 많고, 잘 알려지지 않은 보물 같은 장소도 많다는 것이다. 그리고 백두대간과 9정맥을 모두 완주하고 나니 바이크 루트를 바라보는 시각이 달라지고, 앞으로 어떻게 투어를 설계하고 다닐지에 대한 큰 그림도 보이는 것 같다. 이런 이유에서 틈날 때마다 시간을 내서라도 1대간 9정맥 루트를 완주해 보길 적극 권유한다.

2 | 9정맥 루트 개요

우리 조상들은 예로부터 한반도의 산줄기를 하나의 대간과 하나의 정간, 그리고 13개의 정맥으로 구분했다. 1대간인 백두대간은 백두산에서 시작하여 지리산에서 끝나는 우리나라의 가장 큰 산줄기이며, 여기에서 갈라져 나온 1정간인 장백정간(長白正幹)은 북한의 장백산에서 시작하여 함경도의 수라곶산까지 함경도를 동서로 관통하는 산줄기이다. 그리고 나머지 13개의 정맥들은 모두 백두대간으로부터 가지 쳐 나온다. 13정맥 중 북한에 네 개, 대한민국 영토에 여덟 개가 있으며, 한북정맥은 휴전선을 기점으로 남북한 양쪽에 걸쳐있다. 정맥의 이름은 호남정맥을 제외하곤 그 정맥이 위치한 곳의 강 이름을 따서 부르는데 이 또한 산자분수령의 철학과 산과 물은 하나라는 선조들의 생각이 반영된 결과이다.

〈북한 지역〉

- 청북정맥(淸北正脈)
- 청남정맥(淸南正脈)
- 해서정맥(海西正脈)
- 임진북례성남정맥(臨津北禮成南正脈)

〈남북 접경지역〉

- 한북정맥(漢北正脈)

〈남한 지역〉

- 한남금북정맥(漢南錦北正脈)
- 한남정맥(漢南正脈)
- 금북정맥(錦北正脈)
- 금남호남정맥(錦南湖南正脈)
- 금남정맥(錦南正脈)
- 호남정맥(湖南正脈)
- 낙동정맥(洛東正脈)
- 낙남정맥(洛南正脈)

정맥의 전체 길이는 백두대간의 3배에 달하며, 산림청이 작성한 <한국 정맥의 이해>라는 보고서에 따르면 남한에 있는 정맥 산들의 주 능선을 다 연결하면 무려 2,085㎞에 이른다고 한다. 대한민국 영토를 지나는 백두대간의 길이가 701㎞이니 약 세 배에 달하는 거리이다. 9정맥 바이크 루트에서도 원래의 정맥 흐름을 최대한 따르고자 했으나 도로가 없어 접근할 수 없는 산은 제외가 되었고, 직접 산 정상에 오를 수 없는 곳은 그 산을 오르기 위해 등산객들이 드나드는 등산로의 들머리나 날머리를 지나도록 루트를 설계했다.

9정맥 루트를 완성해보니 포인트가 506개, 내비게이션상 주행거리는 3,689.7㎞, 실제로 주행해보면서 확인한 적산 거리계로는 4,300여 ㎞나 된다. 그뿐만 아니라 정맥과 정맥 사이를 이동하는 이동 거리와 각자 거주지로부터 정맥 시작점까지 이동하고 다시 정맥 끝점에서 거주지로 돌아오는 것까지 포함한다면 서울을 기준으로 할 때 거의 10,000㎞가 넘는 초장거리 루트다.

정맥마다 시작점과 끝점이 있으므로 라이더의 기호와 상황에 따라 시작점에서 끝점으로 가는 순방향 루트로 갈 수도 있고, 반대로 끝점에서 시작점으로 가는 역방향 루트로도 갈 수 있다. 하지만 원래 대간의 개념은 산에서 시작하여 강이나 바다에서 끝나는 것이고, 산줄기의 방향에 따라 동서남북의 진행 방향이 이미 결정되어 있으므로 되도록 그런 기준에 따라 주행하는 것이 좋다.

● 9정맥 루트 시작점/끝점/구간거리

순번	이름	시작점	끝점	포인트 숫자	정맥 구간 길이
1	한북정맥	화천 수피령	파주 공릉천	34개	309.3 ㎞
2	한남정맥	안성 칠장사	김포 보구곶리	44개	273.0 ㎞
3	한남금북정맥	보은 천황사	안성 칠장사	54개	271.3 ㎞
4	금북정맥	안성 칠장사	태안 안흥항	76개	443.5 ㎞
5	금남정맥	진안 모래재	부여 구드래선착장	30개	284.9 ㎞
6	금남호남정맥	장수 무룡고개	진안 모래재	21개	117.5 ㎞
7	호남정맥	진안 모래재	광양 망덕포구	92개	835.1 ㎞
8	낙동정맥	태백 삼수령	부산광역시 몰운대	85개	742.2 ㎞
9	낙남정맥	산청 거림휴게소	김해 고암나루	70개	412.9 ㎞
합계				506개	3689.7 ㎞

1 한북정맥 종주 풀코스

한북정맥은 한강 줄기의 북쪽에 있는 분수령이라 하여 한북정맥이라 부르며, 한강 수계와 임진강 수계를 나누는 산줄기로 백두대간 백산 분기점(1,120m)에서 분기하여 경기도 파주군 교하면 장명산까지 이어진다. 현재 남북으로 분단되어 있어 남한 쪽 답사는 강원도 화천군과 철원군 경계에 있는 수피령(740m)에서부터 가능하다. 바이크 루트는 강원도 화천의 수피령을 출발하여 경기도 파주 공릉천에서 끝나며, 34개의 포인트를 거쳐 총 309.3㎞를 달린다.

순번	지명	주소	인증 장소
1	수피령	강원도 철원군 근남면 육단리 산88-26	등산로 안내도
2	명월1리 마을회관(경유)	강원도 화천군 사내면 명월리 935-1	마을회관
3	하오터널	강원도 화천군 사내면 광덕리 1016-3	하오터널
4	국립복주산자연휴양림	강원도 철원군 근남면 잠곡리 130-25	휴양림 안내판
5	각흘산	경기도 포천시 이동면 도평리 산393-2	각흘산 표지석
6	조경철 천문대/U	강원도 화천군 사내면 광덕리 산273-105	천문대
7	도마치재	강원도 화천군 사내면 광덕리 산273-89	등산로 안내도
8	강씨봉자연휴양림/U	경기도 가평군 북면 적목리 산92	아치 간판
9	가평휴게소(경유)	경기도 가평군 가평읍 상색리 314-2	가평휴게소
10	노채고개	경기도 포천시 일동면 기산리 산142-82	노채고개 코팅 안내판
11	화현고개	경기도 포천시 화현면 화현리 산208-14	등산로 안내도
12	서파삼거리	경기도 포천시 화현면 명덕리 147-4	등산로 안내도
13	수원산전망대	경기도 포천시 군내면 직두리 산19-22	전망대
14	군내우체국(경유)	경기도 포천시 군내면 구읍리 214-2	군내우체국

순번	지명	주소	인증 장소
15	육사생도625참전비/U	경기도 포천시 가산면 우금리 산89-11	참전비
16	비득재	경기도 포천시 소흘읍 고모리 산54-1	생태터널
17	무림리고개(다름고개)	경기도 포천시 소흘읍 무림리 산59-2	버스정류장
18	축석령	경기도 의정부시 자일동 산43-7	등산로 안내목
19	샘내고개	경기도 양주시 덕계동 364-2	버스정류장
20	청엽골고개(도락산)	경기도 양주시 백석읍 방성리 산86-3	등산로 안내목
21	오산삼거리(경유)	경기도 양주시 백석읍 방성리 528-9	오산삼거리
22	어둔동고개(작고개)	경기도 양주시 백석읍 방성리 798-5	산악회 시그널
23	울대고개	경기도 양주시 장흥면 울대리 68-17	버스정류장
24	솔고개	경기도 양주시 장흥면 교현리 408-5	등산로 안내목(건너편)
25	매내미고개	경기도 고양시 덕양구 오금동 706	등산로 안내목(건너편)
26	숫돌고개	경기도 고양시 덕양구 오금동 694	생태터널
27	서삼릉 입구	경기도 고양시 덕양구 서삼릉길 233-4	등산로 안내목(건너편)
28	윗배다리(512중대)	경기도 고양시 덕양구 원당동 산48-3	산악회 시그널
29	문봉동재	경기도 고양시 일산동구 문봉동 100-28	문봉동재 코팅 안내판
30	성안마을회관(경유)	경기도 고양시 일산동구 성석동 2074-1	선안마을회관
31	성동재	경기도 고양시 일산동구 성석동 884-1	영천사 간판
32	안곡주유소(경유)	경기도 고양시 일산동구 중산동 1771	안곡주유소
33	금정굴	경기도 고양시 일산동구 성석동 1305-25	등산로 안내목(건너편)
34	공릉천	경기도 파주시 하지석동 440	공릉천 옆

2 한북정맥 하이라이트

한북정맥 루트는 거리가 그리 길지 않아 하루에도 완주할 수 있지만, 도심개발로 인해 시내가 되어 버린 곳이 많아 조금 피곤한 루트가 될 수 있다. 아래 세 군데 정도는 꼭 가봐야 할 하이라이트 스팟이다.

kakaomap
실제 서비스 이미지와 다를 수 있음

철원 ◆ 수피령(水皮嶺)

915

‖ 강원도 철원군 근남면 육단리 산88-26

한북정맥의 남쪽 유역에 적근산과 대성산(1,174m)이 들어 있지만, 군사지역으로 출입이 통제되므로 한북정맥 종주를 이곳 수피령에서 시작한다. 대한민국 영토에 있는 정맥 중 가장 높은 위도에 있는 고개이며, 고갯마루에는 육군 제15사단의 대승을 기념하는 '대성산 지구 전적비'가 있다. 국도 제56호선이 지나며 인적이 그리 많지 않은 시절에 군사 도로 용도로 개설된 도로라 업힐과 다운힐 모두 경사와 굽이가 센 와인딩 도로다.

화천 ◆ 하오(荷吾)터널

916

‖ 강원도 화천군 사내면 광덕리 1016-3

강원도 화천군 사내면 광덕리와 강원도 철원군 근남면 잠곡리를 잇는 높이 750m의 하오현을 통과하는 터널로, 복주산(1,152m)과 회목봉(1,027m)을 연결하는 정맥 마루금 위에 있으며 모양이 특이한 터널이다.

화천 ◆ 조경철(趙慶哲) 천문대

917

‖ 강원도 화천군 사내면 광덕리 산273-105

광덕고개 길에서 광덕산 등산로 쪽으로 올라가면 산 정상에 있는 천문대로, '아폴로 박사'로 유명했던 천문학자 조경철 박사의 업적을 기리기 위해 2014년에 강원도 화천군이 건립한 곳이다. 우리나라에서 유일하게 은하수 촬영이 가능한 무공해 청정지역이다.

3 한남정맥 종주 풀코스

백두대간의 속리산에서 시작된 한남금북정맥은 안성 칠장산에서 한남과 금북으로 갈라지는데 이 중 한남정맥은 서북쪽으로 김포 문수산까지 이르는 산줄기다. 한강 줄기의 남쪽에 있는 분수령이라 하여 한남정맥이라 부르며, 경기도의 해발 100m 미만의 낮은 등성이가 연결되어 서쪽에 위치한 인천·시흥·안산 등의 산줄기를 만들다가 용인과 수원에 이르러 제법 큰 산세를 이룬다. 최근 경인 아라뱃길로 인해 산줄기 일부가 잘려나갔다. 바이크 루트는 경기도 안성 칠장사에서 출발하여 경기도 김포 월곶면 보구곶리에서 끝나며, 44개의 포인트를 거쳐 총 273.0㎞를 달린다.

순번	지명	주소	인증 장소
1	칠장사	경기도 안성시 죽산면 칠장리 790	칠장사 표지석
2	녹박재	경기도 안성시 삼죽면 진촌리 산16-1	녹박재 생태터널
3	가현치	경기도 안성시 보개면 북가현리 산54-24	보개면 교통표지판
4	두창리고개/U	경기도 용인시 처인구 원삼면 두창리 산286	등산로 안내목(건너편)
5	문수산터널	경기도 용인시 처인구 원삼면 학일리 산121-36	문수산터널
6	무네미고개	경기도 용인시 처인구 삼가동 산30-2	등산로 안내목
7	학고개	경기도 용인시 처인구 이동읍 서리 767-1	학고개터널
8	효자고개	경기도 용인시 처인구 삼가동 산30-2	효자고개 교통표지판
9	지석역(경유)	경기도 용인시 기흥구 상하동 657-1	버스정류장 앞
10	아차치고개	경기도 용인시 기흥구 청덕동 산4-1	새마을운동 비석
11	양고개/U	경기도 용인시 기흥구 마북동 420-5	산악회 스티커
12	해오라기다리터널	경기도 수원시 영통구 하동 1-1	해오라기다리터널
13	버들치고개	경기도 수원시 영통구 이의동 산128	광교산 등산안내도

순번	지명	주소	인증 장소
14	지지대고개	경기도 수원시 장안구 파장동 34–10	백운산 등산안내도
15	이동고개	경기도 의왕시 이동 산54–3	이동고개삼거리 교통표지판
16	큰말고개	경기도 군포시 당정동 704–8	베니스트골프장 입구
17	도장터널	경기도 군포시 산본동 산123–2	도장터널 입구
18	운흥산 입구	경기도 시흥시 논곡동 산28–6	산악회 시그널
19	방죽재	경기도 시흥시 금이동 산143–3	방죽머리 버스정류장
20	할미고개	경기도 시흥시 계수동 380–31	부천시 양궁장 간판 앞
21	여우고개	경기도 부천시 소사본동 산60–6	생태터널
22	하우고개	경기도 부천시 심곡본동 567–52	출렁다리 밑
23	마리고개/U	인천광역시 계양구 효성동 623–8	등산로 안내목
24	함봉산 입구	인천광역시 부평구 십정동 186–454	용프샘
25	진주체육공원(경유)	인천광역시 서구 가좌동 30–5	
26	원적산 생태터널/U	인천광역시 서구 가좌동 산17–2	원적산 생태터널
27	청천2동 주민센터(경유)	인천광역시 부평구 청천동 178–12	
28	아나지고개	인천광역시 서구 가정동 341–14	천마산 등산로 안내도
29	징매이고개	인천광역시 서구 공촌동 산163–24	생태터널
30	박촌역(경유)	인천광역시 계양구 박촌동 109–5	–
31	아라마루전망대	인천광역시 계양구 둑실동 79–7	아라마루 휴게소
32	종알고개	인천광역시 서구 백석동 산64–7	한남정맥 안내도
33	문고개	인천광역시 서구 마전동 1084	한남정맥 안내도
34	방아재	인천광역시 서구 마전동 249–24	철제펜스 산악회 시그널
35	서낭당고개	인천광역시 서구 마전동 산109–2	한남정맥 안내도
36	금곡마을회관(경유)	인천광역시 서구 금곡동 689	–
37	가현산 입구/U	인천광역시 서구 금곡동 565–11	한남정맥 안내도
38	스무네미고개	경기도 김포시 양촌읍 대포리 2–18	생태터널

순번	지명	주소	인증 장소
39	장승고개	경기도 김포시 대곶면 석정리 45-3	산악회 시그널
40	것고개	경기도 김포시 통진읍 서암리 899-15	통진두레센터 앞
41	서암교차로(경유)	경기도 김포시 통진읍 서암리 277-5	-
42	남정골고개	경기도 김포시 통진읍 고정리 605-9	고정리 지석묘 교통표지판
43	문수산 입구	경기도 김포시 월곶면 갈산리 산185	김포 관광안내도
44	보구곶리	경기도 김포시 월곶면 보구곶리 536	부대 철조망 앞

4 한남정맥 하이라이트

한남정맥 역시 한북정맥처럼 시내 구간을 많이 통과하므로 다소 지루한 라이딩이 될 수 있으나 아래 7군데는 바이크로 달릴만하거나 볼거리가 있는 곳이다.

kakaomap
실제 서비스 이미지와 다를 수 있음

안성 ◆ 칠현산 칠장사(七賢山 七長寺)

918

‖ 경기도 안성시 죽산면 칠장리 790

한남정맥의 출발지이자 한남금북정맥 루트의 마지막 종착지인 칠장사는 대한불교조계종 제2교구 말사로 신라 선덕여왕 때 지장율사가 창건하였다. '칠장사'란 이름은 고려 때 혜소국사(慧炤國師)가 이곳에 머물면서 일곱 명의 악인을 교화하여 현인으로 만들었다는 데서 유래하며, 박문수가 과거를 보러 갈 때 지나갔다는 '어사박문수길'이 이 절을 지난다.

수원 ◆ 버들치고개

919

‖ 경기도 수원시 영통구 이의동 산128

용인과 수원을 잇는 높이 175m의 고개인 '버들치'는 옛날 이 고개 양쪽 늪지대에 버드나무가 무성해서 그런 이름으로 불린다. 수지지구가 개발되어 새 도로가 나기 전까지는 차량 통행량이 상당히 많은 고갯길이었으나, 지금은 산행객들만 주로 이용하는 폐도가 되었다.

수원 ◆ 지지대(遲遲臺)고개

920

‖ 경기도 수원시 장안구 파장동 34-10

정조가 아버지 사도세자의 능인 현륭원에 참배하러 갈 때, 아버지의 묘가 보이는데도 도착하지 않자 "왜 이리 더딘가?" 하며 한탄하였고, 참배를 마치고 한양으로 돌아갈 때도 이 고개를 넘으면 더는 묘가 보이지 않아 안타까운 마음에 눈물을 흘리며 가마꾼에게 "천천히 가라. 천천히 가라."라는 말을 몇 번씩 반복하며 지체하였다고 하여 '느릴 지(遲)'자를 두 번 붙여 '지지대(遲遲臺)'라고 부른다.

부천 ◆ 하우고개

921

‖ 경기도 부천시 심곡본동 567-52

'소가 누워있는 형상'을 띄는 높이 180m의 고개로, '누울 와(臥)' 자에 '소 우(牛)' 자를 써서 '와우(臥牛) 고개'라 부르던 것이 변음 되어 '하우고개'가 된 것이라고 전해진다. 고갯마루에는 봉매산과 상주산을 오가는 구름다리가 도로를 가로질러 설치되어 있다.

인천 ◆ 아라마루전망대

922

‖ 인천광역시 계양구 둑실동 79-7

아라뱃길 휴게소에 있는 전망대로, 원래 한남정맥 산줄기였는데 운하와 고속도로 건설로 완전히 절개되어 산자분수령이 훼손된 곳이다. 아라마루 전망대에서 나와 좌회전하여 150m쯤 진행하다 가드레일이 끝나는 곳에서 우측으로 오르는 길이 정맥로인데, 이곳에 등산객들이 매달아 놓은 '산악회 시그널'이 많이 걸려 있다.

인천 ◆ 가현산(歌鉉山)/U

923

‖ 인천광역시 서구 금곡동 565-11

높이 215.3m의 높지 않은 산이지만 서쪽 바다를 바라보는 경치가 뛰어나 예전부터 많은 사람들이 찾던 곳이었는데, 지금은 해안 일대에 공단이 들어서면서 예전의 풍광은 사라졌다. 남쪽 자락에 '묘각사'라는 절이 있으며, 정상부 남쪽에는 세자봉이 있다. 묘각사 입구 공터에 가현산으로 오르는 등산로 들머리까지 바이크로 갈 수 있다.

김포 ◆ 보구곶리

924

‖ 경기도 김포시 월곶면 보구곶리 795-2

한남정맥이 바다를 만나며 끝을 맺는 곳으로, 산이 뻗어나간 모양이 마치 쟁기에 매달아 땅을 일굴 때 사용하던 농기구인 '보습'과 같다고 해서 보습고지라 부르다 한자로 표기하는 과정에서 '보구곶'이 되었다. 보구곶리 물가에는 철책이 설치되어 있어 갈 수가 없으므로 보구곶리 마을 입구에 있는 '작은 미술관 보구곶'에서 인증하고 한남정맥의 대장정을 마무리한다.

5 한남금북정맥 종주 풀코스

한남금북정맥은 백두대간의 속리산에서 시작하여 경기도 안성의 칠현산(七賢山)에서 끝맺는 정맥으로 한남·금북을 이어주며 서북쪽으로 김포 문수산(文殊山)과 서남쪽으로 태안반도 안흥까지 이르는 산줄기다. 주로 해발 400~600m의 산들로 연결되나 때로는 100m의 낮은 구릉으로 이어지기도 하며, 동쪽으로 괴산·음성·충주 등 남한강 지역, 서쪽으로 보은·청주·증평·진천 등 금강 북부지역을 지난다. 바이크 루트는 충북 보은 천황사에서 시작하여 경기도 안성 칠장사에서 끝나며, 54개의 포인트를 거쳐 총 271.3㎞를 달린다.

순번	지명	주소	표식
1	속리산 천황사	충청북도 보은군 속리산면 도화리 38-1	천황사 표지석
2	갈목재	충청북도 보은군 속리산면 삼가리 산37-20	터널 입구
3	말티재	충청북도 보은군 속리산면 갈목리 산19-6	말티재 표지석
4	누청리(경유)	충청북도 보은군 보은읍 누청리 417	-
5	새목이재(속리터널)	충청북도 보은군 속리산면 중판리 산33-5	터널 입구
6	백석고개	충청북도 보은군 산외면 백석리 313-2	볼록거울 산악회 리본
7	소망전원교회(경유)	충청북도 보은군 산외면 구티리 46-5	-
8	구티재	충청북도 보은군 산외면 탁주리 산14-2	구티재 표지판
9	오대리(경유)	충청북도 보은군 산외면 오대리 195-1	-
10	작은구티재	충청북도 보은군 산외면 길탕리 산6-1	오르막차로끝 표지판
11	산외리보건지소(경유)	충청북도 보은군 산외면 구티리 77-1	-
12	봉계터널	충청북도 보은군 산외면 봉계리 산52-4	터널 입구
13	적음리(경유)	충청북도 보은군 내북면 적음리 162-1	-

순번	지명	주소	표식
14	벼재고개	충청북도 보은군 내북면 적음리 산44-5	시멘트 도로 진입로 입구
15	대안리고개	충청북도 보은군 내북면 대안리 산40-1	산악회 리본
16	쌍암재	충청북도 보은군 내북면 법주리 산25-1	쌍암재 표지판
17	피반령	충청북도 청주시 상당구 가덕면 계산리 산32-10	피반령 표지석
18	추정재	충청북도 청주시 상당구 낭성면 관정리 413-12	추정재 표지판
19	현암삼거리(경유)	충청북도 청주시 상당구 낭성면 현암리 49-2	산악회 리본
20	산성제2터널	충청북도 청주시 상당구 산성동 379-4	터널 입구
21	내수공설운동장(경유)	충청북도 청주시 청원구 내수읍 덕암리 산11-12	-
22	이티재	충청북도 청주시 상당구 미원면 대신리 272-1	이티재 표지판
23	분젓치	충청북도 증평군 증평읍 율리 산 69-13	터널 입구(좌구정)
24	율리마을회관앞(경유)	충청북도 증평군 증평읍 율리 516-5	-
25	좌구산천문대(방고개)/U	충청북도 청주시 상당구 미원면 화원리 산2	천문대 표지석
26	율리(경유/임도)	충청북도 증평군 증평읍 율리 193-2	-
27	질매개(임도)	충청북도 증평군 증평읍 율리 산 33-9	등산로 표지목
28	질마재(큰길가)	충청북도 괴산군 청안면 문당리 947-1	글로리아농원 입구
29	장암리고개(경유)	충청북도 괴산군 청안면 장암리 산132-1	-
30	모래재	충청북도 괴산군 사리면 방축리 산29-2	모래재 표지판
31	괴산백마권역활성화센터(경유)	충청북도 괴산군 사리면 노송리 318-1	-
32	행지재(반기문 생가앞)	충청북도 음성군 원남면 상당리 산75-4	행치마을 표지석 앞
33	상당리(경유)	충청북도 음성군 원남면 상당리 186	-
34	가정자	충청북도 음성군 원남면 상노리 산74-2	등산로 표지목(샛길)
35	토골고개(보천고개)	충청북도 음성군 원남면 주봉리 산26-1	원남면 표지판
36	구안저수지(경유)	충청북도 음성군 원남면 구안리 370-2	-

순번	지명	주소	표식
37	하당저수지(경유)	충청북도 음성군 원남면 하당리 산54-5	-
38	삼실고개(밤나무재)	충청북도 음성군 원남면 하당리 588-2	등산로 표지목
39	구려고개(백거리재)	충청북도 음성군 음성읍 초천리 산42-1	등산로 표지목
40	돌고개	충청북도 음성군 음성읍 초천리 산71-1	돌고개 표지석
41	통동재(도마재)	충청북도 음성군 맹동면 통동리 산20-1	도마재 표지석
42	꽃동네낙원앞(경유)	충청북도 음성군 맹동면 통동리 287-9	-
43	쌍정리(경유)	충청북도 음성군 맹동면 쌍정리 37-2	-
44	장고개	충청북도 음성군 금왕읍 용계리 산55-3	염수분사초소 앞
45	숫돌고개	충청북도 음성군 금왕읍 내송리 산18-5	숫돌고개사거리 표지판
46	서낭당고개	충청북도 음성군 금왕읍 사창리 산19-4	건설공제조합 안내간판
47	두리실고개	충청북도 음성군 삼성면 덕정리 산2-7	등산로 표지목
48	능산교(경유)	충청북도 음성군 삼성면 능산리 665	-
49	승순(대야)고개	충청북도 음성군 삼성면 대야리 산39-7	한남금북정맥 안내판
50	수레티고개(차연고개)	경기도 안성시 일죽면 화봉리 815-5	등산 안내판
51	용설저수지(경유)	경기도 안성시 죽산면 용설리 산243-1	-
52	당목리고개	경기도 안성시 죽산면 용설리 산143-2	산악회 리본
53	걸미고개/U	경기도 안성시 죽산면 당목리 985-4	안성CC입구
54	칠장사	경기도 안성시 죽산면 칠장리 789-2	등산로 안내판

6 한남금북정맥 하이라이트

아래 6개의 포인트는 한남금북정맥 루트 중 바이크를 타고 달려볼 만한 곳으로, 이미 잘 알려진 말티재, 피반령, 좌구산을 포함하여 조금은 생소한 시멘트 임도인 질마재와 경치 좋은 통동재를 지난다.

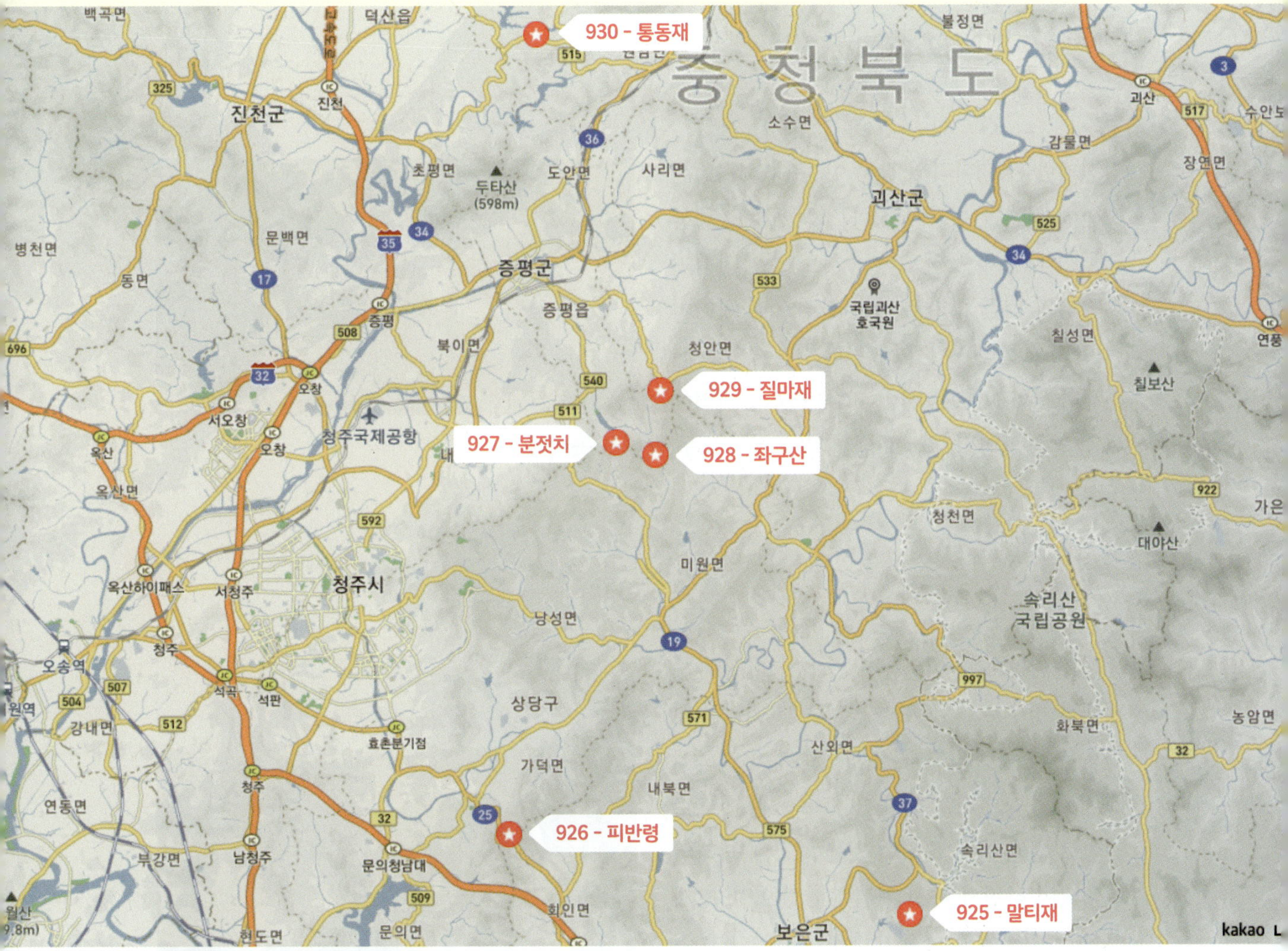

kakaomap
실제 서비스 이미지와 다를 수 있음

보은 ◆ 말티재

‖ 충청북도 보은군 속리산면 갈목리 산19-6 925

조선 세조가 이 고개를 넘을 때 가마꾼들이 힘들어 오르질 못하자 말로 갈아타고 넘었다고 해 '말티고개'란 이름이 붙었다고 전해지며, 열두 굽이의 헤어핀 코스가 연속되는 와인딩의 명소다. 바이크는 물론 자동차, 자전거 동호인들도 많이 찾는 곳이며 말티재의 저녁노을이 아름다워 전국의 사진작가와 동호인들도 많이 찾는다. 2020년 2월에는 고갯마루에 말티재 전망대가 설치되었다.

청주 ◆ 피반령(皮盤嶺)

‖ 충청북도 청주시 상당구 가덕면 계산리 산32-10 926

임진왜란 때 명나라의 장군 이여송(李如松)이 조선에 원군을 왔다가 장차 조선에서 출중한 인물이 나오지 못하도록 충청도 소백지맥인 피반령의 맥을 끊기로 하고 장검으로 내리치니 암벽이 갈라지면서 붉은 피가 흘렀다고 전해진다. 국도 제25호선이 지나며 충청 지역에서 유명한 와인딩 코스로 업힐, 다운힐이 모두 짜릿한 곳이다.

증평 ◆ 분젓치

‖ 충청북도 증평군 증평읍 율리 산69-13 927

증평 율리와 청주 미원을 잇는 옛 고갯길로 증평에서 청주로 가다 보면 만나는 '분티마을'의 이름을 따서 '분티고개'로 불리던 것이 변하여 '분젓치'가 되었다고 전해진다. 무분별한 도로 건설로 정맥 길이 끊겼던 것을 최근에 생태터널을 건설하면서 다시 연결해 놓았으며, 고개 정상 터널 옆에 '좌구정'이란 정자가 있다.

청주 ◆ 좌구산(座龜山)

‖ 충청북도 증평군 증평읍 솟점말길 187 928

거북이가 앉아 남쪽을 보고 있는 형상을 띤 좌구산(657m)에는 좌구산천문대가 있다. 주변에 도시가 없어 맑고 깨끗한 밤하늘을 볼 수 있으며, 국내에서 가장 큰 356mm 굴절망원경이 설치되어 다른 곳에선 볼 수 없는 천체 모습을 볼 수 있다.

증평 ◆ 질마재

‖ 충청북도 증평군 증평읍 율리 산33-9 929

고개 모양이 소 등에 짐을 나르기 위해 올려놓은 나무로 만든 반원형 연장인 '질매'를 닮았다 하여 '질매재'라 불린다. 좌구산을 내려와 율리를 거쳐 시멘트 포장도로인 질매재 임도 길을 넘는데, 차량 통행이 거의 없는 옛길이라 원시의 숲속을 연상케 하는 곳이다.

음성 ◆ 통동재(通洞岾)

‖ 충청북도 음성군 맹동면 통동리 산20-1 930

한남금북정맥 마루금 위에 있지는 않지만 바이크 루트가 지나는 길목에 있고, 와인딩과 경치가 좋은 곳이라 코스에 포함시켰다. 통동재 인근에 있는 맹동(통동)저수지 둘레길은 가을 단풍이 아름답고 철새들도 많이 찾아오는 철새도래지이며, 자전거 동호인들이 많이 찾는 곳이다. 이 고개를 원남면에서는 '도마재'라 부르고, 맹동면에서는 '통동재'라 부른다.

7 금북정맥 종주 풀코스

금북정맥은 경기도 안성의 칠장산(492m)에서 남하하여 충남 태안반도의 안흥진(安興鎭)까지 이어지는 산줄기로, 금강의 서북쪽을 지나므로 금북정맥이라 불린다. 이 산줄기를 분수령으로 하여 북사면으로는 안성천·삽교천이 흐르고, 남쪽 사면을 따라 흐르는 물은 금강으로 흘러들며, 우리나라 남부지방과 중부지방의 자연스러운 경계 구실을 한다. 바이크 루트는 경기도 안성 칠장사를 출발하여 충남 태안 안흥항에서 끝나며, 76개 포인트를 거쳐 총 443.5㎞를 달린다.

순번	지명	주소	인증 장소
1	칠장사	경기도 안성시 죽산면 칠장리 790	칠장사 표지석
2	옥정재	충청북도 진천군 이월면 신계리 631-3	옥정재 교통표지판
3	쑥고개(경유/임도)	경기도 안성시 금광면 한운리 산242	
4	서운산 입구	경기도 안성시 금광면 상중리 383	자연휴양림 아치간판
5	이티재(배티재)	충청북도 진천군 백곡면 양백리 산85-25	이티재 교통표지판
6	엽돈재	충청남도 천안시 서북구 입장면 도림리 7-8	충청남도 도경계 교통표지판
7	부소령	충청남도 천안시 동남구 북면 운용리 458-1	부소령 표지석
8	납안리(경유/임도)	충청남도 천안시 동남구 북면 납안리 523	
9	성거산/U	충청남도 천안시 동남구 북면 납안리 산52-6	성거산(부대 앞)
10	납안리(경유/임도)	충청남도 천안시 동남구 북면 납안리 523	
11	흑성산/U	충청남도 천안시 동남구 목천읍 지산리 산24-8	KBS 중계소
12	유량지하차도(터널)	충청남도 천안시 동남구 목천읍 지산리 64-3	유량지하차도
13	SK탑주유소(경유)	충청남도 천안시 동남구 구성동 455-3	

순번	지명	주소	인증 장소
14	취암산터널	충청남도 천안시 동남구 삼룡동 39-26	취암산터널
15	돌고개	충청남도 천안시 동남구 성남면 용원리 557-7	석곡배수지 철문 산악회 시그널
16	고려산 환골도로	세종특별자치시 소정면 대곡리 10-3	양쪽 철책
17	덕고개	세종특별자치시 전의면 유천리 539-4	덕고개 표지석
18	원덕리(경유)	충청남도 천안시 동남구 광덕면 원덕리 767	
19	차령고개	충청남도 공주시 정안면 인풍리 산58-15	차령고개 표지석
20	곡두터널	충청남도 공주시 정안면 산성리 69	곡두터널
21	갈재고개	충청남도 천안시 동남구 광덕면 광덕리 산221-90	천안시 교통표지판
22	각흘고개	충청남도 아산시 송악면 거산리 400-2	생태터널
23	송석저수지(경유)	충청남도 예산군 대술면 송석리 203-5	
24	차동고개	충청남도 예산군 신양면 차동리 산84-6	차동고개 교통표지판
25	짐대울고개	충청남도 공주시 신풍면 쌍대리 산57-4	공주시 교통표지판
26	분골고개	충청남도 청양군 운곡면 위라리 산104-3	시멘트 임도 입구
27	학당고개	충청남도 청양군 청양읍 학당리 184-14	GS주유소 앞
28	여주재(여두재)	충청남도 청양군 청양읍 장승리 산68-3	여주재 교통표지판
29	큰골고개	충청남도 청양군 청양읍 군량리 426	등산로 안내목
30	매지비고개	충청남도 청양군 남양면 봉암리 산35-1	고개 정상
31	공덕재	충청남도 청양군 남양면 신왕리 353-6	등산로 안내목
32	스무재/U	충청남도 보령시 청라면 소양리 167-5	스무재 표지석(건너편)
33	물편고개	충청남도 보령시 청라면 신산리 38-2	청양/보령 교통표지판
34	우수고개	충청남도 청양군 화성면 화암리 산101-5	등산로 안내목
35	오서산/U	충청남도 보령시 청라면 장현리 110	등산로 안내도
36	생미고개	충청남도 홍성군 장곡면 도산리 494-4	등산로 안내목
37	아홉고개	충청남도 홍성군 광천읍 운용리 602-1	증원마을 표지석

순번	지명	주소	인증 장소
38	노동문학관(경유)	충청남도 홍성군 광천읍 월림리 162-3	
39	갈마고개	충청남도 홍성군 홍동면 원천리 320-1	갈마고개 코팅 안내판
40	와계교	충청남도 홍성군 홍성읍 학계리 619-2	와계교 다리 입구
41	충령사/U	충청남도 홍성군 홍성읍 남장리 412-13	등산로 안내도
42	마온터널	충청남도 홍성군 구항면 마온리 11-26	마온터널
43	옥암교차로(경유)	충청남도 홍성군 홍성읍 옥암리 887	
44	백월산/U	충청남도 홍성군 홍성읍 월산리 산80-3	정상 전망데크
45	까치고개	충청남도 예산군 덕산면 낙상리 59-15	갈오리 표지석
46	수덕고개	충청남도 예산군 덕산면 둔리 544	육괴정교통표지판(건너편)
47	수덕사교차로(경유)	충청남도 예산군 덕산면 둔리 19-15	
48	가야산 원효봉/U	충청남도 서산시 해미면 산수리 산25-17	원효봉중계소 표지석
49	나본들고개	충청남도 예산군 덕산면 광천리 481-1	산장모텔 입간판
50	일락산 일락사/U	충청남도 서산시 해미면 황락리 1	일락사 입구
51	상왕산 개심사/U	충청남도 서산시 운산면 신창리1	개심사 입구
52	가루고개	충청남도 서산시 운산면 갈산리 산119-1	소중1리 표지석
53	모래고개	충청남도 서산시 운산면 가좌리 159-1	가좌1리 버스정류장
54	무로치고개	충청남도 서산시 운산면 갈산리 767-1	산악회 시그널
55	나분들고개	충청남도 서산시 음암면 도당리 1050-17	간대산 표지목
56	덕삼리마을회관(경유)	충청남도 당진시 정미면 덕삼리 351	
57	산성리마을회관(경유)	충청남도 당진시 정미면 산성리 274-4	
58	모과울고개	충청남도 서산시 성연면 명천리 149-4	율목1리 버스정류장
59	성연(갈현)고개	충청남도 서산시 성연면 갈현리 46-10	갈현고개 버스정류장
60	평리교차로(경유)	충청남도 서산시 성연면 평리 242-2	
61	윗갈치고개	충청남도 서산시 갈산동 산49-6	서산궁도장 입구
62	홍성중기공업사(경유)	충청남도 서산시 인지면 차리 801	

순번	지명	주소	인증 장소
63	차리고개(수랑재)	충청남도 서산시 인지면 차리 814	예비군훈련장 교통표지판
64	태안휴게소(경유)	충청남도 태안군 태안읍 서해로 2147	
65	모래기재	충청남도 태안군 태안읍 남문리 416-11	태안교육지원청
66	백화산/U	충청남도 태안군 태안읍 동문리 817-9	정상 전망대
67	차도고개	충청남도 태안군 근흥면 두야리 1185-9	노을바다 표지석
68	중대교차로(경유)	충청남도 태안군 소원면 시목리 1077-1	
69	우령각시탑	충청남도 태안군 소원면 영전리 458-10	우령각시 돌탑
70	쉰고개	충청남도 태안군 소원면 영전리 662-4	쉰고개 코팅 안내판
71	장재	충청남도 태안군 소원면 영전리 663-8	장재 버스정류장
72	후동고개/U	충청남도 태안군 근흥면 용신리 319-8	후동고개 코팅 안내판
73	장승고개/U	충청남도 태안군 근흥면 도황리 564-13	장승고개 A4 코팅 안내판
74	죽림고개	충청남도 태안군 근흥면 정죽리 661-10	죽림고개 코팅 안내판
75	지령산/U	충청남도 태안군 근흥면 정죽리 산39-2	산악회 시그널
76	안흥항	충청남도 태안군 근흥면 정죽리 1268-20	나래교 나선형전망대

8 금북정맥 하이라이트

금북정맥은 76개 포인트를 거쳐 총 443.5㎞를 달리는 중장거리 루트로 그중에서 와인딩 재미가 있고, 볼거리가 많은 명소만 꼽아도 12곳이나 된다.

kakaomap
실제 서비스 이미지와 다를 수 있음

진천 ◆ 옥정재(玉井岾)

931

‖ 충청북도 진천군 이월면 신계리 631-3

옥정현(玉井峴)이라고도 불리며, '옥같이 맑은 우물이 있는 마을'이란 뜻이다. 과거에는 안성에서 구입한 소금 짐을 지고 옥정재를 넘어 진천에서 쌀과 바꾸어 가곤 하였다고 한다. 지방도 제302호선이 지나며 안성 쪽으로 내려가는 다운힐이 험하고 경사도 심한 편이다.

진천 ◆ 이티재(배티고개)

932

‖ 충청북도 진천군 백곡면 양백리 산85-25

배티고개라고도 불리며, 배티의 '배'를 한자어인 '이(梨)'로 바꾼 이름이 '이티(梨티)'이다. 1820년대부터 형성된 천주교의 대표적인 교우촌으로, 1866년 병인박해 때 신도 30여 명이 관군에게 학살당한 '배티성지(梨峙聖地)'라는 순례지가 있다. 한국 천주교회의 첫 번째 신학생이자 두 번째 사제였던 토마스 최양업(崔良業) 신부를 기리기 위해 건축된 배티성당도 아름답다. 지방도 제313호선이 지나며, 길고 가파른 와인딩 코스로 유명하다.

천안 ◆ 엽돈재(葉頓峙)

933

‖ 충청남도 천안시 서북구 입장면 도림리 7-8

충청남도 천안, 경기도 안성, 충청북도 진천이 만나는 삼도령(三道嶺)이며, 고개가 높고 험해서 옛날부터 도둑이 많았고 엽전을 가지고 이 고개를 넘는 사람은 모두 도둑에게 털린다는 뜻에서 '엽돈재(葉頓峙)'라 부르게 되었다. 잘 닦은 도로와 굽이굽이 이어지는 와인딩 때문에 바이크, 자동차, 자전거 등이 많이 찾고 특히 레플리카, 스포츠 바이크 라이더의 성지와 같은 곳이다.

천안 ◆ 부소령(扶蘇嶺)

934

‖ 충청남도 천안시 동남구 북면 운용리 458-1

천안시 서북구 입장면과 동남구 북면을 잇는 높이 180m의 고개로, 부소령 근처에 있는 위례성을 백제의 첫 도읍지로 보는 견해도 있다. 지방도 제57호선이 지나며 고갯마루로 오르는 업힐 구간이 경사와 굽이가 센 편이다.

천안 ◆ 흑성산(黑城山)/U

935

‖ 충청남도 천안시 동남구 목천읍 지산리 산24-8

평택·천안 일대에서는 비교적 높은 산(519m)으로 '검은성(儉銀城)'이 있던 곳인데 한자어인 '검은(儉銀)'을 검은색을 뜻하는 '흑(黑)'으로 해석하여 흑성산이 된 것으로 추정한다. 6·25전쟁 때 주민을 동원하여 건설했다는 군사 도로가 있고, 정상에는 한국군과 미군의 군사시설, 천안시 관광홍보관, KBS 흑성산 중계소가 있다. 정상까지 경사와 굽이가 완만하고 노면이 좋은 시멘트 도로가 개설되어 있어 오르기 쉬우며, 흑성산 정상에 서면 천안 시내와 독립기념관의 모습이 한눈에 내려다보인다.

공주 ◆ 짐대울고개

936

‖ 충청남도 공주시 신풍면 쌍대리 산57-4

충청남도 공주시 신풍면과 청양군 대치면을 잇는 높이 280m의 고개로, 오르고 내리는 동안 계속 이어지는 심한 고저 차와 타이트한 코너가 재미있는 코스이다.

청양 ◆ 여주재

937

‖ 충청남도 청양군 청양읍 장승리 산68-3

산이 험하고 높아 산짐승들이 많이 나타나 여든 명이 모여 함께 넘어야 해서 '여드재'라 불리다, '여주재'로 이름이 변한 고갯길이다. 높이 210m의 여주재는 2019년 국도 제36호선 위에 여주재터널이 개통되면서 차량 통행량이 현저히 줄어 스피드를 즐기는 라이더들이 많이 찾는 와인딩 코스다.

보령 ◆ 오서산(烏棲山)

938

‖ 충청남도 보령시 청라면 장현리 110

이름은 까마귀와 까치가 많이 살아 '까마귀 오(烏)'자와 '보금자리 서(棲)'자를 합해 '오서산(烏棲山)'이라 부르며, 천수만 일대를 항해하는 배들의 기준점 구실을 하므로 '서해의 등대산'으로 불린다. 명찰인 정암사가 자리하고 있어 참배객이 끊이지 않으며, 고갯마루 주능선은 억새 명소이기도 하다.

서산 ◆ 가야산 원효봉(伽倻山 元曉峰)

939

‖ 충청남도 서산시 해미면 산수리 산25-17

'가야'라는 산 이름은 불교에서 신성시되는 코끼리를 뜻하는 범어 '카야(Kaya)'에서 유래되었다고 하며 정확하지는 않지만 가야산 자락에 개심사, 일락사, 서산 마애삼존불상 등 불교 유적이 자리하고 있는 것을 보면 불교와 관련이 있어 보인다. 덕산도립공원에 속하며, 원효봉(677m)까지 바이크로 갈 수 있는데, 고갯마루에서 바라보는 경치가 아름답다.

서산 ◆ 일락산 일락사(日樂山 日樂寺)

940

‖ 충청남도 서산시 해미면 황락리 1

일락산(521m)의 서쪽 계곡에 자리한 사찰로, '햇볕(日)을 즐긴다.'는 뜻을 지니고 있으며, 신라 문무왕 3년(663년) 의현선사(義玄禪師)가 개창하였다고 알려진 절이다. 문화재로 지정된 대웅전, 삼층석탑, 철불, 범종 등이 있으며 사찰 아래쪽에는 피서지로 알려진 황락계곡이 있다. 황락저수지와 황락계곡을 따라 잘 닦아놓은 아스콘 포장도로를 타고 일락사 입구까지 갈 수 있다.

서산 ◆ 상왕산 개심사(象王山 開心寺)

941

‖ 충청남도 서산시 운산면 신창리 1

'개심'란 이름은 '마음을 연다.'는 뜻이며, 개심사 입구 돌계단 옆에 '마음을 씻는다.'는 뜻인 '세심동(洗心洞)'이란 글귀가 새겨진 표지석이 있다. 백제 651년 혜감국사(慧鑑國師)가 창건한 절로 1350년 처능(處能)이 중창하며 개심사로 이름을 고쳤다. 보물인 대웅전과 충남 문화재자료 제194호인 명부전과 심검당이 있다. 신창저수지를 지나 잘 닦아놓은 아스콘 포장도로를 타고 개심사 입구까지 갈 수 있으며, 나무 그늘이 짙게 드리워진 산길 옆 계곡이 운치를 더한다.

태안 ◆ 안흥항(安興港)

‖ 충청남도 태안군 근흥면 정죽리 1268-20

942

'안흥'이란 지역명은 살기가 편안(安)하고 집안이 흥(興)한다는 뜻으로 붙은 이름이며, 멋진 풍광 덕분에 예로부터 도처의 시객(詩客)들이 몰려와 시를 짓던 전통의 미항이다. 2018년 10월에 개통된 길이 293m의 해상인도교인 '안흥나래교'는 낮에도 아름답지만 조명이 비추는 밤이면 더욱 환상적인 모습을 드러내 안흥항의 랜드마크가 되었다.

9 금남정맥 종주 풀코스

금남정맥은 금강의 남쪽에 있어서 금남정맥이라 불리며, 금강 상류 유역과 만경강 유역을 구분 짓는 산줄기다. 동쪽 사면을 따라 흐르는 물은 금강 상류를 이루며, 서쪽 사면을 따라 흐르는 물은 만경강을 이루고 일부는 금강 하류로 흘러든다. 이 산줄기가 시작되는 주화산에서 남쪽으로 연결되는 호남정맥과 함께 전라북도의 동쪽 산간지방과 서쪽 해안의 호남평야를 경계 짓고 있다. 바이크 루트는 전북 진안의 모래재를 출발하여 충남 부여 구드래선착장에서 끝나며, 30개의 포인트를 거쳐 284.9㎞를 달린다.

순번	지명	주소	인증 장소
1	모래재	전라북도 진안군 부귀면 세동리 산251-2	모래재
2	부귀농협(경유)	전라북도 진안군 부귀면 신정리 514-6	
3	보룡재	전라북도 완주군 소양면 신원리 산110-1	아치 옆 임도 입구
4	피암목재(운장산휴게소)	전라북도 완주군 동상면 신월리 857-1	전라북도 진안군 관광안내도
5	운일암반일암	전라북도 진안군 주천면 대불리 산230-2	도덕정 정자 앞
6	작고개(600고지전승탑)	충청남도 금산군 남이면 건천리 77-5	금산 백령성 안내판
7	오항동고개(서낭당재)	충청남도 금산군 진산면 석막리 255-1	산벚꽃마을 표지석
8	대둔산 태고사/U	충청남도 금산군 진산면 행정리 512-1	대둔산 등산로 안내도
9	배티재(대둔산휴게소)	충청남도 금산군 진산면 묵산리 산79-40	배티재 교통표지판
10	운주파출소(경유)	전라북도 완주군 운주면 장선리 543	
11	물한이재(물한재터널)	충청남도 논산시 양촌면 반암리 산35-1	물한재터널
12	덕목재	충청남도 논산시 벌곡면 수락리 산15-13	덕목리 버스정류장
13	반곡초등학교(경유)	충청남도 논산시 양촌면 반곡리 286-4	

순번	지명	주소	인증 장소
14	황령재	충청남도 논산시 연산면 신암리 산2-31	황산벌 전적지 안내도
15	주빌리의원 앞(경유)	충청남도 논산시 벌곡면 신양리 산29-4	
16	양정고개	충청남도 계룡시 엄사면 엄사리 207-2	등산로 안내도(건너편)
17	밀목재	충청남도 공주시 반포면 학봉리 산45	생태터널
18	마티고개	충청남도 공주시 반포면 마암리 산46-4	마티고개 표지석
19	만학골재	충청남도 공주시 계룡면 구왕리 454-3	등산로 안내도
20	계룡산 갑사/U	충청남도 공주시 계룡면 중장리 28-3	'갑사 가는 길' 아치
21	윗장고개/U	충청남도 공주시 계룡면 중장리 327-10	산악회 시그널
22	널티재	충청남도 공주시 계룡면 봉명리 221-3	산악회 시그널
23	공주터널	충청남도 공주시 옥룡동 104-14	공주터널
24	고분티	충청남도 공주시 이인면 반송리 69-4	고분티로 교통표지판
25	구수리(복룡)고개	충청남도 공주시 이인면 이인리 9-14	복룡리 표지석
26	진고개	충청남도 공주시 탄천면 덕지리 561-7	광명리 표지석
27	가지티고개	충청남도 공주시 탄천면 남산리 566-1	산악회 시그널
28	부여요양병원(경유)	충청남도 부여군 부여읍 저석리 23-11	
29	부소산성 입구	충청남도 부여군 부여읍 관북리 18-49	부소산성 표지석
30	구드래선착장	충청남도 부여군 부여읍 구교리 419-5	구드래나루터 표지석

10 금남정맥 하이라이트

금남정맥 루트 중 모래재, 보룡재, 피암목재, 작고개, 배티재 등 와인딩 재미를 선사하는 굽잇길과 운일암, 반일암, 태고사, 갑사 등의 명승지, 또 백마강 유람선을 탈 수 있는 구드래선착장 등은 하이라이트로 돌아볼 만하다.

kakaomap
실제 서비스 이미지와 다를 수 있음

진안 ◆ 모래재

943

‖ 전라북도 진안군 부귀면 세동리 산251-2

‘모래재’란 이름은 이 고개가 모사골에 있다 해서 붙은 이름이며, 고도는 그리 높지 않으나 급경사 헤어핀이 있어 대형 사고가 자주 나는 곳이라 조심해야 한다. 고갯마루에는 모래재터널과 모래재휴게소가 있고, 진안 방향으로 내려가면 유명한 메타세쿼이아 가로수길이 있다.

완주 ◆ 보룡재(寶龍峠)

944

‖ 전라북도 완주군 소양면 신원리 산110-1

전라북도 진안과 완주를 잇는 높이 410m의 고개로, ‘보룡’이란 풍수적으로 구룡농주(九龍弄珠) 즉, ‘아홉 마리 용이 여의주를 가지고 논다.’는 이름을 따서 붙인 지역 이름이다. 1997년 무주 동계유니버시아드대회를 앞두고 졸속으로 건설되어 연간 900건 이상의 교통사고가 날 만큼 와인딩 센 곳이며, 현재 터널 건설을 추진 중이다.

완주 ◆ 피암목재

945

‖ 전라북도 완주군 동상면 신월리 857-1

지방도 제55호선이 지나며, 고갯마루를 기점으로 업힐과 다운힐 모두에 굽이가 센 와인딩이 있는 코스다. 고갯마루에 운장산휴게소가 있었으나 지금은 폐쇄되었으며, 휴게소 주차장까지 들어가면 금남정맥 운장산(1,126m)으로 오르는 등산로 들머리가 있다.

진안 ◆ 운일암(雲日岩)반일암(半日岩)

‖ 전라북도 진안군 주천면 대불리 산230-2

946

운장산 자락 아래 주자천을 따라 기암괴석과 어우러진 절경을 가지고 있는 계곡으로 골짜기가 워낙 깊어서 구름에 가린 해밖에 볼 수 없다 하여 운일암(雲日岩)이라 하고, 계곡이 깊어 반나절밖에는 햇빛을 볼 수 없다 하여 반일암(半日岩)이라 부른다. 계곡물이 차고 숲이 우거져서 피서객의 발길이 끊이지 않으며 가을 단풍도 유명하다. 지방도 제55호선을 타고 주자천을 따라 달리는 길이 매우 아름답다.

금산 ◆ 작고개(600고지전승탑)

‖ 충청남도 금산군 남이면 건천리 77-5

947

근처에 잣나무가 많아 '잣나무 柏(백)'자를 써서 백령(栢嶺)고개라 부르던 것이 잣고개 → 작고개로 변한 곳으로, 인근에 백제시대의 산성인 '금산 백령성(栢嶺城)'이 있으며, 고갯마루 주차장에는 음료를 파는 간이매점이 있다. 6·25 전쟁 이후 5년 동안 빨치산 토벌과정을 하며 양쪽을 합쳐 2,563명이 목숨을 잃은 곳으로 희생당한 영령들의 넋을 위로하는 '600고지 전승탑'이 있으며, 고개 좌우로 급경사 굽잇길이 이어진다.

금산 ◆ 대둔산 태고사(大芚山 太古寺)/U

‖ 충청남도 금산군 진산면 행정리 512-1

948

호남의 금강산이라는 대둔산(878m) 자락에 자리한 태고사는 대한불교조계종 제6교구 본사인 마곡사의 말사이며 신라시대 원효대사(元曉大師)가 창건하였다. 전국 12승지의 하나로 원효가 이곳을 발견하고 너무 기뻐서 3일 동안 춤을 추었다고 전해지며, 만해 한용운(韓龍雲)이 '대둔산 태고사를 보지 않고 천하의 승지를 논하지 말라.'고 했을 만큼 빼어난 곳이다. 절 입구까지 도로가 조금 험하니 주의해야 한다.

금산 ◆ 배티재

‖ 충청남도 금산군 진산면 묵산리 산79-40

949

배나무가 많아 '배나무 리(梨)'를 써 '이치(梨峙)'라 부르던 것이 한글화되어 배티재가 되었으며, 임진왜란 때 권율(權慄) 장군이 1,500명의 관군과 의병으로 2만의 왜적을 격퇴한 '이치대첩'이 벌어진 곳이다. 이곳에 '권율장군 이치대첩비'가 있었으나 1944년 일제의 항일유적 말살 정책으로 폭파되어 현재는 파편만 진산면사무소에 보관되어 있다. 국도 제17호선이 지나는 배티재는 굵직한 글곡과 넓은 도로로 호남, 충청권 라이더들이 즐겨 찾는 라이더의 성지다.

공주 ◆ 계룡산 갑사(鷄龍山 甲寺)

‖ 충청남도 공주시 계룡면 중장리 28-3

950

으뜸이라는 뜻의 갑사는 대한불교조계종 제6교구 본사인 마곡사의 말사로 동학사와 함께 계룡산국립공원 내의 양대 사찰이다. 임진왜란 때도 소실되지 않았으나 1597년 정유재란 때 소실되어 중건하였다. 경내에 15동의 불전과 승당, 부속 전각들이 있고 주변 여러 곳에 산내 암자가 있다. 임진왜란 때의 승병장인 영규대사를 배출한 호국불교 도량으로, 1,000여 명의 승군이 왜구와 맞서 싸우다 전사한 기록을 갖고 있다.

부여 ◆ 구드래선착장

‖ 충청남도 부여군 부여읍 구교리 419-5

951

금남정맥이 끝을 맺는 종착지인 구드래선착장은 옛날에는 중국과 일본을 오가는 배들이 드나들던 국제항이었으며, 지금은 부소산성과 낙화암, 고란사를 관람하는 유람선이 운항 중이다. 구드래선착장에서 유람선을 타고 백마강을 따라 15분 정도 가면 고란사 선착장에 도착하는데, 여기에 부소산성 후문이 있고 낙화암, 고란사로 올라갈 수 있다. 이곳에서 금남정맥 투어를 마무리한다.

11 금남호남정맥 종주 풀코스

금남호남정맥은 백두대간의 장안산(長安山, 1,237m)에서 시작되어 주화산(珠華山, 600m)에서 끝나는 산줄기로 금남정맥과 더불어 금강 유역의 경계를 만들고, 호남정맥과 더불어 금강과 섬진강 유역의 경계를 만든다. 북쪽 사면에 위치한 뜬봉샘은 금강을 만들고, 401㎞를 흘러 남쪽 사면에 가서는 임실의 오원천과 만나 225㎞의 섬진강을 만든다. 바이크 루트는 전북 장수의 무룡고개를 출발하여 전북 진안 모래재에서 끝나며, 21개 포인트를 거쳐 총 117.5㎞를 달린다.

순번	지명	주소	인증 장소
1	무룡고개	전라북도 장수군 장계면 대곡리 산92-9	더할리 안내판
2	지지터널	전라북도 장수군 번암면 지지리 산137	지지터널
3	동화호	전라북도 장수군 번암면 죽림리 산34-15	동화호 표지석
4	사암마을회관(경유)	전라북도 장수군 번암면 사암리 303-3	
5	당재	전라북도 장수군 번암면 사암리 산68-2	당재터널
6	뜬봉샘/U	전라북도 장수군 장수읍 수분리 588	뜬봉샘 표지석
7	수분재	전라북도 장수군 장수읍 수분리 712-10	수분재 표지석
8	말치고개	전라북도 장수군 산서면 쌍계리 산78-4	마치공원 전망데크
9	양신마을회관(경유)	전라북도 장수군 산서면 쌍계리 526-7	
10	비행기고개	전라북도 장수군 산서면 오성리 산22-6	전망데크
11	자고개	전라북도 장수군 장수읍 용계리 산110-15	등산로 안내목
12	밀목재/U	전라북도 장수군 장수읍 덕산리 810-17	금남호남정맥 안내도
13	서구이재	전라북도 장수군 장수읍 송천리 1803-76	서구이재 교통표지판
14	데미샘 입구	전라북도 진안군 백운면 신암리 107	데미샘 표지석

순번	지명	주소	인증 장소
15	마이산/U	전라북도 진안군 마령면 동촌리 8	탑사 돌탑
16	강정골재	전라북도 진안군 진안읍 정곡리 산227	생태터널
17	사양제/U	전라북도 진안군 진안읍 단양리 666-2	등산로 안내목
18	가죽재/U	전라북도 진안군 부귀면 오룡리 247-2	가죽재 교통표지판
19	곰티재/U	전라북도 완주군소양면 신촌리 산18-1	웅치전적비
20	메타세쿼이아길	전라북도 진안군 부귀면 세동리 69-8	쉼터 주차장
21	모래재	전라북도 진안군 부귀면 세동리 1339-2	모래재터널

12 금남호남정맥 하이라이트

금남호남정맥은 21개 포인트를 거쳐 총 117.5㎞를 달리는 짧은 구간이지만 지역 평균 고도가 700m가 넘는 장수군의 지형적 특성 때문에 굽이굽이 산길과 경치가 빼어난 곳들이 많아 하이라이트만 추려도 11곳이나 된다.

kakaomap
실제 서비스 이미지와 다를 수 있음

장수 ◆ 무룡(舞龍)고개

‖ 전라북도 장수군 장계면 대곡리 산92-9 952

'무룡(舞龍)'이란 이름은 '용이 춤을 춘다.'는 뜻으로, 산맥이 흐르는 형태가 마치 용이 춤을 추듯 꿈틀꿈틀 움직이는 것 같은 형상을 하고 있다 하여 붙은 이름이다. 지방도 제743호선이 지나며 고갯마루로 오르는 업힐과 지지계곡 쪽으로 내려가는 다운힐 모두가 경사가 높고 굽이가 센 와인딩 도로다.

장수 ◆ 동화호(洞花湖)

‖ 전라북도 장수군 번암면 죽림리 산34-15 953

동화댐 건설로 만들어진 인공호수로, 수몰마을인 동화마을의 이름을 따서 '동화호'라 부른다. 남원 시민의 식수로 사용되기 때문에 접근이 통제되며, 댐 규모는 작으나 경치가 아름다워 많은 사람들이 찾는 곳이다. 지방도 제743호선이 지나는 동화호 수변도로는 벚꽃 길로도 유명하다.

장수 ◆ 당재

‖ 전라북도 장수군 번암면 사암리 산68-2 954

전라북도 장수군 번암면 사암리와 수분리를 잇는 높이 700m의 고개로, 2012년에 개통된 당재터널이 지나간다. 잘 알려져 있진 않지만 사암리 쪽에서 오르는 길은 짜릿한 굽이와 시원한 경치를 감상할 수 있다.

장수 ◆ 뜬봉샘

955

‖ 전라북도 장수군 장수읍 수분리 588

395㎞에 달하는 거대한 물줄기 금강이 시작되는 발원지로, 봉황이 떠올랐다고 해서 '뜬봉샘'이라 부른다. 이성계가 나라를 세우려고 전국 영산의 산신들 계시를 받으러 다니다 이곳 신무산 중턱에 단을 쌓고 백일기도에 들어갔는데, 백일이 되던 날 새벽에 봉황이 무지개를 타고 하늘로 오르며 '새 나라를 열라.'라는 계시를 내렸다 한다.

장수 ◆ 말치고개

956

‖ 전라북도 장수군 산서면 쌍계리 산78-4

'목마른 말이 물을 마시는 형상'을 한 명당자리로, 예로부터 번암에서 임실이나 전주로 연결되는 중요한 고개였다. 지방도 제751호선을 따라 장남호를 지나 높이 550m의 고개를 오르는 코스가 일품이고, 말치고개에서 바라보는 상서산의 풍경이 멋진 곳이다.

장수 ◆ 비행기고개

957

‖ 전라북도 장수군 산서면 오성리 산22-6

높이 500m의 높은 고개로 비행기에서 보는 것 같은 풍광이 펼쳐진다 하여 비행기고개라 불리며, 고갯마루 전망공간에서 바라보는 분지, 산, 들판의 풍경이 아름다운 곳이다. 국도 제13호선이 지나며, 다른 고개들에 비해 거리는 짧지만 경사가 센 곳이다.

장수 ◆ 서구이재

958

‖ 전라북도 장수군 장수읍 송천리 1803-76

전라북도 장수와 진안을 잇는 높이 850m의 고개로, 옛날 재를 넘던 어느 길손이 쥐 아홉 마리가 줄지어 이동하는 모습을 보고 '쥐 서(鼠)'자를 써서 서구이재라 이름 지었다고 전해진다. 삼국시대부터 백제와 신라가 다투던 주요 군사 요충지였으며, 고개 정상을 기점으로 양쪽 방향 모두 와인딩이 좋은 코스이다.

진안 ◆ 메타세쿼이아길

959

‖ 전라북도 진안군 부귀면 세동리 69-9

진안에서 전주로 가는 길 모래재 조금 못 미친 지점에 있는 길로, 1986년부터 2004년까지 1.5㎞ 구간에 메타세쿼이아를 집중적으로 심은 것이 수십 미터 높이로 자라서 아름다운 경관을 연출하고 있다. 길가에 주차하고 메타세쿼이아 길 위에서 사진을 많이 찍는데, 차량이 많이 지나는 길이라 조심해야 한다.

13 호남정맥 종주 풀코스

호남정맥 백두대간에서 갈라진 산줄기가 다시 주화산(珠華山, 600m)에서 시작하여 내장산을 지나 전라남도 장흥을 흘러 영산강 유역과 섬진강 유역을 가르면서 전남 광양의 망덕산(197m)에서 끝나는 산줄기로 주로 호남 지역을 지나므로 호남정맥이라 부른다. 호남 지방을 동서로 크게 갈라놓은 산줄기로 서쪽은 해안의 평야지대, 동쪽은 남원을 중심으로 한 산간지대로 농경과 산업, 그리고 현격히 다른 생활 문화권을 형성하고 있다. 바이크 루트는 전북 진안의 모래재를 출발하여 전남 광양의 망덕포구에서 끝나며, 92개 포인트를 거쳐 총 835.1㎞를 달리는 장거리 루트다.

순번	지명	주소	인증 장소
1	모래재	전라북도 진안군 부귀면 세동리 1339-2	모래재터널
2	슬치재(뒷재)	전라북도 완주군상관면 용암리 산184-1	생태터널
3	범재	전라북도 임실군 신덕면 수천리 산114-1	갈래길 비석
4	피재재	전라북도 임실군 신덕면 수천리 산209	등산로 안내목
5	불재	전라북도 완주군 구이면 덕천리 산234-1	불재참숯 아치간판
6	GS25완주구이점(경유)	전라북도 완주군 구이면 원기리 609-2	
7	염암고개(작은불재)	전라북도 임실군 신덕면 삼길리 산143-1	등산로 안내목
8	국사봉휴게소	전라북도 임실군 운암면 입석리 산32-3	전망대 정자
9	붕어섬 조망 포인트	전라북도 임실군 운암면 입석리 산44-6	구 설리카페 공터
10	옥정호 생태터널	전라북도 정읍시 산내면 두월리 산24-1	생태터널
11	소리개재	전라북도 정읍시 산내면 두월리 1434-3	산악회 시그널
12	구절재	전라북도 정읍시 산내면 능교리 1364-1	구절재 교통표지판
13	수청저수지(경유)	전라북도 정읍시 칠보면 반곡리 산270-5	
14	개운치	전라북도 정읍시 부전동 산11-7	정상 큰바위 앞

순번	지명	주소	인증 장소
15	내장산 단풍고개(추령)	전라북도 정읍시 내장동 산 183-1	단풍고개 표지석
16	전봉준공원	전라북도 정읍시 쌍암동 392-1	기념탑
17	장성호	전라남도 장성군 북하면 쌍웅리 361-2	전망데크
18	백암산 백양사/U	전라남도 장성군 북하면 약수리 594	쌍계루
19	감성굴재	전라남도 장성군 북하면 중평리 산81	터널 앞
20	밀재	전라북도 순창군 복흥면 대방리 산141-1	등산로 안내도
21	담양호	전라남도 담양군 용면 월계리 산90-9	구름다리
22	천치재	전라남도 담양군 용면 용치리 산238-11	천치재 표지석
23	가인연수원	전라북도 순창군 복흥면 답동리 산59-10	등산로 들머리
24	밤재	전라북도 순창군 쌍치면 양신리 산34-3	밤재 교통표지판
25	오정자재	전라남도 담양군 용면 용연리 산96-5	오정자재 표지석
26	가마골	전라남도 담양군 용면 용연리 산10-23	가마골 표지석
27	강천산입구	전라북도 순창군 팔덕면 청계리 934-2	강천산 표지석
28	방축재	전라북도 순창군 금과면 방축리 1435-1	방축마을 안내판
29	일목고개	전라북도 순창군 금과면 목동리 산78-1	산악회 시그널
30	과치재	전라남도 곡성군 오산면 운곡리 산1-2	
31	갈전마을(경유)	전라남도 담양군 대덕면 갈전리 385-1	
32	방아재	전라남도 담양군 대덕면 문학리 4-1	등산로 안내목
33	입석리	전라남도 담양군 대덕면 입석리 산295-1	등산로 안내목
34	노가리재	전라남도 담양군 창평면 외동리 산186-1	생태터널
35	고서119지역대(경유)	전라남도 담양군 고서면 창평현로 398	
36	식영정	전라남도 담양군 가사문학면 지곡리 336-2	서하당 누각
37	가사문학관	전라남도 담양군 가사문학면 지곡리 316-5	가사문학관 표지석
38	무등산/U	광주광역시 북구 금곡동 산209-5	등산로 입구
39	경상리(경유)	전라남도 담양군 가사문학면 경상리 산33-1	
40	유둔재	전라남도 담양군 가사문학면 가암리 산161-2	등산로 안내목

순번	지명	주소	인증 장소
41	물염정	전라남도 화순군 이서면 창랑리 산28-10	몰염정 주자창
42	창랑적벽	전라남도 화순군 이서면 창랑리 산9-9	전망데크
43	독재터널	전라남도 화순군 백아면 다곡리 산82-8	독재터널
44	묘치재	전라남도 화순군 이서면 서리 1014	묘치재 표지석
45	화순적벽 입구	전라남도 화순군 이서면 월산리 산26-4	화순적벽 표지판
46	둔병재/U	전라남도 화순군 이서면 안심리 산155-5	출렁다리 밑
47	어림재	전라남도 화순군 동면 청궁리 700	어림마을 표지석
48	서밧재	전라남도 화순군 동면 복암리 산80-3	관광안내판
49	돗재(한천휴양림)	전라남도 화순군 한천면 오음리 산1-8	돗재 표지석
50	지석강휴게소(경유)	전라남도 화순군 춘양면 용두리 397-2	
51	장치재	전라남도 화순군 이양면 장치리 산74-1	장치저수지
52	쌍봉사/U	전라남도 화순군 이양면 증리 739	쌍봉사 주차장
53	개기재	전라남도 화순군 이양면 옥리 4-1	산악회 시그널
54	미력면 메타세쿼이아길	전라남도 보성시 복내면 장천리 849-3	메타세쿼이아길
55	예재 옛길 입구(경유)	전라남도 보성시 노동면 신천리 산122-6	
56	예재	전라남도 화순군 이양면 구례리 산49	등산로 안내목
57	곰치	전라남도 장흥군 장평면 우산리 1	등산로 안내목
58	피재	전라남도 장흥군 장평면 봉림리 산109-3	생태터널
59	지천터널	전라남도 장흥군 유치면 늑용리 428-1	지천터널
60	갑낭재(시목치)	전라남도 장흥군 장동면 하산리 산1-2	갑낭재 표지석
61	제암산/U	전라남도 보성시 웅치면 대산리 산113-24	등산로 안내도
62	한치재	전라남도 보성시 봉산리 산223-7	한치재 표지석
63	봇재	전라남도 보성시 회천면 영천리 산85-2	휴게소 전망대
64	그럭재	전라남도 보성시 미력면 초당리 산118	생태터널
65	오도치	전라남도 보성시 겸백면 수남리 산188-2	득량면 교통표지판
66	주월산/U	전라남도 보성시 겸백면 수남리 산2-2	주월산 표지석

순번	지명	주소	인증 장소
67	무남이재	전라남도 보성시 조성면 대곡리 산105	등산로 안내목
68	보성CC 골프장(경유)	전라남도 보성시 조성면 대곡리 산40	
69	모암재	전라남도 보성시 벌교읍 옥전리 산115-19	선암생태터널
70	주릿재	전라남도 보성시 율어면 유신리 25-5	태백산맥 기념비
71	석거리재	전라남도 보성시 벌교읍 추동리 산110-4	석거리재 표지석
72	분계재(빈계재)	전라남도 순천시 낙안면 하송리 산62-5	등산로 안내목
73	낙안읍성	전라남도 순천시 낙안면 서내리 180-3	낙안읍성 표지판
74	상사호 휴게소	전라남도 순천시 용계리 산 199-12	상사호 표지석
75	선암사/U	전라남도 순천시 승주읍 죽학리 755-3	선암사 주차장
76	고동재	전라남도 순천시 송광면 장안리 산270	등산로 안내목
77	천자암/U	전라남도 순천시 송광면 이읍리 산59	천자암 쌍향수
78	조계산 송광사/U	전라남도 순천시 송광면 신평리 산1-14	송광사 주자장
79	접치	전라남도 순천시 주암면 행정리 산143-1	등산로 안내도
80	노고치	전라남도 순천시 승주읍 도정리 산240-1	노고치 표지석
81	송치재 옛길 입구(경유)	전라남도 순천시 월등면 계월리 100-6	지하 통로
82	송치재	전라남도 순천시 월등면 계월리 산33-4	송치재 표지석
83	청소골 입구	전라남도 순천시 서면 청소리 293-2	정혜사 표지석
84	미사치	전라남도 순천시 서면 청소리 산18-12	등산로 안내도
85	백운산 휴양타운(경유)	전라남도 광양시 옥룡면 동곡리 산113-13	휴양타운 입간판
86	한재	전라남도 구례군 간전면 중대리 산171	등산로 안내도
87	섬진강 매화로	전라남도 광양시 다압면 고사리 1376	다압면사무소 앞
88	토끼재	전라남도 광양시 신원리 산124-4	느랭이골 앞
89	백학루	전라남도 광양시 진상면 비평리 산50-15	전망 정자
90	탄치재/U	전라남도 광양시 진월면 월길리 산19-9	탄치재 표지석
91	뱀재	전라남도 광양시 진월면 차사리 792-6	산악회 시그널
92	망덕포구	전라남도 광양시 진월면 망덕리 6-10	백두대간 안내도

14 호남정맥 하이라이트

호남정맥은 92개 포인트를 거쳐 835.1㎞를 달리는 장거리 루트인 만큼 하이라이트만 추려도 무려 21곳이나 되며, 그 안에 유서 깊은 사찰, 유명한 고갯길, 빼어난 절경을 자랑하는 명승지 등이 고루 포함되어 있다.

kakaomap
실제 서비스 이미지와 다를 수 있음

정읍 ◆ 내장산(內藏山) 단풍고개

960

‖ 전라북도 정읍시 내장동 산183-1

전라남도 순창군 복흥면과 정읍시 내장면을 잇는 높이 350m의 고개로, 단풍이 아름다워 단풍고개 혹은 추령(秋嶺)이라고도 부른다. 내장산의 내장사와 백양산의 백양사를 잇는 관광도로의 역할을 하고 있으며, 가을 단풍철에는 밀려드는 차량으로 인해 통행이 힘든 곳이니 참고하기를 바란다.

장성 ◆ 백암산 백양사(白巖山 白羊寺)/U

961

‖ 전라남도 장성군 북하면 백양로 1239

백제 무왕 632년 여환이 창건한 대한불교조계종 제18교구 본사로서 말사 40여 곳을 관할하고 불교대학도 운영하는 큰 사찰이다. 옛날 환양선사(喚羊禪師)가 법회를 열고 금강경을 설법한 지 3일째 되는 날, 흰 양이 나타나 설법을 들으며 눈물을 흘렸다 하여 이름을 백양사(白羊寺)로 바꾸었다고 한다. 연못, 쌍계루, 백학봉 기암절벽이 장관을 이루며, 가을 단풍철에는 백양사로 들어가는 아름다운 진입로를 달려본 라이더라면 그 길을 잊지 못한다.

장성 ◆ 감성굴재

962

‖ 전라남도 장성군 북하면 중평리 산81

높이 270m로 그리 높진 않지만 헤어핀이 두 개 연속되어 차량 통행이 어려운 구간이었는데, 2019년 7월에 나선형 도로가 개설되어 새로운 라이딩 재미를 주는 곳이다. 감성굴재 옛길로 들어가서 나선형 도로를 배경으로 사진을 찍으면 멋진 인생 사진이 나온다.

순창 ◆ 밀재

963

‖ 전라북도 순창군 복흥면 대방리 산141-1

전라남도 순창과 담양을 잇는 높이 350m의 고개로, 지방도 제897호선이 지난다. 오르고 내리는 와인딩도 재미있고 도로 좌·우측으로 펼쳐지는 풍경이 정말 멋진 곳이다.

담양 ◆ 추월산(秋月山)

964

‖ 전라남도 담양군 용면 월계리 산90-9

전라남도 담양과 전라북도 순창의 경계에 있는 높이 731m의 산으로, 우거진 숲과 기암괴석, 깎아지른 석벽이 마치 성처럼 둘러있다. 서쪽에 겨우 사람 하나 통행할 정도의 길이 나 있으며, 쉽게 오를 수 없는 산세를 지니고 있어 연중 등산객의 도전이 이어지는 곳이다. 중턱에 보조국사 지눌이 창건했다는 '보리암(菩提庵)'이란 암자가 있는데 여기서 내려다보는 담양호와 주변 경치가 장관이다. 추월산 아래에 있는 담양호는 국도 제29호선이 지나며 아름다운 풍광을 지닌 곳이다.

순창 ◆ 밤재

965

‖ 전라북도 순창군 쌍치면 양신리 산34-3

전북 순창군 쌍치면과 구림면을 잇는 높이 518m의 고개이다. 교통수단이 발달하지 못했던 시절 순창을 오가려면 이 고개를 넘어야 했는데, 얼마나 힘든 고갯길이었는지 걷다가 지치고 배가 고플 때 하나둘 까먹던 밤이 한 말이 넘는다고 해서 '밤재'란 이름이 붙었다는 험준한 고갯길이다. 21번 국도가 지나는 고개마루 좌우에는 용추봉과 세자봉이 있으며, 7~8% 경사도의 업힐이 매우 길게 이어지고 헤어핀도 몇 군데 있으니 주의가 필요하다. 참고로 여기서부터 담양까지는 편의점, 식당이 거의 없으니 미리 대비해야 한다.

담양 ◆ 가마골

966

‖ 전라남도 담양군 용면 용연리 산10-23

옛날 이 계곡 부근에 그릇을 굽던 가마터가 많아서 '가마곡'이라고 부르다 세월이 흐르면서 '가마골'로 변한 곳으로, 자연생태공원으로 지정되어 관리되는 곳이다. 남도 115㎞를 흘러가는 영산강의 발원지인 용소(龍沼)라는 못이 있으며, 소설 '남부군'의 저자인 빨치산 이태가 숨어 지내던 곳이기도 하다.

담양 ◆ 노가리재

967

‖ 전라남도 담양군 창평면 외동리 산186-1

전남 담양군 창평면 외동리와 유천리를 잇는 높이 300m의 고개로, 유둔재로 오르는 등산로 들머리에 위치한다. 유천리 쪽으로 내려가는 다운힐 때 만나는 풍경이 멋진 곳이나 급코너 헤어핀이 있어 조심해야 한다. 고개 정상에는 생태터널이 있다.

광주 ◆ 무등산(無等山)/U

968

‖ 광주광역시 북구 금곡동 산209-5

'등급을 매길 수 없이 아름답다.'는 뜻을 담은 높이 1,187m의 무등산은 산줄기와 골짜기가 뚜렷하지 않고 커다란 둔덕이 홀로 서 있는 '홑산'으로 천태만상의 암석들이 천왕봉을 중심으로 널려있는 산이다. 봄 철쭉, 여름 목련, 가을 단풍, 겨울 설경 등 자연경관이 멋진 곳이

며, 1972년엔 도립공원, 2013년엔 국립공원으로 지정되었다. 원효사까지 오르는 '무등로'도 달리기 좋은 길이다.

화순 ◆ 물염정(勿染亭)

969

‖ 전라남도 화순군 이서면 창랑리 산28-10

'속세에 물들지 않겠다.'라는 뜻의 '물염(勿染)'이라는 이름이 붙은 정자로, 화순적벽 중 한 곳인 물염적벽을 조망할 수 있는 곳이다. 조선 중·후기의 문신들이 남긴 시문 등 20개가 넘는 현판이 걸려 있으며, 조선 후기의 방랑 시인인 김삿갓 김병연이 자주 올라 시를 읊었다고 전해진다. 물염정 근처 도로에 차를 주차하고 길 건너편 언덕으로 올라가면 물염정이 나온다.

화순 ◆ 창랑적벽(滄浪赤壁)

970

‖ 전라남도 화순군 이서면 창랑리 산9-9

화순의 4대 적벽인 물염적벽, 창랑적벽, 보산적벽, 장항적벽 중 물염적벽과 함께 상시 무료 관람이 가능한 적벽이다. 높이 40여 m, 길이 100여 m의 창랑적벽은 전망대가 잘 갖추어져 있어서 적벽을 감상하기 좋다.

화순 ◆ 화순적벽(和順赤壁)

971

‖ 전라남도 화순군 이서면 월산리 산26-4

화순 4대 적벽 중 가장 경치가 뛰어나다는 보산(이서)적벽, 장항(노루목)적벽, 수몰지역의 실향민을 위해 세운 망향정인 '망미정'을 관람할 수 있는 곳으로, 높이 80m 직각으로 깎아지른 듯 수려한 절경을 자랑한다. 1519년 이곳으로 유배 왔던 신재 최산두 선생이 중국의 적벽과 같다 하여 적벽이라 이름 지었다고 전해진다. 오랫동안 출입이 금지되다 2014년부터 일반에 개방되었으나 2주 전에 예약해야 하며, 하루 3회 최대 384명만 지정된 투어버스를 타고 입장하여 관람할 수 있다.

화순 ◆ 쌍봉사(雙峰寺)/U

972

‖ 전라남도 화순군 이양면 증리 739

대한불교조계종 제21교구 본사인 송광사의 말사로, 신라 경문왕 때 도윤(道允)이 창건했으며, 임진왜란 때 불탄 절을 중수, 보수한 곳이다. 국보인 철감선사탑은 신라시대 부도(浮屠)로, 그 시대의 부도 중 최대의 걸작품으로 알려져 있다. 정방형의 네모반듯한 3층 전각 대웅전도 우리나라에서 흔치 않은 희귀한 건축물이다.

보성 ◆ 미력면(彌力面) 메타세쿼이아길

973

‖ 북쪽 시작점: 전라남도 보성시 복내면 유정리 577-3

‖ 포토 포인트: 전라남도 보성군 복내면 장천리 838-2

‖ 남쪽 시작점: 전라남도 보성시 미력면 용정리 605-3

진안 메타세쿼이아 길에 비해 덜 알려졌지만, 길이가 훨씬 길며 나무의 키가 10m 안팎에 이른다. 봄·여름에는 푸른 녹색으로, 가을에는 갈색 단풍빛으로, 겨울에는 새하얀 눈꽃으로 계절마다 옷을 갈아입는 최고의 드라이브 코스다. 현재 조성이 완료된 구간은 9㎞ 정도이며, '장천교회'를 조금 지난 위치가 사진이 가장 잘 나오는 포토 포인트다.

보성 ◆ 봇재

974

‖ 전라남도 보성시 회천면 영천리 산84-4

'고개를 오르다 힘들어 봇짐을 내려놓고 잠시 쉬어간다.'라는 뜻의 봇재는 인근에 넓은 들판을 가득 메운 '보성 차밭', '봇재 기념전시관', '봇재소공원' 등이 있는 높이 210m의 고개다. 국도 제18호선이 지나며, 영천저수지에서 봇재 고갯마루까지 오르는 긴 업힐 와인딩이 짜릿한 코스다.

보성 ◆ 주월산(舟越山)/U

975

‖ 전라남도 보성군 조성면 대곡리 산67

옛날 득량만 바닷물이 홍수로 밀려올 때 배가 이 산을 넘어갔다고 하여 '주월(舟越)'이라 이름 붙은 높이 557㎞의 산으로, 윤제림 후문 쪽 초소 못미처 오른쪽으로 난 시멘트 도로를 따라 올라가면 패러글라이딩 활공장이 있는 주월산 정상까지 갈 수 있다.

보성 ◆ 주릿재 976

‖ 전라남도 보성시 율어면 유신리 산95-6

고갯길의 모양이 긴 밧줄을 풀어놓은 것처럼 구불구불한 모양이라 하여 '주릿재'라 부르며, 지방도 제895호선이 지나는 높이 357m의 고개다. 조정래의 소설 〈태백산맥〉에서 '해방구'로 묘사된 지역이며, 고개 정상에 정자와 조정래 대하소설 '태백산맥 문학비'가 있다. 율어저수지에서 주릿재 고갯마루까지 펼쳐지는 와인딩 도로가 재미있는 코스다.

순천 ◆ 상사호(上沙湖) 977

‖ 전라남도 순천시 용계리 산199-12(휴게소)

상사댐 건설로 인해 만들어진 인공호수로, 상사호를 끼고 달리는 상사호로는 직선 구간이 거의 없는 재미있는 와인딩 도로이며, 봄철 벚꽃 길로도 유명하다. 상사호로 중간에 상사호 휴게소가 있다.

순천 ◆ 조계산 송광사(曹溪山 松廣寺)/U 978

‖ 전라남도 순천시 송광면 신평리 산1-14

대한불교조계종 제21교구 본사 사찰로, 신라 말기에 혜린(慧璘)이 창건했으며, 보조국사 지눌(知訥)이 대찰로 중건하기 시작했다. 16명의 국사를 배출한 승보(僧寶) 사찰로, 이 사찰이 있는 '송광산'도 조계종의 본산이라는 의미에서 '조계산'으로 이름을 고쳤다. 목조삼존불감, 고려고종제서, 국사전 등 국보 세 점을 비롯해 국내에서 가장 많은 문화재를 보유하고 있다.

광양 ◆ 섬진강 매화로(蟾津江 梅花路)

979

‖ 전라남도 광양시 다압면 고사리 1376

광양시 다압면 하천교에서 진월면 선소사거리까지 섬진강의 서쪽을 따라 달리는 길이 34㎞의 도로로, 지방도 제861호선의 일부이며 봄이면 벚꽃터널이 만들어지는 유명한 벚꽃길이다. 백운산 한재를 넘어 임도를 따라 내려오면 섬진강 매화로를 만난다.

광양 ◆ 망덕(望德)포구

980

‖ 전라남도 광양시 진월면 망덕리 6-10

호남정맥의 마지막 산인 망덕산(192.7m)은 옛날 왜적의 침입 때 망을 보았던 산으로 이 산에 오르면 한려수도의 여러 섬이 한눈에 들어와 바다를 조망하기 좋다 하여 망덕산이라 이름 붙여졌으며, 망덕산 아래 섬진강이 바다로 흘러 들어가는 곳에 망덕포구가 있다. 망덕포구는 민물과 바닷물이 섞여 있는 기수(汽水) 지역으로 전어, 장어, 백합, 벚굴, 재첩이 유명해 사시사철 바다의 진미를 맛볼 수 있으며, 특히 가을에 개최되는 전어 축제 때에는 대성황을 이룬다. 포구 입구에 호남정맥의 끝을 알리는 '호남정맥 안내판'이 있다.

15 낙동정맥 종주 풀코스

낙동정맥은 백두대간의 태백산 줄기인 구봉산(九峰山)에서 남쪽으로 갈라져 영천의 운주산(雲住山, 806m)까지 높이 1,000m에 달하는 산줄기를 형성하고, 월성의 낮은 구릉을 넘어 다시 경상남도의 가지산(加智山)을 거쳐 부산광역시 다대포의 몰운대(沒雲臺)에 이르는 산줄기다. 바이크 루트는 강원도 태백의 삼수령을 출발하여 부산광역시 몰운대에서 끝나며, 85개 포인트를 거쳐 총 742.2㎞를 달린다.

번호	이름	주소	인증 장소
1	삼수령	강원도 태백시 적각동 137-64	삼수령 조형물
2	통리재	강원도 태백시 통동 75-112	통리재 교통표지판
3	신리재	강원도 삼척시 도계읍 구사리 68-3	신리재 교통표지판
4	구사리(경유)	강원도 삼척시 도계읍 구사리 233	-
5	동활계곡	강원도 삼척시 가곡면 동활리 산 55-14	전망 포인트
6	덕풍계곡	강원도 삼척시 가곡면 풍곡리 803-28	덕풍계곡 다리 위
7	석개재	경상북도 봉화군 석포면 석포리 산1-195	섬척시 조형물
8	승부역/U	경상북도 봉화군 석포면 승부리 산105-1	승부역 역사
9	넛재(늦재)	경상북도 봉화군 석포면 대현리 산13-60	넛재 교통표지판
10	꼬치비재	경상북도 봉화군 소천면 분천리 산183-1	꼬비치재 교통표지판
11	광비정류소(경유)	경상북도 봉화군 소천면 분천리 86-4	-
12	답운재/U	경상북도 울진군 금강송면 광회리 산1-8	답운재 교통표지판
13	애미랑재(옵션)/U	경상북도 영양군 수비면 신암리 산19-5	A4 코팅 안내판
14	검마산	경상북도 영양군 수비면 신원리 161-2	등산로 안내목

번호	이름	주소	인증 장소
15	길등재	경상북도 영양군 수비면 발리리 산82-13	산악회 시그널
16	계1리마을회관(경유)	경상북도 영양군 수비면 계리 887-28	마을회관 앞
17	영양 한티재(옵션)/U	경상북도 영양군 수비면 발리리 산52-1	관광 안내도
18	덕재	경상북도 영양군 수비면 죽파리산 46-7	산악회 시그널
19	아랫삼수령	경상북도 영덕군 창수면 백청리 산39	산악회 시그널
20	기포령	경상북도 영양군 영양읍 기산리 산6-1	기포령 표지석
21	창수령	경상북도 영덕군 창수면 창수리 산10-64	A4 코팅 안내판
22	창수저수지(경유)	경상북도 영덕군 창수면 창수리 산70-1	
23	울티재	경상북도 영양군 영양읍 양구리 산18	산악회 시그널
24	맹동산풍력단지	경상북도 영양군 석보면 삼의리 산31-10	풍력단지 정상
25	삼의리소공원(경유)	경상북도 영양군 석보면 삼의리 123-3	-
26	포도산 입구	경상북도 영양군 석보면 포산리 산82-3	등산로 안내도
27	화매재	경상북도 영양군 석보면 화매리 산121-2	경상북도 영양군 군계 입간판
28	대둔산/U	경상북도 영덕군 지품면 기사리 150-6	내기사공원지킴터 초소
29	황장재	경상북도 영덕군 지품면 황장리 산82-1	황장재 표지석
30	옹점교(경유)	경상북도 청송군 파천면 옹점리 366	
31	주왕산 달기폭포/U	경상북도 청송군 청송읍 월외리 산44	달기폭포 앞
32	주산지/U	경상북도 청송군 주왕산면 주산지리 산41-8	주산지
33	피나무재	경상북도 청송군 주왕산면 주산지리 산40-1	주왕산 안내도
34	라리 임도 삼거리	경상북도 청송군 주왕산면 주산지리 산35-1	등산로 안내목
35	질고개	경상북도 청송군 부남면 이현리 산78-1	질고개 팻말
36	통점재(옵션)/U	경상북도 청송군 부남면 중기리 산86-3	등산로 안내목
37	하옥교(향로교)/U	경상북도 포항시 북구 죽장면 하옥리 산7-2	하옥교 다리 위
38	가사령/U	경상북도 포항시 북구 죽장면 가사리 산6-4	산악회 시그널

번호	이름	주소	인증 장소
39	성법령	경상북도 포항시 북구 기북면 성법리 산134-3	등산로 안내목
40	포항 한티재(한티터널)	경상북도 포항시 북구 죽장면 정자리 2-4	한티터널
41	블랫재	경상북도 영천시 자양면 도일리 산139	등산로 안내도
42	남계저수지(경유)	경상북도 포항시 북구 기계면 남계리 산72-5	
43	이리재	경상북도 영천시 임고면 수성리 산96-4	등산로 안내도
44	정몽주 생가(경유)	경상북도 영천시 임고면 유항리 103-2	
45	오룡고개	경상북도 영천시 고경면 오룡리 1393-2	등산로 안내목
46	성산서당(경유)	경상북도 경주시 안강읍 하곡리 산63	
47	시티재	경상북도 경주시 안강읍 하곡리 461-1	산악회 시그널
48	마티재/U	경상북도 영천시 고경면 덕정리 산60-1	A4 코팅 안내판
49	한무당재	경상북도 영천시 고경면 덕정리 산92-1	등산로 들머리
50	만불사/U	경상북도 영천시 북안면 고지리 산60-1	만불사 불상
51	애기재	경상북도 영천시 북안면 신촌리 124	산악회 시그널
52	숙재고개	경상북도 경주시 산내면 우라리 산99-2	등산로 안내목
53	당고개(옵션)/U	경상북도 경주시 건천읍 송선리 산101-1	등산로 안내목
54	화랑의언덕/U	경상북도 경주시 산내면 내일리 164-5	명상바위 위
55	소호리 태종노인회관(경유)	울산광역시 울주군 상북면 소호리 14-1	노인회관
56	소호 사계절민박(경유)	울산광역시 울주군 상북면 소호리 산68-5	사계절민박 입간판
57	와항재	경상북도 경주시 산내면 대현리 산329-1	산악회 시그널
58	고헌산 입구	경상북도 경주시 산내면 대현리 산329-1	고헌산 입간판
59	운문령	울산광역시 울주군 상북면 덕현리 637-2	울산광역시 12경 교통표지판
60	삼계4교(경유)	경상북도 청도군 운문면 신원리 산29-25	다리 위
61	석남고개	울산광역시 울주군 상북면 덕현리 산239-6	석남터널 앞
62	시례 호박소	경상남도 밀양시 산내면 삼양리 산1-9	가지산 표지석
63	도래재	경상남도 밀양시 단장면 구천리 산52-5	도래재 전망대

번호	이름	주소	인증 장소
64	밀양댐 전망대	경상남도 밀양시 단장면 고례리 산215-9	밀양댐 전망대
65	에덴밸리	경상남도 양산시 어곡동 2091-21	늘밭마을 표지석
66	새미기고개	경상남도 양산시 어곡동 1044-34	등산로 안내목
67	원동 매화공원	경상남도 양산시 원동면 원리 산106-2	매화공원 안
68	배태고개	경상남도 양산시 원동면 대리 산78-6	배내골 표지석
69	신불산 입구	경상북도 울주군 상북면 이천리 산76-1	등산로 안내목
70	간월재 입구	경상북도 울주군 상북면 이천리 산136-2	등산로 안내목
71	배내고개	울산광역시 울주군 상북면 양등리 산145-13	등산로 안내도
72	영축산 입구/U	경상남도 양산시 하북면 순지리 396	등산로 안내도
73	지경고개(양산)	경상남도 양산시 하북면 순지리 산28-5	등산로 안내목
74	어린이전도협회(경유)	경상북도 울주군 삼동면 조일리 산282-1	
75	정족산 입구	경상북도 울주군 삼동면 조일리 산239	등산로 안내목
76	천성산/U	경상남도 양산시 상북면 천성산길 727-82	원효암 입구
77	남락고개	경상남도 양산시 동면 사송리 22-3	산악회 시그널
78	군지고개/U	경상남도 양산시 동면 여락리 산203	등산로 안내도
79	가산수변공원(경유)	경상남도 양산시 동면 가산리 783-4	수변공원 옆
80	금정산성	부산광역시 금정구 금성동 709-2	금정산성 구조물
81	만덕고개	부산광역시 동래구 온천동 산153-8	만덕고개 전망데크
82	구포삼거리(경유)	부산광역시 북구 구포동 1073-5	
83	대티고개	부산광역시 서구 서대신동2가 496	트랙킹 안내도
84	아미산전망대	부산광역시 사하구 다대동 1548-1	아미산 전망대
85	몰운대전망대	부산광역시 사하구 다대동 산 144-1	몰운대 표지석

16 낙동정맥 하이라이트

낙동정맥은 강원도의 남쪽에서 출발하여 경북의 오지 지역을 지나고 경남의 영남알프스의 고산지대를 지나서 부산까지 가는 장거리 루트로, 하이라이트로 추린 14곳 안에 높은 산, 굽이진 고갯길, 경치가 빼어난 계곡, 전망대, 명승지가 고루 들어있다.

kakaomap
실제 서비스 이미지와 다를 수 있음

삼척 ◆ 동활계곡(東活溪谷)

981

‖ 강원도 삼척시 가곡면 동활리 산56-10

가곡천을 따라 형성된 계곡으로, 산세가 빼어나고 물이 맑아 산천어 등의 민물고기가 많이 살고, 특히 가을철 단풍이 아름다운 곳이다. 신리삼거리에서 지방도 제416호선을 따라 덕풍계곡까지 이어지는 9.3㎞의 굽잇길은 환상의 라이딩 코스이며, 기암괴석과 수려한 산봉우리로 둘러싸인 동활2교~4교 사이의 경관이 가장 빼어나다.

봉화 ◆ 승부(承富)역/U

982

‖ 경상북도 봉화군 석포면 승부리 산105-1

'하늘도 세평이요 꽃밭도 세평이나, 영동의 심장이요 수송의 동맥이다.'라는 시 구절로 유명한 승부역은 1856년에 문을 연 철도역으로 1997년에 간이역으로 격하되었다가 1999년 눈꽃열차가 운행되면서 방문객이 늘어 2004년에 보통역으로 다시 승격한 곳이다. 예전에는 승부역으로 접근하는 도로가 아예 없었으나 지금은 석포면에서 승부역까지 낙동강 지류를 따라 달리는 멋진 라이딩 코스인 '승부역 가는 길'이란 이름의 도로가 나 있다.

봉화 ◆ 넛재(늦재)

983

‖ 경상북도 봉화군 석포면 대현리 산13-60

경상북도 봉화군 석포면과 소천면을 잇는 높이 896m의 고개로, 2018년 넛재터널이 개통되기 전까지는 강원도 태백시와 경상북도 봉화군을 오가는 주요 도로였다. 청옥산으로 올라가는 청옥로가 통과하며, 2007년에 구불구불했던 도로 선형이 대폭 개선되었으나 여전히 와인딩이 센 도로이다.

포항 ◆ 하옥교(下玉橋)

984

‖ 경상북도 포항시 북구 죽장면 하옥리 산7-2

옥계유원지에서 죽장로를 따라 상옥리 쪽으로 10㎞쯤 진행하면 계곡 위로 난 하옥교(향로교)가 나오는데, 이 일대는 세상을 등지고 은둔하는 곳이란 뜻에서 둔세동(遁世洞)이라 불리는 절경이다. 특히 하옥교 주변의 풍광이 멋지다.

포항 ◆ 하옥(下玉)계곡

985

‖ 경상북도 포항시 북구 죽장면 하옥리 산224-1(하옥교)

포항 죽장 하옥교에서 영덕 옥계유원지 침수정에 이르는 하옥계곡은 포항12경 중 하나로 내연산 동대산의 수려한 산세를 이어받아 계곡 곳곳에서 비경이 펼쳐진다. 아직 일부 비포장이 남아 있고 여름 피서철에는 많은 인파로 통행이 불편하지만 최고의 계곡 라이딩을 할 수 있는 곳이다.

● 영덕 옥녀교(玉女僑)/U

‖ 경상북도 영덕군 달산면 옥계리 190-1

하옥의 끝에 위치한 옥녀교는 다리 아래에 기암절벽의 비경과 천혜의 자연 수영장이 자리하고 있다.

● 영덕 옥계(玉溪)계곡

‖ 경상북도 영덕군 달산면 옥계리 5-1(인근)

옥계유원지 침수정 근처 팔각산로를 따라 이어지는 옥계계곡은 동대산 자락의 기암괴석과 대서천이 어우러져 멋진 풍광을 자아내는 곳이다. 여름철 도롯가에서 바라보면 누구라도 물에 뛰어들고 싶을 만큼 멋진 경관과 맑은 물을 자랑하지만 수심이 깊은 곳이 있어 아이들은 주의가 필요하다. 인근에 청송 얼음골도 함께 둘러볼 만하다.

포항 ◆ 성법령(省法嶺) 986

‖ 경상북도 포항시 북구 기북면 성법리 산134-3

경상북도 포항시의 북구 기북면 성법리에서 죽장면 상옥리를 잇는 높이 600m의 고개로, 순우리말 이름인 생알재를 한자의 뜻과 소리를 따서 표기한 '성법령'이 현재 이름으로 불린다. 고개 아래에는 '성법리'라는 마을이 있다. 921번 지방도가 지나며, 양쪽 모두 10% 이상의 경사도가 꾸준히 이어지는 유명한 와인딩 코스이다.

경주 ◆ 화랑(花郞)의 언덕/U 987

‖ 경상북도 경주시 산내면 내일리 164-5

신라시대 때 화랑들이 심신을 단련하고 김유신(金庾信)이 삼국통일의 꿈을 키웠다는 넓은 초지의 훈련지로, 2019년 JTBC의 '캠핑클럽'이란 프로그램에서 핑클 멤버들이 이곳에서 캠핑하면서 유명세를 치르기 시작했다. 언덕 정상에 서면 가슴이 탁 트이는 넓은 초지와 멋진 소나무가 어우러진 아름다운 풍광이 펼쳐지며, 무엇보다 비지리 들녘이 내려다보이는 명상 바위에서 인생샷 촬영은 줄을 서서 기다려야 할 정도로 인기가 많다.

양산 ◆ 천성산(千聖山)/U 988

‖ 경상남도 양산시 상북면 천성산길 727-82

원효대사(元曉大師)가 당나라에서 온 1,000명의 승려를 모두 성인으로 만들었다는 전설에서 '천성(千聖)'이란 이름이 붙은 높이 920m의 산으로, 맑은 계곡과 폭포, 뛰어난 경치로 예로부터 소금강산이라 불렸으며, 정상 평탄부인 화엄벌에는 봄에는 진달래와 철쭉, 가을에는 억새가 장관을 이룬다. 원효암까지 7.8㎞의 아스콘 포장도로가 있으며, '원효암 800m'라고 적힌 안내판이 있는 곳에서 오른쪽을 보면 차단봉을 박아 놓은 시멘트 도로가 있는데 이곳을 통과하면 바이크를 타고 천성산 정상까지 갈 수 있다.

부산 ◆ 금정산성(金井山城)

989

‖ 부산광역시 금정구 금성동 709-2

'금정(金井)'이란 '금빛이 나는 샘물'이란 뜻으로, 이 산에 바위틈에서 솟는 샘이 가뭄에도 마르지 않고 늘 금빛을 띤다 하여 붙은 이름이다. 임진왜란과 병자호란을 겪고 난 뒤 바다를 지킬 목적으로 세운 산성으로, 우리나라의 산성 중 가장 규모가 크다. 금정산성 길은 서울의 남산순환로나 북악스카이웨이처럼 도심에서 만나는 멋진 와인딩 도로로 많은 라이더들이 찾는 곳이다.

부산 ◆ 만덕(萬德)고개

990

‖ 부산광역시 동래구 온천동 산153-8

부산을 남북으로 가로지르는 금정 산맥의 대표적인 고개로, 동래와 구포, 대저와 김해를 연결하던 300m 높이의 고갯길로, 제1만덕터널, 제2만덕터널이 개통되면서 만덕고개 옛길은 부산 시민의 산책로와 등산로가 되었다. 도심 속에 있지만 울창한 숲과 높은 경사도, 센굽이 등으로 인해 바이크와 자전거 동호인들이 즐겨 찾으며, 고개 중간에 있는 '누리길 전망대'에 서면 부산 시내가 한눈에 내려다보인다.

부산 ◆ 아미산(峨眉山)전망대

991

‖ 부산광역시 사하구 다대동 다대낙조2길 77

부산시 사하구 다대동 아미산(163m) 남쪽 끝자락에 있는 전망대로, 모래섬, 철새, 낙조 등 천혜의 전경을 조망할 수 있는 곳이다. 아미산은 163m밖에 안 되는 낮은 산이지만 낙동정맥이 지나는 길이며, 이 산을 경계로 부산광역시 서구와 사하구가 나뉜다. 전망대 건물 안에는 낙동강 하구의 모습과 삼각주의 형성과정, 지질에 대한 자료를 알기 쉽게 전시하고 있다.

부산 ◆ 해운대 몰운대(海雲臺 沒雲臺)

992

‖ 부산광역시 사하구 다대동 산144-1

낙동강의 끝자락인 동시에 낙동정맥의 끝점으로 앞바다에 있던 섬이 안개와 구름이 끼는 날에는 보이지 않는다고 하여 '몰운대(沒雲臺)'라 부르며, 인근에 대궐을 향해 절하는 망배단(望拜壇)과 사신의 숙소인 다대포객사(多大浦客舍)가 있다. 2010년에 몰운대 유원지 서측 해안에 조성된 낙조 전망대는 해 질 무렵 아름다운 낙조를 감상할 수 있는 포인트이다.

몰운대전망대로 가기 전 원형교차로 부근에 '낙동정맥 최남단'이라 적힌 몰운대 표지석이 있는 곳에서 낙동정맥 투어를 마무리한다.

17 낙남정맥 종주 풀코스

낙남정맥은 백두대간이 끝나는 지리산의 영신봉에서 동남쪽으로 흘러 진주, 하동, 사천 사이로 이어지다 동쪽으로 마산, 창원 등지를 지나 김해의 분성산(360m)에서 끝나는 산줄기다. 서쪽에서는 섬진강 하류와 남강 상류를 가르고, 동쪽에서는 낙동강 남쪽을 가르는 분수령 산맥이며 호남정맥과 더불어 남해안 지방과 내륙지방을 자연스럽게 나눈다. 바이크 루트는 경남 산청의 거림을 출발하여 경남 김해의 고암나루에서 끝나며, 70개 포인트를 거쳐 총 412.9㎞를 달린다.

순번	지명	주소	인증 장소
1	지리산 거림	경상남도 산청군 시천면 내대리 996	길상암 입간판
2	삼신봉터널	경상남도 산청군 시천면 내대리 414-15	삼신봉터널
3	고운동재/U	경상남도 하동군 청암면 묵계리 산320-2	등산로 날머리 펜스
4	지리산 청학동/U	경상남도 하동군 청암면 묵계리 1581-33	청학동탐방지원센터
5	배달성전 삼성궁/U	경상남도 하동군 청암면 묵계리 산306-12	삼성궁 벽화 앞
6	하동호 산중호수로	경상남도 하동군 청암면 상이리 1977	충혼탑 옆
7	하동호 관리사무소	경상남도 하동군 청암면 평촌리 산217	하동호 표지석
8	길마재	경상남도 하동군 청암면 상이리 산18	산악회 시그널
9	돌고지재/U	경상남도 하동군 옥종면 회신리 906	등산로 안내도
10	백토재	경상남도 하동군 북천면 화정리 산19-1	등산로 안내도
11	원전고개	경상남도 사천시 곤명면 봉계리 597-1	낙남정맥 안내도
12	마곡고개	경상남도 사천시 곤명면 봉계리 산41-9	등산로 안내목(숲속)
13	딱밭골재	경상남도 사천시 곤양면 묵곡리 881-1	산악회 시그널
14	삼발리 버스정류장(경유)	경상남도 사천시 곤양면 환덕리 산70-10	

번호	이름	주소	인증 장소
15	선덜재	경상남도 사천시 곤양면 흥사리 산104-1	생태터널
16	덕천(솔티)고개	경상남도 사천시 곤명면 신흥리 산83-5	등산로 안내목
17	유수교	경상남도 진주시 내동면 유수리 593	유수교 다리 위
18	비리재/U	경상남도 사천시 축동면 반용리 산75-3	등산로 안내목
19	유동마을회관	경상남도 진주시 내동면 유수리 164-37	유동마을 버스정류장
20	유동고개	경상남도 사천시 축동면 탑리 484-4	등산로 안내목
21	해맞이공원	경상남도 진주시 내동면 독산리 산109-14	공원 팔각정전망대
22	산강마을회관(경유)	경상남도 진주시 내동면 독산리 791-5	
23	모산재	경상남도 진주시 정촌면 화개리 산178-1	등산로 입구(펜스 사이)
24	죽봉고개	경상남도 진주시 가좌동 1835	등산로 입구 안내도
25	고미동재	경상남도 진주시 정촌면 관봉리 산273-3	과수원 차단봉 앞
26	계리재	경상남도 진주시 정촌면 관봉리 산249-1	등산로 입구 철제계단
27	인담마을(경유)	경상남도 진주시 금곡면 인담리 27-2	
28	봉전고개	경상남도 진주시 금곡면 인담리 산229	낙남정맥 교통표지판
29	장전1리마을회관(경유)	경상남도 사천시 사천읍 장전리 947	
30	돌장고개	경상남도 진주시 금곡면 두문리 산103-3	등산로 안내목
31	부련이재	경상남도 고성군 영현면 영부리 산141-12	산악회 시그널
32	S오일 대진주유소(경유)	경상남도 고성군 상리면 신촌리 22-2	
33	배곡고개	경상남도 고성군 상리면 망림리 산153-4	등산로 안내목
34	봉발보건진료소(경유)	경상남도 고성군 영현면 봉발리 280-2	
35	추계재	경상남도 고성군 영현면 추계리 산77-4	산악회 시그널
36	큰재	경상남도 고성군 대가면 갈천리 산266-6	산악회 시그널
37	장전고개	경상남도 고성군 대가면 송계리 산69-3	등산로 입구(산불조심)
38	연화산(옥천사/임도)	경상남도 고성군 개천면 북평리 404-3	등산로 안내도
39	배치고개	경상남도 고성군 마암면 신리 산70-1	산악회 시그널
40	마암면사무소(경유)	경상남도 고성군 마암면 도전리 462-2	

번호	이름	주소	인증 장소
41	새터재	경상남도 고성군 개천면 봉치리 산113-1	새터재 교통표지판
42	용궁저수지(경유)	경상남도 고성군 개천면 용안리 산83-1	
43	담티재	경상남도 고성군 구만면 화림리 산186-1	담티재 안내도
44	남성재/U	경상남도 고성군 개천면 나선리 산234	남성치 표지석
45	번듯고개	경상남도 고성군 구만면 주평리 산147-5	등산로 안내도
46	발산재/U	경상남도 창원시 마산합포구 진전면 봉암리 산130-2	등산로 안내목
47	오곡재	경상남도 창원시 마산합포구 진전면 여양리 산258-8	등산로 안내목
48	무진정(경유)	경상남도 함안군 함안면 괴산리 767-1	
49	한티재	경상남도 함안군 여항면 내곡리 789	등산로 안내목
50	동전고개	경상남도 창원시 마산합포구 현동 산160-2	등산로 입구 나무계단
51	만날고개	경상남도 창원시 마산합포구 월영동 산175-8	등산로 안내도
52	예곡동-1(경유)	경상남도 창원시 마산합포구 예곡동 984-2	
53	예곡동-2(경유)	경상남도 창원시 마산합포구 예곡동 산115-2	
54	쌀재고개	경상남도 창원시 마산회원구 내서읍 감천리 45-2	등산로 안내목
55	감천리	경상남도 창원시 마산회원구 내서읍 감천리 508-1	
56	마재고개	경상남도 창원시 마산회원구 두척동 산63-3	마재고개 표지석
57	송정고개	경상남도 창원시 마산회원구 내서읍 평성리 산121-14	생태터널
58	운곡저수지(경유)	경상남도 함안군 칠원읍 운곡리 산181-3	
59	카페364(경유)	경상남도 창원시 의창구 북면 외감리 94-1	
60	굴현고개	경상남도 창원시 의창구 북면 지개리 산136	등산로 안내목
61	소답굴다리	경상남도 창원시 의창구 소답동 497-1	등산로 안내목
62	신풍고개	경상남도 창원시 의창구 동읍 용강리 788	등산로 안내도
63	냉정고개	경상남도 김해시 진례면 산본리 395	용지봉누리길 안내도
64	누릉내미재/U	경상남도 김해시 주촌면 덕암리 산137-2	무릉내미고개 코팅 안내판
65	상리고개	경상남도 김해시 삼계동 산 288-1	산악회 시그널

번호	이름	주소	인증 장소
66	안곡교(경유)	경상남도 김해시 한림면 안곡리 757	
67	망천고개	경상남도 김해시 한림면 신천리 산65-7	E1충전소 펜스
68	나발고개	경상남도 김해시 삼계동 산96-2	천리교한국전도청 표지석
69	매리2교	경상남도 김해시 상동면 매리 113-2	매리2교 다리 위
70	고암나루	경상남도 김해시 대동면 덕산리 117-2	나루 포구 앞

18 낙남정맥 하이라이트

낙남정맥은 출발지가 지리산 지역이라 출발지부터 높고 험준한 고갯길들이 이어지며, 아래 소개하는 하동, 고성 지역의 유서 깊은 사찰, 경관이 뛰어난 명승지, 호수, 산들을 하이라이트 코스로 달릴만하다.

kakaomap
실제 서비스 이미지와 다를 수 있음

산청 ◆ 지리산 거림(智異山 巨林)

993

‖ 경상남도 산청군 시천면 내대리 996

지리산 10경 중 하나인 세석평전으로 오르는 등반로가 시작되는 들머리로 등산객들의 발걸음 소리에 계곡물 흐르는 소리가 묻힐 정도로 사람들이 많이 몰리는 곳이다. 거림계곡을 따라 지리산 쪽으로 오르다 갈림길에서 길상선사, 길상암 쪽으로 가는 오른쪽 시멘트 도로로 접어들면 길상암에 도착하는데 여기가 차량으로 갈 수 있는 마지막 지점이다.

하동 ◆ 고운동재(孤雲洞岾)/U

994

‖ 경상남도 하동군 청암면 묵계리 산320-2

통일신라 말기의 문필가로 지리산에 많은 유적과 전설을 남긴 최치원(崔致遠)의 어릴 적 이름인 고운(孤雲)에서 딴 고운동재는 지리산 국립공원의 끝자락에 있는 높이 720m의 고개다. 고운동재를 넘어가면 양수발전소가 있는 고운댐이 있으며, 고도가 높은 관계로 업힐의 경사가 심하고 굽이도 센 고개다.

하동 ◆ 지리산 청학동(智異山 青鶴洞)/U

995

‖ 경상남도 하동군 청암면 묵계리 1581-33

지리산 삼신봉(三神峰) 동쪽에 있는 마을로, 청학(青鶴)이 서식한다고 하여 '청학동'이라 부른다. 6·25 전쟁 때 갱정유도 신봉자들이 이곳에 피란 오면서 마을이 형성되었으며, 휴전 뒤에도 몇 년간 외지와 격리되어 살다가 하동군에서 인구 전수조사를 하면서 세상에 알려진 곳이다. 대부분 기와집이나 초가집에 살며 한복이나 두루마기 차림을 하고 있다. 현재 약 100명의 주민이 실제 거주하는 것으로 알려져 있다.

하동 ◆ 배달성전 삼성궁(倍達聖殿 三聖宮)/U

996

‖ 경상남도 하동군 청암면 묵계리 산306-12

신비로운 비밀의 공간 삼성궁은 청학동 해발 850m에 자리 잡고 있으며, 배달 민족의 시조인 환인, 환웅, 단군을 모시는 성전이자 수도장이다. 한풀선사라는 사람이 고조선시대의 소도(천신에게 제사를 지내는 성지)를 복원한 곳으로, 봄에는 산벚꽃, 여름에는 푸른 하늘과 에메랄드빛 연못, 가을에는 오색단풍, 겨울에는 설경으로 아름다운 경관을 보여준다. 한풀선사와 수행자들이 50년이 넘는 세월 동안 쌓아 올렸다는 1,500여 개의 돌탑이 짙푸른 에메랄드빛의 호수와 마고성의 독특한 분위기가 어울려져 이국적인 풍경을 그려낸다.

하동 ◆ 하동호 산중호수로(河東湖 山中湖水路)

997

‖ 경상남도 하동군 청암면 상이리 1977

하동댐 건설로 인해 조성된 인공 산중호수로 댐 상류에 청학계곡, 묵계계곡이 있어 봄꽃과 가을 단풍, 겨울 설경, 멀리 보이는 지리산의 웅장한 자태가 절경을 이루고, 계곡의 맑은 물과 신선한 공기가 사시사철 여행객의 마음을 사로잡는 곳이다. 하동호를 옆에 끼고 달리는 '청암 하동호 산중호수길'은 꼭 가봐야 할 멋진 라이딩 코스이며, 하동호 동쪽과 서쪽 모두에 일주도로가 있다.

고성 ◆ 큰재

998

‖ 경상남도 고성군 대가면 갈천리 산266-6

경상남도 고성군 대가면 갈천리와 척정리를 잇는 높이 350m의 고개로, 숲 터널과 벚꽃이 특히 아름다우며 고성 지역 최고의 와인딩 코스로 손꼽는 곳이다.

고성 ◆ 연화산(蓮花山)

999

‖ 경상남도 고성군 개천면 북평리 404-3

산의 형상이 연꽃을 닮아서 '연화산(蓮花山)'이라 부르며, 높이 524m로 그리 높진 않지만 울창한 숲과 깊은 계곡 등 자연경관이 수려해 많은 사람들이 찾는다.

고성 ◆ 연화산 옥천사(蓮花山 玉泉寺)

1000

‖ 경상남도 고성군 개천면 북평리 408

북쪽 기슭에 신라 문무왕 16년(676년) 의상대사(義湘大師)가 창건한 화엄종 10대 사찰 중 하나인 옥천사(玉泉寺)라는 오래된 사찰이 있다. '연화산 1로'를 따라 달리는 숲길의 경치가 빼어나며, 일부 구간은 시멘트 도로이다.

투어 루트 자동안내 앱 개발 안내

투어를 나갈 때 대부분의 라이더들은 내비게이션에 좌표를 입력하고 그것을 따라가기 때문에 어떤 곳을 가던지 주소를 입력해야 합니다. 이 책에서 소개하는 투어지 1,000선 안에는 1,000개의 투어 코스뿐 아니라 경유지가 여러 곳 포함되어 있는데, 이 주소를 일일이 내비게이션에 입력하는 것이 보통 일이 아닐 것입니다. 특히 백두대간, 9정맥 같은 장거리 루트나 제주, 남해, 통영, 거제 같이 큰 권역으로 묶어 놓은 패키지 안에는 많게는 수십 개의 목적지가 있고, 동선을 효율적으로 관리하기 위한 경유지를 설정해야 합니다. 필자들은 그동안 어디를 가든 지도를 미리 익혀 내비게이션 없이 투어를 다녔지만, 근래에 루트를 개발하기 위한 개척 투어를 다니면서 내비게이션 주소를 입력해 보니 이것이 보통 일이 아님을 알게 되었습니다. 그래서 라이더들이 좀 더 편하게 내비게이션을 사용할 수 있도록 '투어 루트 자동 안내 앱'을 개발할 예정입니다.

이 앱 안에 이 책에서 소개하는 모든 장거리 루트, 테마 투어 코스, 권역별 투어 코스, 개별 투어 코스 등의 주소를 모두 데이터베이스로 입력해 놓고, 라이더들이 출발지에서 투어 장소를 선택하기만 하면 내가 있는 곳으로부터 자동으로 안내가 되도록 만들 예정입니다. 또한 정차하는 목적지가 아니라 경로 위를 지나만 가는 경유지들은 그 지점에 도달하면 자동으로 다음 목적지로 안내가 이어지도록 '자동 연결 안내' 기능을 탑재하려고 합니다. 그뿐만 아니라 라이더가 라이딩 콘셉트, 라이딩 거리, 목적지, 경유지 등을 취향에 따라 선택하고 이들을 연결하여 루트를 짜주는 '자동 루트 생성' 기능도 포함해 좀 더 다양한 투어를 기획할 수 있도록 만들 예정입니다.

이 앱이 완성되면 굳이 주소를 입력하지 않고도 전국의 라이딩 명소와 유명한 라이딩 루트들을 몇 번의 메뉴 선택만으로 편안하게 다녀올 수 있을 것으로 기대합니다. 다만 데이터베이스의 양이 워낙 많고 세부적인 기능들을 조율하다 보니 완성까지 조금 시간이 소요될 수도 있을 것입니다. 하지만 빠른 시일 안에 개발을 마치고 시험 사용을 해 본 후 구글 플레이스토어와 애플 앱스토어에서 공개할 예정이니 많은 관심 부탁드립니다.

지역별 INDEX

쪽수	번호	권역	시군구	투어지
117	146	강원	영월	요선암
129	162	강원	영월	한반도 지형
129	163	강원	영월	선돌
387	540	강원	영월	고씨동굴
387	541	강원	영월	별마로천문대
388	542	강원	영월	예밀리 산꼬라데이길
388	543	강원	영월	원동재
613	901	강원	영월	만항재
101	*	강원	영월	둥글바위
117	*	강원	영월	요선정
81	098	강원	원주	반계리 은행나무
86	102	강원	원주	거돈사지
86	103	강원	원주	법천사지
86	104	강원	원주	흥법사지
388	544	강원	원주	소금산 출렁다리
35	022	강원	인제	진동호
122	151	강원	인제	갑둔리 비밀의정원
122	152	강원	인제	용소폭포
122	153	강원	인제	개인약수
389	545	강원	인제	용늪
390	546	강원	인제	필례약수
390	547	강원	인제	하추리계곡
389	*	강원	인제	고사리재
45	040	강원	정선	미리내폭포
94	108	강원	정선	문치재
94	109	강원	정선	화암약수
94	110	강원	정선	화암동굴
95	111	강원	정선	벌문재
95	112	강원	정선	바위솔
95	113	강원	정선	소금강
96	114	강원	정선	몰운대
99	115	강원	정선	가수분교 앞
99	116	강원	정선	나리소전망대
100	117	강원	정선	동강전망 자연휴양림
103	118	강원	정선	오장폭포
103	119	강원	정선	구미정
103	120	강원	정선	왕치산 월루길
141	176	강원	정선	함백역
141	177	강원	정선	새비재 타임캡슐공원
141	178	강원	정선	자미원 미륵고개
390	548	강원	정선	병방치 전망대
611	896	강원	정선	백복령
613	900	강원	정선	함백산
96	*	강원	정선	민둥산로
96	*	강원	정선	송이재길
98	*	강원	정선	귤암리 할미꽃마을
100	*	강원	정선	고성리산성
100	*	강원	정선	제장마을
100	*	강원	정선	연포마을
101	*	강원	정선	고성터널
308	*	강원	정선	증도 왕바위 여객선터미널
109	128	강원	철원	고석정
109	129	강원	철원	삼부연폭포
109	130	강원	철원	직탕폭포
110	131	강원	철원	매월대폭포
110	132	강원	철원	순담계곡
110	133	강원	철원	소이산전망대
111	134	강원	철원	용양늪
111	135	강원	철원	송대소 주상절리
111	136	강원	철원	학저수지 여명
112	137	강원	철원	토교저수지
112	138	강원	철원	화개산 도피안사
145	182	강원	철원	대교천 현무암협곡
391	549	강원	철원	노동당사
591	882	강원	철원	철원 DMZ PEACE 그란폰도
628	915	강원	철원	수피령
66	077	강원	춘천	대룡산 활공장
391	550	강원	춘천	건봉령 승호대
392	551	강원	춘천	구곡폭포
392	552	강원	춘천	김유정 문학촌
392	553	강원	춘천	오봉산 청평사
393	554	강원	춘천	제이드 가든
569	861	강원	춘천	느랏재
569	863	강원	춘천	공작산

쪽수	번호	권역	시군구	투어지
406	579	경기	양평	두물머리
406	580	경기	양평	서종물길
567	858	경기	양평	비솔고개
567	859	경기	양평	설매재
587	879	경기	양평	양평 그란폰도
568	*	경기	양평	숫고개
87	105	경기	여주	고달사지
406	581	경기	여주	신륵사
147	189	경기	연천	아우라지 베개용암
153	192	경기	연천	재인폭포
153	193	경기	연천	호로고루
153	194	경기	연천	임진강 주상절리
154	195	경기	연천	전곡리유적
154	196	경기	연천	태풍전망대
154	197	경기	연천	전곡선사박물관
155	198	경기	연천	그리팅맨
155	199	경기	연천	숭의전
155	200	경기	연천	차탄천 주상절리
156	201	경기	연천	백의리층
156	202	경기	연천	좌상바위
156	203	경기	연천	당포성
157	204	경기	연천	은대리 판상절리
157	205	경기	연천	개안마루
157	206	경기	연천	오두산 통일전망대
407	582	경기	연천	은대리성
407	583	경기	오산	독산성
407	*	경기	오산	세마대지
408	584	경기	용인	대장금파크
408	585	경기	용인	와우정사
409	586	경기	의왕	백운호수
568	860	경기	청평	호명산
409	588	경기	파주	감악산 잔도길
410	589	경기	파주	도라산역
410	590	경기	파주	마장호수
410	591	경기	파주	벽초지수목원
411	592	경기	파주	용암사 마애이불입상
411	593	경기	파주	화석정

쪽수	번호	권역	시군구	투어지
412	594	경기	평택	평택호 관광단지
145	183	경기	포천	샘소
145	184	경기	포천	화적연
146	185	경기	포천	멍우리협곡
146	186	경기	포천	교동 가마소
146	187	경기	포천	비둘기낭폭포
147	188	경기	포천	구라이골
149	190	경기	포천	금수정
149	191	경기	포천	창옥병
412	595	경기	포천	산정호수
412	596	경기	포천	아트밸리
576	871	경기	포천	광덕고개
576	872	경기	포천	수원산
577	873	경기	포천	여우고개
149	*	경기	포천	화적연
150	*	경기	포천	낙귀정지
150	*	경기	포천	선유담
150	*	경기	포천	와룡암
151	*	경기	포천	백로주
151	*	경기	포천	청학동
143	180	경기	화성	전곡항
143	181	경기	화성	궁평항
413	597	경기	화성	매향리 역사기념관
413	598	경기	화성	제부도
174	233	경남	거제	무지개길
174	234	경남	거제	거제해안로드
174	235	경남	거제	여차·홍포 전망대(병대도전망대)
175	236	경남	거제	바람의 언덕
175	237	경남	거제	신선대 전망대
176	238	경남	거제	우제봉 전망대
176	239	경남	거제	학동 몽돌해수욕장
177	240	경남	거제	구조라 전망대
177	241	경남	거제	서이말 전망대
177	242	경남	거제	장승포 벚꽃길
178	243	경남	거제	양지암전망대
178	244	경남	거제	매미(Maemi)성

쪽수	번호	권역	시군구	투어지
178	245	경남	거제	유호 전망대
179	246	경남	거제	칠천도 일주로
179	247	경남	거제	계룡산
180	248	경남	거제	가조도 일주로
180	249	경남	거제	구천 저수지 돌안골
175	*	경남	거제	여차해안
176	*	경남	거제	해금강 조망점
40	030	경남	거창	삼봉산 금봉암
72	083	경남	거창	감악산
196	264	경남	거창	수승대
196	265	경남	거창	구연서원
618	913	경남	거창	신풍령
202	270	경남	고성	무이산 문수암
202	271	경남	고성	보현암약사전
415	599	경남	고성	상족암
696	998	경남	고성	큰재
696	999	경남	고성	연화산
696	1000	경남	고성	연화산 옥천사
198	266	경남	김해	불모산 장유암
198	267	경남	김해	장유폭포
417	603	경남	김해	분산성
417	604	경남	김해	불모산 노을전망대
159	207	경남	남해	남해대교
159	208	경남	남해	관음포 이충무공 유적
160	209	경남	남해	망운산
162	210	경남	남해	가천 다랭이마을
162	211	경남	남해	미국마을
162	212	경남	남해	보리암
163	213	경남	남해	은모래해수욕장
163	214	경남	남해	설리해수욕장
164	215	경남	남해	미조항
164	216	경남	남해	물미해안도로
164	217	경남	남해	독일마을
165	218	경남	남해	죽방로 해안길
165	219	경남	남해	지족 죽방렴
166	220	경남	남해	창선·삼천포대교
161	*	경남	남해	남서대로
163	*	경남	남해	은모래전망대
165	*	경남	남해	창선도 왕후박나무
182	250	경남	밀양	영남루
415	600	경남	밀양	만어산 어산불영
416	601	경남	밀양	위양못
557	848	경남	밀양	농암정 쉼터
558	849	경남	밀양	밀양댐 아찔바위
558	850	경남	밀양	밀양댐
558	851	경남	밀양	도래재
559	852	경남	밀양	호박소 계곡
556	*	경남	밀양	삼랑진로
556	*	경남	밀양	삼랑진 구교
556	*	경남	밀양	안태호
557	*	경남	밀양	천태로 굽잇길
166	221	경남	사천	실안노을길
416	602	경남	사천	각산전망대
417	605	경남	사천	봉명산 다솔사
34	019	경남	산청	고운호
189	256	경남	산청	황매산
418	606	경남	산청	정취암
694	993	경남	산청	지리산 거림
35	020	경남	양산	천태호
57	061	경남	양산	영축산 통도사
200	268	경남	양산	홍룡폭포
200	269	경남	양산	내원사계곡
418	607	경남	양산	임경대
436	645	경남	양산	법기수원지
557	847	경남	양산	배내골
560	853	경남	양산	에덴밸리길
560	854	경남	양산	원동 매화마을
686	988	경남	양산	천성산/U
556	*	경남	양산	천태호
560	*	경남	양산	새미기고개
186	254	경남	의령	자굴산 쇠목재 색소폰도로
186	255	경남	의령	한우산
418	608	경남	의령	솥바위(정암루, 정암철교)
187	*	경남	의령	벽계관광지

쪽수	번호	권역	시군구	투어지
187	*	경남	의령	한우산생태숲 주차장
182	251	경남	진주	촉석루
419	609	경남	진주	망진산 봉수대
419	610	경남	진주	월아산 장군대봉
419	611	경남	진주	진양호 전망대
184	252	경남	창녕	화왕산
184	253	경남	창녕	화왕산 관룡사
420	613	경남	창녕	우포늪
420	612	경남	창원	경화역
420	614	경남	창원	안민고개
168	222	경남	통영	도산일주로
168	223	경남	통영	평인일주로
168	224	경남	통영	풍화일주로
169	225	경남	통영	산양일주로
169	226	경남	통영	박경리기념관
169	227	경남	통영	달아마루
170	228	경남	통영	통영수산과학관
170	229	경남	통영	통영 케이블카
170	230	경남	통영	세병관
172	231	경남	통영	연화도
172	232	경남	통영	욕지도
421	615	경남	통영	디피랑 디지털 테마파크
30	011	경남	하동	삼신산 쌍계사
31	012	경남	하동	지리산 칠불사
67	079	경남	하동	구재봉 활공장
67	080	경남	하동	형제봉 활공장
191	258	경남	하동	평사리 최참판댁
191	259	경남	하동	한산사 전망대
421	616	경남	하동	금오산 전망대
694	994	경남	하동	고운동재/U
694	995	경남	하동	지리산 청학동/U
695	996	경남	하동	배달성전 삼성궁/U
695	997	경남	하동	하동호 산중호수로
422	617	경남	하동	쌍계사 10리 벚꽃길
26	004	경남	함양	오도재길
27	005	경남	함양	지안재길
31	013	경남	함양	금대암

쪽수	번호	권역	시군구	투어지
31	014	경남	함양	서암정사
32	015	경남	함양	지리산 벽송사
32	016	경남	함양	지리산 영원사
54	056	경남	함양	남계서원
193	260	경남	함양	거연정
193	261	경남	함양	군자정
193	262	경남	함양	동호정
194	263	경남	함양	농월정
593	884	경남	함양	함양 그란폰도
68	081	경남	합천	대암산 활공장
77	092	경남	합천	화양리 소나무
189	257	경남	합천	영암사지
422	618	경남	합천	가야산 해인사
491	736	경남	합천	합천댐
491	737	경남	합천	합천댐 준공기념탑
492	738	경남	합천	광암정
493	739	경남	합천	모토라드
492	*	경남	합천	망향의 동산
492	*	경남	합천	고향정
493	*	경남	합천	노파망향탑
254	344	경북	경북	무흘구곡
40	031	경북	경주	오봉산 주사암
51	048	경북	경주	옥산서원
79	093	경북	경주	운곡서원 은행나무
83	099	경북	경주	서백당 향나무
221	299	경북	경주	양동마을
224	301	경북	경주	함월산 골굴사
224	302	경북	경주	함월산 기림사
229	307	경북	경주	토함산 불국사
229	308	경북	경주	석굴암
229	309	경북	경주	경주 풍력단지
230	310	경북	경주	추령재
230	311	경북	경주	덕동호
230	312	경북	경주	보문호
231	313	경북	경주	분황사지
231	314	경북	경주	황룡사지
231	315	경북	경주	첨성대

쪽수	번호	권역	시군구	투어지
232	316	경북	경주	동궁과 월지
232	317	경북	경주	천마총
232	318	경북	경주	포석정
424	619	경북	경주	독락당
686	987	경북	경주	화랑의 언덕/U
221	*	경북	경주	송첨종택
424	620	경북	구미	도리사
424	*	경북	구미	서대
238	323	경북	군위	화본역
238	324	경북	군위	화산산성 풍차전망대
248	338	경북	군위	아미타여래삼존불
254	343	경북	김천	수도암
256	345	경북	문경	주암정
425	621	경북	문경	문경새재
616	909	경북	문경	벌재
234	319	경북	봉화	청암정
234	320	경북	봉화	석천정사
256	346	경북	봉화	도암정
425	622	경북	봉화	청량산 청량사
426	623	경북	봉화	청량산 전망대
614	902	경북	봉화	주실령
684	982	경북	봉화	승부역/U
684	983	경북	봉화	넛재
243	329	경북	상주	비봉산 청룡사
243	330	경북	상주	학 전망대
243	331	경북	상주	경천대
244	332	경북	상주	경천섬
244	333	경북	상주	도남서원
250	339	경북	상주	맥문동 솔숲
250	340	경북	상주	장각폭포
426	624	경북	상주	화령전승 기념관
244	*	경북	상주	회상 나루 관광지
52	051	경북	안동	도산서원
52	052	경북	안동	병산서원
57	060	경북	안동	천등산 봉정사
79	095	경북	안동	용계리 은행나무
222	300	경북	안동	하회마을
240	325	경북	안동	임청각
240	326	경북	안동	법흥사지 7층 전탑
241	327	경북	안동	월영교
241	328	경북	안동	이천동 마애여래석불
256	347	경북	안동	체화정
259	351	경북	안동	만휴정
259	352	경북	안동	묵계서원
261	353	경북	안동	농암종택
261	354	경북	안동	고산정
263	355	경북	안동	부용대
263	356	경북	안동	옥연정사
263	357	경북	안동	화천서원
263	358	경북	안동	겸암정사
426	625	경북	안동	오천군자 마을
427	626	경북	안동	지례예술촌
217	293	경북	영덕	창포말등대
217	294	경북	영덕	영덕 풍력단지
218	295	경북	영덕	대소산 봉수대
218	296	경북	영덕	죽도산 전망대
219	297	경북	영덕	대진해변 도해단
219	298	경북	영덕	고래불해수욕장
217	*	경북	영덕	해파랑공원
685	*	경북	영덕	옥녀교/U
685	*	경북	영덕	옥계계곡
226	304	경북	영양	일월산 자생화공원
227	305	경북	영양	일월산
227	306	경북	영양	반딧불이천문대
427	627	경북	영양	영양 풍력발전단지
53	053	경북	영주	소수서원
58	062	경북	영주	봉황산 부석사
428	628	경북	영주	무섬마을
614	903	경북	영주	마구령/U
614	904	경북	영주	고치령
616	907	경북	영주	죽령
429	629	경북	영천	보현산 천문대
429	630	경북	영천	은해사 거조암
35	021	경북	예천	어림호

쪽수	번호	권역	시군구	투어지
209	282	부산시	동구	아바구공작소
210	283	부산시	동구	장기려기념관
210	284	부산시	동구	168계단
210	285	부산시	동구	김민부 전망대
211	287	부산시	동구	이중섭 전망대
204	*	부산시	동구	매축지마을
204	*	부산시	동구	안창마을
204	*	부산시	동구	희망마을 수직농장
205	*	부산시	동구	까꼬막
687	990	부산시	동래구	만덕고개
211	286	부산시	부산진구	호천문화플랫폼
206	276	부산시	사하구	감천문화마을(하늘마루전망대)
688	992	부산시	사하구	해운대 몰운대
688	991	부산시	사하수	아미산전망대
205	272	부산시	서구	부산항전망대
205	273	부산시	서구	누리바라기 전망대
206	274	부산시	서구	천마산 하늘전망대
206	275	부산시	서구	한마음행복센터
207	277	부산시	서구	아미동 비석마을
434	639	부산시	서구	송도 거북섬
207	*	부산시	서구	구름이 쉬어가는 전망대
436	644	부산시	연재구	황령산
434	640	부산시	영도구	영도 흰여울전망대
207	278	부산시	중구	영주 하늘눈전망대
208	279	부산시	중구	역사의 디오라마(Diorama)
433	637	부산시	중구	민주공원
208	*	부산시	중구	금수현의 음악살롱
208	*	부산시	중구	색채마을
435	643	부산시	해운대구	해운대 달맞이길
435	*	부산시	해운대구	해월정
438	648	서울시	강북구	삼각산 도선사
438	646	서울시	용산구	남산순환도로
438	647	서울시	종로구	북악스카이웨이
49	*	서울시	종로구	이화동 나선형 도로
49	*	서울시	종로구	북악스카이웨이 나선형 도로
463	694	세종시	세종	운주산성
440	649	울산시	동구	대왕암

쪽수	번호	권역	시군구	투어지
440	650	울산시	동구	대왕암공원 출렁다리
441	651	울산시	북구	주전 몽돌해변
43	037	울산시	울주	간절곶
267	361	울산시	울주	반구대 암각화
267	362	울산시	울주	천전리 각석
561	855	울산시	울주	운문령
559	*	울산시	울주	석남터널
559	*	울산시	울주	배내고개
441	652	울산시	중구	태화강 국가정원
269	363	인천시	강화도	갑곶돈대
269	364	인천시	강화도	강화풍물시장
269	365	인천시	강화도	조양방직
270	366	인천시	강화도	대한성공회 강화성당
270	367	인천시	강화도	고려궁지
270	368	인천시	강화도	연미정
271	369	인천시	강화도	강화제적봉 평화전망대
271	370	인천시	강화도	대룡시장
271	371	인천시	강화도	교동향교
272	372	인천시	강화도	고인돌공원
272	373	인천시	강화도	고려산 적석사
272	374	인천시	강화도	낙가산 보문사
273	375	인천시	강화도	미네랄온천
273	376	인천시	강화도	민머루해변
273	377	인천시	강화도	장화리 일몰 조망지
274	378	인천시	강화도	정족산 전등사
274	379	인천시	강화도	광성보
274	380	인천시	강화도	용두돈대
275	381	인천시	강화도	덕진진
275	382	인천시	강화도	초지진
635	922	인천시	계양구	아라마루전망대
537	819	인천시	백령도	사곶해변 천연비행장
537	820	인천시	백령도	서해최북단 백령도기념비
538	821	인천시	백령도	콩돌해변
538	822	인천시	백령도	용트림바위
538	823	인천시	백령도	중화동교회
539	824	인천시	백령도	천안함 46용사 위령탑
539	825	인천시	백령도	두무진

쪽수	번호	권역	시군구	투어지
310	429	전남	신안	기동삼거리 벽화
310	430	전남	신안	에로스·서각박물관
310	431	전남	신안	무한의 다리
311	432	전남	신안	자은도 해사랑길
312	433	전남	신안	1004뮤지엄파크
312	434	전남	신안	분계해수욕장
313	435	전남	신안	백길해수욕장
313	436	전남	신안	추포노두길
314	437	전남	신안	추포해수욕장
314	438	전남	신안	퍼플교
314	439	전남	신안	세계 화석광물 박물관
315	440	전남	신안	김환기 고택
303	*	전남	신안	증도대교
305	*	전남	신안	태평 소금가게
306	*	전남	신안	태평염생식물원
308	*	전남	신안	팔금면 충혼탑
309	*	전남	신안	읍리삼층석탑
309	*	전남	신안	철쭉공원
311	*	전남	신안	자은고교여객터미널
315	*	전남	신안	안좌 대리 우실
315	*	전남	신안	안좌여객선터미널
296	408	전남	여수	여자만 해넘이 전망대
296	409	전남	여수	달천도
297	410	전남	여수	고봉산전망대
298	411	전남	여수	백야도등대
298	412	전남	여수	돌산공원
298	413	전남	여수	끝등전망대
299	414	전남	여수	향일암
299	415	전남	여수	진남관
300	416	전남	여수	오동도
300	417	전남	여수	마래 제2터널
300	418	전남	여수	만성리 검은모래해변
286	*	전남	여수	팔영대교
286	*	전남	여수	적금도 전망대
287	*	전남	여수	적금대교
287	*	전남	여수	장사금해수욕장
287	*	전남	여수	낭도대교
288	*	전남	여수	둔병대교
288	*	전남	여수	조발도전망대
288	*	전남	여수	화양조발대교
296	*	전남	여수	와온해안
297	*	전남	여수	대곡해안길
297	*	전남	여수	구미마을
298	*	전남	여수	돌산대교
299	*	전남	여수	두문포해안길
301	*	전남	여수	신덕해변
301	*	전남	여수	거북선대교
301	*	전남	여수	이순신대교
319	443	전남	영광	불갑산 불갑사
319	444	전남	영광	내산서원
448	664	전남	영광	백수해안도로
448	665	전남	완도	삼문산 진달래공원 전망대
449	666	전남	완도	신지 명사십리해수욕장
449	667	전남	완도	완도타워
449	668	전남	완도	장보고 기념관
450	669	전남	완도	청해진 장보고 유적지
48	045	전남	장성	감성굴재 나선형 도로
53	054	전남	장성	필암서원
670	961	전남	장성	백암산 백양사/U
670	962	전남	장성	감성굴재
551	845	전남	조도	하조도등대
551	846	전남	조도	도리산전망대
550	*	전남	조도	어류포항
550	*	전남	조도	조도대교
290	397	전남	진도	울돌목
290	398	전남	진도	세방낙조
291	399	전남	진도	급치산전망대
291	400	전남	진도	동석산
291	401	전남	진도	진도항
292	402	전남	진도	남도석성
292	403	전남	진도	신비의 바닷길
293	404	전남	진도	운림삼방
293	405	전남	진도	진도기상대
293	406	전남	진도	이충무공벽파진전첩비

쪽수	번호	권역	시군구	투어지
336	*	전북	부안	바드재
337	*	전북	부안	청림제
337	*	전북	부안	중계교
670	963	전북	순창	밀재
671	965	전북	순창	밤재
340	474	전북	완주	위봉폭포
340	475	전북	완주	추출산 위봉사
341	476	전북	완주	위봉산성
455	680	전북	완주	불명산 화암사
655	944	전북	완주	보룡재
38	945	전북	완주	피암목재
38	027	전북	익산	나바위성당
62	070	전북	익산	미륵사지
62	071	전북	익산	왕궁리유적
488	732	전북	임실	옥정호 생태터널
488	733	전북	임실	운암정
489	734	전북	임실	붕어섬 조망점(구 설리카페 자리)
489	735	전북	임실	국사봉 전망대
618	914	전북	장수	육십령
661	952	전북	장수	무룡고개
661	953	전북	장수	동화호
661	954	전북	장수	당재
662	955	전북	장수	뜬봉샘
662	956	전북	장수	말치고개
662	957	전북	장수	비행기고개
663	958	전북	장수	서구이재
36	028	전북	전주	전동성당
456	681	전북	전주	팔복 예술공장
53	055	전북	정읍	무성서원
488	731	전북	정읍	섬진강댐
669	960	전북	정읍	내장산 단풍고개
46	041	전북	진안	가막리들
325	452	전북	진안	마이산
325	453	전북	진안	탑영제
326	454	전북	진안	마이산 탑사
326	455	전북	진안	마이산 은수사
326	456	전북	진안	사양제

쪽수	번호	권역	시군구	투어지
456	682	전북	진안	부귀산 마이산 전망대
457	683	전북	진안	천황사 전나무
495	740	전북	진안	정천면 망향의동산
495	741	전북	진안	태고정
496	742	전북	진안	팔각정휴게소
496	743	전북	진안	섬바위
496	744	전북	진안	용담댐 환경조각공원
655	943	전북	진안	모래재
656	946	전북	진안	운일암 반일암
663	959	전북	진안	메타세쿼이아길
456	*	전북	진안	부귀산 팔각정 전망대
457	*	전북	진안	남암
495	*	전북	진안	용담대교
507	753	제주도	서귀포	모슬봉
508	754	제주도	서귀포	모슬포 방파제등대
508	755	제주도	서귀포	알뜨르비행장
509	756	제주도	서귀포	산록서로
509	757	제주도	서귀포	제주 4·3평화공원
509	758	제주도	서귀포	송악산
510	759	제주도	서귀포	형제 해안도로
510	760	제주도	서귀포	용머리해안
510	761	제주도	서귀포	산방산
511	762	제주도	서귀포	화순해변
511	763	제주도	서귀포	군산오름
512	764	제주도	서귀포	박수기정
512	765	제주도	서귀포	천제연폭포
513	766	제주도	서귀포	논짓물
513	767	제주도	서귀포	대포항 주상절리
514	768	제주도	서귀포	외돌개
515	769	제주도	서귀포	천지연폭포
515	770	제주도	서귀포	정방폭포
516	771	제주도	서귀포	쇠소깍
516	772	제주도	서귀포	큰엉
516	773	제주도	서귀포	김영갑갤러리 두모악
517	774	제주도	서귀포	대수산봉
517	775	제주도	서귀포	빛의 벙커
517	776	제주도	서귀포	섭지코지

쪽수	번호	권역	시군구	투어지
518	777	제주도	서귀포	광치기해변
518	778	제주도	서귀포	성산일출봉
521	783	제주도	서귀포	돈내코 원앙폭포
521	784	제주도	서귀포	솔오름 전망대
521	785	제주도	서귀포	안덕계곡
522	786	제주도	서귀포	방주교회
523	791	제주도	서귀포	1100고지 휴게소
524	792	제주도	서귀포	영실
524	793	제주도	서귀포	거린사슴전망대
524	794	제주도	서귀포	5·16도로 숲터널
526	799	제주도	서귀포	가시리 유채꽃프라자
526	800	제주도	서귀포	가시리 조랑말체험장
529	805	제주도	서귀포	두산봉
530	806	제주도	서귀포	백약이오름
507	*	제주도	서귀포	노을해안로
511	*	제주도	서귀포	카페 원앤온리
513	*	제주도	서귀포	오설록 제주 도순다원
514	*	제주도	서귀포	최영로
514	*	제주도	서귀포	새섬 새연교
515	*	제주도	서귀포	보목해안(섶섬 조망)
518	*	제주도	서귀포	종달리 해맞이해안도로
502	746	제주도	제주	이호테우항
503	747	제주도	제주	애월 카페거리
504	748	제주도	제주	더럭초등학교
504	749	제주도	제주	협재해수욕장
505	750	제주도	제주	신창풍력단지
506	751	제주도	제주	당산봉
506	752	제주도	제주	수월봉
519	779	제주도	제주	월정리해변
520	780	제주도	제주	함덕해수욕장
520	781	제주도	제주	산지등대
520	782	제주도	제주	관덕정
522	787	제주도	제주	성이시돌 목장
522	788	제주도	제주	금오름
523	789	제주도	제주	새별오름
523	790	제주도	제주	한라산 천왕사
525	795	제주도	제주	성판악

쪽수	번호	권역	시군구	투어지
525	796	제주도	제주	마방목지
525	797	제주도	제주	사려니숲길
526	798	제주도	제주	산굼부리
527	801	제주도	제주	금백조로
527	802	제주도	제주	용눈이오름
528	803	제주도	제주	다랑쉬오름
529	804	제주도	제주	지미오름
502	*	제주도	제주	전농로 왕벚꽃도로
502	*	제주도	제주	제주카페거리
502	*	제주도	제주	애월해안로
503	*	제주도	제주	한림해안로
504	*	제주도	제주	금능해변
505	*	제주도	제주	한경해안도로
506	*	제주도	제주	차귀도선착장
519	*	제주도	제주	하도리해변
519	*	제주도	제주	김녕해수욕장
527	*	제주도	제주	송당 본향당
501	745	제주도	제주	용두암
56	057	충남	공주	태화산 마곡사
60	064	충남	공주	공산성
60	065	충남	공주	송산리고분군
648	936	충남	공주	짐대울고개
657	950	충남	공주	계룡산 갑사
459	684	충남	금산	적벽강
656	947	충남	금산	작고개(600고지전승탑)
656	948	충남	금산	대둔산 태고사/U
657	949	충남	금산	배티재
51	049	충남	논산	돈암서원
350	491	충남	논산	명재고택
350	492	충남	논산	파평 윤씨 종학당
460	685	충남	논산	반야산 관촉사
460	686	충남	논산	옥녀봉
461	687	충남	논산	탑정호 출렁다리
37	024	충남	당진	합덕성당
343	477	충남	당진	석문방조제
343	478	충남	당진	왜목마을
343	479	충남	당진	도비도

쪽수	번호	권역	시군구	투어지
360	502	충남	당진	솔뫼성지
360	503	충남	당진	신리성지
343	*	충남	당진	도비도 전망대 휴게소
65	074	충남	보령	옥마산 활공장
352	493	충남	보령	성주사지
362	504	충남	보령	오천항
362	505	충남	보령	충청수영성
363	506	충남	보령	충청수영 해안경관전망대
461	688	충남	보령	무창포
462	689	충남	보령	천북굴단지
649	938	충남	보령	오서산
61	066	충남	부여	관북리유적
61	067	충남	부여	부소산성
61	068	충남	부여	부여나성
62	069	충남	부여	정림사지
352	494	충남	부여	만수산 무량사
462	690	충남	부여	가림성 느티나무
657	951	충남	부여	구드래선착장
83	100	충남	서산	송곡서원 향나무
344	480	충남	서산	삼길포
344	481	충남	서산	황금산
346	488	충남	서산	간월암
354	495	충남	서산	운산한우목장
354	496	충남	서산	용현리 마애여래삼존상
358	499	충남	서산	도비산 부석사
358	500	충남	서산	도비산 해넘이 전망대
358	501	충남	서산	도비산 해돋이 전망대
462	691	충남	서산	해미읍성
649	939	충남	서산	가야산 원효봉
650	940	충남	서산	일락산 일락사
650	941	충남	서산	상왕산 개심사
463	692	충남	서천	신성리 갈대밭
463	693	충남	서천	춘장대
37	026	충남	아산	공세리성당
79	094	충남	아산	곡교천 은행나무길
356	497	충남	아산	외암민속마을
356	498	충남	아산	봉수산 봉곡사
464	695	충남	아산	삽교천 방조제
41	033	충남	예산	용굴산 탈해사
348	489	충남	예산	김정희 선생 고택
348	490	충남	예산	용궁리 백송
464	696	충남	예산	덕숭산 수덕사
464	697	충남	예산	임존성
465	698	충남	천안	독립기념관
647	933	충남	천안	엽돈재
648	934	충남	천안	부소령
648	935	충남	천안	흑성산/U
49	046	충남	청양	방아다리 나선형 도로
465	699	충남	청양	천장호 출렁다리
649	937	충남	청양	여주재
73	085	충남	태안	백화산
344	482	충남	태안	만대항
345	483	충남	태안	이원방조제
345	484	충남	태안	학암포
345	485	충남	태안	신두리 해안사구
346	486	충남	태안	만리포
346	487	충남	태안	안면도
651	942	충남	태안	안흥항
68	082	충남	홍성	백월산 활공장
465	700	충남	홍성	남당항
466	701	충남	홍성	속동전망대
466	702	충남	홍성·보령	방조제 준공기념탑
365	507	충북	괴산	수옥폭포
365	508	충북	괴산	화양구곡
365	509	충북	괴산	선유구곡
365	510	충북	괴산	쌍곡계곡
367	511	충북	괴산	문광저수지 은행나무길
367	512	충북	괴산	산막이옛길
617	910	충북	괴산	이화령
65	073	충북	단양	양백산 활공장
369	513	충북	단양	하선암
369	514	충북	단양	중선암
369	515	충북	단양	상선암
468	703	충북	단양	고수동굴

쪽수	번호	권역	시군구	투어지
469	704	충북	단양	도담삼봉
469	705	충북	단양	만천하 스카이워크
470	706	충북	단양	사인암
470	707	충북	단양	소백산 구인사
470	708	충북	단양	이끼터널
470	719	충북	단양	장회나루
615	905	충북	단양	베틀재
615	906	충북	단양	보발재
616	908	충북	단양	저수령
56	058	충북	보은	속리산 법주사
75	088	충북	보은	서원리 소나무
640	925	충북	보은	말티재
485	*	충북	보은	회남대교
80	097	충북	영동	영국사 은행나무
373	518	충북	영동	난계사
373	519	충북	영동	옥계폭포
471	709	충북	영동	강선대
471	710	충북	영동	영동 와인터널
471	711	충북	영동	월류봉
617	911	충북	영동	우두령
472	712	충북	옥천	장령산 용암사
484	727	충북	옥천	수생식물학습원
485	728	충북	옥천	돌팡깨
485	729	충북	옥천	부소담악
641	930	충북	음성	통동재
41	034	충북	제천	송학산 강천사
66	076	충북	제천	비봉산 활공장
472	713	충북	제천	송계계곡
478	716	충북	제천	금월봉
478	717	충북	제천	청풍문화재단지
479	718	충북	제천	금수산 정방사
480	720	충북	제천	청풍호 전망대
478	*	충북	제천	청풍대교
479	*	충북	제천	옥순대교
479	*	충북	제천	옥순봉 출렁다리
640	927	충북	증평	분젓치
641	929	충북	증평	질마재

쪽수	번호	권역	시군구	투어지
375	520	충북	진천	진천농다리
375	521	충북	진천	초평저수지
647	931	충북	진천	옥정재
647	932	충북	진천	이티재(배티고개)
483	723	충북	청주	문의문화단지
483	724	충북	청주	대청댐 전망대
486	730	충북	청주	청남대
640	926	충북	청주	피반령
641	928	충북	청주	좌구산
46	042	충북	충주	수주팔봉
87	106	충북	충주	청룡사지
371	516	충북	충주	탑평리 7층석탑
371	517	충북	충주	탄금대
473	714	충북	충주	성봉채플
473	715	충북	충주	활옥동굴
481	721	충북	충주	악어봉
481	722	충북	충주	수리재

바이크 투어 길라잡이

로드마스터가 추천하는 대한민국 투어 명소 1000

1판 1쇄 2022년 4월 20일

1판 5쇄 2025년 5월 20일

지은이 권혁찬 김경태

펴낸이 정연금

펴낸곳 (주)멘토르

교정 김하영

편집디자인 디박스

등록 2004년 12월 30일 제 302-2004-00081호

주소 서울시 광진구 능동로 331(중곡동, 2층)

전화 02-706-0911

팩스 02-706-0913

이메일 mentorbooks@naver.com

ISBN 978-89-6305-140-6 (13980)

가격 33,500원